D1854697

Kindler
Taschenbücher

Geist und Psyche

Gion Condrau

Medizinische Psychologie

Psychosomatische Krankheitslehre
und Therapie

Kindler
Taschenbücher

GEIST UND PSYCHE
Herausgegeben von Nina Kindler

Dr. med. Augustin Condrau (1811–1887)
Dr. med. Augustin Condrau (1846–1928)
Dr. med. Leo Condrau (1889–1966)
gewidmet

Kindler Verlag GmbH., München
Neu bearbeitete und stark erweiterte Ausgabe
Lizenzausgabe mit freundlicher Genehmigung des
Walter-Verlages, Olten und Freiburg im Breisgau
Redaktion: H. Watson
Korrekturen: Dieter Lang
Gesamtherstellung: Friedrich Pustet, Regensburg
Printed in Germany 1975
ISBN 3 463 02154 4

Inhalt

Die Bedeutung der Sprache in der ärztlichen Heilkunde

Anhang

Vorwort zur zweiten Auflage

Die erste Auflage des Buches war praktisch innerhalb eines Jahres vergriffen. Das Bedürfnis, eine Schrift zur Hand zu haben, die den psychologischen Zugang zum Kranken eröffnen sollte, scheint demnach groß zu sein, auch wenn die offizielle Hochschulmedizin nur zögernd deren Notwendigkeit anerkennt. So bin ich dem Kindler Verlag zu Dank verpflichtet, daß er die »Medizinische Psychologie« in der Reihe »Geist und Psyche« neu herausbringt.

Eine »Medizinische Psychologie« kann in verschiedener Form konzipiert werden. Ich wählte die mir nahestehende Art der phänomenologischen Betrachtungsweise, ohne dabei andere Methoden in gravierender Form vernachlässigt zu haben. Insbesondere geht es mir darum, den Arzt für das psychosomatisch Erfahrbare hellhörig zu machen. Aber auch nichtärztliche Psychologen sind angesprochen, da viele unserer Kranken bei ihnen eine ebenso wirkungsvolle Therapie erfahren wie bei den ärztlichen Psychotherapeuten.

Zu den Fragen, deren Beantwortung die *Philosophie* uns bis heute in allgemeingültiger Weise schuldig blieb, gehört seit Menschengedenken jene nach dem Verhältnis von Leib und Seele. So ist es kaum verwunderlich, daß sich auch die Medizin gezwungen sah, bei Vorstellungen und Begriffsbildungen Zuflucht zu nehmen, die ihr für die tägliche Auseinandersetzung mit dem kranken Menschen als theoretische Grundlage dienen konnte. Das Denkschema wurde schließlich wichtiger als die unmittelbar erfahrene Wirklichkeit. Daran änderte sich nicht Grundsätzliches, als das Zeitalter der mechanistisch-naturwissenschaftlichen Biologie von einem ganzheitlichen, organismischen und dynamischen Verstehenshorizont abgelöst wurde. Psychoanalyse, Neurophysiologie, Reflexologie und Kybernetik, die vergleichende Verhaltensforschung, welche als Ethologie unmittelbar zur Sozialpsychologie hinüberleitet, betrachten die Psychosomatik als ihr Arbeitsgebiet, ohne daß die einzelnen Forschungsrichtungen ihre Untersuchungen koordiniert hätten. Es erstaunt uns daher nicht, daß die psychosomatische Medizin weder einheitlich definiert noch überall anerkannt wird.

Diese zweite Auflage hat gegenüber der ersten wesentliche *Neuerungen, Ergänzungen* und *Verbesserungen* erfahren. Fast sämtliche Kapitel wurden erweitert, einzelne neue Gedanken eingefügt und auch die Tabellen erfuhren zum Teil Veränderungen. Neu hinzugefügt findet sich ein Kapitel über das Verhalten des Arztes dem Kranken mit infauster Prognose und dem Sterbenden gegenüber. Dieser Abschnitt stellt eine erweiterte Fassung jenes Referates dar, das bereits einmal in der »Einführung in die Psychotherapie«, später in ausführlicher Darstellung im *Hexagon Roche* (No. 1, 1975) erschien. So hoffe ich – in voller Kenntnis des fragmentarischen Charakters meiner Ausführungen – dem Studenten der Medizin und der Psychologie ein Lehrbuch in die Hand zu geben, dem praktizierenden Arzt, Psychotherapeuten und Psychologen ein Buch, das zu weiterem Nachdenken anregt.

Herrliberg, im Frühjahr 1975 GION CONDRAU

Vorwort zur ersten Auflage

Das vorliegende Buch über Medizinische Psychologie soll dazu dienen, Medizinstudenten und praktizierende Ärzte auf die Grundlagen der modernen Psychologie und deren Bedeutung für die Medizin aufmerksam zu machen, sie mit den Fragen über das Verhältnis von Leib und Seele vertraut werden zu lassen und auf die persönliche Begegnung mit den Kranken vorzubereiten. Dadurch möchte ein gewisser Ausgleich zur rein naturwissenschaftlichen Zielsetzung des Medizinstudiums erreicht werden, was zu einer Zeit, in der die humanistische Vorbildung immer mehr in Frage gestellt wird, nicht schaden dürfte. Der Untertitel »Psychosomatische Krankheitslehre und Therapie« will auf die Bedeutung hinweisen, die ich dem Begriff »Medizinische Psychologie« beimesse. Diese ist nämlich nicht ein spezielles Fachgebiet der Medizin, sondern eine die gesamte ärztliche Tätigkeit umfassende Haltung. Jede ärztliche Begegnung mit dem Kranken ist nur möglich aufgrund eines vorgegebenen, vorwissenschaftlichen Mit-Daseins, das erst ein wirkliches Verstehen des Mitmenschen und seiner Krankheit sowie die entsprechende ärztliche Verhaltensweise gewährleistet. Medizinische Psychologie bedeutet letztlich *Begegnung* des Arztes mit dem Patienten, dem Leidenden. Die Möglichkeiten solcher Begegnung aufzuzeigen ist das Anliegen der vorgelegten Beiträge. Sie sollen die Grundzüge eines *medizinpsychologischen Krankheitsverständnisses* darlegen, Möglichkeiten und Grenzen der *therapeutischen Anwendung der psychologischen Erkenntnisse in der Allgemeinmedizin* aufzeigen und schließlich Einblick gewähren in die *psychotherapeutische Spezialpraxis.*

Eine Überweisung psychosomatisch Kranker an den Psychotherapeuten ist nur dann sinnvoll, wenn sowohl überweisender Arzt wie überwiesener Patient eine *Vorstellung* von dem haben, was dabei zu erwarten ist. Aus diesem Grunde richtet sich das Buch auch an die medizinischen Laien; auch sie werden immer mehr »psychosomatischer« Zusammenhänge einsichtig. Während der psychoneurotisch Kranke heute vielfach spontan den Psychotherapeuten aufsucht, wird der psychosomatisch Kranke vom Hausarzt überwiesen. Dies ist auch richtig, denn jeder Psychotherapie sollte eine gründliche ärztliche Untersuchung vorausgehen. Erweist sich dann jedoch die Überweisung an den

Psychiater oder Psychologen als notwendig, ist der Arzt auf die Mitarbeit seines Patienten angewiesen. Eine solche kann aber nur erwartet werden, wenn die Kenntnis leibseelischer Zusammenhänge zum allgemeinen Volkswissen gehört. Um dem Laien und nichtärztlichen Psychologen gewisse Fachausdrücke verständlich werden zu lassen, ist ein kurzes Wortverzeichnis im Anhang angeführt. Gewiß hätten sich die Termini technici im Text in die Umgangssprache übersetzen lassen; sie werden jedoch in der ärztlichen Sprechstunde täglich gebraucht und sind bereits weitgehend von den Laien übernommen worden, ohne daß letztere deren Bedeutung genau anzugeben wüßten.

Jedes Kapitel dieser Schrift sollte eine in sich abgerundete Problematik zur Darstellung bringen. Trotzdem besteht ein innerer Zusammenhang zwischen den einzelnen Kapiteln und ein gewisser logischer Aufbau, auch wenn auf eine eigentliche, lehrbuchmäßige Systematik verzichtet wurde. Der erste Teil behandelt das Thema eher allgemein und von seiner grundsätzlichen Natur her: das medizinpsychologische *Krankheitsverständnis.* Im zweiten Teil wird die *Therapie* neurotischer beziehungsweise psychosomatischer Erkrankungen erörtert. Durch diesen Aufbau hoffe ich, einen *tour d'horizon* über das Gebiet der medizinischen Psychologie zu vermitteln. Einfache Fallbeispiele aus meiner psychotherapeutischen Praxis mögen die theoretischen Überlegungen ergänzend veranschaulichen. Die Wahrung des ärztlichen Geheimnisses bedingte dabei jeweils eine darstellerische Veränderung äußerer Daten und Lebenssituationen, so daß Außenstehenden die Erkennung der betreffenden Kranken unmöglich ist. Wo es mir nötig schien, holte ich die Erlaubnis des Patienten zur Veröffentlichung ein.

Die Arbeit wurde mit Hilfe des *Schweizerischen Nationalfonds für wissenschaftliche Forschung* möglich, dessen finanzielle Unterstützung ich hier bestens verdanke. Dank gebührt auch jenen Ärzten, deren Erfahrungen mit ihren Kranken in gemeinsamen Seminarien mir zunutze kamen.

Herrliberg, im Frühjahr 1968 GION CONDRAU

Einleitung

Die Medizin betrachtet sich als die Wissenschaft von der Behandlung und Heilung kranker Menschen. Als solche hat sie sich im Laufe der Jahrtausende machtvoll etabliert und jegliche unwissenschaftliche Konkurrenztätigkeit, von der abergläubischen Naturheilkunde bis zum religiösen Wunderglauben, in ihre Schranken gewiesen. Ihre Aufgabe ist es, vorsorgliche Maßnahmen für die Bewahrung der Gesundheit des Individuums und der Gruppe zu treffen (Präventivmedizin) und Erkrankte zu heilen (Kurativmedizin). Die wissenschaftliche Erkenntnis in der Medizin ist nicht Selbstzweck, sondern Mittel zum Zweck. ROTHSCHUH sagt in den »Prinzipien der Medizin«, die Einmaligkeit des Kranken lasse zwar die Anwendung von vielen wissenschaftlichen Methoden zur Feststellung ärztlich wichtiger Größen zu, aber die Einsicht bleibe bruchstückhaft. Somit sei die Medizin eigentlich keine Wissenschaft, aber es gebe eine wissenschaftliche Medizin, die Wissenschaft um der Erkennung und Heilung der Krankheit willen treibt.

In dieser, etwas überspitzten Formulierung kommt die Erkenntnis zum Ausdruck, daß »die Rolle des Wissenschaftlichen« in der Medizin oft überschätzt wird. Man sprach und spricht deshalb oft auch davon, daß Medizin eine *Kunst* sei, wobei nicht etwa an eine schöpferische Gestaltung als vielmehr an ein besonderes Geschick in der Erfassung und Behandlung von Kranken gedacht wird. *Medicina est ars ad humani corporis sanitatem tuenda profligandosque morbes comparata* – die Medizin ist eine Kunst, aufgebaut zur Bewahrung der menschlichen Gesundheit und zur Niederwerfung der Krankheiten – schrieb FERNEL 1542.

Die Medizin wird auch als *Handwerk* bezeichnet, was für die Chirurgie einige Berechtigung haben mag (schon der griechische Ausdruck *Cheirurgos* heißt Handwerker) oder als *Seelsorge*, insbesondere die Psychotherapie. Weniger schmeichelhaft ist die Auffassung, Medizin sei ein *Geschäft* wie jedes andere, wie es auf der anderen Seite verfehlt ist, die ärztliche Heilbehandlung lediglich als *charismatische Liebestätigkeit* aufzufassen.

Eindeutig und sicher ist aber die Medizin eine *Aufgabe*; die ärztliche Heilkunde versteht sich von ihren Zielen her. Dieser Aufgabe haben sich alle wissenschaftlichen Erkenntnisse unterzuordnen. Ärztliches Denken und ärztliche Erfahrung bestimmen die Tätigkeit am Krankenbett, gestützt von den medizinischen Hilfswissenschaften (Krankheitslehre, allgemeine und spezielle Pathologie, Heilmittellehre, Hygiene, Anatomie, Physiologie und Soziologie), getragen von der Arzt-Patient-Beziehung, die immer im Mittelpunkt ärztlicher Handlung steht. ROTHSCHUH charakterisiert die Aufgabe der Medizin zweifellos am besten als »Förderung und Erhaltung der Gesundheit«, als Linderung von Schmerzen und krankheitsbedingten Beschwerden sowie als Wiederherstellung einer gestörten Gesundheit oder beeinträchtigten Leistungsfähigkeit. »Die ärztliche Aufgabe gegenüber dem hilfesuchenden Patienten gliedert sich in einen sachlichen und einen menschlichen Sektor. Die sachliche Versorgung besteht aus Erkennen und Beurteilen der Gegebenheiten und dem Ergreifen der erforderlichen Maßnahmen. Die menschliche Versorgung besteht im Erkennen der persönlichen Not der Kranken, des Stellenwertes der Krankheit im Dasein des Kranken und in der Lösung der menschlichen Aufgabe, die Angst des Kranken zu zerstreuen, ihm Mut zu machen, ihn zur Mitarbeit und zu richtiger Einsicht und Einstellung zu bringen«. Mit anderen Worten: die Aufgabe des Arztes kann niemals nur in unpersönlicher Verabreichung von Rezepten, Injektionen oder chirurgischen Eingriffen bestehen; vielmehr wird von ihm eine mitmenschliche Anteilnahme am Leiden seines Kranken verlangt.

Die *Arbeit des Arztes* läßt sich nach ROTHSCHUH mit Vorteil dreifach gliedern: er wirkt *edukativ* in der Belehrung über die bestmögliche Erhaltung der Gesundheit, *präventiv* in der tatkräftigen Vorsorge gegen die Entstehung und Ausbreitung von Krankheiten, und *kurativ* in der Heilbehandlung. Die kurative Tätigkeit besteht zunächst in der Erkennung und Benennung der Natur einer Krankheit *(Diagnose)* aufgrund der Krankheitsgeschichte *(Anamnese)*, der Krankheitszeichen *(Symptome)* und des objektiven Untersuchungsbefundes *(Status)*. Die anzuwendende Hilfe wird als *Therapie* bezeichnet und die Voraussage der voraussichtlichen Entwicklung als *Prognose*.

Ein kurzes *Beispiel* soll dies erläutern:

Frau G. P., 28jährig, verheiratet, 1 Kind

1. *Symptome:* Patientin leidet an unkontrollierbarem, unwillkürlichem Harnabgang, sowohl bei Bewegung wie beim Sit-

zen und Stehen. Dazu kommen starke Schmerzen beim Geschlechtsverkehr. Seit etwa 5 Jahren Migräneanfälle.

2. *Anamnese:* 1967 wegen Fluor vaginalis und Pruritus vulvae in der Frauenklinik behandelt, 1964 Geburt eines Knaben. Kontinuierlicher Übergang des Fluor in Harninkontinenz.
3. *Status und Diagnose:* Urininkontinenz III. Grades. Uterus retroversus flexus partim fixatus. Kein wesentlicher Deszensus. Dyspareunie, Migräne. Pruritus vulvae.
4. *Procedere:* Urethrogramm, Cystoskopie und Cystotonometrie, psychosomatische Abklärung.
5. *Therapie:* noch offen.
6. *Prognose:* unbestimmt.

Zum vorliegenden Fall ist zu bemerken, daß wohl alle Symptome der Patientin psychosomatischer Natur sind und kaum durch eine medikamentöse oder chirurgische Therapie geheilt werden dürften. Trotzdem sind fast zehn Jahre vergangen, bis sie – von einem Klinikassistenten zugewiesen – von einem Psychotherapeuten interviewt werden konnte.

Die reichhaltige Symptomatik der Patientin spricht für sich.

Die psychosomatische Bedeutung von *Fluor albus, Incontinentia urinae* und *Pruritus vulvae* liegt vor allem darin, daß es sich um Symptomkomplexe handelt, die eine Mittelstellung zwischen hysterischen und organneurotischen Phänomenen halten. Einerseits spielen sich die krankhaften Vorgänge scheinbar fast ausschließlich im Bereich des Leiblichen ab, andererseits wird in ihrem gebärdehaften Charakter die mitmenschliche Bezogenheit deutlich ersichtlich.

In der pathologischen Hyperfunktion beim *Fluor albus* wird dieser Umweltbezug besonders klar. Weil der normgemäße Austrag des geschlechtlichen Weltbezuges gestört ist, wird die Funktion der Exkretion, der Ausscheidung von Säften aufgebläht, so daß es zur Fluorbildung kommt. Der Fluor ist der leibliche Austrag einer emotionellen Erregtheit, die keine normgemäße Abfuhr findet.

Die von einer »psychosomatischen« *Harninkontinenz* befallenen Frauen befinden sich in einer emotionalen Spannung, die im »Wasser lösen« ihren leibsprachlichen Ausdruck findet. Es sind häufig Menschen, die im Verhältnis zu ihrer Sensibilität und Erregbarkeit, zu ihren Neigungen zu motorischen Entladungen und zur Stärke ihrer vitalen Triebhaftigkeit zu vielen Reizen und Erregungen ausgesetzt sind oder sich zu strenge Versagungen und Hemmungen auferlegen.

Die an *Pruritus vulvae* erkrankte Frau weist eine besonders gereizte, sensible und unbefriedigte Grundstimmung auf, die nicht obligat, jedoch vornehmlich mit einer sexuellen Frustriertheit einhergeht. Allen drei Symptomen, dem Fluor, der Inkontinenz und dem Pruritus liegt die gleiche emotionelle Spannung zugrunde: eine Störung der mitmenschlichen Beziehung im triebhaft-vitalen Lebensbereich. Die Kranken leben im Widerstreit mit den Ansprüchen ihrer außerordentlich starken Vitalität und einer ebenso starken Abwehr, wobei die Hemmung von ihnen selbst ausgehen kann oder von außen aufgezwungen wird. In dieser »Ambivalenz« kommt es zu den genannten Frustrationserscheinungen.

Die *Dyspareunie*, die diffusen, nicht genau lokalisierbaren Schmerzen im Bereich des kleinen Beckens beim Coitus, deutet auf eine schwere Störung der sexuellen Erlebnisfähigkeit hin, die möglicherweise partnerschaftlich bedingt ist. In der *Migräne* schließlich leibt die Patientin ihren Versuch, alles sie Bedrängende kopfmäßig, das heißt, mit Intellekt und Willen zu bewältigen. Die vasomotorischen Vorgänge bei der Migräne veranschaulichen das den ganzen Menschen erfassende Verkrampfen, Andrängen und Stauen des abgewehrten emotionalen, erotisch-sinnlichen Lebensbereiches. Im Migräneanfall hat man das leiblich ausgetragene Sichsperren gegen das andrängende Leben schlechthin zu sehen, während die Lärmüberempfindlichkeit auf ein Nicht-hören-Wollen, die Lichtscheu auf ein Nicht-sehen-Wollen und das Erbrechen auf ein Nichts-aufnehmen-Können hindeuten (SCHWÖBEL). Die Patienten verschließen sich derart ihrer Umwelt, daß sie sich völlig isolieren.

Eine solche Isolation fand der psychosomatische Konsiliarius an der Frauenklinik auch bei der obgenannten Patientin vor. Zunächst schien es kaum möglich, mit ihr ins Gespräch zu kommen. Sie trug eine mimische Maske, hielt sich steif und gab auf Fragen nur kontrollierte, knappe Antworten. Schließlich schmolz das Eis, als die Patientin merkte, daß sie nicht wegen Verdachts auf »Geisteskrankheit« oder »Einbildung« an den Psychiater gewiesen worden war. Es wurde ihr klar gemacht, daß vorgängig einer eventuellen Operation die näheren Lebensumstände abgeklärt werden müßten, daß möglicherweise psychische Konfliktsituationen, Ehe- und Kinderprobleme die Heilungsaussichten verringerten, falls sie nicht gelöst würden.

Eine erste Einstiegsmöglichkeit ins Gespräch bot uns die anamnestische Angabe, daß die Beschwerden der Patientin mit der Geburt ihres ersten (und einzigen) Kindes eingesetzt hatten. Und so erfuhren wir, daß sie gerade zur Zeit, als sie eine zwei Jahre dauernde, konfliktbeladene Verlobung auflösen wollte, schwanger wurde. Mehrere Versuche zu einem Schwangerschaftsabbruch mißlangen, so daß sich die Patientin zu einer »Mußheirat« entschloß. Seither lebt sie in unglücklicher Ehe mit einem Mann, der ihr weder intellektuell noch emotionell entspricht, mit einem Kind, das sie von Anfang an ablehnte. Kurz nach der Geburt litt es an einem Pylorospasmus und mußte deswegen hospitalisiert werden. Die Mutter nahm es aber auch später nicht mehr nach Hause, so daß es die Säuglingszeit im Kinderspital verbringen mußte. In der Schulzeit wurde der Knabe schwer neurotisch.

Soweit die unmittelbar ersichtliche Konfliktsituation der Patientin, die an sich schon weitgehend die Symptome verständlich werden lassen. Allerdings darf sich der Arzt auch damit nicht begnügen. Eine vollständige Abklärung des Krankheitsbildes erfordert auch eine eingehende *biographische Anamnese.* Da zeigte sich, daß die Patientin bereits als Kind selbst in einer konfliktbeladenen Atmosphäre aufwuchs. Der Vater, ein sozial schlecht gestellter Bahnbeamter, chronischer Alkoholiker, bedrohte mehr als einmal die Familie, so daß diese flüchten mußte. Die Mutter hingegen war eine sich hingebende, aufopfernde Frau, welche die Kinder an sich band und auf deren Mitleid angewiesen war.

Es liegt auf der Hand, daß dieser Patientin mit einem operativen Eingriff nicht zu helfen war. Eine Psychotherapie schien dringend erforderlich und wurde auch sofort eingeleitet. Die weitere Entwicklung ist noch offen. Möglicherweise bessert sich das Verhältnis zum Ehemann, möglicherweise entsteht eine echte Beziehung zum Kinde, möglicherweise führt die Therapie zur Ehescheidung. In allen drei Fällen kann der Patientin nur aufgrund eines *medizinpsychologischen Verständnis* ihres »Falles« sinnvoll geholfen werden.

Grundlagen und Notwendigkeit einer Medizinischen Psychologie

Die Forderung, ein psychologisches Krankheitsverständnis in die Medizin einzubeziehen, wird heute kaum mehr in Frage gestellt. Ihre praktische Verwirklichung liegt jedoch der theoretischen Einsicht gegenüber im Rückstand. Die Gründe hierfür sind vielfältiger Natur; nicht zuletzt muß auch die Tatsache verantwortlich gemacht werden, daß die Begriffsbestimmung dessen, was wir unter medizinischer Psychologie oder psychologischer Medizin zu verstehen haben, noch recht unklar und keineswegs allgemeingültig ist. Während die einen darunter lediglich die Lehre von den Geisteskrankheiten oder das Gebiet der klassischen Psychiatrie verstehen, meinen andere damit ausschließlich eine allgemeine Psychopathologie; ein großer Teil der Ärzte denkt hingegen an Neurosenlehre und Psychotherapie oder an die Anwendung psychotherapeutischer Prinzipien sowie psychodiagnostischer Hilfsmittel in der somatischen Medizin und setzt die medizinische Psychologie der Psychosomatik gleich.

Versucht man eine Differenzierung der Begriffe, so müßte man zunächst *Aufgabe* und *Methode* der verschiedenen Disziplinen einander gegenüberstellen. Die *Psychiatrie* – in ihrer klassischen Form – sieht ihre *Aufgabe* in der Erforschung und Behandlung der Geisteskrankheiten – letztere im weitesten Sinne und unter Einbezug der Psychopathien und Neurosen verstanden. Die Psychiatrie hat sich zu einem Spezialfach der Medizin entwickelt, sie ist zu einem der großen Pflichtfächer des Medizinstudiums geworden. *Methodisch* ist sie heute noch weitgehend naturwissenschaftlich orientiert. Sie sucht nach Gesetzmäßigkeiten, ordnet die Krankheiten einheitlich und systematisch, untersucht Verläufe und Beeinflussungsmöglichkeiten. Das *Krankheitsbild* wird erforscht und behandelt, die individuelle Wesensart des Kranken wird diesem untergeordnet.

Ähnlich verhält es sich mit der *Psychopathologie.* In Analogie zur pathologischen Anatomie und Pathophysiologie wird auch im Bereiche der seelischen Störungen Grundlagenforschung betrieben. Auch sie war bisher großenteils naturwissenschaftlich orientiert. Eng verbunden mit der Gehirnpathologie, war ihr Forschungsziel die Aufdeckung organischer Gehirnprozesse als Grundlage der Geistesstörungen. In einzelnen Fällen ist ihr das gelungen – denken wir an die progressive Paralyse, die arteriosklerotische Demenz, die psychischen Veränderungen nach Gehirntumoren oder Schädelverletzungen. Immer häufiger jedoch wurden Stimmen laut, die das Ungenügen einer derartigen Grundlagenforschung erkannten und nach einer verstehenden, phänomenologisch orientierten Psychopathologie riefen. Bei v. Gebsattel wurde die Psychopathologie zu einer medizinischen Anthropologie, Binswangers »psychiatrische Daseinsanalyse« eröffnete einen neuen Verstehenshorizont für die Psychosen, Jaspers führte die »phänomenologische Psychopathologie« ein.

Eine ähnliche Entwicklung zeichnet sich in der *Neurosenlehre* und in der *Psychotherapie*, in jüngster Zeit auch in der *psychosomatischen Medizin* ab. Die *Neurosenlehre*, ursprünglich ausschließlich eine Grundlagenforschung und Systematisierung lebensgeschichtlich zu verstehender, weder organisch noch hereditär bedingter psychischer Krankheiten, wurde durch Einbezug des »Unbewußten« zu einer Tiefenpsychologie. Die *Psychotherapie* wurde zur Therapie der Wahl solcher Störungen. Beide schienen zwar nicht mehr ausschließlich in den Aufgabenbereich der Psychiatrie zu gehören, doch blieben sie zunächst eine medizinische »Spezialität«. Erst durch den Einbezug »organischer« Krankheiten in das medizinpsychologische Verständnis wurde die Basis breiter. Schließlich fehlte nur noch die *Psychologie des Arztes* beziehungsweise des ärztlichen Berufes zum vollständigen Bild der Medizinischen Psychologie. Die Erfahrungen, die in der psychotherapeutischen Betreuung neurotisch Kranker gesammelt wurden, erwiesen mit aller wünschenswerten Deutleichkeit, daß *der Arzt selbst eine wesentliche Rolle im Heilungsprozeß* spielt. Dies gilt auch für die somatische Medizin, was Balint veranlaßte, von der »Droge Arzt« zu sprechen. Seguin weist in einer ausgezeichneten Schrift über den psychotherapeutischen Eros darauf hin, daß das gefühlsmäßige Erleben des Arztes selbst während einer Behandlung bisher in den Darstellungen arg vernachlässigt wurde. Diese Vernachlässigung gründe in der falschen Annahme, der Arzt müsse und könne »objektiv« sein und solle sich von aller persönlichen, gefühlsmäßigen Anteilnahme an dem psychotherapeutischen Prozeß freihalten. Die grundsätzliche Unmöglichkeit einer derartigen ärztlichen Objektivität ist jedoch offensichtlich. In Wirklichkeit gibt es überhaupt keine einzige mitmenschliche Beziehung ohne eine gegenseitige gefühlsmäßige Anteilnahme. »Wenn es nämlich für einen Arzt möglich wäre, sich im Heilungsprozeß aus allem tieferen Engagement herauszuhalten, eine rein ›berufliche‹, eine ›objektive‹, eine distanzierte, nicht involvierte Einstellung durchzuhalten, so dürfte man dies gar nicht mehr eine mitmenschliche Beziehung im eigentlichen Sinne dieses Wortes nennen. Vielmehr hätten wir dann ... lediglich noch ein Individuum vor uns, das die Menschlichkeit seines Patienten vernichtet, ihn in ein ›Objekt‹, in ein Ding verwandelt und ihn als ein solches zu manipulieren sucht«.

Warum gerade Medizin?

Ist jedoch der Arzt in einer besonderen Weise am Krankheits- und Heilungsgeschehen seiner Patienten mitbeteiligt, so stellt sich naturgemäß sofort die Frage, was ihn primär zu einem solchen Beruf motiviert hat, beziehungsweise welche Voraussetzungen in bezug auf Persönlichkeit und Charakter vorgegeben sein müssen, damit er dieser Aufgabe, die den intellektuellen Lernprozeß übersteigt, gewachsen ist.

Unter den intellektuellen und charakterlichen Voraussetzungen für den Beruf des Arztes werden zumeist Begabung für naturwissenschaftliches Denken und Freude an der Biologie genannt. Der Arzt soll nüchtern, abstrakt und systematisch denken können, über eine gute Beobachtungsgabe und ein vorzügliches Gedächtnis verfügen. Dazu gehört ferner die praktische Begabung, namentlich ein gewisses manuelles Geschick. Ebenso wichtig ist die Mitmenschlichkeit: Güte, Toleranz, affektive Ansprechbarkeit. Eigenbrötlerei paßt nicht zum Bild des guten Arztes; dem reinen Mathematiker oder Physiker fehlt die Menschlichkeit, die vom Arzt in überdurchschnittlichem Maß gefordert wird. Steuerungsfähige Stimmung, Kompromißbereitschaft, Achtung vor dem Mitmenschen gehören zum ärztlichen Beruf; Süchtigkeit, Hemmungslosigkeit und Aggressivität, aber auch zu große Hemmungen und moralische Intransingenz passen nicht dazu. Kastengeist und Ekelschranke sind in der ärztlichen Tätigkeit aufgehoben. Der theoretische Mensch, um einige von Spranger beschriebene Persönlichkeitstypen zu erwähnen, dem das Richtige, das Prinzip, das Wahre, das System zum Grundsatz seines Handelns wird, eignet sich besonders für die Forschung. Er wird in der Regel – wenn überhaupt praktisch tätig – eine spezialärztliche Ausbildung vorziehen, die ihm ein gründliches Fachwissen vermittelt. Der ökonomische Mensch, dem Erfolg und Nutzen wichtig sind, wird sich sein Fachgebiet nach mehr wirtschaftlichen Aussichten wählen, der soziale Mensch hingegen sich der Allgemeinpraxis widmen, wenn er nicht als Werkarzt oder in Heimen und Fürsorgeinstitutionen tätig ist. Er ist der Mensch, der „nicht nein sagen kann", der Tag und Nacht für seine Patienten da ist, sich und seiner Familie kaum Urlaubstage oder Ferien gönnt. Schließlich gibt es den ästhetischen Menschen, dem Kunst und Bildung, aber auch Freundschaft, Liebe, Lebensgenuß über alles gehen. Man trifft diese Persönlichkeitsstruktur häufig, wenn auch natürlich nicht ausschließlich, bei Kinderärzten und Frauenärzten an. Der Machtmensch hingegen wird sich eine ärztliche Spezialität aussuchen, die möglichst viel Erfolg und Ruhm verspricht. Medizin ist ihm ein Ehrenberuf, sie verschafft ihm hohe soziale Stellung und Autorität. Der religiöse Mensch dagegen wird seinen Beruf als Sendung Gottes auffassen, was ihn beispielsweise zum Missionsarzt prädestiniert. Alle diese charakterlichen Eigenschaften bedingen wiederum ein je anderes Verhältnis des Arztes zu seinem Kranken.

Rogers hat sich eingehend mit den Voraussetzungen auseinandergesetzt, die ein Psychotherapeut zu erfüllen hat, um seinem »Klienten« helfen zu können. Seine Ratschläge gelten auch für den psychosomatisch interessierten und engagierten Mediziner und Psychologen. Als Kernpunkt des therapeutischen Verhaltens wird eine Haltung des Therapeuten angesehen, die sich strikte jeder Wertung enthält und den Patienten in keiner Weise zu beeinflussen wünscht. Der Respekt vor der Individualität des Kranken hat den ersten Rang einzunehmen. Achten wir seine Befähigung und sein Recht zur Selbstlenkung, oder glauben wir im Grunde, daß sein Leben am besten von uns geleitet würde? Bis zu welchem Grad haben wir das Bedürfnis und den Wunsch, andere zu beherrschen? Die Beantwortung dieser Fragen in einem für den Patienten richtigen Sinn darf nicht dahin mißverstanden werden, daß sich der Therapeut lediglich *passiv* verhält. Auch im Gewähren-Lassen und gleichzeitigem In-Frage-Stellen liegt Aktivität. Passivität und Fehlen von Interesse und Beteiligtsein sowie Indifferenz werden als Ablehnung erlebt. Aufmerksames Zuhören und Empathie dagegen vermitteln das Gefühl von Angenommensein und Wertschätzung. Aus diesem

Grunde sollte der Therapeut jedes schulmeisterliche und belehrende Verhalten dem Patienten gegenüber vermeiden.

Auf einer Medizinstudententagung in Zürich wurde 1970 die Frage nach der Motivation zum Medizinstudium sehr lebhaft diskutiert. Von medizinpsychologischer Seite wurde vor allem darauf hingewiesen, daß sie sehr unterschiedlich gelagert sein kann. Vorstellungen und Wünsche aus eigenen Erlebnisbereichen können dabei ebenso ausschlaggebend sein wie persönliche Neigungen, die möglicherweise mit einer bestimmten Seite des Berufes in Zusammenhang stehen; aber auch äußere Faktoren (Sozialstatus, Wirtschaftlichkeit), Familientraditionen (gesellschaftliche Vorurteile) wie auch der bloße Zufall spielen eine Rolle. Neurotische Motivationen dürfen nicht übersehen werden: Angst, Schuldgefühle, Identifikationszwänge mit Kranken und Leidenden, der Wunsch nach Selbstheilung (besonders motivierend für das Psychologie- und Psychiatriestudium). Im Laufe der Ausbildung kann auch ein Wandel der Motivation eintreten, wobei es gelegentlich zum Berufswechsel kommt.

Berufswahlmotivationen sind für die meisten Berufe tiefenpsychologisch eruiert worden. Hier sei u. a. an die Arbeiten aus der Schule von SZONDI erinnert, wonach die Sozialisierung der kranken Ahnenansprüche und Ich-Störungen im Beruf durch die Erreichung der Entwicklungsstufe des *homo elector* und *homo humanus* beziehungsweise des *homo liberator et humanisator* erreicht wird. Diese Sozialisierung und Humanisierung nach dem Prinzip des Operotropismus soll auch für die Umgebung optimal sein. Die Berufswahl wäre somit eine Antwort auf bestimmte pathologische Vorbedingungen in der Ahnenstruktur des Einzelnen und als Konversion zu verstehen. SZONDI bringt dafür eine ganze Reihe von Beispielen aus allen Berufsgattungen.

Man mag sich zu den eben genannten Deutungsversuchen stellen wie man will; auch die Psychoanalyse erbringt Erklärungsversuche zur Berufswahl als Sublimationsprozeß verdrängter Triebregungen. Möglicherweise spielen heute andere Faktoren eine Hauptrolle bei der Beurteilung medizinischer und psychologischer Berufe. Zweifellos steht das Anliegen des Helfens und Heilens, der unmittelbare Bezug zum Mitmenschen im Vordergrund. Die Freiheit der Berufswahl ist eine der bedeutsamsten Folgen einer fortschrittlichen Entwicklung unserer Zeit, aber gleichzeitig auch Ursache zahlreicher Risiken, deren sich der junge Mensch unserer Zeit »zu Beginn und Verlauf seines Lebens- und Berufsschicksals im Gegensatz zu unseren Altvorderen ausgesetzt sieht« (SCHARMANN). Emanzipation der Arbeit und Freiheit der Berufswahl implizieren nämlich gleichzeitig die grundsätzliche Freisetzung und Isolierung des Individuums, der viele nicht mehr gewachsen sind. Die Welt ist nicht mehr ein geschlossenes System, sondern offen geworden.

Für das Medizinstudium entscheiden sich Jugendliche häufig aus zwei Grundtendenzen heraus. Einmal jene, die sich besonders für das technisch-naturwissenschaftliche Rüstzeug der Medizin interessieren, die sich entweder schon frühzeitig der Forschung verschreiben oder sich besonders auf ihre handwerklichen Fähigkeiten verlassen. Andererseits jene, denen die gesamtmenschliche Situation mit all ihren Kontakt- und Beziehungsproblemen nahegeht, die vordergründig am Menschen als Mitmenschen interessiert sind. Aus ihnen werden sich später eher die medizinpsychologisch interessierten Allgemeinpraktiker, die Psychosomatiker und Psychotherapeuten, die Sozialmediziner rekrutieren.

Der junge Mensch ist zumeist für verschiedene Tätigkeiten »berufen« und geeignet. Umwelteinflüsse und Zeitbedingungen geben häufig den Ausschlag. Ob allerdings zwischen Neigung und Beruf eine innere Beziehung bestehen soll, ist umstritten. Jedenfalls ist die Annahme nicht gesichert, wonach volle geistige Entfaltung und Befriedigung nur in einem Beruf erwartet werden kann, welcher einer psychischen Affinität entspricht. Menschen haben in ihrem Beruf Hochwertiges geleistet, die ihn entgegen ihrer Neigung ergreifen mußten, einer »Pseudoneigung« folgten, ihn ambivalent und unentschlossen ergriffen, ihn von außen aufgezwungen bekamen und als selbstverständliches Schicksal hinnahmen. Auch Ärzte konnten so eine persönliche Wertverwirklichung erfahren, wie sie angeblich nur der Wahl- und Neigungsberuf ermöglicht (SCHARMANN).

Wie weit dies auch für Psychiater, Psychotherapeuten und Psychologen gilt, läßt sich wohl schwer überprüfen. Generell darf wohl gesagt werden, daß medizinpsychologisches Verständnis eine innere Offenheit und Bereitschaft für den Mitmenschen voraussetzt, die einer eigenen Neigung entsprechen muß. Ohne diese Voraussetzung dürfte selbst die Technik des einfachen ärztlichen Gesprächs kaum erlernbar sein.

Medizinische Psychologie umfaßt somit sowohl das psychologische Verständnis menschlichen Krankseins als auch die Persönlichkeit des Arztes und die therapeutische Beziehung zwischen Arzt und Patient. Wenn wir feststellten, sie sei als Wissenschaft nicht überall anerkannt, so hat das verschiedene Gründe. Die Schwierigkeiten, denen das medizinpsychologische Denken in der Praxis der ärztlichen Heilkunde begegnet, dürften jedoch ihren *Hauptgrund* darin haben, daß der psychologische Zugang zum Kranken und das damit verbundene Krankheitsverständnis auf anderen Voraussetzungen beruht als die naturwissenschaftlich orientierte Medizin.

Warum gerade Psychologie?

Mit neurotischen und psychosomatischen Störungen befassen sich nicht nur die Ärzte. Von der Sache her, aber auch aus persönlichen Motiven wenden sich immer häufiger Studenten dem Psychologiestudium zu mit dem erklärten Ziel, später einmal psychotherapeutisch tätig zu sein. Man mag sich zu dieser Entwicklung einstellen wie man will: sie ist nicht aufzuhalten. Viele Ärzte betrachten die Psychologen als Psychotherapeuten zweiter Klasse. Und auch die Patienten selbst bekunden nicht selten Mißtrauen, wenn sie einem nichtärztlichen Psychotherapeuten überwiesen werden, oft zu Unrecht. Denn die Psychologen arbeiten methodisch wie die Ärzte, insofern sie eine nachuniversitäre beziehungsweise spezielle psychotherapeutische Ausbildung genossen haben. Voraussetzung dafür scheint mir allerdings eine eigene Lehranalyse zu sein.

Was die Motivation zum Psychologiestudium betrifft, so dürfte kaum ein Zweifel darüber bestehen, daß damit häufig die eingestandene oder nichteingestandene Erwartung verknüpft ist, mit eigenen Schwierigkeiten und Krisen fertig zu werden. Untersuchungen in Deutschland haben aber ergeben, daß diese Motivation nicht ausreicht, um das Studium durchzuhalten, denn das Psychologiestudium löst keine eigenen Probleme. Andererseits ist zu sagen, daß jugendliche Unreife und gestörtes seelisches Gleichgewicht auch in anderen Studienfächern anzutreffen sind. Es wäre zu einfach, die Psychologiestudenten generell als labiler zu bezeichnen als andere Studenten. Zumindest müßte eine diesbezügliche Untersuchung auch andere Studienfächer miteinbeziehen. Sicher aber ist – und das erachte ich, im

Gegensatz zur eben geäußerten Meinung, gerade als ein Reifezeugnis für unsere Jugend –, daß das Interesse am Menschen beziehungsweise an der menschlichen »Psyche« und an gesellschaftlich relevanten Phänomenen bei der Jugend zugenommen hat und im Vordergrund steht. So ist es nicht mehr verwunderlich, daß jene Fächer, die mit der »Psyche«, mit der Erziehung und mit der Gesellschaftsstruktur engstens verbunden sind, nämlich die Psychologie, die Pädagogik und Soziologie stark frequentiert werden.

Eine interessante Studie des Psychologischen Institutes Düsseldorf hat ergeben, daß ein Großteil der Studienanfänger in Psychologie mit der Vorstellung an die Universität kommen, sich damit zum Psychotherapeuten ausbilden zu können. Mit anderen Worten, sie sehen den Beruf des Psychologen analog zu jenem des Mediziners in der Betreuung Kranker. Diese Studenten müssen sich während des Studiums entweder umstellen oder nach einer anderen, außeruniversitären Ausbildung Umschau halten. Auf jeden Fall schien bei den gefragten Studenten Einigkeit darüber zu bestehen, daß ihre Studienwahl nicht zufällig erfolgte.

Prädestiniert für eine psychotherapeutische Tätigkeit wären an und für sich die klinischen Psychologen. Unter *Klinischer Psychologie* versteht man eine Wissenschaft, die in engem Zusammenhang mit der Medizin, insbesondere der Psychiatrie, der Psychotherapie und Psychosomatik stehen. Während es im Ausland, beispielsweise in Amerika, seit vielen Jahren üblich ist, daß an den Kliniken auch Psychologen tätig sind, steckt die Klinische Psychologie bei uns noch in den Kinderschuhen. Wohl aus diesem Grunde, das heißt, weil entsprechende Stellenangebote fehlen, wenden sich so wenige Absolventen diesem Gebiet zu. Dabei wäre es eine dringliche öffentliche Aufgabe, vermehrt Stellen für klinische Psychologen zu schaffen.

Klinische Psychologie darf jedoch nicht lediglich als eine medizinische oder paramedizinische Hilfswissenschaft verstanden werden. Ihr kommt nämlich in Diagnostik und Forschung im Bereich der Psychiatrie und der psychosomatischen Medizin eine hervorragende Rolle zu. Darüber hinaus ist der klinische Psychologe aber auch – bei entsprechender Weiterbildung – durchaus in der Lage, Psychotherapie zu treiben, auch wenn sie bis heute das Vorrecht der Mediziner zu sein scheint. Zu bedenken ist in diesem Zusammenhang, daß die Ausbildung psychotherapeutisch tätiger Psychologen zwei Ebenen umfaßt: die universitäre und die außer- oder nachuniversitäre. Weder das Medizinstudium noch das heutige Psychologiestudium bilden eine ideale Grundlage für den Beruf des Psychotherapeuten. Der Psychotherapeut bedarf vielmehr einer interdisziplinären Ausbildung, die medizinische Kenntnisse umfaßt, aber auch Soziologie, Pädagogik, Psychologie, Philosophie bzw. philosophische Anthropologie einschließt. Es stellt sich hier die Frage nach einem interfakultären oder interdisziplinären Studiengang.

In Deutschland und in der Schweiz sind Bestrebungen im Gange, Ausbildungsrichtlinien für einen »Fachpsychologen für Klinische Psychologie« zu erarbeiten. Dieser Titel sollte etwa jenem eines Facharztes vergleichbar sein. Den Fachpsychologen für Klinische Psychiatrie käme eine ganz wesentliche Bedeutung für die Psychotherapie zu. Allerdings setzt dies voraus, daß die noch allzu häufige Animosität zwischen Ärzten und Psychologen abgebaut würde. Konkurrenzdenken zwischen Medizin und Psychologie darf es im Bereich der Medizinischen Psychologie nicht geben.

Abbildung 1:

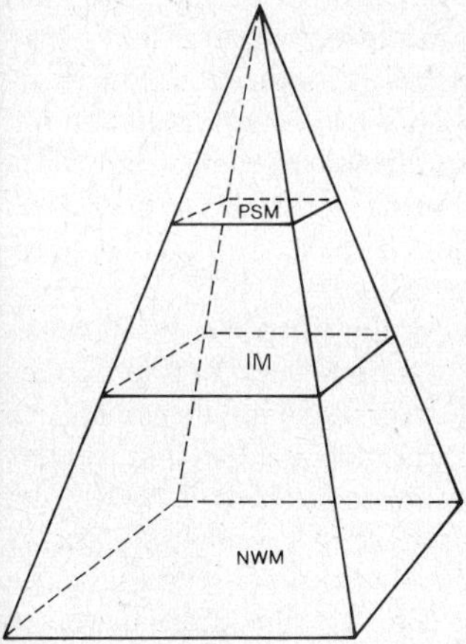

AUFBAU DER MEDIZIN

PSM	Psychosomatische Medizin Philosophie Neurosenlehre Klinische Psychologie Psychotherapie	EXISTENZ
IM	Individualmedizin Persönlichkeit Deontologie Standesethik Soziologie	PATIENT
NWM	Naturwissenschaftl. Medizin Biologie Labormedizin Pharmakologie Technik	KRANKHEIT

Drei Wege ärztlicher Begegnung mit dem Kranken

Der ärztlichen Begegnung mit dem Kranken stehen drei Wege offen, die wir versuchsweise in Form einer Pyramide im Schema »Aufbau der Medizin« dargestellt haben. Die *Medizin als angewandte Naturwissenschaft* bemüht sich um die wissenschaftliche Klärung der *Ursachen* und der *Entstehungsbedingungen* einer Krankheit sowie um die Wiederherstellung der Gesundheit. Sie kümmert sich demnach um die menschliche Existenz in ihrer defizienten Form, denn Krankheit bedeutet immer eine *Einschränkung* des normgemäßen Austrags gesunden Daseins. Zu einer Zeit, da menschliches Leben in seinem vollen Bedeutungsgehalt unversehrt als ein ganzheitliches Existieren erfaßt wurde, Leib und Seele eine Einheit bildeten, und diese wiederum von der Natur, von den »äußeren« Gegebenheiten dieser Welt nicht trennbar schien, war die Heilung Kranker dem Priester, Zauberer, Magier überlassen. Heilung und Heil waren gleichbedeutend. Man spricht deshalb von Priestermedizin, wobei ihr wohl zu Recht der Beigeschmack unwissenschaftlicher Spekulation und Naivität anhaftet. Zweifellos war jedoch den Priesterärzten mancher Zugang zum menschlichen Kranksein offen, der später verschüttet wurde und heute erst mühsam wieder aufgedeckt werden muß.

Zunächst allerdings forderte die tätige Bewältigung der Welt vom Menschen und damit auch vom Arzte eine begriffliche und arbeitshypothetische Trennung magischer, irrationaler, seelischer und realer, äußerer, dinglicher Gegebenheiten. Diese Spaltung zeigte sich bereits im hippokratischen Altertum und wurde schließlich mit DESCARTES endgültig vollzogen. Nur infolge dieser Trennung und einer Beschränkung der medizinischen Forschung auf jenen Bereich der Natur, welcher meß- und wägbar ist, konnten sich die offenkundigen Erfolge der ärztlichen Heilkunde nach jahrtausendlanger Stagnation einstellen. Die Kindersterblichkeit wurde eingedämmt, die Alterssterblichkeit hinausgezögert, die großen Seuchen und Infektionskrankheiten büßten ihre verheerende Wirkung ein. Chemotherapie und chirurgische Eingriffe wurden bis zur Vollkommenheit entwickelt. *Die Erhaltung des menschlichen Lebens* wurde, abgesehen von einigen der Forschung noch hartnäckig Widerstand leistenden Krankheitsbildern und zufolge menschlichen Versagens, dank der modernen Medizin praktisch gesichert. JASPERS würdigte die Entwicklung der Medizin mit den Worten: »Über das Wunder der modernen Medizin bedarf es kaum eines Wortes. Wer seit der Jahrhundertwende dabei war, weiß sich als Zeitgenosse eines Vorgangs, der ohne Vergleich in der Geschichte der Medizin ist. Dieser Fortschritt ärztlichen Könnens, langsam begonnen seit dem 17. Jahrhundert, seit der Mitte des 19. Jahrhunderts schneller, hat seit 50 Jahren einen atemberaubenden Gang genommen.«

So großartig einerseits die Erfolge der positivistisch-technischen Medizin sind, verleiten sie andererseits zur Annahme, die naturwissenschaftliche Grundlage sei allein für die ärztliche Heilkunde maßgebend. Zwar entdeckte man, daß der Mensch nicht nur am Leibe, sondern auch an der Seele erkrankt, ja daß sogar organische Störungen zu psychischen Veränderungen oder seelische Unstimmigkeiten zu somatischen Beschwerden führen können. Einschneidend für das medizinische Denken waren vor allem die Entdeckungen FREUDS und seiner Schule um die Jahrhundertwende, wonach nicht nur materielle Ursachen und Bedingungen krankmachend sein können, sondern auch innerpsychische Erlebnisse und deren fehlerhafte Verarbeitung. Damit wurde eine Wende vollzogen, die an sich die Grenzen naturwissenschaftlicher Erkenntnis hätte sprengen müssen. Doch die damaligen »Entdecker der Seele« waren von ihren Funden dermaßen überrascht, daß sie unverzüglich versuchten, diese in das ihnen bekannte und als gesichert geltende naturwissenschaftliche Weltbild einzuordnen.

Die Grundlagenwissenschaften der traditionellen Medizin sind die *Naturwissenschaften*, die sogenannt »exakten« Wissenschaften und die Biologie. Ihre Methoden bestehen im Versuch, von der Erfahrung beziehungsweise vom Experiment her zu allgemein gültigen Aussagen vorzudringen. Anhand der so gewonnenen Erkenntnisse werden Gesetze aufgestellt, die widerspruchsfrei sein müssen. Danach sind auch alle Vorgänge, mit denen es die Medizin zu tun hat, bestimmten und immer gleichbleibenden Gesetzen unterstellt. Die Krankheit als Naturvorgang ist vom Einzelschicksal zunächst unabhängig und ermöglicht ein von der Individualität des Kranken und des Arztes unbeeinflußtes, generell anwendbares und zielbewußtes therapeutisches Handeln.

Neben der statistischen Erfaßbarkeit spielt in der medizinisch-naturwissenschaftlichen Forschung der Begriff der Kausalität eine wesentliche Rolle. Die »Natur« setzt sich aus einer Vielzahl vorhandener Gegenstände in einem homogenen Raum zusammen, die gesetzmäßig aufeinander einzuwirken vermögen, die mit- und untereinander vorausberechenbare, kausale Beziehungen aufweisen. Alles, was ist, kann nur als gesetzmäßig wirkendes Bewirktes vorgestellt werden. Dies hatte in der Medizin zur Folge, daß die Krankheitserscheinungen selbst bedeutungsmäßig hinter Ätiologie und Pathogenese zurücktreten mußten. Man fragte nicht lediglich nach den Gemeinsamkeiten des Krankheitsbildes, sondern auch nach den möglichen »Ursachen« und der »Entstehung« derselben. Der naturwissenschaftlich ausgebildete Arzt stellt aus den subjektiven Angaben des Kranken, der Anamnese und dem objektiven Befund die Diagnose. Diese wiederum, zusammen mit der Erforschung der Ätiologie und Pathogenese, bestimmt die anzuwendende Therapie.

Dieses an sich einfache und logische Schema mag für den Großteil der Krankheitserscheinungen durchaus genügen. Insbesondere garantiert es eine zuverlässige praktische Medizin. Die Bekämpfung der Infektionskrankheiten konnte nur durch das chemische Experiment, die Behandlung gewisser maligner Geschwülste und anderer chronischer Krankheiten nur durch die Anwendung physikalischer Erkenntnisse, die operative Heilung nur durch die Vervollkommnung der Technik gelingen. Zahlenmäßig hält sich der Großteil unserer Ärzte zweifellos fast ausschließlich in diesem naturwissenschaftlichen Bereich auf. Die zur Verfügung stehenden pathologisch-anatomischen und patho-physiologischen Forschungen sowie die technischen Hilfsmittel (Labor, Röntgen, EKG, EEG usw.) vermitteln dem Arzte jene Sicherheit, die für die Ausübung seines verantwortungsvollen Berufes unabdingbare Voraussetzung ist.

Das Leitwort für den naturwissenschaftlichen Bereich der Medizin ist: *die Krankheit*. Der Arzt am Krankenbette oder in der täglichen Sprechstunde begegnet jedoch nicht lediglich Krankheiten, sondern kranken Menschen. Im Mittelpunkt der ärztlichen Begegnung mit der Krankheit steht: *der Kranke*. In der lapidaren Feststellung: »ohne Kranke keine Krankheit« liegt die Forderung nach einer ärztlichen Haltung, welche die naturwissenschaftlichen Grenzen sprengt. In diesem Bereiche gelten die Spielregeln mitmenschlicher Beziehungen. Es geht um eine

Begegnung von Mensch zu Mensch. Die Arzt-Patient-Beziehung wird für die Therapie wichtig. Standesethik, psychologisches Verständnis und Einfühlungsvermögen, »kleine« oder »einfache«, nicht-analytisch orientierte »Psychotherapie des Hausarztes«, ärztliche Deontologie bilden die Grundlagen solchen Zuganges zum Kranken. Die große Bedeutung dieser Faktoren für die ärztliche Praxis ist wohl den meisten Ärzten unmittelbar bewußt. Leider werden sie allzuhäufig als selbstverständlich vorausgesetzt und erhalten dadurch in der Ausbildung der angehenden Ärzte nicht jene Beachtung, die sie verdienten. Vorlesungen über medizinische Ethik und Deontologie gehören selbst dort, wo sie überhaupt gehalten werden, noch zu den Freifächern. Das psychologische oder psychotherapeutische Gespräch wird praktisch kaum an einer Hochschule gelehrt, geschweige denn geübt.

Zunächst verlangt die Präsenz am Krankenbett nicht nur medizinische Sachlichkeit und medizinisches Können, sondern auch *psychologisches* Geschick und Einfühlungsvermögen. Der Patient fühlt sich unsicher und ängstlich – beides Stimmungen, die den Krankheitsverlauf ungünstig beeinflussen. Er erwartet von seinem Arzt die autoritäre, wenn oft auch unausgesprochene Zusicherung, daß er »in rechten Händen« ist. Vor allem erwartet er, als *Person* und Leidender akzeptiert zu werden, der ein Anrecht auf die Geduld und Zeit des Arztes hat.

Die *Deontologie* – das Pflichtenheft des Arztes – sichert diesem Rechte zu und bürdet ihm Pflichten auf. Zu den Rechten gehört das Recht auf Ausübung des Berufs, das Recht auf angemessene Honorierung, das Recht auf Schutz seiner eigenen Persönlichkeit, wozu auch Intimsphäre und Familie gehören, und in Anbetracht seiner hohen Verantwortungsfunktion auch das Recht auf einen gehobenen Sozialstatus. Seine Pflichten umfassen das Prinzip der Gleichzeit in der Behandlung von arm und reich, die Pflicht zur Hilfeleistung, die Bewahrungspflicht (Verbot des Tötens, *primum nil nocere*), die Schweigepflicht (auch über den Tod des Patienten hinaus bestehend) und die Offenbarungspflicht (bei ansteckenden Krankheiten oder außergewöhnlichen Todesfällen). Da der Arzt in unserer Gesellschaft – durch seinen Dienst am Leben – eine mehrfache Ausnahmestellung innehat, ist auch eine besondere ärztliche *Ethik* notwendig geworden. Sie soll aber nicht nur standespolitischen Anliegen dienen (Verbot der Reklame, Verweigerung von Dienstleistungen, um mehr Lohn zu erzielen. Zusammenschluß im Kampf gegen Staat und Versicherungsträger), sondern findet ihren Sinn in der Festlegung der persönlichen Verantwortung des Arztes während seiner Tätigkeit:

- da ihm besonders wichtiges Gut, das Leben seines Mitmenschen, anvertraut ist
- infolge seiner Rolle als Mitwisser und Vertrauter persönlichster Dinge
- wegen der Unkontrollierbarkeit seines Tuns
- und weil er häufig schwerwiegende Entscheidungen zu treffen hat.

Das ärztliche Gewissen ist oft vor der Entscheidung zwischen mehreren sachlich möglichen Wegen *ohne* Normen und Gesetze überfordert. Der Arzt braucht demnach Normen für die Berechtigung seines Handelns, nicht nur für die technische Richtigkeit seines Tuns (verstümmelte Operationen, Schwangerschaftsunterbrechungen, Organtransplantationen).

Am zweiten Internationalen Kongreß für ärztliche Ethik im Mai 1966 in Paris sprach KORNPROBST von der gefährlichen Schwelle, jenseits derer eine erwünschte Behandlung zur strafbaren Körperverletzung wird. Diese Schwelle wird aber nicht nach Normen, sondern von Fall zu Fall in Würdigung aller Umstände bestimmt. Die moderne Welt, so sagte er, lebt je länger je weniger im Zeichen des Vertrauens, läßt jedoch gleichzeitig etwas wie Heimweh nach der verlorenen Geborgenheit erkennen und verlangt daher von jedermann strenge Rechenschaft über die unscheinbarsten Handlungen. Es wird dem Arzt nicht mehr zugestanden, in guten Treuen zu irren. Der wissenschaftliche Fortschritt, die täglich weiterschreitende Verfeinerung und Vervollkommnung der Technik lassen alle Vorgänge als determiniert und determinierbar erscheinen, so daß die Versuchung unwiderstehlich wird, das Leben in mathematischen Gleichungen aufzulösen – im Bereiche der Medizin ein trügerisches Scheinbild.

Zumindest in einem Bereich versagt jedoch diese »Verantwortlichkeit« des Arztes – in jenem der Neurosen und psychosomatischen Krankheiten. Es ist mir kein Fall bekannt, da ein Arzt zur Rechenschaft gezogen worden wäre, weil er einen neurotischen oder psychosomatisch kranken Patienten zu spät einer fachärztlichen (psycho-therapeutischen) Behandlung zugeführt hätte. Selbst das Übersehen einer Selbstmordgefahr, das Überhören einer Selbstmorddrohung wird kaum geahndet. Wieviele Selbstmorde und Selbstmordversuche unterbleiben würden, wenn rechtzeitig ein ärztliches Gespräch stattfände, wird wohl immer unbekannt bleiben. Daß die Nichtüberweisung eines Patienten an einen Psychotherapeuten als krasser Kunstfehler zu werten ist, wird in keiner Standesethik festgehalten. Es wäre zu fordern, daß dem Arzt die gleichen Verantwortungen in bezug auf Diagnose und Therapie im Bereiche der psychosomatischen und neurotischen Krankheiten auferlegt würden wie im Bereich der technischen Maßnahmen. Wehe dem Psychotherapeuten, der einen Hirntumor oder die Anzeichen eines Myokardinfarktes übersieht (wobei die meisten Fehldiagnosen wohl nicht von Psychiatern und Psychologen, sondern eher von Fachleuten gestellt werden). Dem Arzt, der eine neurotische Fehlentwicklung, ja sogar eine Depression übersieht, geschieht dagegen nichts!

Eine interessante Feststellung, in welcher ein gewisser *Vorwurf an die Ärzteschaft* unüberhörbar ist, finden wir bei DE BOOR und KÜNZLER in der Mitteilung, daß *Angehörige* sogenannt *unterer Sozialklassen*, also *Arbeiter*, schneller einer fachärztlichen Instanz überwiesen werden als sozial höher Gestellte. Diese Tatsache weist auf Fragen der Kommunikation, das heißt der Arzt-Patient-Beziehung hin, die auch in der somatischen Medizin eine Rolle spielen. »Der Arzt behält und behandelt länger Patienten, die seiner Sozialschicht angehören oder nahestehen, da er sich mit ihnen besser verständigen kann.« Offenbar ist er auch eher geneigt, die ominöse Diagnose einer »Neurose« bei dieser Klientel aufzuschieben oder zu vermeiden. Möglicherweise spielen dabei auch wirtschaftliche Faktoren eine Rolle.

Dies führt weiter zur Frage des *sozialen* Engagements des Arztes. Die Verantwortlichkeit der Medizin gegenüber sozialen und gesellschaftlichen Mißständen mag vielerorts mit dem Hinweis erledigt werden, dies sei Aufgabe der Politik und des Staates. Dies mag dort der Fall sein, wo die Medizin verstaatlicht ist und der Arzt keine Einflußmöglichkeit auf die Struktur des Gesundheitswesens oder gar des Staates besitzt. Nicht aber in einem offenen Gesellschaftssystem, das immer noch, wenn auch zähe, Verbesserungen zuläßt. Dort hat der Arzt eine imminent politische Rolle zu erfüllen. Denn er ist, wie kaum ein anderer Berufstätiger, gleichermaßen in allen Sozialschichten »zu Hause«. Er arbeitet zwar in einem freien Beruf, ist aber zugleich für das Gemeinwohl tätig – und die Gesellschaft hat ein *Anrecht* auf diese Tätigkeit.

Auch die Sozialmedizin – die allerdings mehr Beachtung gefunden hat als die Psychotherapie – verlangt diesen persönlichen Einsatz des Arztes.

In diesem Zusammenhang muß darauf hingewiesen werden, daß Standesethik, Deontologie, Soziologie und Psychologie nur auf dem Boden einer vorzüglichen naturwissenschaftlichen Ausbildung sinnvoll sind. Mitmenschliche Güte und Hilfsbereitschaft machen noch nicht den guten Arzt aus. Wissen und Können bilden die Voraussetzung jeglicher Hilfe am Kranken. Die psychotherapeutischen Eiferer unter den Praktikern stehen allzuoft im Verdacht, die somatische Abklärung zu vernachlässigen. Der psychologische Helferwille gründet nicht selten in eigenen seelischen Unstimmigkeiten. Nichts kann jedoch dem Kranken mehr schaden als ein Arzt, der seine eigene Neurose an den Patienten austrägt und zu heilen versucht.

Ein Gynäkologe berichtete einst in einer *Balint-Gruppe* über ein 17jähriges Mädchen, das ihn wegen akuter Schmerzen in der rechten Adnexgegend notfallartig nachts zu sich rief. Der Arzt kannte das Mädchen und dessen Mutter, die er beide als hochgradig neurotisch bezeichnete. Die Mutter war zudem auf den Arzt hysterisch-erotisch fixiert. In der Annahme, den Schmerzen der Patientin liege ein seelischer Konflikt mit der Mutter zugrunde, und aufgrund einer vorgefaßten Meinung über hysterisch-neurotisches Verhalten sowie möglicher erotischer Frustrationen verzichtete der Arzt auf eine digitale Untersuchung. Er unterhielt sich mit der Patientin – was damals vom Leiter der *Balint-Gruppe* als richtiges Vorgehen gedeutet wurde. Meines Erachtens beging der Arzt einen krassen Fehler. Auch neurotische Patienten können an akuten oder chronischen Leiden erkranken. Hier wäre zumindest eine akute Adnexitis, eine Extrauteringravidität, ev. sogar eine akute Appendicitis differentialdiagnostisch auszuschalten gewesen. Und der Leiter der *Balint-Gruppe* hätte eher die Frage stellen müssen, warum sich wohl der Arzt eigentlich gescheut habe, das Mädchen körperlich zu untersuchen.

Auf der anderen Seite soll hervorgehoben werden, daß die natürliche mitmenschliche Begegnung mit dem Kranken noch nicht als psychosomatische Medizin angesehen werden kann. Dem Kranken als *Leidenden* beizustehen und ihn »individuell« als Kranken zu erfassen, genügt vielen Ärzten, um ihr Tun als psychosomatisch zu bezeichnen. Wäre dem so, dann hätten jene Kritiker recht, die behaupten, Psychosomatik sei für jeden Arzt eine Selbstverständlichkeit und damit als eigenständiger Begriff überflüssig. Zum Aufbau der Medizin gehört naturgemäß auch jener Bereich, der die Individualität des Patienten und des Arztes umfaßt und berücksichtigt. In Übereinstimmung mit HOFF und RINGEL kann dieser Zugang zum Kranken als *»Ganzheitsmedizin«* (v. WEIZSÄCKER) bezeichnet werden. Sie beinhaltet die Grundeinstellung des Arztes, in der Therapie sei nicht nur das erkrankte Organ, sondern die gesamte Persönlichkeit des Leidenden, seine Individualität, zu berücksichtigen. Eigentlich müßte »Ganzheitsmedizin« die Gesamtheit aller, auch den psychosomatischen Aspekt der Medizin umfassen. Wir verwenden lieber den Ausdruck Individualmedizin. Gemeint ist im Grunde die »Médecine de la personne« (TOURNIER) oder personale Medizin. Diese Ganzheits- oder Individualmedizin ist, wie gesagt, nicht neu. Der einzelne Arzt stand schon immer, »auch in Perioden, in denen die offizielle Schulmeinung dem Seelischen wenig Raum gab«, einem *Leidenden* gegenüber, den er in seiner Gesamtheit zu erfassen versuchte. »Würde der Begriff der Psychosomatik nicht mehr beinhalten, dann hätte man ihm zwar zweifelsohne viel zu verdanken ... etwas wirklich Neues würde er aber nicht bedeuten.« *Psychosomatische Medizin* ist jedoch mehr. Es geht ihr nicht nur um ein adäquates psychologisches oder allgemeinmenschliches *Verhalten* des Arztes, sondern um ein psychologisches *Krankheitsverständnis.* Mit anderen Worten: ohne Neurosenlehre keine Psychosomatik. V. WEIZSÄCKER drückte diese Auffassung mit den Worten aus: »Die psychosomatische Medizin muß eine tiefenpsychologische sein oder sie wird nicht sein.« HOFF und RINGEL fügen mit Recht hinzu, Psychosomatik im eigentlichen Sinne sei ohne praktische Anwendung der tiefenpsychologischen Erkenntnisse, ohne Neurosenlehre, undenkbar. Darin liege das Neue, das sie von allen bisherigen Bestrebungen, die Wichtigkeit des Seelischen zu betonen, unterscheide. Die Frage, die uns dann im Zusammenhang mit der psychosomatischen Medizin zu beschäftigen hat, ist jene nach dem *Wesen* einer solchen Tiefenpsychologie.

Aus diesem Grunde haben wir zu den vier Aspekten unseres Schemas zum Aufbau der Medizin noch die Neurosenlehre und – als deren Ergänzung und Bestätigung – die Klinische Psychologie gezählt. Neurosenlehre und Klinische Psychologie liefern das psychosomatische *Krankheitsverständnis*, aufgrund dessen die *Psychotherapie* ansetzen kann. Vorgängig jedoch muß die Frage nicht nur nach dem Wesen der Krankheit, sondern nach dem Wesen des Menschen, der da krank wird und geheilt werden soll, gestellt und beantwortet werden. Deshalb gehört die *Philosophie* an den Anfang allen psychosomatischen Denkens. Immer mehr nämlich erweist sich ein Krankheitsverständnis, das nicht bis zum Kern menschlichen Daseins vorstößt, als ungenügend; immer mehr kommen in der Psychotherapie Probleme zur Sprache, die eine gründliche Kenntnis menschlicher *Existenz* voraussetzen, soll die Heilung mehr bedeuten als eine Reparatur defekter Organe.

Überall dort, wo im Krankheitsgeschehen differenzierte Vorgänge stattfinden, die sogar ein medizinpsychologisches Krankheitsverständnis erfordern, versagt das übliche technische Vorgehen des Arztes. Dies sei am Beispiel der allergischen und jenem der endokrinen Krankheiten kurz erläutert. Zweifellos gelang es der differenzierten Forschung, die spezifischen Überempfindlichkeiten vieler Menschen gegen bestimmte Stoffe chemisch und physiologisch abzuklären. Die Befunde wurden auch therapeutisch weitgehend verwertet. Obwohl die *Allergieforschung* Hervorragendes leistete, konnte jedoch die einfache Frage bisher nicht gelöst werden, warum ein bestimmter Mensch in seinem zehnten, ein anderer in seinem dreißigsten Lebensjahr einem bestimmten Stoff gegenüber empfindlich wird, während ein dritter sein ganzes Leben schadlos damit umgeht (JORES). Die Frage war unseres Erachtens wohl deshalb nicht zu lösen, weil die »Ursache« im seelischen Bereich zu suchen gewesen wäre, also in einem Gebiet, das sich der naturwissenschaftlichen Forschung weitgehend entzieht. Ähnlich verhält es sich bei der Interpretation *endokriner Gleichgewichtsstörungen.* Hier sind die Beziehungen zwischen *Hormon und Psyche* so deutlich, daß sie nicht übersehen werden können. Einerseits wird die Ansicht vertreten, schwere Persönlichkeitsstörungen bewirkten nach einer gewissen Zeit die körperliche Krankheit. Einer solchen »psychogenetischen« steht andererseits eine zweite, »somatogenetische« Betrachtungsweise gegenüber, wonach die psychische Fehlentwicklung als Folge der zugrundeliegenden hormonalen Störung aufzufassen wäre.

Schließlich wurden sogar neurovegetative und hormonale Regulationen entdeckt, die dieses einfache Schema der »Somatogenie« und der »Psychogenie« als Feedback-Mechanismus miteinander in Verbindung bringen.

Obwohl in allen diesen Forschungen der »Psyche« eine wichtige Bedeutung im Krankheitsgeschehen zugestanden wird, blieben ihnen *grundlegende Neuentdeckungen* versagt. Zunächst mußte schon rein empirisch, das heißt also naturwissenschaftlich-statistisch, festgestellt werden, daß trotz psychogenetischer und somatogenetischer Annahmen ein Kausalverhältnis in Wirklichkeit nicht nachweisbar ist. So schrieb M. BLEULER in seiner »Endokrinologischen Psychiatrie«, daß sich die einfache Frage, welches die Ursache und welches die Wirkung im Krankheitsgeschehen sei, prinzipiell nie klären lasse. Er stellte sogar an Hand seiner Untersuchungen mit Bestimmtheit fest, daß die Frage nach einer psychischen oder somatischen Genese grundsätzlich falsch gestellt sein müsse. Bei allzu vielen Erkrankungen sei man in der Lage, mit genau derselben Berechtigung die emotionellen Abläufe als Ursache wie als Folge der endokrinen zu betrachten.

Aber nicht nur die empirisch gewonnenen Erkenntnisse sprechen gegen ein solches wirkursächliches Verhältnis, sondern auch jedes theoretische Überdenken der Gegebenheiten. So blieben nämlich bisher alle Versuche, die Umsetzung psychischer Konflikte in körperliche Veränderungen auch nur gedanklich erklären zu wollen, erfolglos. Wenn zwar die Neurophysiologie unser Wissen über die Verbindung der Hypophyse zum Hirnstamm und von diesem zur Großhirnrinde bereichert und damit die Bedingung für das Zustandekommen psychosomatischer Erkrankungen aufgedeckt hat, so wissen wir trotzdem nichts Neues über die Art und Weise, wie Gedanken, Gefühle, Träume physiologisch wirksam werden, es sei denn, die Emotionen würden zerebralen und endokrinen Funktionen gleichgesetzt. Mit einer solchen Gleichsetzung, sagt KIND, gehen wir jedoch der Frage aus dem Wege, wer da eigentlich denkt, fühlt und sich von Emotionen hinreißen läßt. »Wir kommen nicht um die Vorstellung eines denkenden und fühlenden Wesens herum, das mit noch so komplizierten und verwickelten physiologischen und biologischen Prozessen nicht identisch sein kann.« Mit andern Worten: Alle diese Untersuchungen liefern wertvolle Erkenntnisse in bezug auf die Pathogenese, tragen jedoch kaum etwas zur Frage der Ätiologie bei und sagen schon gar nichts über das Wesen und den Bedeutungsgehalt psychosomatischer Krankheiten aus.

Der biologische Zugang zum Kranken

Ähnliche Überlegungen lassen sich anstellen, wenn die »exakten« Naturwissenschaften in der Medizin durch »biologische« Grundlagen ersetzt werden. J. H. SCHULTZ verleiht einer weit verbreiteten Ansicht Ausdruck, wenn er schreibt, Medizin könne *niemals etwas anderes sein als angewandte Biologie.* Medizinische Psychologie habe nur »Eigenrecht«, sofern es sich um die psychologische Betrachtung und Behandlung *krankhafter* Störungen handle. Für SCHULTZ sind deshalb besonders jene Gebiete von größter Bedeutung, die dem »Naturbereich des menschlichen Seelenlebens« am nächsten stehen, nämlich die Tierpsychologie, die Kinderpsychologie und die Entwicklungspsychologie sowie die Forschungen über das Trieb- und Affektgeschehen, »während eigentlich geistespsychologisch ausgerichtete psychologische Forschungsrichtungen wohl zur Begleitung des Kranken unentbehrlich, aber in ihrer zentralen Struktur außerhalb der Kernfrage krank/gesund gelagert« seien.

In dieser Auffassung ist das ganze Programm der biologischen Forschungsrichtung enthalten. Aber noch mehr: Es wird implizite angetönt, daß menschliches Kranksein an sich ein rein biologischer Vorgang sei und die biologische Wissenschaft über genügend gesicherte Erkenntnisse verfüge, um – zumindest im Bereiche der psychologischen Krankenbetreuung – die Geisteswissenschaften auf den Platz eines »Begleiters« zu verweisen. Bevor wir jedoch diese in den vorliegenden Sätzen apodiktisch aufgestellte Behauptung kritisch würdigen, wollen wir uns die sich daraus ergebenden Konsequenzen vor Augen führen.

Zunächst muß eine biologisch ausgerichtete medizinische Psychologie ihren Krankheitsbegriff jenem des Bereiches organischer Krankheiten anpassen. Zwar erkannte man längst, daß es keine »lokalen« Neurosen gebe, sondern daß der neurotische Mensch immer »ganzheitlich« erkrankt, während wir gewohnt sind, die organischen Krankheiten mehr »örtlich« – etwa als Pneumonie oder Migräne, Herz- oder Magenkrankheit – zu sehen. Dieser scheinbare Widerspruch ließe sich dadurch aufheben, daß auch bei organischen Störungen die Grenze zwischen krank und gesund verwischt und die allgemeine innere Disposition des Menschen wichtiger wird als das äußerlich und lokal einwirkende schädliche Agens. Die zweite Folgerung ist die, daß von Psychotherapie und medizinischer Psychologie nur dort gesprochen werden darf, wo es um die Antinomie von gesund und krank geht. Im Gebiete des Geistigen, meint SCHULTZ, sei es absurd, von Krankheit zu sprechen, da völlig andere Kategorien vorherrschten. Dort werde nicht nach gesund und krank gefragt, sondern nach recht und unrecht, gut und böse, schön und häßlich, wahr und unwahr, gerecht und ungerecht. Es handle sich also letztlich um eine metaphysische Problematik; diese höchsten Menschheitsfragen und Menschheitswerte hätten nichts mit medizinischer Psychologie zu tun. Durch den Einbezug von solch »unnötigem Ballast« und »wirrköpfischer Schönrederei« in die Psychotherapie werde die wissenschaftlich einwandfreie psychologische Arbeit erschwert.

Die erste Schwierigkeit, die trotz oder gerade wegen der eben erwähnten zwei Grundthesen auftritt, ist jene der Festlegung des Begriffes *Biologie.* Der Rückgriff nämlich auf die naturwissenschaftliche Grundlage der Biologie erweist sich schon deshalb als fragwürdig, weil aus dieser das Kausalitätsprinzip und die Gesetzmäßigkeit nicht wegzudenken sind. Im Bereiche des Lebendigen aber haben beide – vorsichtig ausgedrückt – nur beschränkte Gültigkeit. So gelangte man bereits zu einer Zweiteilung des Biologischen in eine *biotechnische* und eine *bionome* Kategorie. Erstere sollte kausal-mechanistisch und gesetzmäßig zu erfassen sein, die zweite einer bestimmten, aber nicht näher definierten lebensgesetzlichen Ordnung folgen.

Eine bionome oder organismische medizinische Psychologie verzichtet zwar auf den obenerwähnten Einbezug »metaphysisch-anthropologischer« Stellungnahmen (»maßt sich doch der so irrende Arzt Anspruch, Sendung und Recht des Seelsorgers an!« SCHULTZ), sie beruft sich aber auf eine vielleicht nicht metaphysische, dafür um so mehr spekulative »Ordnung« des Lebendigen, welch letzteres jedoch nicht aus seinem Wesen heraus erfaßt, sondern nach bestimmten Kategorien mehr oder weniger willkürlich abgeleitet wird. So bleibt nichts anderes übrig, als das Lebendige letzten Endes aus einigen Merkmalen (gegliederter Stufenbau, planmäßiges Baugefüge, Wachstum, Vermehrung usw.) heraus zu deuten und auf die Grundfrage nach dem Sein und dem Sinn des Menschenwesens zu verzichten.

Dieser Grundfrage weichen auch jene Versuche aus, die menschliches und tierisches Verhalten unter einheitlichen Gesichtspunkten erforschen und vergleichen. Wenn versucht wird, der medizinischen Psychologie durch die Beweiskraft tierexperimenteller Befunde einen wissenschaftlichen Boden zu verschaffen, dann müssen die Grenzen eines solchen Unterfangens klar beachtet werden. Einmal sind immer Menschen an Tierversuchen beteiligt; zum andern »beweisen« die physiologischen Experimente höchstens das Vorhandensein biologischer Bedingungen für das Zustandekommen bestimmter Verhaltensweisen, nie jedoch deren Sinn.

Ethologie, Umweltlehre, vergleichende Verhaltensforschung
1843 beschrieb MILL eine exakte Wissenschaft der menschlichen Natur, die er *Ethologie* (Ethos = Aufenthalt, Wohnort; Ethologie = Lehre von den Lebensgewohnheiten, vom Verhalten der Tiere) nannte und auf *kausalen Gesetzen* aufgebaut wissen wollte. Die Methodik der Ethologie als *induktive Naturwissenschaft* beginnt mit der deskriptiven Erfassung durch Beobachtung und schreitet über ein systematisches Ordnen von Verhaltensweisen zur *physiologischen Kausalanalyse* des Verhaltens fort (PLOOG). Der Mensch ist in dieser Wissenschaft das *im Sinne der Abstammungslehre* höchstorganisierte Lebewesen und als solches besonderen Gesetzlichkeiten unterworfen, die durch die speziellen Wissenschaften vom Menschen (Anthropologie, Psychologie, Soziologie, Psychopathologie) untersucht werden. Da jedoch über *Erlebnisse* von Tieren direkt nie etwas ausgesagt werden kann, ist die subjektive Seite des Verhaltens nicht Gegenstand der Ethologie, sondern gehört in die spezielleren Wissenschaften der Humanpsychologie und – Psychopathologie. Die Ethologie gelangt auf indirekte Weise zu grundlegenden Aussagen über »Psychisches«, aber erst die Zusammenarbeit zwischen Ethologen und Anthropologen kann ans Licht bringen, auf welche besondere Weise diese grundlegenden Aussagen für das Seelenleben des Menschen zutreffen.

Ethologie ist die vergleichende Erforschung angeborenen Verhaltens. Dabei leugnen die Ethologen keineswegs die »Umwelteinflüsse«, die in die Entwicklung von Verhaltensweisen eingreifen. Sie grenzt sich gegen den Behaviorismus, aber auch gegen jene Verhaltensforschung ab, die rein final denkt und die *Ziel- und Zweckhaftigkeit (directiveness and purposiveness)* instinktiven Verhaltens untersucht (z. B. MCDOUGALL).

Ploog meint nun, für die Psychopathologie spiele diese Auseinandersetzung zwischen teleologischer und kausaler Betrachtungsweise eine große Rolle. Wenn vom Wesen des Menschen, von seinen Daseinsordnungen, aber auch vom Wesen »seiner« Krankheiten gesprochen werde, so möge das für eine philosophisch orientierte Psychopathologie von Wert sein und das Bedürfnis nach Sinnhaftigkeit befriedigen helfen. Dem kranken Menschen könne dagegen nur, wie auch sonst in der Medizin, durch Kausalanalyse der zur Krankheit führenden Vorgänge geholfen werden. Diese Ansicht wird später bei der Beschreibung der phänomenologischen Methode zu widerlegen sein.

Der Ethologie ist die *Umweltlehre* (Jacob v. Uexküll) gegenüberzustellen. Der Unterschied liegt nicht im Methodischen, sondern in der gezogenen philosophischen Konsequenz. V. Uexküll, voreingenommen durch seinen entelechial gefaßten Begriff des »Bauplanes«, bestreitet die heute von maßgebenden Forschern anerkannten Beweise der Evolutionslehre. Tier und Umwelt sollen in einer Wechselwirkung stehen: Gegebenheiten der Umgebung sollen reaktionsauslösend auf das Tier wirken, andererseits durch die so ausgelöste Aktivität des Tieres verändert werden. Dieser »Funktionskreis« ist eng verwandt mit dem Gestaltkreis v. Weizsäckers. Dies wird am Unterschied von *Merkwelt* und *Wirkwelt* deutlich. Bildlich gesprochen greift jedes Tier mit zwei Gliedern einer Zange sein Objekt an. Mit dem Merkgliede erteilt es dem Objekt ein Merkmal und mit dem Wirkgliede ein Wirkmal. Dadurch werden bestimmte Eigenschaften des Objektes zu Merkmalsträgern und andere zu Wirkmalsträgern. Als Beispiel sei die Zecke angeführt. Ihre normalen Wirtstiere sind Säuger (Merkmalsträger). Sie sticht in alle Objekte, die nach Buttersäure (Merkmal) riechen und eine Temperatur von 37° C (Merkmal) haben, auch wenn diese Objekte keine Angriffsflächen (Wirkmal) für die Effektoren (Bohrrüssel) des Tieres bilden.

Es gibt nun bestimmte Bewegungs- und Verhaltensweisen, die für Arten, Gattungen, Ordnungen ebenso kennzeichnend sind wie die morphologischen Merkmale. Diese artgebundenen Bewegungsweisen sind nicht Reflexen vergleichbar, da zweckgerichtet. Lorenz nannte dieses zweckgerichtete, plastische Verhalten *Appetenzverhalten*. Wer Hunger hat, strebt nach Nahrung und vollzieht mit der Nahrungsaufnahme die Endhandlung, ohne dabei den biologischen Zweck der Lebenserhaltung, des Größer- und Dickerwerdens zu verfolgen. Oder: bei der sexuellen Appetenz ist der Begattungsakt das unmittelbare Ziel, nicht aber die arterhaltende Fortpflanzung. Das Diagramm einer Handlung besteht nun aus drei verschiedenen Anteilen: dem Appetenzverhalten, dem Ansprechen des angeborenen Auslösungsmechanismus und dem Ablaufen der Erbkoordination (Endhaltung). Das *Instinktverhalten* ist einmal Antwort auf äussere Reize, dann aber auch durch Innenfaktoren bestimmt (Hormone? Spontanaktivität des ZNS?) und schließlich ein Zusammenwirken äußerer und innerer Faktoren.

Für die Instinktlehre ist die Annahme von »Trieben« von größter Bedeutung. Die Triebstärke (z. B. Hungergrad) kann von sich ansammelnder Instinkterregung (Beutefanghandlung) getrennt werden, wie aus Versuchen, die sich auf die Ermüdung und Hemmung angeborener Verhaltensweisen bezogen, nachgewiesen werden konnte. Hunger beispielsweise ist ein innerer Zustand, Appetit eine Bedürfnisspannung und Belohnung die Befriedigung eines Bedürfnisses (PLOOG).

Als verläßlichster Anhaltspunkt für den Vergleich angeborenen Verhaltens zwischen Mensch und Tier gilt die *Entwicklung des Säuglings* während der ersten Lebensmonate, da Erfahrungseinflüsse kaum eine Rolle spielen. Zudem befinden sich das Beobachtete und der Beobachter in einer dem Tierexperiment vergleichbaren, averbal bestimmten Situation. Reine *Kaspar-Hauser-Versuche* (isolierte Aufzucht) liegen nicht vor, wenn auch gelegentlich Fälle extremer Isolierung von Kindern publiziert wurden (MONTAGU). Auch die Berichte über angebliche Wolfskinder sind nicht hinreichend auswertbar. Es darf aus ihnen aber geschlossen werden, daß bestimmte adäquate äußere Reize notwendig sind, damit sich ein vollkommen menschliches Verhalten entwickeln kann (z. B. Sprachentwicklung).

Nicht nur beim Säugling können erfahrungsfrei sich entwikkelnde oder sich wieder zurückbildende Verhaltensweisen festgestellt werden. Bei Kindern z. B. kennt man eine *heranreifende Verhaltensweise der Angst und der Flucht*, wenn sie zum Beispiel Schlangen begegnen. Eine »Instinktreifung« in Form einer spontanen Abwehrreaktion gegenüber Schlangen tritt bei Kindern, die nie eine Schlange gesehen haben (Heimkinder), im Laufe des *dritten Lebensjahres* auf. Die Schlange bekommt in dieser Zeit das spezifische Merkmal des Feindes, das den in diesem Alter gereiften, aber angeborenen Auslösemechanismus anspricht (PRECHTL). Da drängt sich die Frage auf, wieweit überhaupt *phasenspezifische Verhaltensweisen* der Kinder (Trotzalter, erster Gestaltwandel, Pubertät) *auf dem Boden angeborenen Verhaltens zu erklären* sind. Die heutige psychoanalytische Erklärungsweise (SPITZ) bekäme ein biologisches Fundament. Die Primitiv-Motorik kann aber auch anhand *cerebralorganischer Abbauerscheinungen* oder Störungen studiert werden, beispielsweise Sperr-Reaktionen bei Kranken mit seniler Demenz, die mit jenen bei Säuglingen und Schimpansen verglichen werden. Das gleiche gilt von Greifreflexen bei Alzheimer-Kranken.

Es könnte nun so aussehen, als setze man die Sensomotorik von Säuglingen, Kranken, Affen und anderen Säugetieren unmittelbar gleich. Dem tritt PLOOG entgegen. Bei ontogenetischen Vergleichen zwischen dem Aufbau der Sensomotorik des Säuglings und dem Abbau dieser Funktion beim cerebralorganisch Kranken handelt es sich *nicht einfach um eine Umkehr des Entwicklungsprozesses.* Die *Wiederholung* der frühen Verhaltensweisen in den Stadien des Abbaues betrifft nur die erfahrungsfreien, angeborenen Verhaltensweisen, während die durch Gewöhnung erworbenen, bedingten oder sekundär automatisierten sensomotorischen Vollzüge der Dissolution anheimfallen. Der Abbau wiederholt somit nicht die ganze Stufenfolge der früheren Verhaltensweisen. Aus diesem Grunde sollen sich schwere Abbauprozesse vorzüglich dazu eignen, Bausteine angeborenen Verhaltens zu erkennen. Die Beziehungen der Säuglingsmotorik und der pathologisch reduzierten Motorik zu Verhaltensweisen aus der Tierreihe sind jedoch anders zu beurteilen. Die motorischen Leistungen der Tiere sind nicht primitiv, schablonenhaft oder unterentwickelt, sondern höchst spezialisiert und in die Umwelt eingepaßt, während es sich beim Säugling um Durchgangsstufen der Entwicklung handelt, die später umgebaut werden. Im Abbauprozeß schließlich treten nur noch Schablonen hervor, denen die spezifischen Merkmale, die die arterhaltende Leistung garantieren, fehlen.

Die biologische Betrachtungsweise entkleidet denn auch weitgehend die Ausdrucksverhaltensweisen ihres mitmenschlichen Bezuges. So soll beispielsweise das *Lächeln* des Säuglings eine angeborene instinkthafte Ausdrucksbewegung sein. Durchschnittlich tritt es in der ersten Woche auf, wo eine visuell orientierte Objektbeziehung zur Mutter nicht besteht. Aber schon dieses frühe Lächeln ist an »Stimmungen« gebunden (Sättigung, Schlaf) und bleibt bei unlustbetonten Zuständen (Hunger, Schmerzen) aus. Auch blindgeborene Kinder lächeln – was als Beweis für die Feststellung des erfahrungsfreien Reifens herangezogen wird. PLOOG lehnt die Ansicht ab, das Lächeln sei primär Ausdruck einer zwischenmenschlichen Beziehung. Auch die Reaktion der Erwachsenen auf das Lächeln aktiviere in diesen lediglich wiederum die eigene angeborene Veranlagung: Schließlich – sagt PLOOG – wäre nach der Wirkung zu fragen, die das Lächeln des Säuglings auf die Artgenossen, zumeist die Mutter, ausübt. Nach HERODOT entging KYPSELOS, der spätere Herrscher von Korinth, als Neugeborener der Tötung, indem er die Schergen anlächelte. Diese Sage zeige den wahren Sachverhalt: daß für diese angeborene Verhaltensweise keineswegs das Verhalten des Partners ausschlaggebend ist, daß diese Instinktbewegung aber eine mächtige Kraft auf ihn ausübt und in ihm, wenn nicht den Brutpflegeinstinkt, so doch eine stimmungsbeeinflussende Haltung auslöst. Wie entzückt selbst ganz unbeteiligte Menschen auf das Lächeln eines Babys reagieren, weiß jedermann aus Erfahrung. Für die Mutter bedeutet dieses Lächeln ungetrübtes Glück. Darin wird die Verzahnung aller echten Instinktbewegungen mit dem Partner gesehen, ohne daß so etwas wie der Inellekt dabei eine Rolle spielt. Die Instinktivbewegung des Lächelns soll der angeborene Ausdruck der Freude sein, der seinerseits Freude auslöst.

Als Beweis dafür, daß das Antwort-Lächeln unabhängig von der differenzierten Mimik des Partners reift, führt PLOOG Attrappenversuche von KAILA und R. SPITZ an: *rohe* Gesichtsattrappen, Vogelscheuchen etc. lösten das Lächeln ebenso aus wie das menschliche Gesicht.

Allerdings bleiben bei allen diesen Experimenten und vor allem bei den Schlußfolgerungen der Ethologen viele Fragen offen. So wäre beispielsweise zu bemerken, daß die Tatsache des frühen Auftretens des Lächelns, ja des Nichterkennens der Mutter noch nichts über ein Angeboren- oder Nichtangeborensein dieser mimischen Äußerung aussagt. Mit Recht betont aber die Verhaltensforschung, daß die Mimik einer Stimmung Ausdruck verleihe. Die *Stimmung*, nämlich die Freude oder die Angst, kann aber nicht in naturwissenschaftlich-biologischen Kategorien gefaßt werden. Aus diesem Grunde ist auch die vergleichende Verhaltensforschung lediglich als ein Vergleich von äußeren Ausdrucksformen zu werten, die eventuell ohne inneren Zusammenhang sind. Denn über »Stimmungen« bei Tieren wissen wir so gut wie nichts. Die Reaktion eines Tieres auf Bedrohung mag der Reaktion eines Menschen auf Angst entsprechen; ob aber das Tier »Angst« empfindet, weiß kein Verhaltensforscher anzugeben.

Auch die Attrappenversuche bei Säuglingen sagen nichts über den Bedeutungsgehalt des Lächelns aus. Auch Fratzen und Vogelscheuchen können als mitmenschliche Gestalten mißverstanden werden, nicht nur bei Säuglingen.

Die Biologie geht vom Gedanken der Zweckmäßigkeit und der Leistungsfähigkeit aus. Der Lebensvorgang ist für die technische Biologie ein bloßer komplizierter physikalisch-chemischer Prozeß. Und die Biologie versucht, das organische Leben mit den Methoden des mathematisch-physikalischen Denkens zu erklären.

In der zweiten Hälfte des *17. Jahrhunderts* fand eine erste Ablösung dieser Theorien durch den *Vitalismus* statt. Danach sollte der lebendige Organismus über Kräfte und Strukturen verfügen, die prinzipiell nicht mathematisch erfaßbar seien. Man sprach von einer der lebenden Substanz innewohnenden Lebenskraft. Schließlich wurde der Leib zu einem toten Körper, der durch eine »Anima« in Betrieb gesetzt wurde.

Man sprach von *»Principe vital«*, *»Spiritus«*, *»Äther«* oder von einer *»vis vitalis insita«*. Erst in der zweiten Hälfte des *19. Jahrhunderts* trat als Reaktion gegen die romantische Naturphilosophie (OKEN, SCHELLING) eine wiederum mehr mechanistisch-materialistische Periode der Biologie auf. Danach sollte die *ganze Welt* wiederum nur aus *Materie* und aus *Bewegung von Materie* konstruiert sein. *Gefühle und Gedanken wurden für Ausscheidungsprodukte der Gehirnzellen gehalten.* Die *Entwicklungstheorie* kannte *nur quantitative Unterschiede* zwischen den Arten. Alle qualitativen Differenzen wurden auf genetische Ursachen, auf die natürliche Auslese und auf den Kampf ums Dasein zurückgeführt (BOSS). ROUX inaugurierte eine eigentliche *Entwicklungsmechanik.*

Demgegenüber wurde die Unhaltbarkeit der Maschinentheorie des Lebens von Driesch aufgezeigt. Berühmt wurden seine Versuche mit Seeigeleiern, die er experimentell in einem frühen Entwicklungsstadium in zwei Teile teilte, wodurch wieder zwei Seeigel entstanden. Bei der Teilung einer Maschine hingegen könne solches nicht geschehen. Durch Driesch wurde die Biologie zu einer *Ganzheitsbiologie.* Das Ganze eines Organismus setze sich nicht aus Zellen zusammen, vielmehr bediene er sich als Ganzheit der Zellen. Die Bewirkerin dieser Ganzheit sei eine formbildende Kraft, die *Entelechie.* Seine Lehre nannte er deshalb »Neo-Vitalismus«. Solcher »Kraft« gegenüber betonen die eher modernen »organismischen« Biologen das Vorhandensein einer im Wechselspiel der im dynamischen System selbst enthaltenen Kräfte gegebenen *Ordnung.* Bei W. R. Hess findet diese Lehre ihren Höhepunkt: nach ihm bestehen die Organismen aus einem *vegetativ-trophotropen* und einem *animal-ergotropen* Leistungssystem (daher der Ausdruck: Leistungsphysiologie).

Nun erwiesen sich – wie u. a. Boss nachweisen konnte – gerade die allereinfachsten der sogenannten Ausdruckserscheinungen und der »emotionellen Begleitsymptome« als Grenzphänomene ihres Verstehens. Die einfachste Art und Weise, offensichtlich »zwecklose« menschliche Äußerungen (wie etwa die Mimik) in den technisch-biologischen Zugriff zu bekommen, ist die Behauptung, es seien phylogenetische Überreste eines früher dagewesenen, zweckbedingten Verhaltens, die in einer veränderten Umwelt funktionslos geworden sind. Aber nicht nur etwa bei Darwin, sondern auch bei Klages sind Mimik und Gebärden zielgerichtete und von Kräften betriebene Handlungen. Alle Ausdruckserscheinungen sollen auf Antriebe zurückzuführen führen sein, die unmittelbar den Gefühlen und Gemütsbewegungen innewohnen. In ihnen würden, wie in den gewöhnlichen, zweckmäßigen Handlungen gleich ursprüngliche und autochtone Triebumsetzungen gesehen.

Nicht nur ist aber das Konzept der Triebumsetzungen und jegliches gegenständliche Zweckdenken fragwürdig. Auch jene Forscher, die in den mimischen Äußerungen lediglich erfolgversprechende Mittel gegenseitiger Verständigung sehen wollen, konstruieren eine (gehobene) Zweckmäßigkeit. Es gibt jedoch zahllose innerliche Ausdruckserscheinungen, Herzklopfen der Freude, Erregung bei der Angst, die vom Partner überhaupt nicht wahrgenommen werden.

Wir sehen also, zusammengefaßt, daß weder mit der Annahme, gewisse Ausdrucksformen seien angeborenes Instinktverhalten, noch mit der Annahme, sie seien zweckbedingt und phylogenetisch erklärbar, genügend zum wirklichen Verstehen menschlicher Phänomene beitragen wurde.

Dies gilt auch für die Erklärung *psychopathologischer Erscheinungen* durch die vergleichende Verhaltensforschung. Die Ethologen selbst warnen vor allzu schnell übernommenen Redewendungen ihres Bereiches in die Psychopathologie. Mit der Angabe beispielsweise, das Bettnässen sei ein »Übersprungharnen«, oder mit dem Ausdruck »Übersprungonanie« oder »Übersprungerbrechen« sei der Vorgang nicht erklärt. Ebensowenig dürfe man menschliche und menschliche Bedürfnisse gleichsetzen. Stierlin meint, das feine psychologische Stellwerk, das beim Menschen die ungewöhnlich komplizierten Verwandlungen und Verschiebungen seiner Libido ermöglicht, werde uns nur wenig einsichtiger, wenn wir seine Wurzel etwa in Übersprungsbewegungen suchen. Dem fügt Ploog bei, jedem menschlichen Trieb wohne ein Bedürfnis inne und wohl nahezu jedes menschliche Bedürfnis erwachse aus ursprünglich Triebhaftem. Dies berechtige uns aber nicht dazu, die menschlichen Bedürfnisse mit den Trieben, und Bedürfnisspannungen mit Triebspannungen ohne weiteres gleichzusetzen. Im Gegensatz zu allen Tieren ist das menschliche Verhalten stets durch Einsicht in die Zwecke des Handelns mitbestimmt.

Zusätzlich zu dieser Kritik der Ethologen wäre noch hinzuzufügen, daß der Begriff des »Triebes« sich bei der Beurteilung menschlicher Handlungen zwar eingebürgert hat, nichtsdestoweniger aber fragwürdig geblieben ist. Für Freud war der Trieb »die psychische Repräsentanz einer kontinuierlich fließenden psychosomatischen Reizquelle«, wobei er seiner Hoffnung Ausdruck gab, daß seine Triebpsychologie eines Tages auf ein organisches Fundament aufgestockt werden könne. Diese Hoffnung hat sich bis heute nicht erfüllt und wird sich voraussichtlich auch nie erfüllen, da der Begriff »Trieb«, »triebhaft«, wohl eine menschliche Verhaltensweise, aber nicht etwas konkret »Vorhandenes« und »Wirkliches« beinhaltet.

Daß schließlich die vergleichende Verhaltensforschung auch zur Erklärung *sozialen Verhaltens*, menschlichen Familien- und Gemeinschaftslebens, der Rollenverteilung, des Raumanspruchs und der Besitzverteidigung interessante, wenn auch fragwürdig gedeutete Beobachtungen liefert, sei nur erwähnt. Wir stehen hier einmal mehr vor der Tatsache, daß für das Verhalten von Tieren sprachliche Inhalte aus dem menschlichen Bereich gebraucht werden (Ehe, Familie etc.), die das Beobachtete erklären sollen. Dann wird der Kreis wieder geschlossen, indem die »anthropologische« Erklärung tierischen Verhaltens zur Erklärung menschlicher Verhaltensweisen (z. B. Aggression) herangezogen wird. Dadurch bewegt man sich aber in einem wirklichen *circulus vitiosus!*

So ist nach LORENZ die allgemeine Meinung, daß alle menschlichen Verhaltensweisen, die nicht dem Wohle des Individuums, sondern der Gemeinschaft dienen, von der vernunftmäßigen Verantwortung (Intellekt) diktiert würden, nachweislich falsch. Der uns mit dem Schimpansen gemeinsame Ahne sei sicherlich seinen Freunden ein ebenso treuer Freund gewesen, wie es etwa eine Wildgans, ein Pavian oder ein Wolf seien. An der echten stammesgeschichtlichen Homologie der schimpansischen Hordenverteidigungsreaktion und der menschlichen Begeisterung sei »nicht zu zweifeln«. Nun, wir bezweifeln dies trotz allem, besonders nachdem wir lediglich das »Verhalten« beobachten können, nicht aber wissen, ob bei einem Pavian oder Wolf der Bedeutungsgehalt der »Freundschaft« aufgeht und diese bei dem Schimpansen wirkliche »Begeisterung« hervorrufen kann oder nicht.

J. v. UEXKÜLL und F. J. J. BUYTENDIJK wiesen nach, daß man nicht biologisch bei der qualitativen und quantitativen Feststellung der Entwicklungsverhältnisse stehen bleiben dürfe, sondern daß immer auch nach dem *Sinn* gefragt werden müsse. Das Tier ist nach angeborenen und vererbten Verhaltensschemen und nachspezialisierten Organfunktionen in jeweils spezifische Umwelten nach dem Schlüssel-Schloß-Prinzip eingepaßt. Abweichungen verursachen Krankheit und Untergang. Sogar bei Menschenaffen entstehen nach der Geburt keine wesentlichen neuen Möglichkeiten mehr: »Man darf sich – wie WIESENHÜTTER schreibt – durch die bei Menschenaffen in Gebärde und Haltung oft eindrückliche Beziehung von Mutter und Kind nicht täuschen lassen, als lägen die gleichen vielseitigen Entfaltungsmöglichkeiten wie beim Menschen vor«. Entgegen der Ansicht der Ethologen muß es als fragwürdig betrachtet werden, ob beim

Menschen auch eine Festgelegtheit in ererbten Verhaltensschemata vorliegt. Die Körperorgane und Funktionen sind bei ihm eher unspezialisiert. A. GEHLEN meinte deshalb, der Mensch könne gar nicht vom Affen abstammen, höchstens dieser vom Menschen. *Die Existenz der Tiere ist umweltverhaftet, das Dasein des Menschen weltoffen.* Aus diesem Grunde ist es, wie gesagt, nicht möglich, aus dem – von Menschen beobachteten! – Verhalten in der Tierwelt Erklärungen für menschliches Verhalten zu suchen. Auch die intrauterine und frühkindliche Entwicklung des Menschen ist keine tierische – und deshalb biologisch nicht erfaßbar. So bleibt es mehr als fragwürdig, beim Menschen von Instinkt- und Triebgeschehen zu sprechen.

An drei Vorgängen kann ganz besonders die Bedeutung der *mitweltlichen* Prägung schon im ersten Lebensjahr nachgewiesen werden:

1. am Erwerb der aufrechten Körperhaltung
2. am Erlernen der Sprache
3. am Eintreten produktiven Denkens und Handelns.

Das aufrechte Stehen, Gehen und die Haltung des Menschen, Mimik und Gestik, sind grundverschieden von jenen der Tiere (Affen). Auch die Sprache unterscheidet sich *wesensmäßig* von der Zeichen- und Laufübermittlung bei Tieren; schon das Nachplappern des Kleinkindes setzt ein Begreifen von etwas voraus, was beim Tier durchaus fehlt. Erst recht gehört dieses ursprüngliche Vernehmenkönnen und Verstehen von etwas in das tätige Handeln und Denken des Menschen. WIESENHÜTTER bezeichnet die Annahme als falsch, »daß im Verlauf einer Evolution aus Anorganischem über das Vegetative und Tierische der Mensch schließlich erst werde«. Nicht die Organe und Organfunktionen bestimmen das Wesen des Menschen und dessen biologische und psychologische Ausformung. Vielmehr steht sie im Dienste menschlicher Lebensformen und -aufgaben, wie am Problem der Akzeleration und des Pubertätswachstums aufgezeigt werden kann. Nicht die körperlichen Ursachen sind für seelische und geistige Veränderungen verantwortlich, vielmehr modifizieren gerade umgekehrt die sozialen und kulturellen Anforderungen Körperwuchs und Organfunktion.

Höhere Lebewesen, etwa der Mensch, können nicht aus Mutationen erklärt werden. Noch nie sind solche Mutationen beobachtet worden. Sie sind – nach Wiesenhütter – ein reiner wissenschaftlicher Glaubensartikel. Aus dem Gesagten ergibt sich als Schlußfolgerung, daß der Mensch und das menschliche Seelenleben sich nie aus Einzelerscheinungen durch Summation zusammensetzen lassen. Das Ganze ist immer mehr als die Summe seiner Teile. Nicht die biologische Strukturierung und Gliederung der Einzelvorgänge oder die Beobachtung von Verhaltensweisen können menschliches Leben erklären, vielmehr müssen wir vom *Wesen* des Menschen ausgehen, um diese verstehen zu können. Nicht das Auge ist die Erklärung für das Sehen, sondern erst vom Sehen aus kann die Funktion des Auges verstanden werden. Eine Melodie ist immer mehr als die Summe aller Einzeltöne und ein Bild mehr als die Gesamtzahl von Pinselstrichen.

Die gleiche Kritik gilt hinsichtlich der Aufteilung menschlichen Seelenlebens in verschiedene Stufen und Schichten, die seit dem Altertum immer wieder versucht, aber erst mit der Evolutionspsychologie des 19. Jahrhunderts systematisch betrieben wurde. Die Tatsache einer gewissen Stufenfolge im Bereiche des Biologischen, wird nicht bestritten, ebensowenig die Tatsache, daß verschiedene Entwicklungsphasen im menschlichen Leben auch ihre je eigene »psychische« Problematik besitzen. Die Schichttheorien sind aber samt und sonders wissenschaftstheoretischer Natur und in Wirklichkeit gar nicht nachweisbar. So etwa wird die Seele unterteilt in eine unterste Triebschicht, die Vital- und Biopsyche (Tiefenperson), in eine zweite Thymopsyche (Emotionalität) und schließlich drittens in eine Noo-Psyche (Person). Letztlich werden diese Schichten mit der Gehirntopographie in Verbindung gebracht. Die Steuerung der untersten Schicht (Somatopsyche) wurde in das Höhlengrau des 3. Ventrikels lokalisiert, die Thymopsyche sollte bis zum Mittelhirn reichen und die Autopsyche sogar bis zur Hirnrinde, aber vom Zwischenhirn aus gesteuert werden. Schließlich wurde das Schichtenschema auf die Zweiteilung in eine Tiefenperson und eine Kortikalperson reduziert (Kraus).

Das triebhafte Verhalten und die Gehirnorganisation

W. R. Hess beobachtete bereits 1924, daß zwischen psychischen und vegetativen Funktionen gewisse Beziehungen bestehen. Seit 1925 untersuchte er diese Verhältnisse systematisch, indem er viele Orte des Zwischenhirns und benachbarter Zonen elektrisch reizte bzw. ausschaltete und das so erzielte Verhalten der Versuchstiere (Katzen) im Film festhielt, die Reizorte bzw. Defekte durch histologische Schnittserien lokalisierte. Damit gelangte er zum Nachweis einer vegetativ-diencephalen Beeinflussung des Cortex.

Heute spielt in der Gehirnforschung das *limbische System* eine Hauptrolle. Experimentelle Hirnläsionen (bei Hunden) ließen den Einfluß bestimmter Hirnanteile auf das emotionale Verhalten erkennen. Um 1937 demonstrierten KLÜVER und BUCY die zentrale Rolle von rhinencephalen Strukturen für das emotionale Verhalten bei Affen. Den Versuchstieren wurden beiderseits Hippocampus, Uncus und Amygdalum sowie ein großer Teil des temporalen Neocortex weggenommen, was schwere Verhaltensstörungen (»optische Agnosie«) zur Folge hatte.

Das Verhalten wurde im sogenannten *Klüver-Bucy-Syndrom* zusammengefaßt: Die Affen verhalten sich so, als ob sie eine optische Agnosie hätten, intensive orale Tendenzen, eine extreme Reizgebundenheit, einen ausgeprägten Mangel an Angst und emotionalen Reaktionen überhaupt, eine Hypersexualität und eine Veränderung der Futtergelüste. Damit wurde nachgewiesen, daß das Rhinencephalon eine größere Bedeutung hat und mit dem Verhalten in engster Beziehung steht. Heute weiß man, daß das Riechhirn beim Menschen und auch bei anderen Mikrosmatikern so gut wie keine Riechfunktion hat.

Beim Menschen sind die Verhältnisse komplizierter als bei den Affen. Doch soll es auch beim Menschen ein dem *Klüver-Bucy-Syndrom* mindestens sehr ähnliches Verhalten geben, das bei den Temporallappen-Tumoren mehrfach beschrieben worden ist (PLOOG).

Alle vorliegenden Untersuchungen führen zum Ergebnis, daß Hippocampus und Area piriformis, Fornix, Corpora mamillaria, Nucleus anterior thalami, Gyrus cinguli und Cingulum, Amygdaloid-Komplex, Stria terminalis, vordere Kommissur und Pulvinar sowie Faserverbindungen verschiedener Regionen mit Beziehungen zu diesen Strukturen eine fundamentale Rolle für das emotionale Verhalten spielen.

Das limbische System ist als zentrale Repräsentation von Triebhandlungen und Handelnsbereitschaften (Stimmungen) anzusehen. Menschliches affektives Verhalten wird also durch ein – im Vergleich zum Neocortex – relativ primitives Hirnsystem bestimmt. Hier werden wiederum für die Psychosen und für die Epilepsien Vergleiche gezogen, da bei ihnen Verhaltensweisen in den Vordergrund treten, wie man sie bei Reizung des limbischen Systems vorfindet.

Auch diese enorm wichtigen Untersuchungen lassen uns lediglich erkennen, auf welchen Wegen, Bahnen und Bedingungen menschliches Dasein »leibt«.

Boss hat sich in seinem *Grundriß der Medizin und Psychologie* sehr eingehend damit auseinandergesetzt. Auch hier geht es immer mehr um die naturwissenschaftliche Erforschung der leibhaftigen Bedingungen menschlichen Existierens, nie jedoch um das Verständnis desselben.

Behaviorismus, Konflikttheorie

Es gibt auch Theorien, die alles Verhalten auf *Erfahrung*, das heißt, auf das Lernen zurückführen. Das Menschen- und Tierbaby wäre demnach als *tabula rasa* zu denken. Das Verhalten wird auf ein Reiz-Reaktions-Modell, auf einen Reflex, reduziert. Das Nervensystem bilde eine Art Matrix, welche durch Erfahrungen geformt wird. Diese Auffassung vertreten die Behavioristen.

J. B. Watson glaubte, aus Kleinkindern ohne Rücksicht auf Veranlagung je nach Wunsch Ärzte, Rechtsanwälte, Künstler, Landstreicher oder Diebe machen zu können. Allerdings existiert der Behaviorismus in dieser extremen Form kaum mehr. Dagegen ist eine *comparative physiological psychology* (Maier, Warden, Waters) entstanden. Dazu kommen verschiedene Theorien des *Lernens.* Als wissenschaftlich sinnvoll gelten nur solche Aussagen, die unter genau festgelegten Bedingungen von unabhängigen Beobachtern empirisch bestätigt oder widerlegt werden können. Die Einflüsse der großen amerikanischen Psychologen und Philosophen W. James (Pragmatismus), des logischen Positivismus (Carnap) und des sogenannten Operationismus (Bridgman) sind wirksam geblieben. Lassen sich zur Überprüfung einer Hypothese keine »Operationen« angeben, die zur Verifizierung führen können, ist die Hypothese als sinnlos zu bezeichnen.

In diesen Zusammenhang gehört die Theorie von Bedarf und Bedürfnissen, die für den Begriff der primären Bedürfnisse von

Bedeutung ist. Seit CANNON verstehen wir unter Homöostase die Konstanthaltung des »inneren Milieus« (CLAUDE BERNARD). Dazu haben die Organismen im Laufe der Evolution Organsysteme entwickelt, die diese Homöostase gewährleisten, wenn die primären Bedürfnisse befriedigt werden. Solche Bedürfnisse sind: Hunger, Durst, Verlangen nach Schlaf, Sauerstoffaufnahme und Wärme, Vermeidung von Schmerz (Sexualität?). Die Verhaltensweisen, die zur Deckung der primären Bedürfnisse dienen, nennt man wiederum Triebe. Die Störung der Homöostase führt zu Verhaltensänderungen, die die Wiederherstellung des gestörten Gleichgewichts zum Ziel haben. Beim Menschen besteht zwischen Bedarf und Bedürfnis kein festes Kopplungsverhältnis mehr. Es gibt – auch bei höheren Tieren – Bedarfslagen, denen kein spezifisches Bedürfnis zugeordnet ist, und umgekehrt vor allem auch viele Bedürfnisse, die primär keinen organischen Bedarf decken. Diese theoretische Basis hat für verschiedene Hypothesen über die Sucht Bedeutung bekommen (PLOOG).

Die anglo-amerikanische Verhaltensforschung entwickelte nun eine *Konflikttheorie*, wie sie z. B. in der scherzhaften *Geschichte von Buridans Esel*, der – gleich weit von zwei gleich beschaffenen Heuhaufen entfernt – zwischen ihnen verhungerte, zum Ausdruck kommt. Im Prinzip sollen sich alle Konfliktsituationen aus dem gleichzeitigen Ablaufen von mindestens zwei Verhaltensweisen erklären lassen. Tendenzen, die sich auf Erreichung eines Zieles richten, werden *Appetenz*, solche, die zur Vermeidung von gefürchteten Situationen führen, *Aversion* genannt. Buridans Esel befand sich im Konflikt zwischen zwei Hinstrebungen (Appetenz-Appetenz-Konflikt); wer zwischen zwei Übeln wählen muß, befindet sich in einem Aversions-Aversions-Konflikt; am häufigsten ist der Appetenz-Aversions-Konflikt: z. B. einen großen Preis zahlen für die Erfüllung eines Wunsches.

Für das Zustandekommen neurotischen Verhaltens wird folgendes Beispiel aufgeführt: Hunde lernen, daß sie beim Anblick eines Kreises Futter bekommen, bei Darstellung einer Ellipse hingegen nicht. Sie bilden infolgedessen nur auf den Kreis einen bedingten Reflex aus. Gleicht man nach und nach die Ellipsenform dem Kreis an, so treten an einem kritischen Punkt hinreichender Ähnlichkeit »neurotische« Verhaltensweisen auf. Die vorher zutraulichen Tiere bellen, beißen, verweigern die Nahrung, zeigen Kreislaufstörungen, mitunter auch Lähmungserscheinungen oder sexuelle Erregung.

PLOOG nimmt abschließend an diese Darstellungen einige Einwände vorweg: Der Haupteinwand, daß wir ja nicht wissen, was das Tier erlebt – ob Lust, ob Unlust, Schmerz oder Angst –, sei nicht recht überzeugend. Freilich erlebe das Tier nicht menschliche Lust oder Unlust, jedenfalls würden wir nie wissen, was ein Tier erlebt. Die Menschen benützten hauptsächlich die Sprache zur Erlebnisvermittlung und -mitteilung, doch wisse jedermann, daß dadurch nur ein schwacher Abglanz des Erlebens vermittelt werde. Letzteres mag möglich sein, sagt aber nur aus, daß wir Menschen uns noch nicht genügend in die Sprache »begeben« können. Jedenfalls ist der Mensch das sprachfähige Wesen, während das Tier – soweit wir wissen – keine »Sprache« hat. Was gemeinhin als die Sprache der Tiere bezeichnet wird, hat nichts mit der Sprache des Menschen gemein.

Die Lehre von den bedingten Reflexen

Zum Abschluß unserer »biologischen« Betrachtungen muß noch ein Blick auf die *Lehre von den bedingten Reflexen* geworfen werden, die in der Psychosomatik und Psychiatrie besonders in Frankreich und in den Ostländern eine gewisse Rolle spielt. Wir halten uns hier an die von W. A. GILJAROWSKY, Moskau, gegebene Darstellung.

Die Lehre von den bedingten Reflexen geht ursprünglich auf W. GRIESINGER zurück, nach welchem das psychische Leben seinen Anfang in den Sinnesorganen nimmt und seine endgültige Äußerung in der Bewegung findet. SETSCHENOW gab dann 1863 seine Monographie »Reflexe des Gehirns« heraus und wurde zum unmittelbaren Vorgänger PAWLOWS. Dieser arbeitete bekanntlich mit Hunden, bei denen er zunächst die Magensaft-, später die Speicheldrüsensekretion maß. Futter, der natürliche Auslöser für die Speichelsekretion, bildete den »unbedingten« Reflex, ein Geräusch, Ton oder Lichtreiz den »bedingten« Reflex. Diese bedingten Reflexe sind anlernbar. Sie entstehen, wenn die Reizerregung des bedingten kurz vorher oder gleichzeitig mit dem unbedingten Reiz auftritt. Die Speichelsekretion schoß bereits ein, ohne daß der Hund Futter bekommen oder wahrgenommen hatte, also lediglich auf das Glockenzeichen. Der bedingte Reflex war an die Stelle des unbedingten getreten. Es hat sich nun gezeigt, daß jeder natürliche Reflex oder mindestens nahezu jeder mit bedingten Reflexen verknüpft werden kann, wenn auch die bedingte Reaktion nicht vollständig der unbedingten zu gleichen braucht.

Zur Bildung eines bedingten Reflexes ist es notwendig, daß ein indifferenter Reizerreger zeitlich ein- oder mehrmals mit einem unbedingten Reflex zusammenfällt oder ihm vorausgeht. In Anbetracht der ständigen Bewegungen und Schwankungen der Naturerscheinungen erfahren auch die bedingten Reflexe Veränderungen. Die Großhirnhemisphären vollbringen ständig in verschiedenstem Ausmaß Analyse und Synthese der auf sie einwirkenden Reize. Dies wird als elementares konkretes Denken bezeichnet. Das Denken bedingt eine vollkommene Anpassung, ein feineres Gleichgewicht des Organismus mit der Umwelt. Diese Tätigkeit der Großhirnhemisphären – zusammen mit den nächstgelegenen subcorticalen Teilen, welche die normalen komplizierten Beziehungen des ganzen Organismus zur Außenwelt darstellen, rechnet man nach PAWLOW zur »höchsten Nerventätigkeit«, während die Funktionen des Hirnstammes und des Rückenmarks, die vorwiegend das Zusammenspiel und die Integration der Teile des Organismus untereinander lenken, dieser als »niedere Nerventätigkeit« gegenübergestellt werden.

Auf den untersten Stufen der psychischen Entwicklung (Tiere und Neugeborene) soll sich das psychische Leben auf die kompliziertesten unbedingten Reflexe und vegetative Prozesse beschränken. Das Neugeborene befinde sich ständig in einem schläfrigen Zustand mit Unempfindlichkeit gegenüber äußeren Eindrücken und mit schwach ausgeprägten reflektorischen Bewegungen. Das psychische Leben stelle nur eine Evolution des kindlichen Lebens dar. Das Studium des kindlichen Verhaltens gebe klare Hinweise auf die Bedingtheit durch die Reize, die von der Außenwelt ausgehen und sich innerhalb des Organismus bilden. Das Ausstrecken der Händchen nach einem glänzenden Gegenstand, das Ergreifen des sich Bietenden mit dem Trieb, alles in den Mund zu stecken, das Hinstreben zur Mutter und das Abweisen von Unbekannten – das alles seien »Reflexhandlungen reinster Art«. Im weiteren Verlauf, mit Komplizierung des psychischen Lebens und der Entwicklung hemmender Einflüsse, werde die Verbindung eines einzelnen psychischen Vorganges und des daraus resultierenden motorischen Aktes mit dem ursprünglichen Reiz weniger klar, aber das Wesentliche des Vorganges werde dadurch nicht geändert. SETSCHENOW kam zur Schlußfolgerung, daß das psychische Leben im ganzen eine Reihe von Reflexen auf die Reize der Außenwelt darstellt. GILJAROWSKI meint dazu, das psychische Leben werde von PAWLOW und seiner Schule nicht vom subjektiven Erleben her erforscht, das keiner genauen Nachprüfung zugänglich ist, sondern durch streng objektive Methoden, denen eine genaue Beobachtung und Registrierung der motorischen und sekretorischen Vorgänge zugrunde liegt, die eine Antwort auf verschiedene in ihrem Charakter und ihrer Intensität wechselnde Reize darstellten. Die physiologische Bedeutung der bedingten Reflexe bestehe in ihrer Rolle als *Signale*. Die Signale könnten einmal die Tätigkeit des Organismus stimulieren, ein anderes mal hemmen und den Organismus dadurch für entsprechende Veränderungen vorbereiten. Auf diese Weise entstehe zwischen einem komplexen Organismus und seiner Umwelt das feinste und genaueste Gleichgewicht.

Die Wechselbeziehungen zwischen Mensch und Umwelt sollen durch drei Instanzen realisiert werden: durch den Subcortex mit seinen unbedingten Reflexen und durch die Rinde mit ihrem ersten und zweiten Signalsystem. Das erste Signalsystem besteht aus Eindrücken, Empfindungen und Vorstellungen von der umgebenden Außenwelt, d. h. sowohl von der Natur als auch unserer sozialen Umwelt, mit Ausnahme des Wortes, des Sichtbaren und des Hörbaren. Das zweite Signalsystem ist der höchste Regulator menschlichen Verhaltens. Durch dieses wird auch die subcorticale unbedingte Tätigkeit in erheblichem Maße reguliert. Es stelle eine spezifische Besonderheit der höchsten Nerventätigkeit des Menschen dar.

Den Tieren wird die Wirklichkeit durch unmittelbare Gehör-, Gesichts- und andere Reize signalisiert. Beim Menschen hat sich durch das *Wort* eine neue Signalisation herausgebildet. Durch das Wort wird etwas verallgemeinert, werden allgemeine Begriffe gebildet. Die Begriffe der Zeit, des Raumes, der Ursache erweitern die Möglichkeiten der Orientierung des Menschen in seiner Umwelt.

Die russischen Psychiater überschätzen die Rolle der Vererbung nicht, sondern räumen den Einflüssen der Umwelt eine große Bedeutung ein. Der KRETSCHMERschen Typenlehre stellte

Pawlow seine Lehre von den Typen des Nervensystems und der Temperamente gegenüber. Drei Merkmale liegen ihrer Klassifikation zugrunde: Kraft, Ausgeglichenheit und Lebhaftigkeit der Nervenprozesse. Auf diese Weise lassen sich vier Grundtypen bestimmen:

1. kräftig, unausgeglichen, hemmungslos
2. kräftig, ausgeglichen, lebhaft
3. kräftig, ausgeglichen, ruhig, zögernd
4. schwach.

Ihnen entsprechen die vier Temperamente nach Hippokrates: das cholerische, sanguinische, phlegmatische und melancholische Temperament.

Die Vertreter des schwachen und des kräftigen hemmungslosen Typus sollen leichter als alle anderen an Neurosen erkranken. Am ungünstigsten sind die Bedingungen für den schwachen Typus. In einer ganz schwierigen Situation, unter dem Einfluß eines großen psychischen Traumas, können sich aber auch bei ausgeglichenen Typen Neurosen entwickeln.

Diese Theorie legt großen Wert auf das psychische Trauma, aber auch auf somatische Faktoren, die den Boden für die Entstehung der Neurosen bereiten. »Im ganzen entstehen Neurosen dann, wenn der Mensch Schwierigkeiten begegnet, die er nicht bewältigen kann. Solche Schwierigkeiten können sich als Resultat des Verlustes der Angehörigen oder der früheren Stellung und aufgrund schwer erträglicher Lebens- und Arbeitsbedingungen entwickeln. In der Rinde der Hemisphären können sich unter dem Einfluß verschiedener krankheitserregender Ursachen scharf umgrenzte, isolierte Punkte oder Zonen bilden« (Giljarowski).

Nächtliche Angstzustände bei Kindern werden beispielsweise so gedeutet: Bildung eines bedingten Reflexes in bezug auf Zeit oder Umgebung und andere mit dem erlittenen Schrecken zusammenhängende Situationsmomente. Ein Kind, welches beinahe an einem Pflaumenkern erstickt wäre, fürchtet sich auch vor Birnen, Äpfeln und anderen Gegenständen, weil zwischen dem erlebten Schrecken und dem Aussehen der Pflaume eine Assoziation entstanden ist, die sich auf alle ähnlichen Gegenstände erstreckt.

Die Kritik an der Lehre von den bedingten Reflexen (auf die wir bei der Besprechung der psychosomatischen Krankheiten zurückkommen werden) wurde bereits bei der Besprechung der Gehirnorganisation vorweggenommen. Ich habe sie trotzdem hier so ausführlich dargestellt, weil sie immer noch in der medizinischen Literatur eine ganz wesentliche Rolle spielt und immer wieder zur Erklärung medizinpsychologischer Zusammenhänge aufgeführt wird. Daß außerdem auch die von GILJAROWSKI dargestellte Typenlehre höchst ungenügend ist, versteht sich von selbst.

Der psychologische Zugang zum Kranken

Die enge Verbundenheit der Medizin mit den biologischen Wissenschaften ist bekannt. Haben wir uns kritisch mit der fragwürdigen Bedeutung biologischen Denkens für die medizinische Psychologie auseinandergesetzt, so gilt es nun zu untersuchen, ob die *Psychologie* unsere Probleme zu lösen imstande ist. Besteht überhaupt die Unterscheidung in Natur- und Geisteswissenschaften zu Recht, und wohin gehört gegebenenfalls die Psychologie, im speziellen die medizinische Psychologie?

Der Begriff »Psychologie« reicht in das sechzehnte Jahrhundert zurück, wo er in Vorlesungen von MELANCHTHON verwendet wurde. COCLENIUS und dessen Schüler KOMANNUS sollen ihn als Buchtitel verwendet haben. 1736 und 1740 verfaßte ein deutscher Philosoph leibnizischer Richtung, CHRISTIAN WOLFF, zwei Bücher unter dem Titel *Psychologia rationalis* und *Psychologia empirica.* Zu einer selbständigen Wissenschaft wurde die Psychologie jedoch erst nach 1874, als WILHELM WUNDT in Leipzig das erste psychologische Laboratorium errichtete. Er definierte die Psychologie als die Wissenschaft von den Tatsachen des menschlichen Bewußtseins: »Die Psychologie sucht über den Zusammenhang jener Erscheinungen Rechenschaft zu geben, die unser eigenes Bewußtsein uns darbietet oder die wir aus den Lebensäußerungen anderer Wesen erschließen, die auf ein dem unsrigen ähnliches Bewußtsein zurückweisen.« Im Gegensatz dazu bildet die »objektive Wirklichkeit«, nach WUNDT, den Gegenstand der Naturwissenschaften.

Die Frage, die sich damit stellt, ist die, ob die Psychologie – im Gegensatz zur Naturwissenschaft – überhaupt eine Wissenschaft genannt werden darf.

Zum *traditionellen* Begriff der Wissenschaft gehören das *Objekt,* nämlich der Gegenstand der Wissenschaft, sowie die *Methodik* der Untersuchung dieses Objektes. Beides ist in der Psychologie fragwürdig. Vom Gegenstand der Psychologie, der Psyche, vermuten wir, daß er abstrakter Natur, also künstlich und hypothetisch ist und sich bei näherer Betrachtung in einen »Hauch« auflöst. Vom Objekt her wäre also der Begriff »Psychologie« in höchstem Maße unwissenschaftlich. Anders verhält es sich mit der Methode. Menschliche Verhaltensweisen können beobachtet und auf Gesetzmäßigkeiten hin untersucht werden.

Schließlich kennt man auch das psychologische Experiment und in neuerer Zeit die Faktorenanalyse, wodurch die Psychologie sogar dem Wissenschaftsanspruch der Naturwissenschaften gerecht wird. Letztlich, und auch das ist für die Wissenschaft von Bedeutung, gelingt es, die Erkenntnisse psychologischer Forschung für die praktische Weltbewältigung nutzbar zu machen. Somit darf man heute wohl zu Recht festhalten, daß die Psychologie, sofern sie »experimentell« und »angewandt« ist, eine eigenständige Wissenschaft darstellt.

Wie verhält es sich mit der theoretischen oder »reinen« Psychologie? Dort beruhen die Methoden nicht lediglich auf der Empirie, sondern vielmehr auf gedanklicher Forschungsarbeit. Ihr Gegenstand tritt dafür um so schärfer hervor, wenn auch nicht als »Psyche« oder »Seele«. Sie befaßt sich nicht lediglich mit beobachtbaren und reproduzierbaren Verhaltensweisen als vielmehr mit den Gedanken und Gefühlen, mit Stimmungen und Erlebnissen, mit Wünschen, Neigungen, Strebungen, mit dem Wahrnehmen, Vorstellen und Wollen des Menschen. Dadurch tritt sie naturgemäß in allernächste Nähe zur *philosophischen Anthropologie* und geht somit ihres Charakters als selbständiger Wissenschaft verlustig. Dies führte denn auch zu einer Spaltung innerhalb der Psychologie, die in ihrer geschichtlichen Entwicklung zum Ausdruck kam und heute noch die Gemüter beunruhigt.

Nach K. BÜHLER (*Die Krise der Psychologie*) bilden drei verschiedene Bereiche den Gegenstand der Psychologie, nämlich die Erlebnisse, das Benehmen und die Leistungen, welche gelegentlich auf die einfache Formel der *subjektiv* erfahrenen Wirklichkeit reduziert werden, wobei die sogenannte *objektive* Wirklichkeit die Domäne anderer wissenschaftlicher Disziplinen sein soll. Eine Abklärung des Wesens dieser objektiven Wirklichkeit läßt jedoch eine solche Trennung nicht zu. Nach SUTER gibt es nur *eine* Wirklichkeit und damit nur *einen* Bereich der Psychologie: die Erlebniswelt des Menschen. Als Ganzes ist sie einheitlich und unbegrenzt, intern besteht sie aus der unerschöpflichen Mannigfaltigkeit von Wahrnehmungen, Vorstellungen, Gedanken, Begriffen, Gefühlen und Strebungen.

Trotzdem gibt es verschiedenartige Weltbegriffe und Theorien dieser einen Wirlichkeit. Da alles Erlebte viele Eigenschaften besitzt, können dieselben Wirklichkeitsbereiche Gegenstand verschiedener wissenschaftlicher Disziplinen sein. Die Gliederung der Wissenschaft in eine Reihe von Disziplinen ist nicht lediglich die Folge des ständig anwachsenden Erkenntnisstoffes, sondern im je spezifischen Charakter der verschiedenen Teilgebiete begründet. Somit beschäftigt sich auch die Psychologie nicht mit dem Gesamtbereich der Wirklichkeit, sondern mit einer Auslese davon.

Die Psychologie wird im allgemeinen zu den *Geisteswissenschaften* gezählt. Sie wird zumeist an den philosophischen Fakultäten unserer Universitäten gelehrt. Damit ist sie vorerst unmißverständlich von den *Naturwissenschaften* abgehoben. Dies erscheint verständlich, sofern unter »Natur« nur Meß- und Wägbares verstanden wird. Die Unterscheidung von Natur- und Geisteswissenschaften fußt nämlich auf der Annahme, »Natur« und »Geist« seien zwei wesensverschiedene Bereiche der Wirklichkeit. Wie fragwürdig diese Unterscheidung aber ist, zeigt sich schon praktisch bei der Entscheidung, welche Disziplinen diesem oder jenem Fache zuzuordnen sind. So befinden sich die Psychologen immer in einem Dilemma: An der geisteswissenschaftlichen Fakultät fühlen sie sich nur halb zu Hause, zur naturwissenschaftlichen werden sie meist nicht zugelassen. Auch die Medizin kann nur mehr bedingt den Naturwissenschaften zugerechnet werden, spielt doch der »Geist« im Krankheitsgeschehen eine mindestens so wichtige Rolle wie die »Natur«. Zudem ist die Unterscheidung von Natur und Geist im Bereiche des menschlichen Lebens nichts anderes als eine arbeitshypothetische Abstraktion. Den Menschen in einen geistigen, psychischen und organischen Bereich zu trennen würde einer unbegründeten Zerstückelung seiner Existenz gleichkommen.

Methodisch hingegen läßt sich die menschliche Welt sicher auf verschiedene Weise angehen. So besteht kein Zweifel, daß man sie wägen und messen kann, sofern man sie als Körper betrachtet. Die physikalische, chemische, biologische Untersuchung hat eine bestimmte Zielsetzung und eine bestimmte Methode. Eine andere Zielsetzung und eine andere Methode haben Philosophie und Theologie, die über das Wesen des Menschen und dessen Bezug zum Ewigen und Göttlichen aussagen. Wiederum verschieden ist die Methodik und das Ziel der Psychologie – und in ihrem Bereich finden abermals Gruppierungen statt.

In der Wissenschaft wird, wie bereits angedeutet, grundlegend zwischen der theoretischen Psychologie einerseits und der angewandten Psychologie andererseits unterschieden. 1860 wurde in Deutschland das »Institut für angewandte Psychologie und psychologische Sammelforschung« gegründet. 1908 folgte die Herausgabe einer *Zeitschrift für angewandte Psychologie* (in Leipzig). 1912 sprach MÜNSTERBERG von einer »Neuen Wissenschaft«, die zwischen der Volkswirtschaft und der Laboratoriumspsychologie vermitteln sollte. Danach sollte das psychologische Experiment planmäßig in den Dienst des Wirtschaftslebens gestellt werden. Damit wurde bereits ein wesentlicher Aufgabenbereich der angewandten Psychologie festgelegt, nämlich die Anwendung psychologischer Erkenntnisse im Wirtschaftsleben. Die allgemeinere Definition der angewandten Psychologie allerdings lautete dahin: »Im engeren Sinne muß als angewandte Psychologie nur diejenige Wissenschaft gelten, welche die Psychologie verwertet, um menschliche Aufgaben zu erfüllen. Sie soll also gewissermaßen eine psychologische Technik sein; sie soll zeigen, wie gewisse Ziele, die dem Menschen wertvoll sind, durch die Beherrschung des seelischen Mechanismus erreicht werden können« (MÜNSTERBERG). Heute hat sich diese Art der angewandten Psychologie verbreitert und eine hohe Bedeutung erlangt. Wir denken dabei an die Wirtschaftspsychologie, die Arbeits- und Betriebspsychologie. Im weiteren Sinne gehörten die Berufsberatung, mit anderen Worten die Zuführung bestmöglicher Persönlichkeiten zu bestimmten Berufen, und schließlich die Schulpsychologie in den Bereich der angewandten Psychologie.

Die Psychologie hat heute aber nicht nur die Weltwirtschaft und die Industrie erobert, sie spielt eine Rolle in der Politik und in der Kriegsführung, sie ist ein Mittel zur Bewältigung der öffentlichen Hand (Massenpsychologie) geworden und ist aus wirtschaftlicher Werbung ebensowenig wegdenkbar wie aus der politischen und weltanschaulichen Meinungsbildung.

In der zweiten Hälfte des 19. Jahrhunderts und noch zu Beginn des 20. Jahrhunderts entwickelte sich die Psychologie parallel zur medizinischen Biologie in völliger Abhängigkeit vom Glauben an die Erkenntnismacht der positiven Wissenschaften. Das Seelische galt als ein Bereich von Erscheinungen, die naturwissenschaftlich beschreibbar und überprüfbar sind, durch Experimente verifiziert werden können und schließlich auf kausale

Lebensvorgänge rückführbar sein sollen. Man sprach von einer »Psychologie ohne Seele«, die schließlich erst unter dem Einfluß der Lebensphilosophie BERGSONS von einer Betrachtungsweise abgelöst wurde, welche die analysierende Sicht zugunsten einer ganzheitlichen Schau aufgab. Die experimentelle Psychologie wich immer mehr der theoretischen. Als typischer Vertreter der beschreibenden und zergliedernden Psychologie gilt DILTHEY, der die Sinnzusammenhänge des seelischen Lebens untersuchte, ferner die Leipziger- und Berliner Schule mit den Vertretern der Gestaltpsychologie. Schließlich fand diese Psychologie ihren vorläufigen Abschluß durch den Einbezug des sogenannten Unbewußten, womit sie zur *Tiefenpsychologie* wurde.

Die experimentelle Psychologie bedient sich der gleichen Methoden wie die Naturwissenschaften, d. h. der Beobachtung, der Beschreibung und des Experiments. Dabei gilt es als Möglichkeiten der Beobachtung einerseits die *Eigenbeobachtung*, das bewußte Wahrnehmen eigenen Erlebens, eigener Strebungen, eigener Gefühle, und die *Fremdbeobachtung*, das Verhalten von Menschen in bestimmten Situationen, und schließlich die vergleichende Tierpsychologie zu unterscheiden. ROHRACHER meint, der geborene Psychologe gewinne seine wesentlichen Einsichten aus der Selbstbeobachtung des eigenen alltäglichen Erlebens. Man versuchte daraus eine wissenschaftliche Methode zu machen, bestimmte Erlebnisse künstlich zu erzeugen und sich dabei möglichst genau zu beobachten. Auf diese Weise wollte man einer Forderung gerecht werden, die in den exakten Naturwissenschaften mit Strenge vertreten wird: Das Experiment muß in einer möglichst großen Zahl von Wiederholungen durchgeführt werden und überdies so angeordnet sein, daß es jederzeit wieder von andern Menschen durchgeführt werden kann. Gerade hier zeigen sich jedoch die Schwierigkeiten, denen die Psychologie ausgesetzt ist. Um eine »genügend große Zahl von Fällen« für das Experiment zu erhalten, erzeugte man ein bestimmtes Erlebnis gleichzeitig oder nacheinander bei mehreren Menschen und ließ sie dann beschreiben, was dabei in ihnen vor sich ging. Häufig bestand das »Erlebnis« in nichts anderem als in einer mit genau funktionierenden Apparaten hergestellten Sinnesreizung. Erst später gelang es, auch einfache Denk- und Willenserlebnisse künstlich hervorzurufen. Dieses Verfahren wurde als *Erlebnisexperiment* (ROHRACHER) bezeichnet, dem zwar das Kriterium eines echten wissenschaftlichen Experimentes zugebilligt wurde, im übrigen doch etwas Gekünsteltes anhaftete. Solchen Verfahren sind jedenfalls enge Grenzen gesetzt. Die großen Erlebnisse im Leben eines Individuums, Leidenschaften, Triebregungen, ethische Konflikte, lassen sich im Experiment kaum oder nur unzulänglich erzeugen.

Bei einer zweiten Gruppe von Experimenten, den *Leistungsexperimenten*, muß sich die Versuchsperson nicht beobachten, sondern lediglich bestimmte Versuchsbedingungen erfüllen. Beispielsweise wird die Reaktionsgeschwindigkeit gemessen. Mit modernen Methoden können auch andere physikalische Abläufe registriert werden. So gehören beispielsweise die elektronenzephalographischen Ableitungen der Gehirnströme während des Traumes oder die Oszillographie und die Aufnahme von EKG in bestimmten Streß-Situationen in den Bereich der Leistungsexperimente. Schließlich müssen noch die verschiedenen Intelligenztests erwähnt werden. So wie die Medizin über die feinste körperliche Beschaffenheit eines Menschen durch ihre technischen Mittel Auskunft zu geben vermag, kann auch die Psychologie mit ihren Verfahren über Auffassungsgabe, Konzentrationsfähigkeit, Intelligenzgrad, Gedächtnisleistung, Erregbarkeit und Ermüdung zahlenmäßig Aufschluß geben.

In der heutigen Psychologie können beide Methoden, das Erlebnisexperiment und das Leistungsexperiment, kombiniert werden: Es wird ein Leistungsexperiment durchgeführt, wobei die Versuchsperson aufgefordert wird, auch noch festzuhalten, was sie während des Versuches an Erlebnissen festgestellt hat.

Ein Faktor, der das psychologische Experiment vom naturwissenschaftlichen unterscheidet, ist wohl der Untersucher selbst. Zwar weiß man heute, daß sogar physikalische Experimente nicht gänzlich »objektiv« sein können, da auch dort der Untersucher eine gewisse Rolle spielt. Im großen und ganzen ist aber doch zu sagen, daß das naturwissenschaftliche Experiment nur dann gültig ist, wenn verschiedene Untersucher bei gleichen Untersuchungsbedingungen gleiche Untersuchungsergebnisse erzielen. So kann beispielsweise die Einwirkung einer bestimmten chemischen Substanz auf den menschlichen Körper als gesichert gelten, wenn verschiedene Versucher die genau gleichen Ergebnisse erzielen. Beim psychologischen Experiment ist der Untersucher selbst am Experiment mitbeteiligt und übt einen

Einfluß auf das Untersuchungsergebnis aus. Dies gilt besonders für die heute so beliebten Testverfahren. Wenn ein *Rohrschach-Test* aufgenommen wird, besteht die Möglichkeit, daß der Untersuchungsleiter die Zahl und den Inhalt der Antworten ganz wesentlich beeinflußt. Man muß also beim psychologischen Experiment den Untersucher selbst als Faktor *X* mit einsetzen. Wie fragwürdig die experimentellen Methoden in der medizinischen Psychologie sein können, wird dann offenkundig, wenn man nicht nur neutrale, sondern persönlich entscheidende Erlebnisse untersucht, die man im Laboratorium künstlich nie herstellen kann. So ist es schon schwierig, die Gedächtnisleistung eines Menschen zu prüfen. Dadurch nämlich, daß man die Versuchspersonen nur Zahlen oder sinnlose Silben wiederholen läßt oder die Merkfähigkeit auf diese Weise prüft, hat man nur einen kleinen Teil der Gedächtnismöglichkeit erfaßt. Assoziationsexperimente haben gezeigt, daß die Gedächtnisleistungen ganz anders ausfallen, wenn man beispielsweise eine Kurzgeschichte lesen und wiederholen läßt, die für die Versuchsperson bedeutungsvoll ist.

Die Psychologie, so könnte man sagen, hat also in die Medizin kein wesentlich neues Element hineingetragen, zumindest nicht in methodischer Hinsicht. Insofern die medizinische Psychologie lediglich angewandte Psychologie ist, werden ihr grundlegende Erkenntnisse in bezug auf Krankheitsverständnis und Therapie versagt bleiben. Gerade die »angewandte Psychologie« – weitgehend dem Experiment und der Statistik verpflichtet – steht den »Natur«wissenschaften näher als den »Geistes«wissenschaften. Damit hat sie auch ihrerseits die Chance verpaßt, der medizinischen Psychologie die Grundlage für ein sinnerhellendes Krankheitsverständnis zu liefern.

Haseloff hat in einem bemerkenswerten Aufsatz die *Aufgaben und Chancen der Psychologie in einer sich wandelnden Gesellschaft* dahingehend zusammengefaßt, daß ein »verschärftes Methodenbewußtsein bei gleichzeitiger Einsicht in die humane und kulturelle Verantwortung bei der Anwendung ihres Wissens« der Psychologie »einen neuen Rang und wachsende Bedeutung« geben werden. Dabei allerdings sieht er das »Methodenbewußtsein« eindeutig im Sinne der »wissenschaftlichen Versachlichung«, des »operationellen Denkens«, der »pragmatischen Rationalität«. Der Testpsychologie und Faktorenanalyse, der Sozialpsychologie mit ihrem oft behavioristischen Hintergrund und der Neopsychoanalyse sollen Formalisierungsneigungen, ein ideologiekritischer Wertneutralismus, ein rationaler Erkenntnisoptimismus sowie ein positiver Bezug auf die moderne Gesellschaft gemeinsam sein. Die durch Kerntechnik, Automation und elektronische Datenverarbeitung ausgelöste zweite industrielle Revolution habe die Anwendung strenger wissenschaftlicher Methoden auf die Probleme des Zusammenlebens und der Entscheidung mit sich gebracht. Die Psychologie könne jedoch kommunikative und integrative Aufgaben nur übernehmen und verwirklichen, wenn sie es vermeide, »sich gegen die Realität der sich wandelnden Gesellschaft zu stellen«. Es sei ihr abverlangt, »ihren humanen Auftrag mit einer nüchternen und rationalen Interpretation von Menschen und Gesellschaft zu verbinden und strenge Wissenschaftlichkeit nicht gegen Emphase einzutauschen«. In der konkreten Auseinandersetzung mit den Problemen unseres Schul- und Rechtswesens, der Verhaltensanpassung an die moderne Wirtschaft und Technik stelle sich dem Psychologen die Aufgabe, »wissenschaftlich begründete Entscheidungs- und Anpassungshilfen zu geben«.

Es ist nicht wenig, was hier postuliert wird. Die Psychologie als »Brückenwissenschaft« verkörpert *nicht eine autonome Disziplin*, die für einen abgrenzbaren Bereich der menschlichen Erfahrung zuständig ist. Sie ist vielmehr eine *Wissenschaft aller Wissenschaften*. Medizin, Jus, Pädagogik, Berufsberatung, Personalauslese, Werbung, Betriebsführung, Sozialhilfe, Politik, Städteplanung und Wohnungsbau, Verkehrsplanung und Verkehrserziehung, ja selbst die historischen Wissenschaften und philosophischen Disziplinen, Literatur, Musik und bildende Kunst sind heute ohne psychologische Wissenschaftlichkeit nicht mehr denkbar. Dabei sollen exakte Verfahren wie etwa die mathematische Faktorenanalyse (CATTEL) zur Aufklärung menschlicher Motivationsprozesse beitragen. Da »das gesamte spezifisch-menschliche Verhalten das Resultat von Lernprozessen darstellt« (HASELOFF) ergibt sich die Bedeutung experimenteller Arbeiten von selbst.

Es wäre die Frage zu prüfen, wie weit tatsächlich aufgestellte Behauptungen wie jene über die Bedeutung des Lernens oder jene über die Meßbarkeit der Motivation menschlichen Verhaltens einer sachlichen Kritik standhalten.

Insbesondere muß darauf hingewiesen werden, daß Lernen immer schon ein Verstehen von etwas als dieses oder jenes, also etwas Bedeutungsvolles, voraussetzt und ohne solches gar nicht möglich wäre. Gerade dieses Verstehen ist aber weder meßbar noch irgendwie kausal ableitbar. Das gleiche gilt von der Motivation. Diese könnte bestenfalls dann gemessen und statistisch erfaßt werden, wenn sie im Sinne der Kausalität mißverstanden würde. Kausalität ist jedoch ein philosophisches Axiom, das möglicherweise in der leblosen Natur anwendbar ist, niemals jedoch im Bereiche des Lebendigen oder gar des Menschlichen sinnvoll sein kann. Motivationszusammenhänge der wahrnehmbaren Gegebenheiten des menschlichen Existierens im Besonderen sind immer sinnvoll, verstehbar, im Gegensatz zu den sinnleeren Ketten von kausalen Sachzusammenhängen. Die Motivation meint also immer einen verstehbaren Beweggrund. Meßbar ist höchstens etwas davon Abgeleitetes, wie beispielsweise der leibliche Austrag (Muskelspannung). Eine unmittelbare Ableitung jedoch von psychischen Funktionen aus chemophysikalischen und informativen Daten, die beispielsweise an der Materie des Gehirns und an deren Prozessen abgelesen werden können, ist unmöglich, womit auch McLeans' Theorie, alle psychischen Phänomene seien im Grunde neurologisch bestimmte Prozesse, dahinfällt. Demzufolge kann sich auch Wieners Behauptung, »Information« sei meßbar, nicht halten, es sei denn, man identifiziere Chemie und Sprache miteinander und verzichte auf das ursprünglich mit dem Begriff »Information« gemeinte: nämlich die Übermittlung einer Nachricht zwischen lebenden Menschen und Menschengruppen, mit anderen Worten: die mitmenschliche Übermittlung von Bedeutungsgehalten, »die den sich Informierenden jeweils von dem ihnen in ihrer gemeinsamen Welt Begegnenden her aufgehen« (Boss). Erst recht fragwürdig bleibt die Kritik der naturwissenschaftlichen Psychologie an den Anhängern phänomenologischer Richtungen. Phänomenologie hat bekanntlich nicht das geringste mit dem vielgebrauchten und offensichtlich Alibifunktion für die dahinter stehende Ignoranz ausübenden Ausdruck »Ideologie« zu tun. Phänomenologie beruht auf der Erfahrung von etwas als etwas und auf nichts anderem. Insbesondere ist es aber gerade der Phänomenologie möglicherweise aufgetragen, dem »sozialen Denken« neue Grundlagen zu verschaffen. Grundlagen allerdings, die sich nicht mehr auf die Spaltung der Welt in eine solche der Subjekte und eine solche der Objekte, mit anderen Worten: auf den possessiven Subjektivismus berufen.

Aus dem bisher Gesagten geht hervor, daß die *medizinische Psychologie noch andere Grundlagen besitzen muß als die naturwissenschaftliche Medizin und die experimentelle Psychologie.* Eine Neuorientierung scheint notwendig, besonders nachdem sich auch die moderne Physik und die Biologie vom ursprünglichen Kausalitätsprinzip zu lösen beginnen. HEITLER schreibt, man könne nicht einmal die Morphologie des lebenden Organismus begreifen, solange man sich auf die Verwendung physikalischer und chemischer Gesetze beschränke. Mit dem Einbruch der kausalen Denkweise in fast alle Gebiete des Lebens sei ein erster Schritt vollzogen worden, der vom Menschlichen wegführe, der Wissenschaft und Mensch zu scheiden beginne. Das kausaldeterministische Denken stehe in schroffem Gegensatz zum menschlichen Leben selbst, insbesondere zur menschlichen Freiheit. Würde das Prinzip des Determinismus konsequent zu Ende gedacht, so wäre das Leben »eine riesige, unausweichliche und sinnlose Maschine«. Auch HEISENBERG vertritt die Ansicht, es sei kaum mehr daran zu zweifeln, daß die Begriffe der Physik und der Chemie und der Entwicklungslehre zusammen nicht ausreichten, die physiologischen Tatsachen zu erklären und neu zu beschreiben. Vom quantentheoretischen Gesichtspunkt aus gebe es keinen Grund mehr anzunehmen, die physiologischen Erscheinungen können letzten Endes durch eine Physik und Chemie des menschlichen Gehirns erklärt werden. »Wir würden natürlich nicht daran zweifeln, daß das Gehirn sich wie ein physikalisch-chemischer Mechanismus verhält, wenn man es als solchen behandelt. Aber für ein Verständnis der psychischen Phänomene müßte man jedenfalls von der Tatsache ausgehen, daß der menschliche Geist hier als Gegenstand und als Subjekt in den wissenschaftlichen Prozeß der Psychologie eingeht.«

Sind somit die Krankheitserscheinungen, soweit medizinpsychologisch erfaßbar, weder kausalgenetisch noch deterministisch zu deuten, also nicht den allgemein gültigen Gesetzen der Naturwissenschaften und der mathematisch orientierten Psychologie unterworfen, so fragen wir erneut nach der Art der *Grundlage eines solchen Menschen- und Krankheitsverständnis-*

ses. Die medizinische Psychologie ist nicht lediglich eine Spezialform der Medizin, nicht ein besonderes Fachgebiet wie etwa die Chirurgie oder die Innere Medizin oder die Frauenheilkunde. Sie ist auch nicht eine Untergruppe der sogenannten »angewandten« oder »experimentellen« Psychologie. Vielmehr ist *sie selbst Grundlagenwissenschaft*, allerdings nicht in dem Sinne, daß sie das naturwissenschaftliche Denken verdrängt, sondern daß sie dieses ergänzt. Grundlage meint hier Durchdringung, vertieftes Verständnis. Als solches Verständnis bezieht sich die medizinische Psychologie, wie bereits gesagt, nicht lediglich auf die eigentliche Psychopathologie und Psychiatrie, sondern sie geht über die Neurosenlehre hinaus und umfaßt das gesamte Krankheitspotential des Menschen. Auf den ersten Blick scheint es widersinnig zu sein, von den Grundlagen einer medizinischen Psychologie zu sprechen und andererseits diese selbst als Grundlagenwissenschaft zu bezeichnen. Bei näherer Betrachtung handelt es sich jedoch nicht um einen Widerspruch, sondern um eine logische Konsequenz, wenn man eben nicht an einen »naturwissenschaftlichen« Aufbau denkt, sondern an eine Wesenseinheit. Die Grundlage der medizinischen Psychologie ist das, was sie ausmacht, was ihr Wesen bestimmt. Insofern sie wesensmäßig nicht naturwissenschaftlich erfaßbar ist und auf anderen philosophischen Voraussetzungen beruht, wird sie zu einer Grundlagenwissenschaft der Medizin.

Der phänomenologische Zugang zum Kranken

Die Frage nach der Bedeutung einer phänomenologischen Betrachtungsweise für die medizinpsychologische Praxis ist nicht nur von grundsätzlich-theoretischem Interesse, sondern von eminent praktischer, konkreter Wichtigkeit, geht es ihr doch in gleichem Maße um das ärztliche und psychologische Verstehen des Krankseins wie um das methodische Vorgehen in der Krankenbehandlung. Hinzu kommt die ihr zugehörige ethische Bedeutung, insofern sie sowohl Antwort auf die Frage nach dem Sinn als auch nach dem Ziel psychotherapeutischen Handelns zu geben vermag. Dazu ist vorab zu klären, was man unter »phänomenologischer Betrachtungsweise« und was heute unter »ärztlicher« und »psychologischer« Praxis zu verstehen sei. Wer tiefer in die geistesgeschichtlichen Hintergründe einer phänomenologischen Betrachtungsweise eindringen will, einer Betrachtungsweise also, die sich am »Phänomen«, an der »Erscheinung« orientiert, wird sich mit den alten Griechen – hier vor allem PARMENIDES und ARISTOTELES – mit KANT, HEGEL, BRENTANO, N. HARTMANN, PFÄNDER, KLAGES, SCHELER, HUSSERL, MERLEAU-PONTY und HEIDEGGER und ihren spezifisch philosophischen Fragestellungen beschäftigen müssen. Für unseren Zweck mag es genügen, hier mit BISWANGER auf die Assoziationspsychologie hinzuweisen, die auch etwas, was sie erklären will, bereits voraussetzt.

Wenn beispielsweise ein Bild VAN GOGHS, das ein Kornfeld mit einem Baum darstellt, den Betrachter nicht den »einzelnen Baum« und nicht die »einzelne Halme«, sondern »etwas unaussprechlich Reines und Sanftes« erfahren läßt, das eine ähnliche Rührung erweckt wie ein schlafendes Kind, dann muß zuerst das Phänomen des Rührenden, Sanften, Reinen erschaut sein, bevor die Assoziation »schlafendes Kind« erfolgen kann. Wer allerdings nicht offen ist für solche Wesensschau, dem bleibt es tatsächlich verborgen und verdeckt.

Zu diesem zunächst verborgenen und verdeckten Wesenhaften, das entweder noch unentdeckt oder lediglich verschüttet ist, gelangt man auf dem Wege eines immer genaueren Hinsehens. Deshalb ist die *Methode der Phänomenologie* deskriptiv, beschreibend. Sinn dieser Beschreibung ist die Auslegung, weshalb man die phänomenologische Methode hermeneutisch nennt. Die

Hermeneutik bemüht sich um die Aufdeckung des Sinnes und der Grundstrukturen des Phänomens. Dessen »Universalität« macht die phänomenologische Einsicht zur *»veritas transcendentia«*, zur transzendalen Wahrheit. Der Bedeutungsgehalt des Phänomens ist demnach überindividuell und »objektiv«. Ein Baum hat seinem Wesen nach überall und jederzeit den gleichen phänomenalen Bedeutungsgehalt, mag er für den Einzelnen noch so verschiedene »subjektive« Bezugsqualitäten besitzen. So kann der Baum für den Holzfäller lediglich mechanisch zu zerstörende Materie sein, für den Architekten Baumaterial, für den Botaniker jedoch lebendiges Gewächs, für den Liebenden Ort einer ersten Begegnung, für viele Sinnbild des Wachsens und Blühens der Natur. Diese Eigenschaften und noch viele mehr gehören wesenhaft zum Baum, unabhängig davon, ob jedem Menschen diese Bedeutungsfülle aufgeht oder nicht; einzeln machen sie jedoch den Wesensgehalt des Baumes nicht aus. Leider hat gerade unsere technisierte Welt es mit sich gebracht, daß wir von vielen Phänomenen nur noch das Meß- und Wägbare, das Gegenständliche und Dinghafte vernehmen und es in völliger Verblendung für das allein Wirkliche halten. Unser technisches Weltbild läßt nur noch zweckhaft Berechenbares als wirklich zur Sache gehörend erscheinen und macht uns blind für die Bedeutungsfülle der Phänomene dieser Welt.

Solche Blindheit beobachten wir sogar dort, wo an sich und traditionsgemäß phänomenologisches Denken immer bestimmend war: in der Medizin. Während der Arzt früher sich auf seine Sinnesorgane verlassen mußte, die Diagnose durch Sehen und Tasten stellte, ist die moderne ärztliche Praxis technifiziert und »entmythologisiert«. Man ist bestrebt, nüchtern und objektiv zu sein. Rationale Überlegung und rationales Handeln ersetzen gemüthafte Mitmenschlichkeit. Die Folgen sind Distanz und Entfremdung. Der moderne Arzt ist nicht mehr im gleichen Maße engagiert wie früher. Er wurde zum unpersönlichen Verwerter von Daten und Laborbefunden, Vorläufer einer technischen Computermedizin. Bereits werden die letzten Reservate einer bisher naturwissenschaftlich-technischem Zugriff sich entziehenden Krankheitsgruppe, nämlich die Neurosen, computersimuliert.

Gewiß ist dies nur eine von vielen Entwicklungsmöglichkeiten der Medizin, jedoch zweifellos die zur Zeit vorherrschende. Sie steht dem phänomenologischen Denken diametral gegenüber. Ihr geht es nicht um die Erfassung von Sinn- und Bedeutungsgehalten menschlicher Existenz, nicht um die Auslegung menschlichen Krankseins als Seinsverminderung des Daseins. In solcher Medizin ist Krankheit lediglich »Defekt« und »Funktionsausfall« einer berechenbaren, zweckgerichteten, materialisierten menschlichen Maschine.

Allerdings wäre es unsachlich und ungerecht, die Bemühungen der Ärzteschaft in der modernen Industriegesellschaft ausschließlich von dieser Sicht aus zu werten. Immer schon ist der Arzt in seiner täglichen Arbeit am Krankenbett nicht nur »Techniker«, Vermittler chemophysikalischer Heilmittel oder chirurgischer Eingriffe gewesen, ebenso wie es einseitig wäre, dem Techniker überhaupt Menschlichkeit absprechen zu wollen. Die Medizin ist jedoch nicht eine Wissenschaft, die sich im geschlossenen Raum, unabhängig von der Umwelt, entwickelt. Sie ist gesellschaftsabhängig, das heißt: eine offene Wissenschaft. Die technokratische Entwicklung der Medizin steht in engster Beziehung zur technokratischen Gesellschaft. In Zeiten, als der Arzt noch Priester, Philosoph und Magier war, von allen geachtet und gefürchtet, besaß er Einfluß auf die Gesellschaft. Heute ist der Nimbus gefallen. Er ist weitgehend zum Funktionär der Versicherungsträger oder des Staates geworden. Diese bestimmen das Schicksal der Medizin.

Letztlich ist es jedoch der Kranke, der *homo patiens*, welchem die ärztliche Heilkunde dienen soll. Auch dieser, der Patient, ist Glied einer bestimmten sozialen und gesellschaftlichen Struktur. Er tritt mit individuellen und kollektiven Erwartungen in das Sprechzimmer des Arztes. Kollektiv ist das rationale Vertrauen in die ärztliche Wissenschaft, individuell die Hoffnung auf die ärztliche Kunst, auf mitmenschliche Anteilnahme und Zuwendung. Daher hört man im Urteil über Ärzte immer wieder, dieser oder jener sei ein guter Arzt, weil man mit ihm reden könne. Im Dialog zwischen Arzt und Patient ereignet sich aber mehr als naturwissenschaftlich-technische Krankheitsbehandlung. Das Gespräch ist Heilfaktor, weil es die Existenz des Menschen miteinbezieht. Der Arzt kann wohl Organe behandeln; niemals kann er sich mit einem Organ besprechen. Die Sprache richtet sich immer an den Menschen in seiner Ganzheit.

Hier sind nun die Berührungspunkte der phänomenologischen Betrachtungsweise zur ärztlichen Praxis gegeben: im ärztlichen Gespräch, das immer und in jedem Fall Auslegung, Interpretation, Anteilnahme, Entdeckung, Aufklärung, Vernehmen und Sehenlassen ist. Ob dieses Gespräch nun Krankheitsanamnese oder biographische Selbstdarstellung ist, ob der Kranke aktuelle Konflikte oder frühkindliche Erlebnisse berichtet, ob er sich durch seine Krankheits- und Organ-»wahl« oder sein Verhalten dem Arzt gegenüber äußert, immer eröffnet er in seiner Krankheit sein Wesen auf irgendeine Weise. An sich müßte es genügen, hinzuhören und zu sehen. Der Arzt ist ja grundsätzlich Phänomenologe. Er hört, sieht, tastet, beschreibt und interpretiert. Auch technische Daten (Röntgenbilder, EKG, EEG, Laborbefunde, Histologie usw.) müssen gedeutet werden. Die phänomenologische Betrachtungsweise ist also im Grunde für die Medizin nichts Neues, auch wenn sie vielerorts in Vergessenheit geraten ist. Wiederzuentdecken ist jedoch die ubiquitäre Anwendung dieser Methode. Was die Chirurgen beispielsweise immer noch anwenden, ist paradoxerweise bei den klinischen Psychiatern kaum noch anzutreffen. Bei jenen steht der Befund noch vor der Diagnose, bei diesen die Diagnose vor dem Befund. Die Psychiatrie systematisiert Krankheitsbilder, die ihrem Wesen nach noch unerschlossen sind. Beispielsweise läßt sich eine endogene Depression inhaltlich, das heißt ihrem Sinn nach, von einer reaktiven oder neurotischen nicht unterscheiden. Die phänomenologische Betrachtungsweise hat aber in der psychotherapeutisch inspirierten Psychiatrie und klinischen Psychologie Fuß gefaßt. In besonderer Weise ist sie auch von Bedeutung für die Arbeit des nichtpsychiatrischen Spezialisten und des Allgemeinpraktikers im Bereiche der psychosomatischen Krankheiten.

Die phänomenologische Denkweise hat – außer ihrer Angemessenheit dem Kranken gegenüber – für den Arzt verschiedene Vorteile. Der ganze Ballast schwer erlernbarer Schulmeinungen und Theorien fällt dahin. Die (an sich schon fragwürdige) psychodynamische Entwicklungslehre der Psychoanalyse (gleich welcher Richtung) ist für die tägliche Arbeit des Arztes irrelevant. Ärzte, die an ihren Patienten analerotische Fixierungen, Ödipuskomplex, latente Homosexualität, orale oder kaptative Antriebshemmungen, unbewußte Minderwertigkeitskomplexe, archetypische Konstellationen »entdecken«, mögen ihr wissenschaftliches Gewissen beruhigen; dem Kranken nützen diese Erkenntnisse im allgemeinen nichts. Jener Arzt jedoch, der um den Bedeutungsgehalt eines Krankheitssymptoms weiß, der fähig ist, das Krankheitsangebot des Patienten auf dessen Sinngehalt hin – *legein ta phainomena* – zu erhellen, wird den Kranken unmittelbar ansprechen. Wir haben dies andernorts bereits ausdrücklich festgehalten: Dem Arzt und dem Psychologen ist die Aufgabe unterbunden, den *Sinngehalt der Krankheit in die Sprache zu bringen.*

Das phänomenologische Vorgehen in der psychosomatischen Medizin ist erlernbar. Nicht irgendwelchen intuitiven oder spekulativen Neigungen des Therapeuten soll das Wort gesprochen werden, sondern einer wissenschaftlich einwandfreien Verhaltensweise. Die anatomischen und physiologischen Grundkenntnisse des Arztes sollen voll eingesetzt werden. Der Arzt muß die Funktionen der leiblichen Organe genauestens kennen, um deren Sinngehalt für die menschliche Existenz auslegen zu können. Als zweites sollte er vermehrt mit der Bedeutsamkeit des gesprochenen Wortes, der Sprache, sich auseinandersetzen. Ein Katalog volkstümlicher Sprachbedeutungen des menschlichen Leibes könnte viel zur phänomenologischen Deutung sogenannter Organerkrankungen beitragen. Wir »zerbrechen uns den Kopf« oder »behaupten uns«, wir bewegen uns »halsbrecherisch« in »schwindelnder Höhe«. Was immer uns »auf dem Magen liegt« oder »über die Leber gekrochen« ist, kann uns »die Galle hochsteigen lassen«. Eine Patientin, die an Blasentenesmen und Harndrang litt und der es bei ihren häufigen Versuchen zu urinieren nicht gelang, mehr als ein paar Tropfen abzulassen, erwies sich auch in ihrer Persönlichkeit als abgekapselt und hingabeunfähig. Sie befand sich in einer hochgradigen Abwehr gegen jegliches Von-sich-Geben, was sich unter anderem in einem hartnäkkigen Schweigen in der Therapie äußerte. Insbesondere konnte sie auch ihre Gefühlsäußerungen nur »tröpfchenweise« zur Sprache bringen. Bei einem zwangsneurotischen Kranken mit einem spastischen Kolon wiederum ließen sich unschwer Beziehungen zwischen dem Symptom des Defäktionsdranges mit seinen Aggressionshemmungen nachweisen. So wie er täglich bis zu zwangzigmal die Toilette aufsuchen mußte, wo er jeweils bis zu einer halben Stunde »vergeblich saß«, fühlte er sich auch dem

Umgang mit den Menschen nicht gewachsen. Er konnte seinem Wünschen und seinem Wollen keinen direkten Ausdruck geben, war unfähig sich seinen Kollegen gegenüber durchzusetzen, und zog sich nach jedem mißglückten Versuch zur Auflehnung immer wieder ängstlich zurück. In beiden geschilderten Fällen bildet die Sprache das Bindeglied für das Verständnis des »organischen« Befundes. Der Bedeutungsgehalt des Nicht-abgeben-Könnens, des Zurückhaltens, des Gehemmtseins, läßt den Arzt das Wesen seines Kranken wahrnehmen, dessen in besonderer Weise gestimmtes Weltverhältnis, hier jenes der Hingabestörung und der Aggressionshemmung. Der Phänomenologe sucht also, wie BINSWANGER sagt, »immer und immer wieder das mit den Worten Gemeinte sich zu vergegenwärtigen, von dem Wortlaut und seiner Bedeutung sich zum Gegenstand, der Sache, dem Erlebnis zuzuwenden, auf das die Wortbedeutung hinweist«. Dabei werden Wortbedeutungen nicht etwa statistisch oder durch wiederholte Erfahrungen festgesetzt, sondern sinngemäß interpretiert. Die Erfassung eines Phänomens ist, wie bereits gesagt wurde, ubiquitär. Das allgemeine Wesen eines Dreieckes, um ein Beispiel BINSWANGERS zu erwähnen, wird »an einem einzigen Dreieck, unabhängig von wiederholter Naturerfahrung, erschaut, im Gegensatz zu den Begriffen der Naturwissenschaft, die durch wiederholte Erfahrung – also auf induktivem Wege – zu gewinnen sind. So gelten auch die phänomenologischen Aussagen über psychosomatische Krankheiten überall und unabhängig von deren Pathogenese und Ätiologie, da der Magen, das Herz, ja alle Organe bei jedem Menschen im Dienste gleicher Funktionen und Aufgaben stehen. Eingehende, wissenschaftlich einwandfrei durchgeführte Untersuchungen bestätigen unsere Auffassung. Es sei, um ein weiteres Beispiel herauszugreifen, an die Beobachtungen erinnert, die auf der Neurosenstation der Universitäts-Klinik Tübingen an Patientinnen mit einem Zervikalsyndrom gemacht wurden. Nackenmuskelbeschwerden und Steilstellung der Halswirbelsäule fanden sich überraschend oft bei jugendlichen Neurosekranken, wobei Angsterleben und Auftreten beziehungsweise Zunahme der Nackenbeschwerden koinzidierten. Unter Bezugnahme auf die bekannte instinktive »Duckbewegung« bei Schreck und Angst in Katastrophensituationen wurden die Befunde als »eingefrorene« abortive Duckbewegung aufgefaßt, die sich im Muskelhartspann äußert und als chronische Fehlhaltung osteochondrotische Veränderungen fördert oder zur vorzeitigen Auslösung bringen kann. »Die Nakken-Hals-Partie wird beim Menschen insofern zum besonderen Projektionsfeld für Bedrohungen von oben und hinten, als autoritäre Instanzen als von oben her wirkend erlebt werden. Dadurch behält die ursprünglich instinktive Duckbewegung im spezifisch menschlichen Angsterleben – in der Schuld- und Gewissensangst – einen Sinn: als Schutz und Ausweichreaktion in der Erwartung eines Unheils von oben bzw. – in der Verfolgungssituation – von oben-hinten.« Die gleiche Versteifung, das gleiche Syndrom kann aber auch das unmittelbare Leiben des Weltbezuges eines angstgestimmten »Sich-Behauptens« sein.

Das phänomenologische Verhalten kann durchaus in Ärztegruppen und Fallseminarien gelernt werden. Eine solche Gruppe wurde von uns während einiger Jahre in Zürich geleitet. Die Erfahrungen waren sehr positiv. Die Ärzte, durchwegs medizinpsychologisch interessiert, lernten zunächst ihre Patienten unvoreingenommen beobachten und verstehen; aus der Erkenntnis des Sinngehaltes des Krankheitsbildes ergab sich schließlich das heilende ärztliche Gespräch, ohne daß je von eigentlicher Psychotherapie gesprochen wurde. Ein solches Gespräch wurde denn auch von den Kranken nicht als Alternative zur somatisch orientierten Therapie betrachtet, sondern als Ergänzung. Dadurch konnte ein wesentlicher Anteil der so häufig bei psychotherapeutischen Gesprächen anzutreffenden Abwehr umgangen werden, einer Abwehr die Patienten wie Ärzte befällt.

Psychotherapie und Hermeneutik

Phänomenologische Betrachtungsweise und Hermeneutik bilden somit die Grundpfeiler der ärztlichen und psychologischen Praxis im Bereiche der Psychosomatik und Psychotherapie. Die Hermeneutik eröffnet uns auch den Zugang zur ärztlichen und psychologischen Gesprächsführung, so daß die Frage nach dem Wesen der Psychotherapie nicht von der Frage nach dem Wesen der Hermeneutik getrennt werden kann.

Hermeneutik leitet sich vom griechischen *hermeneuein* ab, das verschiedene deutsche Übersetzungen zuläßt, etwa: aussagen im Sinne von ausdrücken, auslegen im Sinne von erklären und übersetzen im Sinne von dolmetschen (Ebeling). Seit Platon, der den Begriff *Hermeneutike* erstmals verwendete, fand die Hermeneutik bis zum 17. Jahrhundert ausschließlich im Bereiche des Religiösen Anwendung; von da an unterschied man die *hermeneutica sacra* von einer *hermeneutica profana*. SCHLEIERMACHER und DILTHEY bewirkten eine Wende durch die Einsicht, daß die Interpretation biblischer Texte keinen anderen Verstehensbedingungen unterliegt, als jene irgendwelcher anderer Texte. Auslegung von Texten sollte von nun an nicht mehr lediglich der Erfassung der Werkkomposition dienen, sondern auch der Erfassung des Autors, da ja Werk und Autor nicht voneinander zu trennen sind. Letztes Ziel des hermeneutischen Verfahrens ist es nach DILTHEY, den Autor besser zu verstehen, als er sich selber verstanden hat. HEIDEGGER geht noch einen Schritt weiter, indem er darauf verweist, daß Auslegung nie voraussetzungslos geschieht, vielmehr der Interpret immer auch sich selbst und sein eigenes Verstehen auslegt. Mit anderen Worten: Das Verständnis des Interpreten zur Sache ist mitzuberücksichtigen, der Ausleger wird selber zum Text. Text und Interpret stehen somit in einem sich gegenseitig erhellenden, dialektischen Verhältnis zueinander (KÜNDIG), was nicht nur für die Auslegung von Texten gilt, sondern für menschliches Dasein überhaupt. Dasein ist immer Bezogen-sein-auf-Etwas. Der Mensch erfährt sich in seiner eigenen Bezogenheit durch das ihm Begegnende. Die Art und Weise, wie ich auf das mir Begegnende bezogen bin und wie ich mich von den Dingen und Mitmenschen ansprechen lasse, *wie* ich in der Welt bin. Bezug, Beziehen, Be-ziehen heißt: in Anspruch nehmen, meint: Verhältnis. Verhältnis wiederum hat mit Verhalten, ver-halten, halten, zu tun und bedeutet, sich bei den Dingen aufhalten, offen sein, wahrnehmen, vernehmen. Dieses Offensein ist jedoch nicht Leere oder Hohlraum, sondern immer ein Offensein *für* etwas, ist nicht Passivität, sondern ein Sich-in-Anspruch-nehmen-Lassen.

In der Auslegung des Begegnenden geschieht also Selbsterkenntnis. Erkennen heißt Selbstwerden (cogito, ergo sum, aber nicht im Sinne DESCARTES). Ich erfahre nur soviel, als ich selber geworden bin und umgekehrt. Welterkenntnis und Selbstgestaltung stehen in einem dialektischen Wechselbezug. Es ist dies die existentielle Grundform des hermeneutischen Zirkels, der besagt, daß ein Teil nicht ohne das Ganze und das Ganze nicht ohne den Teil verstehbar ist.

Solche Begegnung findet in besonderer Weise in der Psychotherapie statt, auf dem Boden ursprünglichen Miteinanderseins, so daß man sagen kann, Psychotherapie sei hermeneutisches Geschehen.

Die Sprache des Menschen kann frei und natürlich sein, sofern sich dieser Mensch seinen ihm gegebenen Möglichkeiten entsprechend verwirktlicht. Sie ist psychotisch, neurotisch oder psychosomatisch, wenn dieser Prozeß der Selbstfindung dauernd oder vorübergehend gestört ist. Der Psychotherapeut begegnet somit einem Menschen, dessen Sprache und dementsprechend dessen Offenständigkeit, Vernehmbarkeit und Antwortfähigkeit eingeschränkt ist. In der Sprache entbirgt sich die Krankheit, durch die Sprache geschieht Heilung, Heilung ist gleichbedeutend mit Freiheit. Geheilt, gesund ist der Mensch, der seine Existenz seinen ihm gegebenen Möglichkeiten entsprechend austragen kann, dessen In-der-Welt-Sein so gestimmt ist, daß er sachgerecht vernehmen und antworten kann. Sachgerecht heißt hier: unmittelbar auf die Welt bezogen, frei von Vorurteilen, frei von fremder Meinung, frei von der Gebundenheit an das »man«, frei von Ängsten, Zwängen und Sucht, heißt aber auch: frei im Verhältnis zu den Mitmenschen und Gegebenheiten, offen für den Reichtum der begegnenden lebenden und toten Natur, erschlossen der Welt gegenüber. Gesund ist der Mensch, der sich von nichts anderem bestimmen läßt als von dem, was ihm in seinem Wesen aufgeht. Gesundheit ist phänomenologisch zu verstehen. Ein Mensch, der Vorurteile hat, sich vom Hörensagen beeinflussen läßt, dem Gerede und Geschwätz verfallen ist, annimmt, glaubt, vermutet, meint, daß etwas so oder anders ist, und sein Verhalten dementsprechend ausrichtet, ist – analytisch gesehen – nicht geheilt. Offenheit erfordert immerwährende Überprüfung. Daher das ständige Bemühen in der Psychotherapie, durch die Wahrhaftigkeit Offenheit zu erlangen, sich unablässig in Frage zu stellen, nichts als unveränderlich und gegeben hinzunehmen. Ein freies Weltverhältnis beinhaltet die Fähigkeit, weder dem Begegnenden zu verfallen (wie im Zwang oder in der Sucht) noch sich demselben durch Abwehr oder Flucht zu entziehen. Zur Freiheit des Menschen gehört aber auch die Möglichkeit und Fähigkeit sich wissenschaftlich dem Anspruch des Vernommenen zu verweigern. Der Gesunde braucht demnach gar nicht »brav« im landesüblichen Sinne zu sein. Hingegen gehört zur Gesundheit die Toleranz. Tolerantes Verhältnis zur Mitwelt ist unabdingbarer Bestandteil eines gesunden Daseins, ist doch meine Freiheit nie unabhängig von der Freiheit des anderen.

Hermeneutik, Interpretation, Übersetzung geschieht in jeder Form der Psychotherapie. Auch die FREUDsche oder JUNGsche Deutungskunst ist Interpretation. FREUD ging es um die Auslegung der Geschichtlichkeit des Daseins, allerdings nicht in phänomenologischem, sondern in genetischem Sinne. Der Kranke soll sich in seiner Entwicklung kennen lernen. Die Deutungskunst entspricht einer Dechiffriermethode, denn FREUD meinte, hinter die Phänomene zu den Ursachen derselben vorstoßen zu müssen. Da diese jedoch in einem unbewußten Bereich des menschlichen Seelenlebens »verdrängt« sind, gelte es, die Sprache der Neurose durch Ausschaltung der Zensur zu »übersetzen« und so dem Patienten zu einem Verständnis seiner Motivationen zu verhelfen. Bei JUNG geht es nicht nur um die Aufdeckung persönlich-unbewußter Strebungen, sondern auch um die Dechiffrierung jener Inhalte, die einem kollektiven Unbewußten entspringen. SZONDI untersucht darüber hinaus auch noch die Bewußtmachung familiär bedingter Erbanlagen, um sie dem Patienten als Wahlmöglichkeiten seiner Existenz verfügbar zu machen.

Die Frage stellt sich spätestens hier, ob solche »kausalen Deutungen«, Abstraktionen wie das individuelle, familiäre, kollektive »Unbewußte«, in den Bereich dessen gehören, was wir als Hermeneutik bezeichnen, denn weder eine Kausalität noch ein »unbewußter« Seelenbereich entbergen sich unmittelbar dem menschlichen Sehen. Vielmehr widersprechen sie in jeglicher Hinsicht gerade einem ursprünglichen Vernehmen und Verstehen menschlichen Daseins. Nicht von ungefähr bezeichnete FREUD selbst seine Theorie als eine Metapsychologie, als eine über das psychologische Erfahren hinausgehende Methode.

Warum aber ist »Hermeneutik« notwendig, wenn dem Menschen Sprache und damit unmittelbares Verstehen eignet?

Tatsächlich bedürfen die alltäglichen Mitteilungsformen, die Gebärden, Mimik, Stimme, Worte, Taten und das Schweigen, in denen sich Sprachliches gibt, keiner weiteren Interpretation; der Mensch versteht sich und die Mitwelt unmittelbar selber und wird auch vom anderen unmittelbar verstanden. Interpretation und damit Hermeneutik ist nur dort erforderlich, wo das Wortgeschehen gestört ist. Die hermeneutische Funktion, sagt EBELING, kann deshalb nur darin bestehen, Störungen zu beseitigen, um das Wort in seiner eigenen Funktion wirken zu lassen. »Und die Beseitigung von Verstehensstörungen kann sich zumeist ebenfalls nur durch das Wort vollziehen.« Zudem ist das unmittelbare Vernehmen- und Verstehenkönnen derart störbar, daß niemals zwei Menschen eine gleiche Situation, ein gleiches Erlebnis in gleicher Weise erfahren. Auch ist jedes Wahrnehmen infolge der immer anwesenden Gestimmtheit verschieden: in der Stimmung der Angst, der Trauer, der Wut wird anders und anderes wahrgenommen als beispielsweise in der freudvollen, heitergelassenen oder rauschhaften Gestimmtheit. Dies alles zwingt jenen, dem es um die Erfassung der Wirklichkeit geht, das Wahrgenommene und sich selbst immer wieder zu befragen. Solches Befragen vollzieht sich durch das gesprochene Wort.

Damit ist nicht nur das Wesen der Hermeneutik charakterisiert, sondern auch das Wesen der Psychotherapie. In ihr geht es in besonderer Weise darum,den Patienten als »fremdsprachigen Text« (KÜNDIG) verstehen zu lernen und in die Sprache zu bringen. Diese Sprache muß allerdings verständlich und zugänglich sein. Ein psychotherapeutischer Dialog in einer ärztlichen oder psychologischen Kunstsprache würde lediglich die Übersetzung einer fremden Sprache in eine andere Fremdsprache bedeuten. Auch für die Psychotherapeuten gilt, was HUSSERL für die Phänomenologen fordert: sie sollen nicht aufhören natürliche Menschen zu sein und sich auch in der Rede als das zu setzen!

In die Sprache bringen, heißt nicht nur »sprechen«, sondern vor allem »hören« und »schweigen«. Der Zusammenhang der Rede mit Verstehen und Verständlichkeit, sagt Heidegger, wird aus einer zum Reden selbst gehörenden existentialen Möglichkeit deutlich, nämlich aus dem Hören. Wir sagen nicht zufällig, wenn wir nicht recht hören, wir haben nicht »verstanden«. Das Hören ist für das Reden konstitutiv, das Dasein hört, weil es versteht. Als verstehendes In-der-Welt-Sein mit den anderen ist es dem Mitsein und ihm selbst »hörig« und in dieser Hörigkeit zugehörig. Auch in der Hermeneutik RICOEURS spielt das Hören eine zentrale Rolle, findet sich doch gerade darin ihre menschlichste Bestimmung. Aber die Voraussetzung des Hörens ist das Schweigen, das Schweigen, das nicht Stummsein ist. Schweigen bewahren ist hören als Geschehenlassen des Sagens, das uns nicht nur offen macht für das, was uns begegnet, sondern auf uns selber zurückwirkt und verwandelt. Es ändert uns jedoch nicht, weil ein Wille sich unserem Willen aufdrängt, sondern weil uns das verstehende Hören selbst ändert. Und HEIDEGGER wiederum gibt dem Psychotherapeuten die Grundlage der von FREUD empirisch gefundenen Anweisungen in die Hand: »Wer im Miteinanderreden schweigt, kann eigentlicher ›zu verstehen geben‹, das heißt das Verständnis ausbilden, als der, dem das Wort nicht ausgeht ... Verschwiegenheit artikuliert als Modus des Redens die Verständlichkeit des Daseins so ursprünglich, daß ihr das echte Hörenkönnen und durchsichtige Miteinandersein entstammt.«

Das phänomenologische Krankheitsverständnis

Aus dem bisher gesagten geht hervor, daß Krankheiten auf spezifisch gestimmte Weltbezüge hinweisen, die sowohl dem Therapeuten wie dem Patienten »sprachlich« aufgehen können. Deshalb können auch um auf unsere früheren Beispiele zurückzukommen, die *allergischen Krankheitsformen* nicht mehr lediglich als Antwort des Organismus auf ein Antigen im Sinne einer quantitativ bestimmbaren Antigen-Antikörper-Reaktion verstanden werden, sondern als leiblicher Austrag eines im Sinne der Überempfindlichkeit gestimmten Weltbezuges. Chemische Allergene verursachen oft erst dann das Entstehen einer Antigen-Antikörper-Reaktion, wenn sie auf den Boden einer bestimmt getönten, durch individuelles Erleben geprägten Emotionalität fallen (STAEHELIN). Im Phänomen der allergischen Erkrankung offenbart sich wesenhaft die typische Gestimmtheit von Angst, Unsicherheit und Überfordertsein, wenn erscheinungsmäßig auch nur in der Anonymität einer leiblich ausgetragenen Überempfindlichkeit. Wie weit die Emotionalität nur im leiblichen Geschehen ausgetragen wird und für den Untersucher verdeckt bleiben kann, hat BOSS bei den Asthmatikern nachgewiesen. Viele Kranke nämlich, die an einem *Asthma bronchiale* leiden, sind äußerlich ruhige und unauffällige Menschen, die nichts von Angst und Überforderung wissen. Man kann bei ihnen von einem »Absacken der existentiellen Problematik in die Bewußtlosigkeit des Leibes« sprechen, und es ist eine ganz »regelhafte Erfahrung«, daß derartige Menschen auf ihrem Gesundungswege zunächst einmal wieder »psychoneurotisch« werden müssen. Mit anderen Worten: Zum Heilungsprozeß gehört das Zulassen der im leiblichen Symptom beinhalteten, aber verborgenen Angst.

Aufgrund solcher Erfahrung und dieses Krankheitsverständnisses kann jetzt auch die eingangs gestellte Frage beantwortet werden, warum ein Patient gerade zu einem *bestimmten Zeitpunkt* seines Lebens erkranke. Die gleiche Allergenexposition kann nämlich einen ruhigen, ausgeglichenen Menschen treffen und wirkungslos bleiben, oder sie kann einen ohnehin schon reizbaren, empfindlichen Kranken anfallen und die Antigen-Antikörper-Diathese manifest werden lassen. Sie kann aber auch den gleichen Menschen einmal im Zustand der konfliktlosen Ruhe, ein anderes Mal in agitierter Stimmungslage überraschen und je nachdem wirkungslos bleiben oder zum Ausbruch der Krankheit führen.

Die Bedeutsamkeit der je so oder anders gestimmten Weltverhältnisse konnten wir auch bei den endokrin bedingten Erkrankungen, insbesondere in der *Frauenheilkunde*, erkennen. In diesem Sinne ist das bekannte endokrine Psychosyndrom von Bleuler nicht kausal zu verstehen, sondern deskriptiv, auf die Mitbeteiligung physischer und psychischer Lebensbereiche verweisend, ohne deren gegenseitiges Verhältnis zueinander »erklären« zu wollen. Aber auch dort, wo endokrines und psychisches Geschehen scheinbar nur als leibliche Krankheit in Erscheinung tritt, wie etwa bei den *weiblichen Blutungsstörungen*, wäre es sinnlos, nach einer Somatogenese oder Psychogenese zu forschen. Das phänomenologische Krankheitsverständnis läßt sich gerade an den Menstruationsstörungen eindrücklich darstellen: Die Menstruationsblutung ist physiologisch ein Vorgang, der dem endokrin gesteuerten zyklischen Geschehen der Ovarialfunktion entspricht. Sie steht demgemäß in enger Beziehung zur Weiblichkeit, dem Problem der Geschlechtlichkeit und Fortpflanzung. Das Verständnis der Blutungsstörungen setzt sowohl Kenntnis des endokrin-biologischen wie auch des psychologischen Sinngehaltes des weiblichen Genitalzyklus voraus; erst aus der medizinpsychologischen Betrachtung der normalen Menstruation läßt sich das völlige oder teilweise Fehlen derselben, aber auch eine Dys- oder Hyperfunktion hormonal gesteuerter Blutungen verstehen. So wird eine existentielle Abwehrhaltung gegen den Vollzug eines freien und verantwortungsvollen Lebens, der neurotisch oder psychoreaktiv bedingte Verzicht auf die Übernahme des weiblich-mütterlichen Weltbezuges leiblich als *Amenorrhöe* zum Austrag kommen. Wird jedoch das menschliche Dasein derart ausschließlich auf das eine Weltverhältnis der weiblichen Geschlechtlichkeit reduziert, daß dieses überlastet und übersteigert in seinem leiblichen Anteil ausgetragen wird, so kommt es zu verstärkten und verlängerten Menstruationsblutungen, zu *Meno- und Metrorrhagien.* Eine solche leibliche Überfunktion trifft man besonders häufig bei jungen Mädchen, die durch das Erwachen der Geschlechtlichkeit so heftig in Anspruch genommen werden, daß sie darin völlig aufgehen; sie kommt aber auch bei Frauen gegen Ende der Geschlechtsreife vor, denen der Verzicht auf die biologisch-mütterliche Lebensmöglichkeit so schwer fällt, daß sie noch ein letztes Mal davon förmlich überschwemmt werden. Eine weitere Form gestörter Menstruationsblutungen schließlich stellen die verschiedenen Arten *prämenstrueller Spannungen* und *Algomenorrhöen* dar. *Verkrampfung* bedeutet hier Abwehr, Zurückhaltung, ein Sich-nicht-gehen-lassen-Können, die Unmöglichkeit, sich in Freiheit zu fraulicher Reife entfalten zu können. Die Verkrampfung ängstlich-kindlicher Mädchen und Frauen vor oder während der Menstruation und die damit verbundene Schmerzhaftigkeit deuten auf ein solches inneres Zerrissensein hin. Die Menstruationsschmerzen verdeutlichen das Wechselspiel von ängstlichem Zurückhalten und Hingerissenwerden. Schließlich darf nicht vergessen werden, daß die verschiedenen Formen der Blutungsstörungen einander ablösen oder gleichzeitig nebeneinander bestehen können. Kranke, insbesondere Neurotiker, sind vielfach in ihrem Lebensbezug unstet. Angst, Abwehr und Wunsch wechseln häufig, damit auch deren leiblicher Austrag.

Die Beispiele ließen sich fortsetzen; ein solches medizinpsychologisches Verständnis menschlichen Krankseins ist auf das Gesamtgebiet der Medizin anwendbar. Dabei handelt es sich nicht, wie eine allzu naive Kritik immer wieder das hermeneutische Krankheitsverständnis anzuprangern sucht, um eine »symbolische« Umdeutung im Sinne der Psychoanalyse, sondern um die *Auslegung* der das Krankheitsgeschehen ausmachenden Bedeutungsgehalte. Aus diesem Grunde benötigen solche »Sinngebungen« weder eines statistischen Beweises, noch können sie statistisch widerlegt werden. Immer geht es dem psychosomatisch-phänomenologischen Krankheitsverständnis um die Erfassung der je besonderen Austragsweise menschlichen In-der-Welt-Seins, mit anderen Worten, um die *Existenz* des Kranken.

Die Bedeutung der medizinischen Psychologie für die ärztliche Praxis

Wenn wir hier feststellen, daß die medizinische Psychologie als Grundlagenwissenschaft neben der naturwissenschaftlichen Betrachtungsweise das Krankheitsverständnis der Medizin mitbestimmt, so müssen wir abschließend bedenken, welche *praktischen Konsequenzen* sich daraus ergeben. Zunächst folgern wir, daß die medizinische Psychologie nicht die Angelegenheit einiger weniger Spezialisten, also der Psychiater, sein kann. Kein Arzt kann auf die Dauer auf ein psychologisches Krankheitsverständnis verzichten. In vielen Fällen wird sogar der Ausgang einer Krankheit von der Aufgeschlossenheit des Arztes für die psychologischen Aspekte seines Patienten abhängen. Damit kommen wir zur zweiten Schlußfolgerung, nämlich jener, daß auch das therapeutische Verhalten der Ärzte vom medizinpsychologischen Verständnis getragen werden muß. So bildet beispielsweise das Magengeschwür nicht nur ein internistisches und chirurgisches, sondern auch ein psychotherapeutisches Problem. Neben der Indikation für eine medikamentöse oder diätetische Behandlung oder für einen operativen Eingriff besteht auch die Aufforderung zu einer emotionalen Umstimmung oder zur Veränderung der äußeren Lebenssituation. Dazu bedarf es grundsätzlich nicht immer einer Überweisung an den Psychiater. Ja aus mancherlei Gründen kann eine solche gegenindiziert sein. Der Kranke weiß häufig nichts davon, daß seinem organischen Krankheitssymptom eine emotionelle Störung innewohnt. Sein Kranksein trägt sich (scheinbar) nur leiblich aus. Mit anderen Worten: die Abwehr der wissentlichen Erkenntnis eines fehlerhaften Weltbezuges gehört zum Krankheitsbild. So bringt der Ulkuskranke sein Magengeschwür kaum in Zusammenhang mit seiner auf übermäßiges Schuften, Hasten und Raffen gestimmten Lebensweise. Sein Hilferuf an den Arzt bezieht sich nicht auf die emotionellen Schwierigkeiten. Vielmehr wünscht er vom Therapeuten die möglichst rasche Beseitigung der lästigen, leistungshemmenden Krankheit. Einem wichtigen psychotherapeutischen Prinzip gemäß muß man dem Kranken zunächst immer auf jener Ebene begegnen, auf der sich dieser befindet, so daß der Arzt zweifellos zu Beginn seine ganze Beobachtung und Aufmerksamkeit dem organischen Symptom zuwenden soll. Dies ist schon allein deshalb geboten, weil die Therapie einer eventuell das Leben gefährdenden Krankheit zuvorkommen muß. Aus diesem Grunde kann es gar nie zu einer Idealkonkurrenz zwischen Psychotherapie und Innerer Medizin oder Chirurgie kommen. So will auch die medizinische Psychologie nie das technisch-naturwissenschaftliche Rüstzeug des Arztes ersetzen oder gar verdrängen.

Andererseits darf allerdings die Bedeutung des medizinpsychologischen Krankheitsverständnisses nicht weiterhin bagatellisiert werden. Es kann nicht Sinn und Aufgabe einer medizinischen Heilbehandlung sein, lediglich eine möglichst rasche Wiederherstellung der Leistungsfähigkeit des Kranken zu erreichen. Eine solche Medizin wäre einem Reparaturunternehmen für defekte Maschinen gleichzusetzen. Die wachsende Zahl jener Kranken, denen eine nur technische, unpersönliche Zuwendung entweder gar keinen oder nur einen vorübergehenden Erfolg bringt, zeigt die Fragwürdigkeit dieser Methode.

Vor einiger Zeit erhielten wir Kenntnis von einem Briefwechsel zwischen einem vielbeschäftigten praktischen Arzt und dem Direktor einer psychiatrischen Klinik. Ersterer beklagte sich darüber, daß es äußerst schwierig sei, Patienten einem Psychiater zuzuweisen, da alle in Zeitnot seien. »Die Situation ist die«, schrieb der Praktiker, »daß es heute ungeheuer schwer ist, einen Patienten einem Psychiater zu überweisen, da sie alle vollbeschäftigt sind und einen Auftrag erst im Verlaufe von drei bis vier Wochen oder länger übernehmen können. Ich bin in letzter Zeit in meiner Eigenschaft als praktischer Arzt schon einige Male vor diese Situation gestellt worden. Es kommen Patienten zu mir, bei denen ich offensichtlich sehe, daß sie in fachärztlicher psychiatrischer Behandlung stehen sollten. Da es aber unmöglich ist, einen Psychiater zu finden, der die Behandlung übernehmen kann, mache ich dieselbe notgedrungen, wende aber nur leichte Mittel wie Insidon, Valium und Librium an. Ich fühle mich auch nicht befähigt, einen bevorstehenden Suizidversuch klar zu erkennen. Ich glaube, daß der Psychiater dazu eher in der Lage ist und die nötigen Vorkehren treffen kann.« In seiner Antwort stellte der Klinikdirektor unter anderem fest, »daß viele Praktiker in zunehmendem Maße jene psychiatrischen Aufgaben ablehnen, zu deren korrekter Erfüllung es gar keinen spezialisierten Psychiater braucht«. Im Rahmen der allgemeinen hausärztlichen Betreuung könnten »mit großem Erfolg viele psychiatrische Aufgaben erledigt werden, welche die Praktiker zufolge ihrer eigenen Überlastung heute mehr ablehnen als früher«.

Dieser Briefwechsel deckt Probleme auf, die seit etwa zehn Jahren immer eingehender diskutiert werden. Zwei größere Rundtischgespräche in Zürich waren diesen Fragen gewidmet. Das erste fand 1965 im Rahmen der Schweizerischen Gesellschaft für Psychosomatische Medizin statt. An ihm nahmen außer drei Psychiatern je ein Vertreter der Allgemeinpraxis, Inneren Medizin, Chirurgie, Unfallmedizin, Frauenheilkunde sowie ein Kinderarzt teil. Dieses Podiumsgespräch drehte sich zur Hauptsache um drei Problemkreise: nämlich 1. um die Frage, ob überhaupt in der Medizin ein Bedürfnis nach einem psychologischen Krankheitsverständnis bestehe, 2. um die Abklärung der ungefähren Häufigkeit psychosomatischer Krankheiten und 3. um die Problematik der Ausbildung in Psychotherapie und medizinischer Psychologie. Die erste Frage wurde bejaht, was naturgemäß bereits durch die Auswahl der Gesprächspartner bedingt war. Denn wer nicht an psychosomatischen Fragen interessiert ist, hätte kaum einer Aufforderung der Psychosomatischen Gesellschaft zur Teilnahme an einem Rundtischgespräch Folge geleistet. Das allgemeinärztliche Bedürfnis nach einer psychosomatischen Medizin konnte demnach in diesem Gremium nicht gültig abgeklärt werden. Immerhin ergab die Diskussion die interessante Feststellung, daß sich in der Praxis um so mehr »Neurosen« aller Art einstellen, je aufgeschlossener der Arzt selbst für die seelischen Nöte seiner Patienten ist. Diese letztere Tatsache ist denn auch für die Beantwortung der zweiten Frage von Bedeutung. Je nach der Einstellung des Arztes zur »funktionellen Krankheit« und der mehr oder weniger starken naturwissenschaftlichen Ausrichtung variierte die Angabe über Vorkommen und Häufigkeit »neurotischer« und »psychosomatischer« Störungen von 5 bis 75 Prozent des Krankengutes einer Allgemeinpraxis. Dabei ist zu bedenken, daß die Auffassungen über das Wesen »psychosomatischer« Erkrankungen ebenso voneinander divergieren. Ein Magengeschwür mag für den einen »neurotisch«, für den andern »organisch« bedingt sein, einem dritten »sowohl als auch«, d. h. als »psychosomatisches« Geschehen imponieren. Man müßte demnach, um über gültige Angaben verfügen zu können, sowohl über das *Wesen* der psychosomatischen Krankheit zu einem allgemeinen Konsensus gelangen als auch über einen standardisierten Katalog einschlägiger Krankheitsbilder verfügen. Dies ist jedoch nicht möglich. Die gleiche Krankheit kann nämlich in einem Fall ein organisches Geschehen zum Austrag bringen, im andern Fall neurotisch ausgelöst sein. Ferner ist zu bedenken, daß »psychosomatisch« oft lediglich einen besonderen Zugang zu menschlichem Kranksein bedeutet, nämlich den psychotherapeutischen, daß aber das gleiche Krankheitsbild beim gleichen Kranken auch naturwissenschaftlich angehbar ist. So ist die Unfallanfälligkeit eines Menschen ein Problem der Psychotherapie; ein Unfall kann dem Verletzten den Weg zum Psychotherapeuten weisen, obwohl er gleichzeitig der chirurgisch-operativen oder -konservativen Behandlung bedarf. Alle diese und noch mehr Faktoren beleuchten die Fragwürdigkeit statistischer Mutmaßungen im Bereiche der Psychosomatik. Über ein Problem waren sich jedoch alle Teilnehmer einig: daß die Ausbildung unserer Ärzte in bezug auf ein medizinpsychologisches Krankheitsverständnis in den westlichen Ländern ungenügend ist. Die Tradition der ärztlichen Ausbildung entstammt einem materialistischen Zeitalter, in welchem der Mensch als ein Konglomerat von physikalischen Prozessen aufgefaßt wird. Von dieser so betonten Position sich zu befreien ist schwierig. In den sogenannt unterentwickelten Ländern gehört zur medizinischen Ausbildung eine mehrsemestrige Einführung in die Psychologie. Bei uns ist diese auf ein Semester beschränkt. Es bleibt den Dozenten für Psychiatrie vorbehalten, diese Ausbildung in ihrer Klinik zu ergänzen. Zu berücksichtigen ist jedoch dabei, daß Psychiatrie und Psychotherapie nicht identisch sind und daß das allgemeine medizinpsychologische Verhalten des Arztes *körperlich* Kranken gegenüber nicht in einer psychiatrischen Klinik demonstriert werden kann.

Mag somit das Ergebnis dieses »psychosomatischen« Podiumsgesprächs dem einen oder andern Arzt aufgrund der genannten Auswahlkriterien fragwürdig erscheinen, so müßten wir eine weitere Klärung von einem Rundtischgespräch erwarten, an dem, ohne besondere Interessen zu vertreten, Spezialisten und praktische Ärzte über ihre alltägliche Tätigkeit diskutierten. Daß auch ein Ordinarius für Psychiatrie zum Gespräch eingeladen war, darf wohl als Beweis dafür gelten, daß psychiatrisch-psychologische Fragen zum täglichen Brot des Allgemeinpraktikers gehören. *De facto* drehte sich die Diskussion über *Die Aufgabe des praktischen Arztes* (1966) zur Hauptsache um Fragen der medizinpsychologischen Betreuung psychosomatischer Patienten. Die Betreuung psychosomatischer Patienten (30 Prozent) wurde als eine Hauptaufgabe der praktischen Medizin erwähnt, und ergänzend stellte man fest, daß ein Drittel bis ein Viertel aller Patienten einer Allgemeinpraxis emotionell Kranke *sind* und nicht Krankheiten *haben*, die sich irgendwie pathologisch-anatomisch oder patho-physiologisch definieren lassen. Das Gros dieser emotionell Kranken wolle zweifellos vom Allgemeinarzt und nicht vom Spezialisten, auch nicht vom Psychiater oder Psychoanalytiker, behandelt werden.

Die in solchen Gesprächen von namhaften Ärzten gemachten Angaben über die Häufigkeit neurotischer und psychosomatischer Erkrankungen finden in der medizinischen Literatur ihren lebhaften Niederschlag. Die statistische Auswertung von über 500 Fragebogen einer Umfrage bei Schweizer Ärzten aller Fachrichtungen, die wir selbst durchführten, ergab, daß rund ein Drittel aller Kranken, die den Arzt aufsuchen, neurotisch, ein Drittel psychosomatisch und nur ein Drittel ausschließlich organisch krank sind. Wenn nun auch angenommen werden darf, daß viele psychosomatisch Kranke einer somatischen Therapie zugänglich sind, so darf bei vorsichtiger Schätzung doch angenommen werden, daß ein Drittel bis die Hälfte aller Patienten einer durchschnittlichen allgemeinärztlichen und internistischen Praxis (die Zahlen der Spezialgebiete variieren etwas) auch einer psychologischen ärztlichen Betreuung bedürfen. Neurotisch und psychosomatisch Kranke fordern vom Arzt eine neue Art des Einsatzes: nämlich das Hinhörenkönnen und Offensein für die Auswahl und Tönung ihres Verhältnisses zur Welt.

Das psychosomatische Krankengut der Allgemeinpraxis

Das ärztliche Weltbild, aber auch die Aufgabe des Arztes haben sich in den letzten Jahrzehnten grundlegend verändert, wobei die Zunahme neurotisch und psychosomatisch Kranker alle Ärzte, gleich welcher Fachrichtung, »mit einem beunruhigenden Mangel an Vorbereitung für den Umgang mit solchen Patienten« (HOFF und STROTZKA) konfrontiert. Die Veränderung im Krankengut stellt nämlich für den Arzt insofern ein Problem dar, als die Zahl der ausgebildeten Psychotherapeuten keineswegs für die Betreuung der sogenannten Patientengruppen ausreicht. Es ist ein offenes Geheimnis, daß im Bereiche der seelischen Erkrankungen in der Ärzteschaft eine *therapeutische Lücke* besteht, obwohl Feldstudien ergeben haben, das 10–12% der Gesamtbevölkerung wegen psychischer Leiden in ihrer normalen Anpassungsfähigkeit und Arbeitsleistung beeinträchtigt sind. Etwa 3% der Gesamtbevölkerung sollen aus psychischen Gründen arbeitsunfähig sein. Die vorhandenen psychiatrischen Einrichtungen versorgen weniger als ein Zehntel dieser Kranken. »Handelte es sich bei diesen Zahlen um körperlich Kranke mit einer so hohen Chronifizierungsrate«, schreibt in diesem Zusammenhang Häfner, »so wäre es kaum vorstellbar, daß ein derart geringer Anteil der Kranken in ärztliche Hände kommt, bzw. einer dem Leiden angemessenen Behandlung zugeführt wird. Uralte Vorurteile dem seelisch Kranken gegenüber . . . hindern die Gesellschaft daran, sich der Größe dieses Problems und des dahinter liegenden Leidens bewußt zu werden.« Hier müßte hinzugefügt werden, daß auch die Ärzte selbst diesem Problem bei weitem nicht die ihm gebührende Beachtung widmen und in unglaublicher Sorglosigkeit dasselbe bagatellisieren. Statistisch interessante Angaben zu diesem Problemkreis verdanken wir Görres. Hielte jeder der ca. 80000 Ärzte, die in der Bundesrepublik tätig sind, nur einen einzigen Patienten im Jahr für psychotherapiebedürftig, wären mehrere tausend Psychotherapeuten nötig. Schätzungsweise ist jedoch die Zahl der schwer neurotisch und psychosomatisch Kranken, »die einer analytischen Therapie zugänglich und bedürftig« wären, viel höher; sie wird über 1% der Bevölkerung geschätzt. Ähnliche Zahlen weisen amerikanische Untersuchungen auf. L. C. Steckle sprach bereits 1949 von 12 bis 13 Millionen Menschen, die in den USA einer psychotherapeutischen Behandlung bedürften. Andere Schätzungen variierten zwischen 4 und 10 Millionen. W. C. Menninger vermutete, daß zwischen 35% und 70% der Personen, die praktische Ärzte aufsuchten, im Grunde neurotische Störungen im weitesten Sinne aufweisen. P. R. Hofstätter rechnete bereits 1956 in den Vereinigten Staaten mit rund 7 Millionen Menschen, die der psychologischen und psychotherapeutischen Beratung bedurften, so daß die zur Verfügung stehenden 7000 voll ausgebildeten Psychiater des Landes (unter denen sich damals etwa 500 Psychoanalytiker befanden) »dafür in keiner Weise« ausreichten. Dazu konnten allerdings noch 3000 bis 4000 haupt- oder nebenamtlich psychotherapeutisch tätige Psychologen gezählt werden.

In der medizinischen Literatur wechseln die statistischen Angaben über die Häufigkeit neurotischer und psychosomatischer Erkrankungen außerordentlich stark. Im Durchschnitt wird jedoch angenommen, daß sich das Krankengut einer ärztlichen Allgemeinpraxis je zur Hälfte in eine rein organische und in eine funktionelle beziehungsweise gemischte Gruppe aufteilen läßt. Dies würde immerhin bedeuten, daß bei mindestens der Hälfte aller Kranken das Krankheitssyndrom emotionell bzw. »psychisch« mitmotiviert ist. Anhand der statistischen Auswertung von 540 entsprechend formulierten Fragebogen konnten wir diese Angaben für schweizerische Verhältnisse bestätigt finden. 1965 verschickten wir an alle Schweizer Ärzte einen Fragebogen, der es ermöglichen sollte, die in der Literatur erwähnten Angaben über die Häufigkeit funktioneller Erkrankungen zu bestätigen oder zu berichtigen. Wir wollten nicht ein größeres Krankengut nach einheitlichen Gesichtspunkten abklären, sondern unsere Fragen an eine möglichst große Zahl von Ärzten verschiedenster Fachrichtungen stellen. Dabei interessierten uns drei Fragenkomplexe, die natürlich miteinander in Beziehung stehen, ganz besonders: *Zunächst* einmal sollte die *Struktur der heutigen ärztlichen Praxis* festgehalten werden. So verlangten die ersten Fragen ganz allgemein Aufschluß über die Art der ärztlichen Tätigkeit. Es ging uns also darum, den sogenannten *Ist-Zustand* einer allgemein- oder spezialärztlichen Tätigkeit in bezug auf Anzahl der Patienten, Sprechstundendauer und Besonderheiten ärztlicher Tätigkeit festzuhalten. Der *zweite Fragenkomplex* versuchte mehr die *spezifisch-psychosomatisch-psychotherapeutische Problematik* abzuklären, während die *letzten Fragen* zu Gedanken über die *Ausbildung in medizinischer Psychologie* anregen sollten.

In quantitativer Hinsicht war unseren Bemühungen kein überwältigender Erfolg beschieden. Nur etwa 10% der Befragten schickten den ausgefüllten Fragebogen zurück. Den Schluß daraus ziehen zu wollen, nur 10% der Ärzte interessierten sich für psychosomatische Fragen, wäre jedoch ungerechtfertigt. Die Umfrage hatte durchaus privaten Charakter und durfte somit als

Anliegen einer kleinen Gruppe gewertet werden. Immerhin dürfte die prozentuale Beteiligung der Ärzte an dieser Umfrage unserer auch sonst gemachten Erfahrung nach dem Interesse entsprechen, das die Ärzte aller Fachrichtungen dem psychosomatischen Anliegen entgegenbringen. Die Frage nach der statistischen Signifikanz unserer Erhebungen ist also weder in positivem noch in negativem Sinne eindeutig zu beantworten. An sich wäre eine Signifikanz auch bei einer idealen Beteiligung aller Ärzte – unter Berücksichtigung der ungleichen Voraussetzungen in bezug auf Einstellung und Wissen um psychosomatische Belange – nicht erreicht worden. Was hier erschwerend ins Gewicht fällt, ist die enorme *Streuungsbreite* der Angaben, wie sie in den nachfolgenden Tabellen sichtbar wird, wo – um ein Beispiel herauszugreifen – ein Allgemeinpraktiker angeblich nur organische, ein anderer angeblich nur psychosomatische und funktionelle Fälle sieht. Immerhin konnten schließlich 540 Fragebogen vollständig ausgewertet werden.

Die *Untersuchung* ergab eindeutig eine große Variationsbreite der individuellen ärztlichen Tätigkeit, wobei selbst bei Ausschaltung der Extremwerte noch sehr unterschiedliche Daten erhoben wurden. Wir können uns hier darauf beschränken festzuhalten, daß bei den meisten Ärzten eine erhebliche Zeitnot besteht und die Anzahl der zu untersuchenden und zu behandelnden Patienten im Verhältnis zu der dafür zur Verfügung stehenden Zeit zu groß ist. Daß damit für die Psychosomatische Medizin ungünstige Voraussetzungen bestehen, liegt auf der Hand.

Die Antworten enthalten die eigentlichen Aussagen der Ärzte über jene medizinpsychologischen Probleme, die uns veranlaßten, diese Fragebogenaktion zu starten. Anhand der Beantwortung lassen sich Schlüsse auf die Einstellung der Ärzte zu den genannten Problemen ziehen.

Die Resultate sind in Tabelle 1 (a, b und c) graphisch dargestellt, wobei jede Säule den Angaben eines Arztes entspricht. In der Auswertung können drei Vergleichsmöglichkeiten auseinandergehalten werden: Einmal die Gegenüberstellung aller drei Gruppen, wobei festgehalten werden kann, daß die funktionell Kranken in allen Fachgebieten außer in der Psychiatrie den kleinsten Anteil darstellen; zweitens können die organischen und gemischten (psychosomatischen) Fälle den funktionellen gegenübergestellt werden, was sich hier eindeutig zugunsten der erste-

Tabelle 1a:

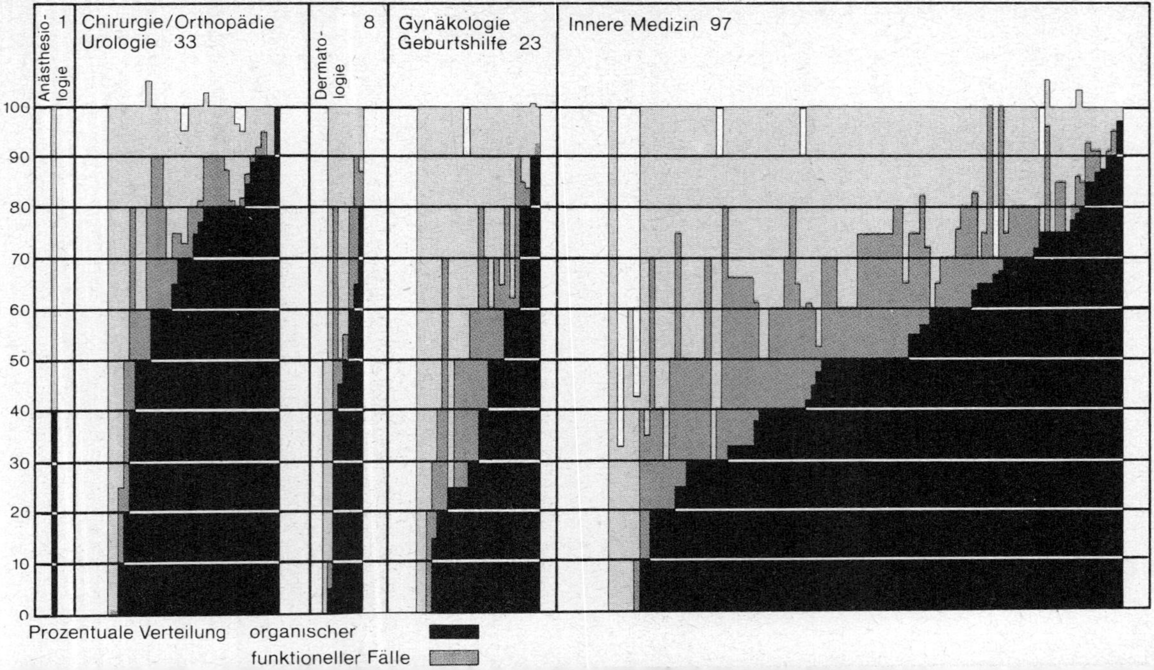
Anästhesiologie 1
Chirurgie/Orthopädie Urologie 33
Dermatologie 8
Gynäkologie Geburtshilfe 23
Innere Medizin 97
100
90
80
70
60
50
40
30
20
10
0
Prozentuale Verteilung organischer
funktioneller Fälle

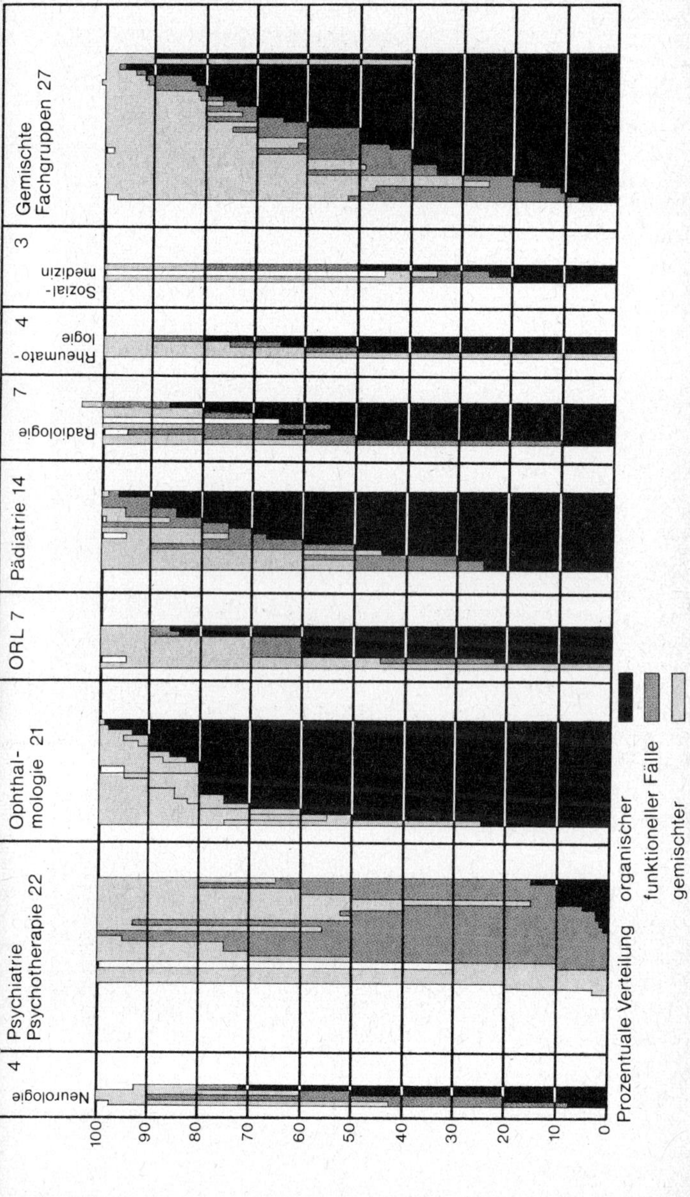
Neurologie 4
Psychiatrie Psychotherapie 22
Ophthal-mologie 21
ORL 7
Pädiatrie 14
Radiologie 7
Rheumato-logie 4
Sozial-medizin 3
Gemischte Fachgruppen 27
100
90
80
70
60
50
40
30
20
10
0
Prozentuale Verteilung organischer
funktioneller Fälle
gemischter

Tabelle 1c:

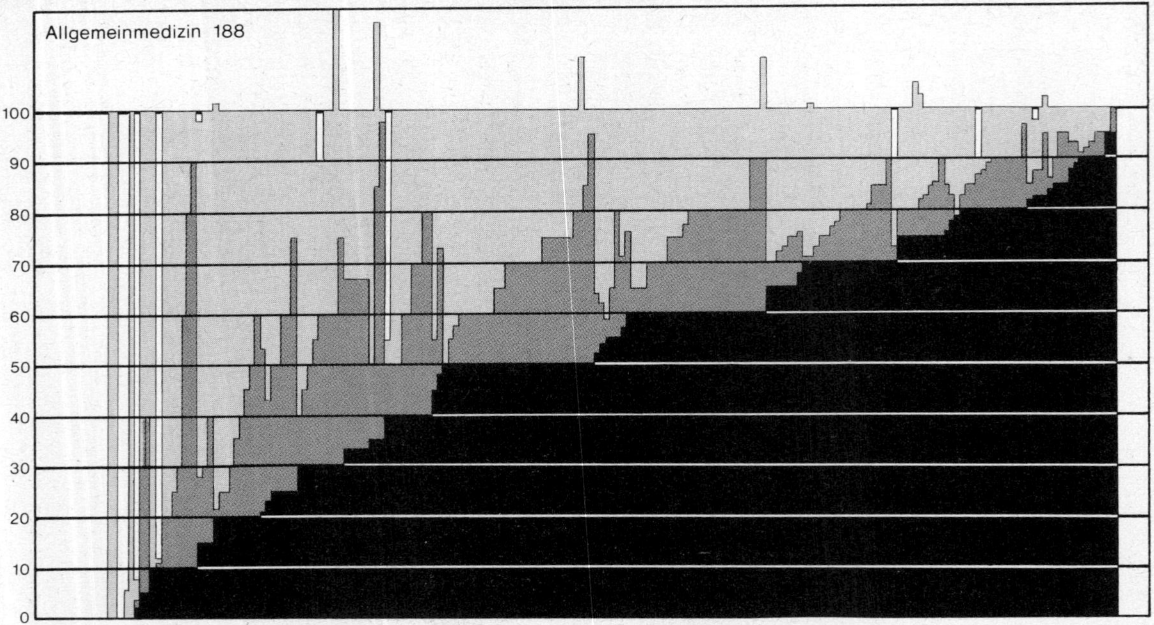

Prozentuale Verteilung organischer ■ funktioneller Fälle ▨ Aus: Gion Condrau. Die Bedeutung der medizinischen Psychologie für die ärztliche Praxis. Ergebnisse einer Umfrage. In: *Psychosomatische Medizin,*

ren auswirkt und keiner besonderen Besprechung bedarf, und schließlich wäre die Zusammenfassung der gemischt-psychosomatischen Gruppe mit den funktionellen Erkrankungen interessant, die dann den organischen Leiden gegenüberzustellen wäre.

Wie wir sehen, *überwiegt die organische Komponente* ziemlich eindeutig über die beiden anderen bei den Ophthalmologen, Pädiatern, Chirurgen, Oto-Rhino-Laryngologen, Radiologen, gemischten Fachgebietsteilnehmern, Allgemeinpraktikern, die *funktionelle* und *gemischte* – und zwar je zur Hälfte – eindeutig über die verschwindend kleine organische nur bei den Psychiatern, was wiederum verständlich ist, um so mehr als ja mehrere von ihnen noch speziell darauf hinwiesen, daß ihre Patienten bereits eine Auslese repräsentierten.

Gleiche Anteile an allen drei Kategorien finden sich bei den Neurologen und Sozialmedizinern (bei den Sozialmedizinern handelt es sich nicht um eine spezielle Fachgruppe, sondern um beamtete Ärzte, die zur Hauptsache im Sinne der Sozialmedizin tätig sind), *überwiegende Anteile* in der Kategorie *organisch* und *gemischt* zu Lasten der funktionellen bei den Anästhesiologen, Dermatologen, Gynäkologen, Internisten und Physiotherapeuten.

Bedenken wir, daß einige Ärzte entweder funktionell und gemischt zusammenfaßten, einige vermutlich gleiche, zumindest aber ähnliche Krankheitserscheinungen je nach Auffassung und Definition der Begriffe entweder den funktionellen oder gemischten Fällen zuteilten, dann können wir die organischen Fälle den funktionellen und gemischten gegenüberstellen: In diesem Falle *überwiegt der organische Anteil* über die beiden anderen, mehr oder weniger ausgeprägt, bei den Chirurgen, Ophthalmologen, Oto-Rhino-Laryngologen, Pädiatern, Radiologen, Allgemeinmedizinern, gemischten Fachgebietsteilnehmern; der *funktionelle* und *gemischte Teil zusammengefaßt* über den organischen, auch wieder mehr oder weniger ausgeprägt, bei den Anästhesiologen, Dermatologen, Gynäkologen, Internisten, Neurologen, Psychiatern, Physiotherapeuten, Sozialmedizinern.

Diese Feststellungen entsprechen unseren Erwartungen; ebenso die weiteren Angaben der Ärzte zu diesem Fragenkomplex. Im Durchschnitt nahmen 68% der Ärzte an, daß 0–50% aller Patienten psychologisch beraten werden müssen, 15% der Ärzte gaben Zahlen von 51–100% an, während 17% entweder keine oder nicht statistisch zuverlässig verwertbare Angaben machten. Eher nach unten orientiert sind die Chirurgen, Radiologen, Neurologen, Ophthalmologen und Oto-Rhino-Laryngologen, nach oben die Psychiater und über die ganze Skala verteilt die Dermatologen, Gynäkologen, Internisten, Pädiater, Physiotherapeuten und Allgemeinmediziner. Gleichzeitig mußte die Frage nach den *Erfahrungen mit Psychopharmaka* beantwortet werden. Nur 5% aller Ärzte beantworteten sie dahin, daß die Erfahrungen mit Psychopharmaka so zufriedenstellend seien, daß sich ein psychotherapeutisches Gespräch erübrige. Einen anderen Extremfall, das heißt Ablehnung der Psychopharmaka, wählten 23,5% oder fast ein Viertel der Ärzte. Die übrigen fanden, daß sowohl Psychopharmaka wie das ärztliche Gespräch notwendig seien, und ein Teil der Ärzte erklärte, auf diesem Gebiet zu wenig Erfahrung zu besitzen.

Eine Frage, die in dieser statistischen Untersuchung nicht geklärt werden konnte, ist jene nach der *Art* der psychischen Störungen, die sich in der Allgemeinpraxis einfinden. Die bisher veröffentlichten Studien über die Fälleverteilung in der Allgemeinpraxis lassen uns da weitgehend im Stich. Immerhin kann man feststellen, daß eigentliche Psychosen relativ selten sind und einen eher geringen Anteil am Gesamtkrankengut haben. Braun erwähnt zwar in einer statistischen Übersicht seines Krankengutes (1954–1959) »einen erheblichen Anfall an akuten neuen und rezidivierenden Bildern«. Insgesamt machten die akuten Psychosen 1,23 ‰ und die chronischen Psychosen 0,86‰ des Krankengutes aus. Ein Vergleich dieser Zahlen mit jener der neurotisch oder psychosomatisch Kranken ist aber leider nicht möglich, da Braun lediglich Diagnosen (dazu nach einem eigenen System) aufführt. So ist nicht mit Sicherheit feststellbar, wieviele Fälle von Erbrechen und Durchfall (19,15‰), Ekzem (15,47‰), Kephalalgie (15,35‰), Kreuzschmerzen (13,26‰), Obstipation (8,35‰), Säuglingsdyspepsie (5,89‰), Ulcus (5,89‰), Asthma bronchiale (4,91‰), menstruelle Störungen (4,54‰), Dyspnoe (3,93‰), Abmagerung (2,09‰) usw. psychosomatischer Natur sind. Immerhin erwähnt Braun noch »polymorphe, wahrscheinlich nicht organische Beschwerden« (10,93‰) und »polymorphe Beschwerden, kurze Führung«

(8,10‰). Bei Zusammenstellung und vorsichtiger Schätzung aller Krankheitsbilder BRAUNS, die zumindest teilweise psychosomatischer Natur sein könnten, kommen wir auf 155,24‰. Wie gesagt, kann auf diese Vergleichszahlen nicht allzuviel Wert gelegt werden, doch geben sie immerhin gewisse Anhaltspunkte für die Verteilung der psychischen Störungen in einer Allgemeinpraxis. Eine genaue Abklärung dieser Verhältnisse wäre aber dringend notwendig. In England sind derartige Forschungen bereits durchgeführt worden. K. HODGKIN veröffentlichte 1966 ein ausgezeichnetes Buch über die Diagnostik in der medizinischen Praxis, in welchem auf 1000 Patienten pro Jahr 1,2 Schizophrenien, 0,2 manisch-depressive Syndrome gegenüber 147,0 »*simple anxiety and tension states*« angegeben werden. Dazu kommen Angaben über Enuresis (9,5‰), »*marriage and family problems*« (9,0‰), Hysterie (5,3‰) u. a., die zusammengezählt noch einmal soviel ergeben. Der Autor hat seine Erfahrungen als Student und Assistenzarzt im Spital sowie jene, die er in seiner Praxis sammelte, graphisch dargestellt. Daraus geht eindeutig hervor, daß seine Begegnungen mit psychisch Kranken größtenteils erst während der Zeit seiner Privatpraxis erfolgten.

Konsequenzen für die ärztliche Praxis in bezug auf Diagnostik und Therapie

Wie bereits erwähnt, stellen die funktionellen Krankheitssyndrome für den Arzt ein besonderes Problem dar. E. SCHWARZ meinte anläßlich eines Vortrages über »Die naturwissenschaftliche Medizin in unserer Zeit« zu Recht, der Arzt komme bei all diesen Krankheitsbildern mit einer rein naturwissenschaftlichen Betrachtungsweise »einfach nicht mehr weiter«. Die vorwiegend funktionell gestörten Patienten würden in der Regel eingehend untersucht, von Spezialist zu Spezialist gewiesen, wobei oft kleine, von der Norm abweichende, jedoch völlig belanglose Befunde erhoben werden können, die dann häufig überwertet und falsch interpretiert werden. Auf diese Patienten lasse sich das Wort aus dem Markusevangelium anwenden: Sie haben »viel erlitten von vielen Ärzten«. Die Medizin des praktisch tätigen Arztes entferne sich immer mehr von der naturwissenschaftlichen Hochschulmedizin: erstere müsse sich mit einer Unzahl von funktionellen Krankheitszuständen befassen, bei denen somatische und psychische Faktoren »sich meist in ganz undurchsichtiger Art und Weise gegenseitig beeinflussen«, während letztere sich mit den eher seltenen Krankheitsbildern befasse, deren Pathogenese durch exakte naturwissenschaftliche Untersuchungsmethoden feststellbar ist. »Es scheint mir daher außerordentlich wichtig, daß der Student sowie der junge Assistent neben den Naturwissenschaften auch in das Gebiet der Psychologie sowie der einfachen Psychotherapie systematisch eingeführt wird; ohne diese Kenntnisse ist es fast unmöglich, die Hauptzahl unserer Patienten zu verstehen oder gar zu behandeln.« Vor jeder Therapie steht die Diagnose. Dies gilt selbstverständlich auch für den Bereich der psychosomatischen Krankheitsbilder. Eine psychosomatische Diagnostik darf jedoch nicht lediglich *per exclusionem* gestellt werden, beziehungsweise auf dem Anschluß somatischer Krankheitsursachen beruhen. Sie muß vielmehr die psychische Notlage ebenso klar zum Ausdruck bringen wie etwa ein somatischer Befund die organische Grundstörung. Beides ist nicht immer auf Anhieb möglich, beides braucht Zeit und Geduld, beides aber setzt ein umfassendes und spezifisches *Wissen* voraus. Eine gezielte psychosomatische Diagnostik erspart dem Arzt und dem Patienten viel Zeit und Unannehmlichkeiten, sie ermöglicht vor allem einen der Krankheit und dem Kranken angemessenen *Therapieplan.* Für die Patienten und für die Ärzte – bedeuten diese Zahlen glücklicherweise nicht, daß alle diese funktionell und psychosomatisch Kranken einer eigentlichen Psychotherapie bedürfen. Die Therapie solcher Kranken wird nicht lediglich von der Diagnose her bestimmt; vielmehr spielen sehr verschiedene, diagnoseunabhängige Faktoren eine sehr wesentliche Rolle für die Indikation zur Psychotherapie, wie später noch auszuführen sein wird. Die *Psychotherapie*, die analytischen Regeln folgt, gehört in den Bereich der Fachpsychiatrie. Da jedoch höchstens 5–10% der behandlungsbedürftigen Neurotiker den Fachpsychotherapeuten aufsuchen, verbleibt der Rest in den Händen der nicht speziell psychiatrisch geschulten Ärzte. Diesen obliegen nun kurz zusammengefaßt, folgende Aufgaben:

1. Die *Diagnosestellung*, wozu eine Kenntnis der Neurosenlehre unentbehrlich ist.

2. Die *Indikation* für das weitere Vorgehen, m.a.W. die Triage, ob der Patient überwiesen werden muß oder nicht. Die Überweisung an den Psychiater erfordert jedoch in den meisten Fällen eine Vorbereitung des Patienten, diese wiederum setzt eine genaue Kenntnis der psychotherapeutischen Methoden, der Widerstandsproblematik usw. voraus.
3. Die psychosomatische *Behandlung* des Patienten selbst, d. h.:
   Beherrschung der Technik des einfachen ärztlichen Gesprächs;
   Aufnahme einer erweiterten Anamnese;
   Kenntnis der Abwehrvorgänge beim Patienten;
   Kenntnis einfacher psychotherapeutischer Verfahren;
   Kenntnis der psychopharmakologischen Therapie.

Fragen der medizinpsychologischen Ausbildung

Das bisherige Medizinstudium und insbesondere der Unterricht in Psychiatrie genügt den Anforderungen in bezug auf die geschilderten Verhältnisse nicht; eine Modifikation desselben ist daher dringend angezeigt. Ganz abgesehen von der unbestreitbaren Tatsache, daß das Studium der Psychiatrie und der medizinischen Psychologie schon stundenmäßig, d.h. quantitativ und examensmäßig den Rang eines Nebenfaches einnimmt, muß uns neben diesen formalen Angaben auch die materielle Seite beschäftigen, nämlich die Frage, welches *Wissen* eigentlich vermittelt wird. Dabei müssen wir davon ausgehen, daß dieses Wissen zur Hauptsache in den Räumen der psychiatrischen Kliniken und anhand des Krankengutes dieser Spitäler vermittelt wird – wobei vorwegzunehmen ist, daß sich das Krankengut einer Praxis und jenes eines Spitals nirgendwo so sehr voneinander unterscheiden, wie im Bereiche der Psychiatrie. Die großen chronisch verlaufenden exogenen und endogenen Psychosen, die schweren Psychopathien, Suchtkrankheiten, chronischer Alkoholismus, die Epilepsien, Oligophrenien und Demenzzustände werden kaum mehr ambulant behandelt. Diese Kranken bilden aber den Grundstock für die klinischen Fallvorstellungen. Gewiß gibt es klinische Psychiatrielehrer, die nicht müde werden, auch die Psychologie des praktischen Arztes zu betonen; die, wenn immer möglich, neurotisch Kranke in der Klinik vorführen; die auf die große Bedeutung der Psychotherapie hinweisen. Im großen und ganzen jedoch beherrschte bisher der in den Psychiatrielehrbüchern aufgeführte Stoff den klinischen Psychiatrieunterricht. Eine *systematische Neurosenlehre*, ja selbst eine systematische *Einführung in die Psychotherapie* wurde bisher zur Hauptsache in den psychiatrischen Pflichtvorlesungen nur ungenügend gelehrt, von einer eigentlichen Psychosomatik ganz zu schweigen. *Die Gegenüberstellung der anfänglich erwähnten Erfordernisse der allgemeinen und spezialärztlichen Praxis einerseits und des bisherigen Psychiatrieunterrichtes andererseits ergibt eine formale und materielle Diskrepanz, die nur durch Erweiterung und Änderung des letzteren aufgehoben werden kann.*

Die psychiatrische Lehrtätigkeit sollte in vermehrtem Maße, als dies bisher der Fall war, Psychotherapie und Psychosomatik umfassen. Diese Forderung ist an sich nicht neu, teilweise auch bereits weitgehend realisiert, doch wurde ihr bisher sicher nicht genügend Beachtung geschenkt. So schrieb STRÜMPELL bereits 1892: »Wie die Physiologie, so sollte auch die Psychologie für jeden Mediziner ein obligatorisches Lehrfach sein.« Immer wieder treffen wir mit Ärzten zusammen, die darauf hinweisen, mit welchen Schwierigkeiten sie in der Praxis zu kämpfen haben, weil es ihnen an der nötigen psychologischen Ausbildung fehlt. Nicht von ungefähr schritten viele solcher Ärzte zur »Selbsthilfe«, indem sie sich zu sog. psychosomatischen Gesellschaften zusammenschlossen oder unter Anleitung von Psychotherapeuten einen »Nachhilfeunterricht« in Gruppen beziehen. Dabei ist zu bedenken, daß sich nur ein relativ kleiner Prozentsatz der Ärzte zu einem so dringend notwendigen Schritt entschließen kann. Zahlreiche Autoren sind zu ähnlichen Ergebnissen gelangt. STOLZE beispielsweise schreibt in *Wege zur allgemeinen Psychotherapie*: »Der Arzt, der bis zum Staatsexamen schon mit Psychotherapie in irgendeiner Weise näher in Berührung gekommen ist, bleibt seiner ganzen Einstellung nach ihr gegenüber aufgeschlossener und positiver und versucht, sich die notwendigen psychotherapeutischen Kenntnisse im Rahmen seiner praktischen ärztlichen Grundausbildung zu erwerben. Der Arzt, der diese Verbindung vor dem Staatsexamen nicht aufgenommen hat, stellt sie im allgemeinen auch in den ersten fünf Jahren nach dem Staatsexamen nicht her. Sein Weg führt ihn – sofern er überhaupt in Berührung mit der Psychotherapie kommt – erst viele

Jahre später zu ihr, in einer Zeit also, in der er sich nur unter sehr erschwerten Bedingungen psychotherapeutisch fortbilden kann.« Dazu komme, daß die Bereitschaft zur Auseinandersetzung mit der Psychotherapie bei Studenten und jungen Ärzten vielfach in noch größerem Maße vorhanden sei als bei den niedergelassenen Ärzten. Dieser Tatsache sollte Rechnung getragen werden. Balint gar wies darauf hin, »daß die augenblickliche medizinische Ausbildung den praktischen Arzt für mindestens ein Viertel der von ihm geforderten Leistungen nicht hinreichend ausrüstet«. Auch Bleuler erwähnt, daß der Arzt in der Praxis sich mit dem Problem auseinandersetzen müsse, »daß er zur Behandlung eines großen Teils seiner Kranken zu wenig vorbereitet ist«. Häfner verweist auf objektive Erhebungen in Allgemeinpraxen in Österreich, den USA, England, Schottland und zahlreichen anderen Ländern, wonach ein Anteil von 15–50% der Patienten an Beschwerden oder Krankheiten leidet, für deren Behandlung »den meisten unserer Ärzte während des Studiums und während ihrer späteren klinischen Ausbildung kein ausreichendes Rüstzeug vermittelt worden ist«, und ein schweizerischer Praktiker (G. Krüsi) meint, der praktische Arzt könnte seine Situation als Familien- und Hausarzt besser auswerten, mit dem einfachen ärztlichen Gespräch psychosomatische Störungen klarer durchschauen und behandeln, »wenn er für diese Probleme geschult wird«. Strotzka hält es für »notwendig, das gesamte Medizinstudium in dem Sinne zu reformieren, daß auch der praktische Arzt und die Fachärzte aller anderen Gebiete ein besseres Verständnis für ihre psychosozial und psychosomatisch gestörten Patienten aufbringen und lernen, einfache psychotherapeutische Behandlungsmethoden zu beherrschen, resp. iatrogene Schäden zu vermeiden«. Er fügt allerdings einschränkend und bedauernd hinzu, das Klima für solche tiefreichenden Veränderungen der Einstellungen der medizinischen Fakultäten und der gesamten Ärzteschaft sei vorläufig noch sehr schlecht. Ähnliche Gedanken äußert Boss in einem bisher unveröffentlichten Exposé, wenn er schreibt: »Dahingegen hinkt bei uns der ärztliche Unterricht in medizinischer Psychologie, Psychosomatik und Psychotherapie noch insofern erheblich hinter den Erfordernissen der ärztlichen Allgemeinpraxis nach, als erstens die zukünftigen psychiatrischen Spezialärzte ihr therapeutisches Rüstzeug für die psychotherapeutische Behandlung ihrer Kranken zur Hauptsache doch immer noch auf eigene Faust außerhalb des medizinischen Universitäts-Unterrichtes holen müssen, und als zweitens der Unterricht in medizinischer Psychologie und in psychosomatischer Therapie der nicht-psychiatrischen Ärzte noch völlig ungeordnet und dem Belieben jedes einzelnen Studenten anheimgegeben ist.«

Die Ansicht, das Psychiatriestudium sollte durch eine Erweiterung in psychosomatischer und psychotherapeutischer Richtung ergänzt werden, wurde auch durch unsere Erhebungen bei den Schweizer Ärzten gestützt. 2,5% der antwortenden Ärzte fanden, daß zwar eine erweiterte Ausbildung in psychologischer Hinsicht wünschenswert wäre, daß jedoch das Medizinstudium für alle Bedürfnisse der Praxis genüge. Ebensoviel, nämlich 2,5%, entschieden sich dafür, daß das bisherige Medizinstudium nicht für alle Bedürfnisse der Praxis genüge, aber auch eine erweiterte Ausbildung in psychologischer Hinsicht unnötig sei. 5% der Beantworter erwiesen sich als eindeutig zufrieden mit dem bisherigen Ausbildungsprogramm und dessen Auswirkung auf die Praxis. Ein Bedürfnis nach vermehrter psychologischer Ausbildung bestehe nicht. Dem gegenüber vertraten 84,5%, also die überwiegende Mehrheit aller Teilnehmer, die Forderung nach vermehrter psychologischer Ausbildung der Medizinstudenten, da das jetzige Medizinstudium nicht allen Bedürfnissen der Praxis genüge. Am eindeutigsten teilten diese Ansicht die Neurologen und Sozialmediziner (100%), die Gynäkologen (92,5%), die Ophthalmologen (91%), die Dermatologen, Oto-Rhino-Laryngologen und Psychiater mit über 87%, die Allgemeinmediziner und Internisten mit über 85%. Immerhin sei erwähnt, daß auch die überwiegende Mehrzahl der Chirurgen (nämlich 70,5%) sowie die Assistenzärzte (84,5%) der gleichen Ansicht sind.

Wenn unsere Untersuchungen und die Angaben aus der Literatur die grundsätzliche Notwendigkeit eines vermehrten Unterrichts in Psychotherapie, Neurosenlehre und psychosomatischer Medizin bejahen und in dieser Hinsicht kaum begründete Gegenargumente zu erwarten sind, so stellen sich verschiedene praktische Fragen hinsichtlich der *Unterrichtsmethodik* und einer eventuellen *Prüfung* im medizinpsychologischen Fachgebiet. Um letzteres gleich vorwegzunehmen: ein Examen über die medizinpsychologische Ausbildung während des Medizinstudiums ist unumgänglich, da – leider – die Erfahrung mit unseren Studenten gezeigt hat, daß zur Hauptsache nur jene Vorlesungen besucht und jene Bücher gelesen werden, die zu einem Prüfungsfach gehören. Die neue deutsche Approbationsordnung hat denn auch diesem Umstand Rechnung getragen. *Die prinzipielle und praktische Wichtigkeit des Fachs bestimmt die Notwendigkeit einer Prüfung.* Hier muß jedoch sogleich einem immer wieder auftauchenden gewichtigen Einwand begegnet werden, jenem nämlich, daß die Psychotherapie in verschiedene »Schulrichtungen« (die sich zudem nicht selten bitterbös bekämpfen) gespalten sei, was wiederum einen einheitlichen Unterricht in Frage stelle und eine Prüfung verunmögliche. Auch wird gelegentlich darauf hingewiesen, daß »Psychosomatik in der Praxis als eigenständige Disziplin ungenügend gelehrt wird«, weil eine systematische Unterweisung in Psychosomatik nicht möglich sei, da »jeder psychosomatische Fall . . . ein[en] Einzelfall, psychisch und sozial einzigartig« darstelle. Dies ist unzutreffend. Es gibt Lehrbücher für psychosomatische Medizin, und die Möglichkeit eines systematischen Unterrichts ist mehrfach bewiesen. Ein solcher Unterricht sollte natürlich nicht einseitig nur eine Lehrmeinung vertreten, sondern eine Übersicht über die verschiedenen Strömungen und »Schulen« geben sowie allgemeines Wissen vermitteln, wenngleich die persönliche Ausrichtung des Dozenten im Vordergrund stehen wird. Im übrigen unterscheidet sich die Psychosomatik in dieser Beziehung nicht im geringsten von anderen Disziplinen der Medizin, wo ebenfalls »Schulmeinungen« herrschen (so daß ein Student, der an einer bestimmten Universität studiert, zumindest Mühe hätte, sein Examen an einer anderen zu bestehen). In praktischer Hinsicht dürfte die Psychosomatik einheitlicher sein als viele medizinische Spezialfächer.

Zum »psychologischen Existenzminimum des Arztes« (GÖRRES) gehört die Kenntnis der Neurosen und der psychosomatischen Krankheiten, die Kenntnis der Indikation zur Psychotherapie, der verschiedenen Psychotherapiemöglichkeiten, insbesondere der Möglichkeiten und Grenzen der analytischen Methoden. Von all diesen Kenntnissen hängt dann wiederum die Möglichkeit des Arztes ab, die emotionale Struktur seiner Kranken zu erkennen, die Möglichkeiten zu eigenen psychotherapeutischen Eingriffen abzuschätzen und schließlich die Patienten fachgerecht dem Psychotherapeuten zu überweisen. GÖRRES weist zudem darauf hin, daß vieles auch »von der Kunst des Umgangs mit dem Kranken, vom ärztlichen Gespräch, von der Psychologie der Anamnese bis zu den legitimen Formen ärztlicher Psychagogik, von den Gesetzmäßigkeiten der menschlichen Beziehung, den Hilfen und Gefahren der sogenannten Übertragung noch lehr- und lernbar« sei. Zudem sollte der Arzt auch die psychische und psychosomatische Auswirkung von physischen Maßnahmen kennen. HOFF und STROTZKA sehen den »Weg der Zukunft« darin, daß bereits während des normalen Medizinstudiums den Fragen der Psychotherapie und Psychosomatik viel mehr Bedeutung eingeräumt werden müsse, als es derzeit geschieht. Das Minimum wäre eine zweistündige Vorlesung im Rahmen der Vorklinik, wo medizinische Psychologie und Soziologie von einem praxisnahen Standpunkt als Einführung in die allgemeine Problematik der Gesundheit und Krankheit geboten würde. Dann müßte gegen das Ende des klinischen Studienabschnittes eine weitere zweistündige, möglichst seminaristisch geführte Vorlesung über den Umgang mit Kranken folgen, wo auf der Basis der ersten klinischen Erfahrungen die persönliche Problematik der Arzt-Patient-Beziehung in allen ihren ethischen, fachlichen und sozialen Aspekten verarbeitet werden kann. Hier wären auch die Psychotherapiemöglichkeiten des Praktikers und die Vermeidung iatrogener Schädigungen zu besprechen.

Jeder Arzt sollte heute die Grundzüge eines therapeutisch wirksamen ärztlichen Gespräches kennen. Wir haben andernorts darauf hingewiesen, daß die analytische Psychotherapie ein spezielles Fachwissen voraussetzt und daß es uns fernliegt, die Ärzte zur Ausübung von Behandlungen anzuregen, für die sie nicht vorbereitet sind. Ich rede also nicht einer »Psychoanalyse des Hausarztes« das Wort, sondern lediglich einem vermehrten medizinpsychologischen Verständnis, das den Hausarzt und den Spezialisten befähigt, *psychotherapeutisch zu wirken.* In bezug auf ihren Stellenwert in der ärztlichen Praxis steht der Psychotherapie durchaus der Rang eines Hauptfaches der Medizin zu. Neurosenlehre, Psychosomatik, Psychotherapie, Klinische Psychiatrie, Sozialpsychiatrie, Psychohygiene sind heute zu Grundpfeilern moderner Gesundheitspolitik geworden.

Wir möchten diese Ausführungen mit einem Zitat MITSCHERLICHS abschließen, der nicht zu Unrecht die heutige Situation in knappen Worten scharf umreißt: »Ein Leben unter Ärzten hat den Autor teils in Trauer, teils in Zorn davon überzeugt, daß deren Unkenntnis der Psychologie nahezu vollkommen ist. Diejenigen, die sich Routiniers im Umgang mit ihren Kranken dünken, haben sich meist einige Faustregeln erkoren, mit denen sie ziemlich unterschiedslos wirtschaften. Es muß die an der Leiche beginnende Erziehung des Arztes sein, die das natürliche Problembewußtsein für eine so schwierige zwischenmenschliche Beziehung wie die zwischen Arzt und Kranken ertötet.«

Die Einstellung und Vorurteile der ehrwürdigen Institution Heilkunde »auch nur um ein weniges zurechtzurücken« bedeute für den Einzelnen »mehr als eine Herkulesaufgabe«, jedenfalls sei sie unlösbar. Wir sind weniger pessimistisch und hoffen, daß eine Neuorientierung im Medizinstudium die Heilkunde doch zugunsten einer besseren Behandlung der neurotisch und psychosomatisch Kranken zu verändern vermöge. Es geht einfach nicht mehr an, daß die Ärzte weniger Wissen über und Vertrauen in die Psychotherapie aufweisen als die Patienten.

Trotz Einführung der Medizinischen Psychologie als Pflichtfach für die Grundfächerprüfung, die nach Abschluß des Studiums durch den Besuch von Seminarien, Vorträgen und sogenannten *Balint-Gruppen* vorteilhaft ergänzt wird, kann das medizinpsychologische Denken noch lange nicht als Allgemeingut bezeichnet werden. De Boor und Künzler wiesen in einer Monographie anhand der statistischen Erfassung von 3481 Ambulanzpatienten einer psychosomatischen Klinik nach, daß nur ein Drittel weniger als zwei Jahre krank war, bevor eine psychotherapeutische Behandlung beginnen konnte. Dabei ist zu bedenken, daß die Chronifizierung der Symptomatik ungünstige Voraussetzungen für eine Behandlung schafft und die Prognose verschlechtert. »Diese Tatsache« – schreiben die Autoren – »illustriert, wie sehr die Forderung berechtigt ist, daß im Beginn somatisch imponierender Leidenszustände die psychodiagnostische Berurteilung ebenso selbstverständlich wie die somatische Abklärung erfolgen sollte ...« Die geringe Kenntnis medizin-psychologischer Gegebenheiten wird neben den sozialen Vorurteilen als Hauptgrund für die Tatsache angegeben, daß der rechtzeitige Beginn einer psychotherapeutischen Behandlung verpaßt wird. »Wie wenig neurosenpsychologische Kenntnisse verbreitet sind, wie wenig die Tatsache allgemein akzeptiert ist, daß emotionale Konflikte, Konflikte in der Lebensbewältigung und in den zwischenmenschlichen Beziehungen zum Ausbruch vieler Erkrankungen beitragen«, hätte nach Ansicht von DE BOOR und KÜNZLER nicht erst erwiesen zu werden brauchen. Gleichwohl ist es durch ihr Material bestätigt worden.

Während jedoch auf dem Ausbildungssektor die gängigen Fragen den Bedürfnissen entsprechend mit der Zeit zweifellos ihre Lösungen finden werden, bereitet ein anderes Problem viel größere Schwierigkeiten. Ein Arzt, der selbst für bestimmte Lebensbezüge skotomisiert ist, wird die entsprechenden neurotischen Fehlhaltungen auch bei seinen Patienten nicht sehen. Um auf das Beispiel des Magengeschwürs zurückzukommen: Der Arzt, der selbst in einem leistungshungrigen Weltbezug steht, der selbst weder Rast noch Ruhe kennt, der selbst wie ein Roboter arbeitet und weder für sich noch für seine Familie und für seine Patienten Zeit übrig hat, wird kaum auf den emotionalen Hintergrund seiner Magenkranken stoßen.

Aus diesen Gründen, vor allem um die Störfaktoren aus der eigenen Persönlichkeit im Erkennen der psychischen Zusammenhänge möglichst auszuschalten, verpflichtet sich der Psychotherapeut zu einer eigenen Heilbehandlung, »Lehranalyse« genannt. Gewiß kann eine solche Eigentherapie nicht jedem Arzt zugemutet werden. Trotzdem ist die Forderung, daß der Therapeut selbst offen sei für alle Anliegen seiner Kranken, von grundlegender Bedeutung überall dort, wo emotionelles Geschehen beim Krankheitsprozeß mit im Spiele ist. Zu dieser Weltoffenheit des Arztes gehört auch, daß er die grundsätzliche Andersartigkeit des therapeutischen Verhaltens angesichts der medizinpsychologischen Problematik erkennt und anerkennt. In der Psychotherapie ist die persönliche Rolle des Arztes nicht mehr durch die Autorität gegeben; hier tritt vielmehr eine mitmenschliche Kommunikation ins Spiel, die auf dem unmittelbaren *Verstehen* des Kranken und seiner Krankheit beruht. Wenn in der naturwissenschaftlich determinierten Medizin der Satz gilt, es könne dem Kranken nur durch Kausalanalyse der zur Krankheit führenden Vorgänge geholfen werden (PLOOG), so hat diese Behauptung im Bereiche der medizinischen Psychologie nur beschränkt Gültigkeit. Gewiß mag gelegentlich eine sogenannte »kausale« Therapie erfolgreich sein. Durchgreifender und dauerhafter sind die therapeutischen Erfolge jedoch erst dann, wenn an Stelle der kausalen Forschung das Verständnis für Sinn und

Gehalt der Krankheiten tritt. Solches Verständnis ermöglicht dem Kranken eine Umstimmung aus angstvoller, bedrückter und mißtrauischer Grundverstimmtheit in ein vertrauensvolleres Weltverhältnis und damit in die Freiheit hinein. Ein solches Verständnis fordert jedoch vom Arzt einen Einsatz, der ihn nicht nur in der Distanz des Berufes, sondern auch in der Nähe seiner Person angeht. V. WEIZSÄCKER formulierte dies mit den Worten: »Nur wenn die Natur im Arzt von der Krankheit berührt, angesteckt, erregt, erschreckt, erschüttert wird; nur wenn die Krankheit auf ihn übertragen, in ihm fortgesetzt, über sein Bewußtsein zu sich selbst zurückgeführt wird – nur dann und nur so weit, als dies geschieht, ist ihre Überwindung durch ihn möglich.«

Das psychosomatische Krankheitsverständnis

In jüngster Zeit zeichnet sich in der Medizin eine Entwicklung ab, die für das ärztliche Denken von umwälzender Bedeutung werden kann. Der Arzt sieht in seiner Praxis in zunehmendem Maße Patienten, deren Krankheit einer naturwissenschaftlichen Erklärung nicht zugänglich ist und demzufolge auch durch eine kausale Therapie nicht beeinflußt wird. In den Sprechzimmern der praktischen Ärzte und der Spezialisten häufen sich die Fälle von neurotisch Kranken ohne faßbaren organischen Befund, in den Sprechzimmern der Psychotherapeuten hingegen die Fälle von Patienten, deren Leitsymptom nicht »psychischer«, sondern »somatischer« Natur ist. Letztere suchen, mit anderen Worten, den Psychotherapeuten wegen eines körperlichen Leidens auf; die verordnete Therapie jedoch richtet sich gegen die dem Krankheitsangebot zugrunde liegende emotionale Störung und ist dementsprechend »psychischer« Art. Diese medizinische Heiltätigkeit wird heute allgemein *psychosomatisch* genannt.

Wer immer von psychosomatischer Medizin spricht, läuft Gefahr, in zweierlei Hinsicht mißverstanden zu werden. Einmal muß er dem Vorwurf begegnen, den Boden streng naturwissenschaftlicher Denkweise verlassen und sich durch den Einbezug der Psychologie in sein ärztliches Handeln der Unwissenschaftlichkeit verdächtig gemacht zu haben. Auf der anderen Seite muß er sich den Einwand gefallen lassen, nichts Neues zu vertreten, sondern der uralten ärztlichen Bemühung um den kranken Menschen lediglich einen neuen Namen zu geben. Beide »Mißverständnisse« haben nun in der Tat eine gewisse Berechtigung. Der psychosomatisch tätige Arzt verläßt tatsächlich den Boden einer einseitig technisch-naturwissenschaftlichen Medizin, gezwungen durch die nicht wegzuleugnende Tatsache, daß diese zur Erfassung emotional bedingten Krankseins nicht genügt. Auch geschieht, um auf den zweiten Vorwurf Bezug zu nehmen, dabei grundsätzlich nichts Neues, wohl aber vielerorts längst Vergessenes. Denn trotz der unbestreitbaren Erfolge der modernen Medizin hat sich bekanntlich das Gesamtkapital an menschlichem Leiden keineswegs vermindert. Sind auch die lebensbedrohenden Krankheiten weitgehend gemeistert worden, so ist es der Medizin bisher doch nicht gelungen, auch auf dem Gebiete psychosomatischer Erkrankungen mit der Entwicklung der Chirurgie Schritt zu halten. Es werden beispielsweise lebensrettende

Herzoperationen mit Erfolg vorgenommen, aber wer bemüht sich anschließend um die schweren postoperativen psychischen Störungen, die solche Kranke gehäuft aufweisen? Oder: Das Durchschnittsalter der Menschen nimmt zu, aber leben die alten Menschen ihr Leben in dementsprechender geistiger Rüstigkeit und emotioneller Frische? Was jedoch selbstverständliche Aufgabe der Wiederherstellungsmedizin und der Gerontologie ist, verbleibt der Gesamtmedizin ebenfalls als Verpflichtung. Die moderne Medizin muß auch psychosomatisch verstanden werden, will sie nicht ihren Sinn als menschliche Heilmethode zugunsten einer technischen Prothesenbehandlung aufgeben. Mit anderen Worten: das psychologisch erhellende Gespräch gehört ebenso zur Behandlungsausrüstung eines jeden Arztes wie das Medikament oder das Instrument.

Vorsichtigen Schätzungen zufolge sind ein bis zwei Drittel aller Kranken eines durchschnittlichen Sprechstundentages einer Allgemeinpraxis emotionell gestört. Das heißt, daß neurotische oder psychoreaktive Konflikte das organische Krankheitsbild hinsichtlich Dauer, Verlauf und eventueller Therapieresistenz beeinflussen. Eine Überweisung dieser Kranken an einen Facharzt, an den Psychiater, begegnet meistens so großen Schwierigkeiten, daß davon abgesehen wird. Der praktizierende Arzt sieht sich also vor Probleme gestellt, denen er sich oft nicht gewachsen weiß. Abgesehen davon, daß äußere Schwierigkeiten einer Überweisung an den Psychotherapeuten im Wege stehen, sind es auch die Patienten selbst, die eine solche ablehnen. Zunächst einmal erhofft jeder Kranke, sei er nun neurotisch, psychosomatisch oder organisch krank, von seinem Hausarzt oder vom nichtpsychiatrischen Spezialisten eine sofort wirksame und somatische Therapie. In den meisten Fällen äußert er Klagen, die sich auf irgendeine Erkrankung eines Organs beziehen. Seine Krankheit, wie er sie sieht, trägt sich im Leibgeschehen aus. Es ist ihm meistens fremd, daß seinem Kranksein ein seelischer Hintergrund Bedeutung verleiht. Nichts kann ihn mehr verletzen und in seinem Ehrgefühl tiefer treffen als etwa der Ausspruch des Arztes, es fehle ihm nichts, er benötige höchstens eine psychiatrische Behandlung. Im organischen Krankheitssymptom äußert sich ja gerade die Abwehrhaltung des Patienten gegen sein emotionelles Erleben. Deshalb gilt es vorerst, diese Abwehrhaltung abzubauen, das heißt, der Arzt muß in geduldiger und oft mühsamer Arbeit dem Patienten zur Einsicht in sein seelisches Fehlverhalten verhelfen.

Der Großteil unserer Kranken ist heute nicht mehr gewohnt zu glauben, daß ein Arzt fast unbeschränkte Zeit für ihn hat. Im Arzt wird lediglich die Linderung bringende Autorität gesehen, die man um Rat und Hilfe angeht und die dafür auch bezahlt wird. Mit den Sorgen und Nöten geht man zum Familienfreund, zum Beichtvater, zum Masseur oder Friseur, sofern man sie nicht für sich behält. Der Kranke versucht deshalb schon gar nicht mehr, in der Konsultation lange und ausführlich über seine Symptome zu berichten. Er schildert kaum noch, was er selbst über deren Zustandekommen vermutet oder wie sich diese in den inneren Zusammenhang seiner Lebensgeschichte einordnen lassen. Schon gar nicht kommen die Patienten auf die Idee, den äußeren und inneren Gang ihres Lebens, ihre Enttäuschungen und Hoffnungen, Sorgen, Bestrebungen, Erfolge und Niederlagen zu schildern, auch wenn manche von ihnen einen Zusammenhang ihrer Krankheit mit der seelischen Not erahnen. Unsere Kranken sind allzuoft schon dem Arzt als einem zeitlich beschränkten, in seiner Berufsausübung sachlich-technisch und distanziert sich verhaltenden Menschen begegnet, als daß sie noch glaubten, mit ihrer eigenen Meinung an der medizinischen Behandlung ihres Leidens mithelfen zu können. Nicht nur die Ärzte bewegen sich fast ausschließlich in einer mechanistischen Schau ihres Berufes, sondern auch die Patienten empfinden ihre Krankheit lediglich als ein technisch-körperliches und leistungsmäßiges Versagen. – Wohl aus diesem Grunde hat sich auch das menschliche Kranksein in den letzten Jahrzehnten, die durch den Triumph der naturwissenschaftlich-gegenständlichen Medizin gekennzeichnet sind, immer mehr vom emotional Erkennbaren der Neurosen in die Anonymität des Leibes zurückgezogen. Sah man früher in der Psychiatrie noch die großen psychoneurotischen Zustandsbilder, etwa die klassisch beschriebenen Hysterien, so treten heute viel mehr die eigentlichen psychomatischen Krankheiten in den Vordergrund.

Zahlreiche klinische Untersuchungen, aber auch die unmittelbare Beobachtung am Krankenbett zeigten immer wieder, daß Gemütsbewegungen, Aufregungen, seelische Konflikte, mitmenschliche Beziehungsstörungen auch den Leib des Menschen weitgehend in Mitleidenschaft ziehen. Im Alltag erlebt sich der

Mensch ja nie als ein Wesen, das in Leib und Seele getrennt wäre, sondern immer nur als eine Ganzheit. In der Angst wird der Mensch blaß, in der Scham rötet sich sein Gesicht, in der Trauer und in der Freude sondern die Tränendrüsen Flüssigkeit ab. Bei Aufregung zittert der Mensch, vor einem Examen bekommt er Herzklopfen, einen trockenen Mund, wenn er nicht gar plötzlich seine emotionelle Spannung leiblich durch die Miktion verringern muß oder diarrhoisch wird. Auch bemerkten die Ärzte von jeher, daß bei ganz schweren organischen Krankheiten die stimmungsmäßige Grundsituation des Menschen eine wesentliche Rolle spielt. Zwar suchten die Psychiater zunächst nach *organischen* Gehirnveränderungen, welche Ursache schwerer Geistesstörungen und einfacher Neurosen sein sollten. Hirnforscher gaben sich sogar der trügerischen Hoffnung hin, alle seelischen Äußerungsmöglichkeiten, wie das Denken und Fühlen, das Gedächtnis und die alltägliche Wachheit des Menschen, als Folge von Stoffwechselfunktionen erklären zu können. Zur gleichen Zeit aber glaubten Internisten und Frauenärzte bei vielen in ihr Gebiet fallenden Krankheiten die *psychische* Genese wahrnehmen zu können. Man schrieb den »*passions de l'âme*«, aber auch sozialen Momenten eine bedeutende Rolle zu. Das Studium der Hysterie schließlich führte zur Anwendung des Hypnotismus und damit bereits zu einer Form psychosomatischer Behandlung. Den Krankheiten wurde ein funktioneller Dynamismus zugrunde gelegt, und man sprach schließlich von einer psychophysischen Wechselwirkung. I. C. Heinroth prägte 1818 den Ausdruck »psychosomatisch«, während K. W. M. Jacobi 1822 den Begriff »somatopsychisch« einführte. »Psychosomatische Medizin« soll erstmals 1922 von Felix Deutsch verwendet worden sein.

Gewiß stoßen wir mit dem Begriff »Psychosomatik« nicht allerorts auf begeisterte Zustimmung. Das Unbehagen, das viele Ärzte – unter ihnen auch namhafte Forscher – beim Ausdruck »Psychosomatik« befällt, gründet teilweise in einem Mißverständnis des damit Gemeinten, zum Teil aber auch in einer reichlich verschwommenen und unklaren Begriffsbestimmung selbst. Obwohl das psychosomatische Denken die ganze Medizingeschichte wie ein roter Faden durchzieht und die Entwicklung der medizinischen Heilkunde wesentlich – wenn auch unbedacht – beeinflußte, hat es sich erst in den letzten vierzig Jahren in den

Vordergrund geschoben und immer mehr an Bedeutung gewonnen. Vielerorts wurde die Psychosomatik zum Schlachtruf gegen eine angeblich nur das somatische Krankheitsbild berücksichtigende, technisch-naturwissenschaftlich orientierte Heilkunde, wobei ihre Verfechter der klassischen Medizin nichts Geringeres vorwarfen, als daß sie den Menschen in ihrer Sicht zu einem bloßen Körperwesen und mechanisch getriebenen Apparat abgewertet habe. Man sprach von einer »Entmenschlichung« der klassischen Medizin, von einer »Entpersönlichung«, und glaubte, durch die Einführung einer Person, eines Subjektes, ja des Menschen selbst, einem derart unmenschlichen Unterfangen Halt gebieten zu müssen. Allerdings übersah diese einseitige und sektiererische Auffassung der Psychosomatik geflissentlich, daß durch eine solche Verkennung der naturwissenschaftlichen Medizin der Mehrzahl der praktizierenden Ärzte und Fachärzte unrecht getan wird; denn wenn sich auch die medizinische Forschung eh und je darum bemühte, zu einem sogenannten objektiven Krankheitsbild zu gelangen, und wenn sie auch nie nachließ, Krankheitseinheiten, nosologische Systeme, Gesetze und allgemeingültige Normen für das Krankheitsgeschehen zu suchen, so galt doch ihr Bemühen immer und in erster Linie der Linderung der Behandlung und Heilung menschlichen Leidens.

So einseitig, aggressiv und kämpferisch gewisse »Psychiker« vorgehen und somit der Psychosomatik mehr Schaden zufügen als Nutzen stiften, so unfruchtbar sind andererseits jene Angriffe gegen die Psychosomatik, die in ihr lediglich einen Rückfall in animistische Mythologie oder in pseudophilosophische Spekulationen sehen wollen. Nicht wenige Ärzte befürchten, daß die Einführung einer Psyche in das medizinische Krankheitsverständnis die Einheit und Wissenschaftlichkeit der Medizin gefährde. Häufig gründet diese Ablehnung nicht so sehr in einer klar durchdachten und vollbewußten Kritik; vielmehr darf wohl angenommen werden, daß jene, welche die Psychosomatik *in globo* ablehnen, nicht selten ihre eigene innere Unsicherheit und Angst unverarbeitet gelassen haben.

Schalten wir diese beiden Extremformen der kritiklosen, einseitigen Beurteilung und Bewertung aus, *so verbleibt die kritische Betrachung des von jedem Arzte unmittelbar beobachteten Geschehens am Kranken selbst.* Sie lehrt uns, daß einerseits menschliches Leiden nicht einfach der Ausdruck einer Organstörung ist und daß andererseits auch sogenannte seelische Erkrankungen häufig mit somatischen Erscheinungen verbunden sind. In der Praxis sieht sich der Arzt immer wieder vor Probleme gestellt, denen eine nur technisch gerüstete Therapie nicht gerecht werden kann. Er erkennt auch immer deutlicher, daß bei jedem Krankheitsgeschehen die betroffene Persönlichkeit, Charakter, Lebensstil, familiäre, soziale, weltanschauliche und berufliche Probleme von äußerst großer Bedeutung sind. Diese Erkenntnis verlangt vom Arzt ein vermehrtes Offensein für das Seelische, für die Nöte, Konflikte, Anliegen, Hoffnungen und Enttäuschungen der Kranken. Sie erfordert aber auch immer gebieterischer eine Klärung des mit Psychosomatik gemeinten Begriffes, damit einer ungesunden Aufblähung und einseitigen Auslegung rechtzeitig gesteuert werden kann.

Grundsätzlich läßt sich sagen, daß Psychosomatik den Einbezug von Leib und Seele in das medizinische Krankheitsverständnis bedeutet. Über die Frage allerdings, wie sich der Leib und die Seele im psychosomatischen Krankheitsgeschehen zueinander verhalten, herrscht heute noch weitgehend Unsicherheit. Die einen sprechen von einem psychophysischen Parallelismus und meinen damit, Psychisches und Physisches laufen parallel zueinander ab; man spricht von psychosomatischem Simultangeschehen, in der Überzeugung, daß eine Noxe sowohl das Leibgeschehen wie die Seele gleichzeitig treffe und dadurch in beiden menschlichen Bereichen krankheitsauslösend wirke. Andere Forscher glauben an einen wissenschaftlichen Dualismus in der Annahme, alles Psychische sei rein qualitativer Natur, alles Somatische hingegen von quantitativ-extensiver Beschaffenheit. Einige huldigen der Zweiseitentheorie, wonach der Mensch die eine universelle Wirklichkeit auf zwei Weisen, nämlich psychisch und physisch, erfahren könne; für andere wiederum wurde die Seele zum »Spiegel« des Körpers oder das Körperliche zum »Ausdruck« der Seele.

Wenn wir also von Psychosomatik sprechen, dann meinen wir einerseits eine psychosomatische Verstehensweise in der Medizin, welche leibliches und seelisches Kranksein nicht als gesonderte Phänomene, sondern als ein einheitliches menschliches Geschehen betrachtet. Das psychosomatische Verständnis gilt im Prinzip für jedes menschliche Kranksein.

Die Beeinträchtigungen des Leiblich-Seins menschlichen Existierens

Es gibt nun tatsächlich Krankheiten mit besonders augenfälliger Beeinträchtigung des leiblichen Existierens. Dazu gehören alle Leiden mit einer naturwissenschaftlich abklärbaren Pathologie, die erblich veranlagten oder intrauterin erworbenen, aber auch viele im Laufe des Lebens anfallende vorübergehende oder chronische Leiden. Denken wir etwa an die Infektionskrankheiten, an Intoxikationen, Degenerationserscheinungen und Unfallfolgen, an die schwer heilbaren malignen Erkrankungen usw. Dazu gehört aber in zunehmendem Maße auch das Heer der *psychosomatischen Leiden*. Wenn wir von psychosomatischer Medizin sprechen, dann könnte dies nun der Idee Vorschub leisten, es handle sich dabei um ein Spezialfach der Medizin, oder man ist geneigt, bestimmte Krankheiten wegen ihrer »psychischen« Mitbedingtheit von anderen, »rein organischen« abzugrenzen. Schließlich wird geltend gemacht, die Anwendung des gesunden Menschenverstandes bei der Krankenberatung genüge vollauf, um die ärztliche Tätigkeit »psychosomatisch« bezeichnen zu können. In Wirklichkeit entsprechen solche Ansichten keineswegs den effektiven Gegebenheiten. Psychosomatische Medizin meint primär eine neuartige *Betrachtungsweise* in der Medizin, die sich als solche prinzipiell auf die Gesamtheit der krankhaften Erscheinungen erstreckt; erst sekundär ergeben sich aus ihr sowohl für Diagnostik als auch für Therapie neue Ansatzpunkte. Im Wortgefüge »Psychosomatik« kommt die neue Verstehensweise insofern zum Ausdruck, als es besagt, daß eine Krankheit fürderhin nicht mehr *entweder* psychisch *oder* somatisch sein muß, sondern daß Kranksein wesensgemäß ja schon Psychisches wie Somatisches miteinschließt. Allerdings mag der Terminus insofern ungünstig gewählt sein, als er den unzulänglichen Versuch spiegelt, in Form dieser Begriffsverbindung die Trennung zwischen Psychischem und Somatischem aufzuheben. Unzulänglich bleibt solches Unterfangen deshalb, weil durch ein bloßes Aneinanderfügen der beiden Begriffe eben der Eindruck von ursprünglich getrennten Bereichen weiterbestehen muß. Menschliches Sein kann jedoch adäquat nur ganzheitlich verstanden werden. Jegliche Aufsplitterung des Daseins in verschiedene Bereiche, Schichten oder Wirklichkeiten verfehlt eine echte

Wesensschau des Menschen und seiner Krankheit schon im Ansatz. Der Begriff einer »psychosomatischen« Denkweise hat sich in weiten Kreisen eingebürgert und wird sich so leicht nicht ausmerzen lassen. Zahlreiche Zeitschriften und medizinische Gesellschaften nennen sich »psychosomatisch«, und es dürfte nur wenige Ärzte geben, die nicht zumindest eine vage Ahnung haben, was damit gemeint ist. Versuche zu einer terminologischen Neufassung scheiterten zumeist an begrifflichen Fragwürdigkeiten (Ganzheitsmedizin, Humanmedizin) oder an ihrer Umständlichkeit (Psychotherapeutisches Krankheitsverständnis somatischer Krankheiten). Somit halten wir am Provisorium der »Psychosomatik« fest, zumindest solange kein besserer Begriff dafür gefunden wird.

Das psychosomatische Krankheitsverständnis rückt das Verhältnis von Arzt und Patient in den Kreis ärztlicher Betrachtung. Dies begründet wesenhaft die *psychotherapeutische* Natur der Psychosomatik. Ein psychosomatisches Verständnis organischer Krankheiten wird nicht bei der Erforschung kausalgenetischer, äußerer oder innerer Ursachen stehen bleiben; es zwingt vielmehr den Arzt, nach seelischen Störungen, emotionalen Verstimmungen, Anzeichen von Lebenskonflikten zu suchen, die in *fast allen Fällen entweder auf gestörten mitmenschlichen Beziehungen beruhen oder zu solchen führen.* Oft zeigen sich derartige Beziehungsstörungen gerade und höchst eindrücklich im Verhalten des Kranken zu seinem Arzte. Somit kann es auch für den Heilungsprozeß nicht gleichgültig sein, welche Resonanz er mit seinem Verhalten beim Arzte findet, ob er auf Verständnis oder Unverständnis stößt, in seinem Liebesanspruch wieder einmal mehr enttäuscht oder gekränkt wird, mit seiner Aggression die Unwilligkeit des ihn Behandelnden erregt. Zu einem echten Verständnis des Kranken genügt in solchen Fällen der berühmte »gesunde Menschenverstand« nicht. Ohne eine wissenschaftlich profunde Kenntnis der psychosomatischen Krankheiten und der Grundzüge psychotherapeutischen Verhaltens kann die »psychosomatische Denkweise« in der Medizin nicht erworben werden. Die *psychosomatische Krankheitslehre* umfaßt demnach zwei Problemkreise: erstens das neurosenpsychologische Verständnis leiblichen Krankseins, und zweitens die Möglichkeit einer psychotherapeutischen Einflußnahme auf das leibliche Krankheitsgeschehen (Tabelle 2).

Tabelle 2:

PSYCHOSOMATISCHE KRANKHEITSLEHRE

A. KRANKHEITSVERSTÄNDNIS	B. PSYCHOTHERAPIE
1. Krankheitswahl	1. Methode
2. Organspezifität	2. Indikation
3. Krankheits- und Symptomwandel	3. Prognose

Zum ersten ist zu bemerken, daß ein psychosomatisches Krankheitsverständnis nicht dadurch gegeben ist, daß der Arzt auch um das seelische Wohl seiner körperlich Kranken besorgt ist. Die Frage nach persönlichen und sozialen Lebensumständen, nach Familien-, Berufs-, und Eheverhältnissen, oder der Ratschlag zur Ruhe, Schonung und Vermeiden von Aufregungen, das Verschreiben von Ferien und sinnvoller Freizeitbeschäftigung, ja selbst das Wissen, daß der Mensch aus Leib und Seele besteht und demzufolge immer leibseelisch erkrankt, bedeuten noch keinen psychosomatischen Zugang zum Kranken. Erst die Anwendung der tiefenpsychologischen oder neurosenpsychologischen Erkenntnisse auf die Lehre von den menschlichen Krankheiten gibt die Berechtigung, von der Psychosomatik ein wirklich neues Krankheitsverständnis zu erhoffen. Die Neurosenlehre soll denn auch vor allem drei Fragen klären, die sich beim psychosomatischen Kranksein immer wieder stellen: jene nach der *Krankheits- oder Neurosenwahl,* jene nach der *Organ- oder Symptomspezifität* und schließlich jene nach der Bedeutung des häufig vorkommenden *Krankheits- und Symptomwandels.* Hinsichtlich der *Therapie* gilt es dann abzuklären, in welchen Fällen eine Psychotherapie indiziert ist und wann man sich mit einer symptomatischen Anwendung von Psychopharmaka, Suggestion und Hypnose, autogenem Training u. a. oder gar mit einer somatischen Behandlung des Leidens begnügen darf. Die Psychotherapie wiederum stellt uns vor das Problem ihrer Technik (analytisch, nicht-analytisch, Langzeittherapie, Kurzverfahren) sowie ihrer Grenzen und Möglichkeiten (Prognose).

Krankheitswahl

Bis vor kurzem wurden angenommen, Neurosen seien Krankheiten, die seelisch bedingt, also psychogen seien und sich nur oder zur Hauptsache in Störungen des Instinkt-, Trieb- und Affektlebens äußerten. Ebenso blieb die Indikation zur Psychotherapie auf psychoneurotische Krankheitsbilder beschränkt, und man glaubte, die Diagnose einer organischen Gewebeläsion schließe jegliche psychotherapeutische Beeinflußbarkeit aus. Fast durch Zufall, zumindest anfänglich ohne besondere Absicht, bemerkten die psychoanalytisch tätigen Ärzte, daß ihre Therapie auch auf interkurrente körperliche Erkrankungen und behandlungsresistente chronische Krankheiten in günstigem Sinne wirkte. So stellte bereits FREUD fest, daß seine Patienten während der psychoanalytischen Kur seltener körperlich erkrankten als früher; mit anderen Worten: Hand in Hand mit einer psychischen Besserung trat eine erhöhte Widerstandskraft pathogenen Einflüssen gegenüber augenscheinlich zutage. Gleichzeitig jedoch bemerkte er – und dies ist eine Erfahrung, die wir täglich in der psychotherapeutischen Praxis bestätigt finden –, daß widerständige Haltungen im psychoanalytischen Prozeß oft nicht als solche zutage treten, sondern verhüllt in Form einer körperlichen Erkrankung. Diese Beobachtungen lieferten eine erneute Bestätigung der Tatsache, daß leibliches und seelisches Kranksein eng miteinander verbunden, ja untrennbar sind.

Das psychosomatische Krankheitsverständnis blieb jedoch nicht bei solchen Zufallsfunden stehen. Mit der Einsicht, daß *organische* Krankheiten auf psychoanalytischem Wege heilbar sind, eröffneten sich der medizinischen Forschung neue Möglichkeiten. Die Psychotherapie mußte sich notgedrungen mit der Beziehung zwischen Leib und Seele befassen. Infolge ihrer naturwissenschaftlichen Provenienz blieben die Erklärungsversuche allerdings lange Zeit dem kausalgenetischen Denken verhaftet. Die medizinische Forschung suchte gemäß ihrer Tradition und technischen Orientierung nach *Krankheitsursachen*, wobei sich ihr *Kausalitätsbedürfnis* über das Quantitativ-Faßbare hinaus bis in den Bereich des Seelischen erstreckte. Einer »Somatogenese« psychischer Krankheiten wurde die »Psychogenese« organischer Krankheiten gegenübergestellt.

Die Lehre von der Psychogenese erhielt besonderen Auftrieb, als die ersten größeren Untersuchungen SIGMUND FREUDS der Medizin zugänglich wurden. Die FREUDsche *Psychoanalyse* selbst, als Grundlage der modernen Tiefenpsychologie, ist naturwissenschaftlich geprägt, und die wissenschaftliche Formulierung ihrer Entdeckungen erfolgte demnach in der positivistisch-technischen Begrifflichkeit des ausgehenden neunzehnten und anbrechenden zwanzigsten Jahrhunderts. FREUD erreichte zwar die Anerkennung »seelischer Triebkräfte« durch die Medizin, doch zwang ihn sein streng naturwissenschaftliches Denken, auch die Psyche den medizinisch als gesichert geltenden Gesetzen und Begriffen unterzuordnen. Die psychische Energie nannte er Libido, in der Annahme, alles seelische Leben unterstehe einem wahrscheinlich biologisch fundierten *Triebgeschehen.* Das Seelische wurde so zu einem von Trieben und Partialtrieben gesteuerten »psychischen Apparat« in einem auf Leistung ausgerichteten dynamisch-ökonomischen Gleichgewichtssystem vergegenständlicht.

Die *Entwicklung der Psychoanalyse* zur Zeit FREUDS vollzog sich bekanntlich in drei Perioden, deren jede die Grundlage zu einer psychosomatischen Modellvorstellung schuf (MEERWEIN, LOCH). Das wohl wichtigste Ergebnis der *ersten Arbeitsperiode* FREUDS ist die Entwicklung des *Verdrängungsbegriffes.* Die Erfahrung, daß die Erinnerung von Vergessenem neurotische Symptome beseitigte, führte zur Annahme eines umgekehrt verlaufenden Vorgangs für die Neurosenbildung: die Verdrängung unerträglicher Vorstellungen. Eine solche Verdrängung sollte die Grundlage jeder Neurosenbildung sein, insbesondere aber auch zu körperlichen Symptomen führen. Bei der *Hysterie* erfolgt der Verdrängungstheorie gemäß die Umsetzung der Erregungssumme ins Körperliche, wofür FREUD den Ausdruck »Konversion« vorschlug (1895). Der Konversionsprozeß besteht also darin, daß eine peinliche Vorstellung vom Ich abgewehrt wird, was zu körperlichen Symptomen führt.

Gemäß der psychoanalytischen Hypothese über die Trennung von Affekt und Vorstellung entreißt das abwehrende Ich einer Vorstellung die Erregungssumme, welche ins Somatische konvertiert wird. Die Konversion des Affektes in das Körperliche äußert sich im hysterischen Symptom, das in der Psychotherapie dem wiedererinnerten Affekt weicht. Wo die Konversion nicht stattfindet, verbleibt der abgespaltene Affekt auf psychischem Gebiet und führt zu Zwangsneurosen und Phobien. Durch die Konversion hingegen sollte das Ich des Kranken widerspruchsfrei bleiben. Es werde mit einem Erinnerungssymbol belastet, das weniger peinlich erscheine als die unerträgliche Vorstellung, was einen primären Krankheitsgewinn bedeute. Während für FREUD selbst allerdings die Art und Weise, wie sich der »Sprung« von einer psychischen »Ursache« in die organische »Wirkung« vollzieht, rätselhaft blieb und er dies unumwunden zugab, wurde diese Frage von seinen unmittelbaren Nachfolgern kaum mehr gestellt.

So schrieb FRANZ ALEXANDER, die hysterischen Körpersymptome könnten wie Träume aus ihrer leiblichen Ausdrucksweise in die Wortsprache der Wunschgedanken oder Wunschphantasien zurückgedeutet werden. Das hysterische Symptom sei ein Surrogat bestimmter emotionaler Spannungen, die infolge der Verdrängung keinen Abfluß in einem normalen motorischen Verhalten finden konnten. Anders verhalte es sich allerdings mit den sogenannten *Organneurosen,* die nicht symbolische Darstellungen verdrängter Phantasien seien, sondern lediglich Begleiterscheinungen von unterdrückten Affekten, wie etwa die Hypertonie beim Wundaffekt oder bei der Angst. Würden solche Affekte nicht entladen, dann blieben auch die vegetativen Begleitsymptome bestehen. An und für sich besäßen sie aber keinen symbolischen Ausdruckswert; sie wären lediglich vegetative Regulationsfunktionen, gleichsam körperliche Vorbereitungsmechanismen für die Entladung der Affekte. Eine *organische* Strukturveränderung hingegen, beispielsweise ein Magengeschwür, sei weder hysterisch noch organneurotisch, sondern bestenfalls Endergebnis einer chronischen Magenneurose, ohne daß noch ein Zusammenhang mit einer Emotion oder einem psychischen Inhalt bestehe. ALEXANDER beschränkt deshalb den Begriff der *hysterischen Konversion* auf jene Krankheitserscheinungen, die sich im Bereich des willkürlichen neuromuskulären und sensorischen Systems bewegen. Als *organneurotische Störung* bezeichnet er jene körperlichen Symptome, die sich an den vegetativ-autonom gesteuerten Organen zeigen.

Durch die Lehre FREUDS entwickelte sich die Psychosomatik zu einer Lehre der Lebensgeschichte des kranken Menschen. Der Grundkonflikt wurde in der Auseinandersetzung von Ich und

Gewissen einerseits und dem Trieb andrerseits gesehen. Bei der von FREUD 1895 veröffentlichten Krankengeschichte der Anna O. galt der Glottiskrampf als Alarmsignal für einen solchen Gewissenskonflikt. Auch Schuldgefühle, aggressive Tendenzen und Strafbedürfnis sollten für die Entstehung und Erhaltung organischer Störungen mitverantwortlich sein. FREUD gab zwar später die Theorie des seelischen Traumas als einzig möglicher Genese hysterischer Konversionssymptome auf, betonte jedoch mit Nachdruck, daß seine Libidotheorie auch die Grundlage leibseelischer, nach heutigem Sprachgebrauch »psychosomatischer«, Erkrankungen darstelle.

In der *zweiten Arbeitsperiode* FREUDS wurde das Konversionsmodell durch das *libidotheoretische Modell* ersetzt. FREUD vertrat aus Gründen der Konsequenz aufgrund der von ihm entwickelten Libidotheorie die Auffassung, Funktionsstörungen hätten ihre Ursache in Konflikten, die aus der je verschiedenen Repräsentanz der Organe stammten. Neben der »normalen« Funktion soll diesen Organen auch eine sexuelle Ersatzbedeutung zukommen, weswegen sie als »erogene Zonen« bezeichnet werden. Den Es-wie den Ichtrieben sollen die nämlichen Organe und Organsysteme zur Verfügung stehen. Diese müßten also gleichsam zwei Herren dienen, woraus Konflikte entstehen, die in der Verdrängung des einen Gegensatzpaares enden. Beispiele gab FREUD u. a. in der Beschreibung einer psychogenen Sehstörung (1910) und eines Schreibkrampfes (1926). Die erogenen Zonen, auch »soziale Kontaktstellen der Libido« genannt, bilden den Ausgangspunkt der sogenannten Partialtriebe, die, wie jeder Trieb, unter besonderen Umständen in Konflikt mit dem Ich treten und Abwehrmechanismen mobilisieren können (CREMERIUS).

Während die zweite Phase in der Entwicklung der Psychoanalyse über die Vorarbeiten FERENCZIS und GRODDECKS wie gesagt zum libidotheoretischen Modell in der Psychomatik führte, schließt das *Regressionsmodell* an die *dritte Arbeitsperiode* FREUDS, also nach 1926 (*Hemmung, Symptom und Angst*), an. Von Regression kann nur dort gesprochen werden, wo Lebensvorgänge und Krankheitserscheinungen geschichtlich oder genetisch-dynamisch verstanden werden (MEERWEIN). Unter bestimmten Bedingungen sollen Verhaltensweisen, Wunschbildungen oder Abwehrorganisationen reaktiviert werden, die im

Laufe der individuellen Entwicklung aufgegeben worden sind. In der psychosomatischen Erkrankung soll es zu einer regressiven Reaktivierung psychophysischer Funktionseinheiten, mit anderen Worten zu einer psychophysischen Regression kommen. Nach Mitscherlich findet ein zweiphasiger Abwehrvorgang statt, wobei in der ersten Phase eine neurotische Affektbewältigung, in der zweiten Phase eine *Resomatisierung* eintritt, wodurch eine Entschärfung des konflikterregenden Affektes zustande kommt, der im Symptom ersatzbefriedigt wird. Die Resomatisation beruht demgemäß auf einem Versagen des Ich beziehungsweise auf einer angeborenen oder erworbenen (toxischen, infektiösen, degenerativen oder durch bloße Ermüdung entstandenen) Beeinträchtigung der Ichfunktion. Andere Autoren, beispeilsweise Schur, verstehen unter Resomatisation die Umkehr der natürlichen Desomatisation, die sich im Laufe der individuellen menschlichen Entwicklung eingestellt hat. Nach Hoff und Ringel soll schließlich irgendein pathogenes frühkindliches Erlebnis, ein neurotischer Konflikt in der oralen oder analen Entwicklungsphase, seinen organsprachlichen Ausdruck finden und zu einem ersten psychosomatischen Reaktionsmuster führen. Eine konstitutionelle Organminderwertigkeit sowie die Entwicklung eines psychodynamisch bedingten Lebensstils, welcher ein bestimmtes Organ in den Mittelpunkt chronischer Belastung stellt, sollen später im Zusammenhang mit einer auslösenden traumatisierenden Situation zum Wiederauftreten des frühkindlichen psychosomatischen Reaktionsmusters und damit zum Ausbruch der psychosomatischen Erkrankung führen.

Die psychoanalytische Auffassung von der Entstehung psychosomatischer Krankheiten (modifiziert nach Hoff und Ringel):

1. Entstehung eines neurotischen Konfliktes in der frühen Kindheit (orale und anale Phase) durch chronisch traumatisierende Situation.

2. Vorübergehende erste neurotische Manifestation in der Kindheit – Ausdruck der Emotionen in der Organsprache – *erstes psychosomatisches Reaktionsmuster.*

3. Latenzphase: Entwicklung eines psychodynamisch bedingten Lebensstils und Belastung eines bestimmten Organs, das
   a) vorgeschädigt (konstitutionelle Organminderwertigkeit)
   b) traumatisch, entzündlich oder degenerativ geschädigt (sekundäre Organminderwertigkeit) sein kann.

4. Wiederaktivierung des frühkindlichen psychosomatischen Reaktionsmusters durch eine auslösende traumatisierende Situation im Erwachsenenalter – Ausbruch der psychosomatischen Krankheit.

Die verschiedenen Varianten psychoanalytischer Betrachtungsweise beruhen nun allerdings teilweise auf empirisch nicht nachweisbaren Annahmen. Ohne den gedanklichen Vorentwurf der FREUDschen *Libidotheorie* und der von FREUD selbst als »metapsychologisch« bezeichneten Konstruktionen der menschlichen Natur wird jegliche psychoanalytisch-psychosomatische Modellvorstellung fragwürdig. Insbesondere schien das psychosomatische Krankheitsverständnis so lange unvollständig, als man über die Bedeutung der *Neurosenwahl* nicht besser Bescheid wußte. Man müßte, um psychosomatisch ein Krankheitsbild erfassen zu können, also fragen: Warum tritt die Angst im einen Fall als Angstneurose deutlich in Erscheinung, im anderen Fall aber verhüllt in Form von Asthmaanfällen? Warum tritt die Krankheit einmal als sogenannte Psychoneurose auf? Das auf *Angst* gestimmte Weltverhältnis kann bei einem Patienten als quälender akuter Angstanfall – situationsbedingt – oder als chronische phobische Fehlhaltung – lebensgeschichtlich motiviert – erlebt werden; in einem anderen Fall trägt sich die Angst in Form der hysterischen Gebärde aus oder in einer nur schwer durchschaubaren organneurotischen Leiberkrankung. Schließlich kann sie sich gänzlich hinter der anonymen Mauer einer organischen Erkrankung verborgen halten.

Eine Aufstellung möglicher Grundformen menschlichen Krankseins – wie sie *Tabelle 3* darstellt – müßte demnach die Abwehr der emotionalen Grundstruktur einer Krankheit in zunehmender Weise ausdrücken. Daß ein solches Schema nur zweifelhaften Wert besitzt, geht schon daraus hervor, daß eine strenge Grenzziehung zwischen situationsbedingten oder psychoreaktiven Erkrankungen und persönlichkeits- oder lebensgeschichtlich bedingten Störungen nicht möglich ist. Häufig entstehen psychoreaktive Konflikte nur auf dem Boden einer latent oder manifest vorbestehenden neurotischen Persönlichkeitsentwicklung. Insbesondere darf aber nicht angenommen werden, die Tatsache einer *leiblichen* Erkrankung spreche unbedingt für eine stärkere Abwehr bestimmter Weltbezüge. Auch einfache, situationsbedingte Konflikte können zu psychosomatischen Manifestationen führen (weswegen gewisse Autoren von psychosomatischen *Reaktionen* in Abhebung von psychosomatischen *Krankheiten* sprechen). In der leiblich ausgetragenen Neurose kann sich nämlich zweierlei ereignen: einmal die besonders intensive Abwehr emotionaler Inhalte, dann aber auch ein derartiges Aufgehen in einem Weltbezug, daß die Leiblichkeit mitbetroffen wird. Die verstärkte Konfliktabwehr allein konstituiert also nicht die psychosomatische Krankheit.

Tabelle 3:

GRUNDFORMEN MENSCHLICHEN KRANKSEINS

1. Psychoreaktive Störungen (situationsbedingt)	→ akute psychische und somatische Erkrankungen
2. Psychoneurosen (lebensgeschichtlich, persönlichkeitsbedingt) – Angstneurosen – Zwangsneurosen – Süchte – Verhaltensstörungen	
3. Psychosen	
4. Konversionshysterien → 5. Organneurosen →	psychosomatische Krankheiten i. e. S
6. Organische Krankheiten	

Menschliches Kranksein kann demnach im geistig-seelischen, aber auch lediglich im leiblichen Bereich oder sowohl seelisch wie leiblich zum Austrag kommen. Krankheiten, bei denen die seelisch-leiblichen Zusammenhänge in besonderem Maße in Erscheinung treten, nennen wir *psychosomatische Krankheiten*, immer jedoch im Bewußtsein, daß es sich dabei um eine mehr oder weniger willkürliche Auslese von Erkrankungen handelt, deren »Psychosomatik« uns heute bereits bekannt ist; ihre Zahl dürfte im Laufe der wissenschaftlichen Entwicklung wesentlich größer werden. Diese Krankheiten möchten wir einerseits gegen die sogenannt rein somatischen abgrenzen, andererseits gegen die »Psychoneurosen«. Zur Begriffsbestimmung der psychosomatischen Krankheit gehört u. E. einmal die Tatsache, daß es sich um ein Leiden handelt, das *primär körperlich* in Erscheinung tritt. Eine Angstneurose bezeichnen wir nicht als psychosomatische Krankheit, auch wenn sie mit körperlichen Manifestationen, wie Zittern, Hautblässe, Herzklopfen, Pupillendilatation, einhergeht. Das Primäre ist hier nämlich nicht das körperliche Zustandsbild, sondern die Angst, welche von gewissen leiblich sichtbaren Symptomen begleitet ist. Wir stellen damit bewußt das »leibliche Erscheinungsbild« der Krankheit in den Vordergrund, möchten jedoch nicht so weit gehen wie jene Autoren, die nur bei nachweisbaren organischen Gewebeveränderungen (Magenulkus, essentielle Hypertonie, Schilddrüsenfunktion) mit emotionalem Hintergrund (ALEXANDER) den Ausdruck »psychosomatisch« gebrauchen. Unserer Ansicht nach sind beispielsweise auch die chronische Obstipation, der Fluor albus, die Pelviopathien psychosomatische Erkrankungen, weil das darin sich zeigende Problem *leiblich* zum Austrag kommt. Andererseits bezeichnen wir solche Krankheiten als »psychosomatisch«, bei denen das körperliche Erscheinungsbild deutlich oder versteckt eine *psychische Fehlhaltung* spiegelt, eine neurotisch oder psychoreaktiv bedingte Persönlichkeitsstörung akuten oder chronischen Charakters. Es sind jene Krankheiten, von denen JORES sagt, sie seien spezifisch menschliche Erkrankungen, und die in engem Zusammenhang mit der spezifischen Seinsweise, der besonderen Lebensaufgabe und der damit verbundenen spezifischen Gefährdungsmöglichkeit des Menschen stehen (STAEHELIN).

Dic Krankheitswahl ist für die anzuwendende Therapie und für das medizinpsychologische Krankheitsverständnis von Wichtigkeit. Von einer »Wahl« im herkömmlichen Sinne des Wortes als bewußter und verantwortungsvoller Funktion kann jedoch nicht gesprochen werden. Der Mensch wählt sich nicht seine Krankheit, wie man etwa in Freiheit zwischen verschiedenen Möglichkeiten wählen kann. Wenn wir von der »Wahl« einer Krankheit oder eines Organs sprechen, so meinen wir damit einen vom freien Willen völlig unabhängigen Vorgang. Die Wahl *geschieht* nur insofern, als bestimmte Lebensbezüge an ihrem freien Austrag gehindert werden. Auffällig ist dabei immer die Tatsache, daß in der Krankheitswahl die *mitmenschliche Beziehung* wesentlich zum Austrag gelangt. So wies Boss erstmals überzeugend nach, daß in der konversionshysterischen Gebärde, beispielsweise einer hysterischen Armlähmung oder Gangstörung, der mitmenschliche Appell viel unverhüllter erfolgt als etwa in der Organneurose beim Hypertoniker oder Ulkuskranken. Nicht von der Verschiedenartigkeit der krankhaft gestimmten Weltbezüge hängt die Krankheits- oder Neurosenwahl ab, sondern von deren Abwehr oder Zulassung im mitmenschlichen Weltverhältnis.

Organspezifität

Anders verhält es sich bei der Organ- oder Symptomwahl. Hier bieten sich zunächst ebenfalls verschiedene Thesen an. Einmal glaubte man, sie durch eine angenommene, konstitutionelle Organminderwertigkeit oder durch bestehende Persönlichkeitsprofile erklärt zu haben; ebenso sollten die Konfliktspezifität, der Zeitpunkt des Auftretens eines psychosomatischen Reaktionsmusters, der Lebensstil und die symbolische Repräsentanz der Organe eine entscheidende Rolle spielen. Schließlich wurde die Ansicht vertreten, ein unspezifischer Streß führe unspezifisch zu irgendeiner Organwahl, oder letztere komme multikonditional zustande.

Tabelle 4:

THEORIEN ZUR ORGANSPEZIFITÄT PSYCHOSOMATISCHER KRANKHEITEN

1. Persönlichkeitsspezifität
2. Konfliktspezifität
3. Symbolgehalt
4. Zeitpunkt der Neurotisierung
5. Organminderwertigkeit
6. Lebensstil
7. Soziokulturelle Spezifität
8. Psychosomatische Korrelationen

9. Unbewußte Identifikation
10. Bedingter Reflex
11. Das Talionsprinzip
12. Spezifität der Abwehrmechanismen
13. Jatrogene Organwahl
14. Multikonditionalität
15. Theorie der Unspezifität (Streß)
16. Phänomenologischer Bedeutungsgehalt

1. Persönlichkeitsspezifität

Die Theorie der Persönlichkeitsspezifität besagt, daß bestimmte Persönlichkeitsmerkmale zu bestimmten psychosomatischen Erkrankungen disponieren. So spricht man von einer »Ulkuspersönlichkeit«, von einem Persönlichkeitsprofil der Asthmakranken, von einem »Hypertonietypus« oder vom typischen Migränekranken. FLANDERS DUNBAR, FROMM-REICHMANN, GLATZEL u. a. stellten diesbezügliche Normen auf. Hier einige Beispiele:

Ulkus: ehrgeizig, habgierig, raffend, sammelnd, besitzergreifend, leistungsstrebend

Asthma: egozentrisch, narzißtisch, verletzlich, Neigung zu Ungeduld und impulsivem Verhalten, Angst vor Liebesverlust, Überhöflichkeit, Servilität

Hypertonie: gehemmte Aggressivität, Leistungsehrgeiz, Manager, innere Gespanntheit

Migräne: pflichtbewußt, pedantisch, intellektuell-leistungsstrebend, feindselig-neidisch

Colitis ulcerosa: unauffällig, angepaßt, geschätzt, aktiv, begabt, sauber, geschmackvoll, wenig durchschlagskräftig

Die Kritik an der Persönlichkeitsspezifität stützt sich einmal auf die Tatsache, daß der Begriff »Persönlichkeit«, »Typus« oder »Charakter« selbst vieldeutig ist und keineswegs von allen Autoren gleichsinnig verwendet wird. Zudem liegen ihm allzu häufig statistische Erhebungen zugrunde, die ihrerseits wiederum für den Einzelfall keine Allgemeingültigkeit besitzen. So erkranken Menschen mit gleichsinnigen Persönlichkeitsstrukturen nicht immer an der gleichen psychosomatischen Krankheit (falls sie überhaupt krank werden), während andererseits voneinander divergierende Menschentypen vom gleichen Leiden befallen werden können. Die ehrgeizige Leistungsstrebigkeit kommt beim Magenulkus wie bei der Hypertonie als auch bei der Migräne vor. Angstgestimmte Persönlichkeiten finden wir beim *Asthma bronchiale* wie beim Hypertoniker oder dem Durchfallpatienten. Andererseits erkranken Menschen an Magengeschwüren, um beim Beispiel des *Ulkuspatienten* zu bleiben, die im Gegensatz zur typischen Ulkuspersönlichkeit weder ehrgeizig noch habgierig, sondern bescheiden, passiv und duldsam sind. Dazu kommt die oft übersehene Tatsache, daß die Krankheit selbst den »Charakter« des Kranken verändern kann. E. STERN hat sich kritisch mit der Theorie der Persönlichkeitsspezifität psychosomatischer Erkrankungen auseinandergesetzt. Dabei verwies er auf Untersuchungen, die bei Tuberkulosepatienten gemacht werden. Bei diesem Krankheitsbild haben verschiedene Forscher (wie JAENSCH und WESTERMANN) gegensätzlich verschiedene Persönlichkeitstypen als spezifisch herausgearbeitet. Demgegenüber meinte STERN aufgrund eigener Beobachtungen, die Tuberkulose wähle keinen einzigen Typus aus, wohl aber verändere sie den Charakter des von ihr Betroffenen nicht unwesentlich. Auch die Rorschachbefunde Tuberkulosekranker (MELZER), die eine besondere Häufigkeit des extratensiven bis extravertierten Erlebnistypus ergeben, sind nicht schlüssig, da sie nicht schon vor Ausbruch der Krankheit aufgenommen wurden. Auch Untersuchungen mit dem *Minnesota Multiphasic Personality Inventory* (MMPI) sprechen nicht dafür, daß es nur eine Tuberkulose-Persönlichkeit gibt (DERNER). Zusammenfassend stellt STERN fest: Die Tuberkulose »befällt Menschen aller Konstitutionen und Persönlichkeitsstrukturen und ruft ganz verschiedene psychische Reaktionen hervor«. Auch bei Ekzem-Kranken wurden ähnliche Tests (TAT, RORSCHACH, SZONDI usw.) mit dem gleichen negativen Resultat durchgeführt.

2. Konfliktspezifität

Aus diesem Dilemma halfen auch die psychoanalytischen Untersuchungen über die *Konfliktspezifität* nicht weiter, denn die Korrelation bestimmter psychischer Konflikte zu bestimmten psychosomatischen Erkrankungen konnte ebenfalls nicht allgemeingültig bewiesen werden. FRANZ ALEXANDER meinte doch, jeder emotionale Zustand habe sein eigenes physiologisches Syndrom. Bestimmte Konflikte führten zu spezifischen Emotionen, die wiederum über das vegetative Nervensystem spezifische Organe schädigten. So sollte bei der Hypertonie ein Konflikt zwischen passiv-abhängigen oder femininen Tendenzen und kompensatorischen, aggressiv-feindseligen Antrieben bestehen, für das Magengeschwür die andauernde Versagung oral-rezeptiver Wünsche verantwortlich sein. ALEXANDER unterschied drei Phasen in der Entwicklung der psychosomatischen Krankheit, die für die Organwahl von entscheidender Bedeutung seien. Bei gehemmter Aggressivität beispielsweise sollte die Hemmung der Vorstellungsphase (gedankliche Vorbereitung) zu Kopfschmerzen, die Hemmung der vegetativen Vorbereitung (Bereitstellung) zu Hyptertonie und die Hemmung der neuromuskulären Phase zu myalgisch-arthritischen Beschwerden (Lumbago) führen. Für das Magenulkus gab er folgendes spezifisch-dynamisches Grundschema an: Versagung oral-rezeptiver Wünsche → oral-aggressive Reaktion → Schuldgefühle → Angst → Überkompensation für orale Aggression und Abhängigkeit durch real erfolgreiche Leistungen bei verantwortlichen Tätigkeiten → Verstärkung unbewußt oral-abhängiger Strebungen als Reaktion auf exzessive Anstrengungen und Konzentration → Hypersekretion des Magens. Dieses Schema gelte allerdings nur für den *aggressiv erfolgreichen Magenkranken.* Beim *weiblichen und leistungsarmen Typ* gelte das Schema: andauernde Versagung oral-rezeptiver Wünsche → Verdrängung dieser Wünsche → Hypersekretion des Magens. Diese beiden Basiskonflikte ergänzte WESIAK durch einen dritten, der durch die *Sucht* charakterisiert ist. Der häufigere aktive, überkompensierende, hyperazide, meist jüngere und vorwiegend *Ulcus-duodeni*-Kranke hebe sich aufgrund seiner spezifischen Konfliktsituation vom häufig älteren, passiven und vorwiegend *Ulcus-ventriculi*-Kranken und vom haltlosen, süchtigen Trinker ab, der seine unbefriedigten oral-rezeptiven Wünsche in der Sucht agiere. Von dieser Sicht her soll auch die therapeutische Wirksamkeit von Bettruhe und Diät bei Magenkranken verständlich werden, da beide »annähernd wieder die Säuglingssituation des Gefüttert- und Gepflegtwerdens« herstellen. Die strenge Magendiät ist ja eigentlich eine Säuglings- beziehungsweise Kleinkindernahrung. Geschwüre, die zunächst nicht abheilen wollen, verschwinden im

Spital unter der mütterlich-liebevollen Pflege der Schwestern, wobei Ruhe und Entspannung wichtig sein mögen, die Befriedigung der unbewußten oral-rezeptiven Wünsche therapeutisch jedoch ausschlaggebend sein soll.

Vieles spricht nun allerdings auch gegen die Annahme einer Konfliktspezifität. Zunächst muß in Betracht gezogen werden, daß die zwei Voraussetzungen, die ALEXANDER zu seinem Denkmodell dienten, keineswegs allgemein anerkannt sind. Erstens beruht seine These auf dem psychoanalytischen Triebmodell, zweitens auf der heute überholten Annahme von zwei Reaktionsformen innerhalb des vegetativen Nervensystems und der Alternative eines sympathischen oder parasympathischen Überwiegens innerhalb eines in Wirklichkeit viel komplizierteren vegetativen Zusammenspiels. Selbst wenn diese Voraussetzungen richtig wären, bliebe die Frage unbeantwortet, warum die Schädigung gerade ein *bestimmtes* Organ treffen sollte. Zudem ist es auch den psychoanalytischen Forschern nicht entgangen, daß unterschiedliche Konflikte zur selben Emotion und gleichartige Konfliktsituationen zu emotional verschiedener Verarbeitung führen können. Angst, Entmutigung, Minderwertigkeitsgefühle, Frustriertheit, Schuldgefühle: alle diese Dinge – schrieben HOFF und RINGEL zu Recht – können »aus den verschiedenartigsten Konflikten entstehen, und diese Tatsache allein wird bereits die Theorie von der Spezifität der Konflikte . . . einschränken müssen«.

3. Symbolgehalt

Dazu kommt, daß die Annahme einer Konfliktspezifität eng mit der »Symboldeutung« und »Organsprache« verbunden ist. Jenes Organ werde für die Krankheit gewählt, das am ehesten geeignet sei, den Kern des Konfliktes symbolisch darzustellen. Die betreffenden Störungen hätten dann sekundär den Wert eines Symbols bekommen. Man kann jedoch weder einem Organ selbst ein Wissen um seinen Symbolgehalt zumuten, das es zur Prädilektionsstelle bestimmter psychosomatischer Erkrankungen werden ließe, noch auch dem bewußten oder unbewußten subjektiven Empfinden des Kranken. Bestehen wirkliche Beziehungen zwischen einem bestimmten emotionellen Bedeutungsgehalt und einem bestimmten Organ, dann handelt es sich nicht um ein erdachtes Symbol, sondern um einen tatsächlich gegebenen Weltbezug, in welchem sich die Existenz des Kranken gerade austrägt. Es ist im Grunde willkürlich anzunehmen, die eine Erscheinung stehe lediglich symbolisierenderweise für eine andere.

4. *Zeitpunkt der Neurotisierung*

Ähnliches gilt von der Annahme, der *Zeitpunkt der Neurotisierung* sei für die Organspezifität ausschlaggebend. Danach sollen die Emotionen – als Folge verschiedener Konflikte – in verschiedenen Phasen der kindlichen Entwicklung verschiedene somatische Angriffspunkte beziehungsweise verschiedene Erfolgsorgane haben. Derselbe Konflikt wird, je nachdem welches Organ gerade am stärksten emotional besetzt ist, zu einer Neurodermitis oder zu einer Ernährungsstörung oder einer Colitis führen. Letztere beispielsweise soll einer Regression auf die analsadistische Organisationsstufe entsprechen. Es handelt sich also hier lediglich um eine Straffung und genetische Betrachtungsweise der Theorie von der Spezifität der Konflikte. GRINKER und MARGOLIN, dann auch VON BAEYER, nahmen an, daß die eigentliche Schädigung im Stadium der psychophysischen Undifferenziertheit des Säuglings zu suchen sei. In der Zeit relativer Undifferenziertheit und Unstrukturiertheit bilde sich aufgrund traumatischer Einflüsse ein psychosomatisches Reaktionsmuster (*pattern*) aus, das später in der manifesten Krankheit die Organwahl mitbestimmt – während der späteren unspezifischen Streßsituation lediglich eine auslösende Rolle zukomme.

Gegen diese Auffassung spricht allerdings die Fragwürdigkeit der Annahme, ein einziger und begrenzter Zeitpunkt oder gar ein einziges psychisches Trauma könne für die Organwahl bestimmend sein. Zudem müßte bewiesen werden, was eigentlich in der Zwischenzeit bis zum Auftreten der manifesten Erkrankung geschieht (Latenzperiode) und wie sich dieser Mechanismus der Organwahl gestalten soll, wenn mehrere psychosomatische Symptome feststellbar sind.

5. *Organminderwertigkeit*

Kritik läßt sich ebenfalls an der Hypothese von *konstitutioneller Organminderwertigkeit* üben, durch welche die Organwahl auf somatische Faktoren zurückgeführt wird. Bereits FREUD hatte ein biologisches »Entgegenkommen der Organe« postuliert. ADLER nahm dann an, die Neurose lagere sich gewissermaßen an anlagemäßig geschädigte Organe an. Diese Hypothese dürfte heute wohl endgültig aufzugeben sein. Nach JORES ist es eine rein theoretische Konzeption, da bisher weder ein pathologischer Anatom noch ein Biochemiker nachweisen konnte, worin diese sogenannten Organminderwertigkeiten eigentlich bestehen. Es handelt sich offensichtlich um einen Verlegenheitsbegriff, zudem wäre unseres Erachtens der bei psychosomatischen Erkrankungen so häufig anzutreffende Symptom- und Organwechsel kaum erklärbar, es sei denn dadurch, daß gewisse Kranke über eine Mehrzahl primär geschädigter Organe verfügten. So ist denn auch die von HOFF und RINGEL versuchte Ehrenrettung ADLERS wenig überzeugend, anhand einer statistischen Feststellung bei Patienten mit Asthma bronchiale und deren anamnestisch erhobenen familiären Belastung die These der Organminderwertigkeit stützen zu wollen. Die familiäre Häufung einer psychosomatischen Krankheit stellt keinerlei Beweis für die Vererbung einer somatischen Prädisposition dar; alles, was man mit Sicherheit aussagen kann, ist, daß in einer Familie mehrere Mitglieder in einem gleich gestimmten Weltverhältnis standen und gegebenenfalls einander beeinflußten. Man spricht in diesem Zusammenhang nicht zu Unrecht von einer »Neurose-Tradition«.

6. Lebensstil

Das gleiche gilt für die Behauptung, die Organdisposition könnte durch (altersmäßige) Abnützung oder durch einen, bestimmte Organe in besonderer Weise und Intensität beanspruchenden *Lebensstil* bewirkt werden. HOFF und RINGEL »zweifeln keinen Moment daran, daß in allen diesen Fällen« – gemeint sind das Ulkus, die Managerkrankheit, die Hypertonie – der Lebensstil ein wesentlicher Faktor bei der Organwahl sei. Diese Auffassung werde »wahrscheinlich allgemeine Anerkennung finden«, wohingegen die Frage, ob dieser Lebensstil psychodynamisch (von innen) oder durch die Zeitumstände (von außen) bedingt sei, zu Kontroversen Anlaß geben könne. Uns scheint letztere Alternative eher nebensächlich zu sein. Denn wo immer man den Grund für einen bestimmten Lebensstil suchen mag: nie wird man letzteren als *Ursache* einer Organschädigung nachweisen können. Mit Recht setzen die Autoren den Lebensstil des psychosomatisch Kranken in Beziehung zu einem neurotischen Abwehrverhalten. Das heißt aber kaum etwas anderes, als daß der psychosomatisch Kranke in einem bestimmten, auf Abwehr gestimmten Weltverhältnis steht, an dem er auch leiblich, durch jenes diesem Weltbezug zugehörige Organ, teilnimmt.

7. Soziokulturelle Spezifität

Statistische und epidemiologische Erhebungen haben ergeben, daß gewisse Krankheiten, auch solche psychosomatischer Natur, in ihrer Häufigkeit auch von soziokulturellen Einflüssen abhängig sind. Aufschlußreiche Angaben finden sich bei PFLANZ (*Sozialer Wandel und Krankheit*). Eindeutige Korrelationen zwischen bestimmten Organ- und Systemerkrankungen konnten allerdings nicht festgestellt werden. Hingegen hat sich gezeigt, daß jene Krankheiten, die besonders durch Streßsituationen ausgelöst werden, in sozial schlechter gestellten Bevölkerungskreisen häufiger sind. Dies gilt besonders für vegetative und nervöse Beschwerden, für das Magenulkus u. a. m. Die Schmerzempfindlichkeit soll je nach Kultur, Bildungsgrad, Religiosität und sozioökonomischem Hintergrund verschieden sein. (MEAD, ZBOROWSKI). Bei Kriegsgefangenen wurde die Beobachtung gemacht, daß Franzosen eher über Beschwerden in der Lebergegend, Serben über ein Gürtelgefühl am unteren Rippenbogen, Russen über Rückenschmerzen und Briten über Magenschmerzen klagten. Bei Eingeborenen in Südafrika wurde häufig ein Beschwerdetyp festgestellt, der aus Magenschmerzen, Kopfschmerzen und Muskelschmerzen bestand. Japaner fassen sich kein »Herz«, sondern einen »Magen«. Daher sollen nervöse Beschwerden bei Japanern häufig im Bauch und nur selten in der Herzgegend lokalisiert sein (PFLANZ). Untersuchungen verschiedener Autoren über die Häufigkeit vegetativer Beschwerden in verschiedenen Bevölkerungsgruppen der westlichen Welt ergaben zudem, daß dieselbe in den einzelnen sozialen Schichten unterschiedlich ist. HOLLINGSHEAD, REDLICH, FREEDMAN fanden, daß in den oberen Schichten allgemeine nervöse Beschwerden häufiger sind, während in den unteren Schichten mehr über Beschwerden geklagt wird, die sich auf ein Organ oder Organsystem beziehen. PFLANZ fand bei seinen Untersuchungen u. a., daß Arbeitslose, Landbewohner, Heimatvertriebene und Männer, die beruflich-sozial abstiegen, mehr vegetative Beschwerden aufwiesen; daß jungverheiratete Frauen weniger, jungverheiratete Männer mehr Störungen angaben. Letzteres soll auf die verschiedene Bedeutung der Heirat für den jungen Mann und für die junge Frau hinweisen. PFLANZ nimmt jedenfalls an, daß soziokulturelle Faktoren mitbestimmend sind, in welches Organ oder Organsystem die Sensation bei allgemeinem Mißbefinden projiziert wird.

Wichtige Hinweise, die aber auch auf die Relativität soziokultureller Spezifität hinweisen, finden wir bei den Herz- und Kreislaufkrankheiten. Glaubte man beispielsweise bis vor kurzem noch daran, daß das Koronarleiden (Managerkrankheit) eine Art »Berufskrankheit der Wirtschaftsführer« sei, so wurden die Forscher inzwischen dahin belehrt, daß diese Krankheit in allen Sozialschichten vorkommt. Hingegen sollen Koronarleiden in Berufen mit schwerer körperlicher Arbeit selten, in Berufen mit vorwiegend geistiger Tätigkeit häufig sein. Eine gesellschaftliche und berufliche Situation mit hohen Leistungsansprüchen fördert die Entstehung von Hypertonie, was insbesondere für Beamte und Angestellte zutrifft. Dies soll allerdings nur dort der Fall sein, wo die Ansprüche nicht in der Realität befriedigt werden können. Im übrigen hat sich aber gezeigt, daß es zwar eine große Zahl von Vermutungen über den Zusammenhang soziologischer Faktoren mit psychosomatischen Erkrankungen gibt, aber nur wenige übereinstimmende und schlüssige Befunde vorliegen. Weitere Untersuchungen auf diesem Gebiet sind dringend notwendig. Hüten muß man sich vor allzu eiliger Herstellung von Kausalbeziehungen. Wenn beispielsweise das gehäufte Vorkommen von Obstipation bei Angestellten auf deren sitzende Arbeitsweise (PFLANZ) zurückgeführt wird, so müßte zumindest auch die Korrelation der Bedeutung des »Verstopft-Seins« mit der Tätigkeit des Angestellten untersucht werden. Ich meine damit, daß die Erforschung soziokultureller Krankheitsbedingungen von der Erforschung phänomenologischer Bedeutungsgehalte nicht trennbar ist.

8. Psychosomatische Korrelationen

Dies gilt auch für alle weiteren Theorien, welche die Organwahl von verschiedenen *psychosomatischen Korrelationen* abhängig machen. So sollen zwischen bestimmten Impulsen oder Affekten einerseits und bestimmten Organen und Organsystemen andererseits – zum Beispiel zwischen Aggressivität und Muskulatur, zwischen dem Impuls, etwas zu erreichen, und dem oberen

Darmtraktus, dem Impuls, etwas zu behalten, und dem Darmausgang, dem Impuls, ehrgeizig zu wetteifern, und dem Harnsystem, zwischen Angst und Gefäßsystem – präformierte Korrelationen bestehen. Wo die Realisation bestimmter Impulse am korrespondierenden Organ aus somatischen (Defekt) oder psychischen Gründen (Verdrängung der betreffenden Organrepräsentanz) nicht möglich sei, erfolge eine »Verschiebung« auf ein geeignetes anderes Organ. Diese Verschiebung soll phylogenetisch vorgezeichnete Wege bevorzugen, indem regressiv einstige Gemeinsamkeiten beider Organsysteme, die mit der ontogenetischen Differenzierung bedeutungslos wurden, wiederhergestellt würden (z. B. Geschlechtsapparat – Harnwege).

Solche Korrelationen mögen wohl bestehen, doch ist der physiologische Nachweis, daß es sich um eine phylogenetische Verschiebung handelt und daß diese Korrelationen präformiert sind, nicht erbracht.

9. Unbewußte Identifikation

Z. B. herzkranke Mutter – Herzneurose des Sohnes. Eine Beeinflussung ähnlich wie bei der *Folie à deux* bei den Psychosen ist durchaus möglich, ohne daß allerdings Begriffe wie »unbewußte Identifikation« (beide an sich fragwürdig) bemüht werden müssen. Zudem ist diese Art von Spezifität eher selten anzutreffen (siehe: Symptom-Tradition).

10. Der bedingte Reflex

Bedingte Reflexe sind zentrale physiologische Funktionen, Lernvorgänge, die durch neuronale Erregungsverbindungen von Reizvorgängen der Umwelt mit bestimmten Tätigkeiten des Organismus hervorgerufen werden. Die Großhirnhemisphären sollen demnach ständig in verschiedenem Ausmaß Analyse und Synthese der auf sie einwirkenden Reize vollbringen. Neurosen sind nach Pawlow langanhaltende Abweichungen von der normalen »höchsten« Nerventätigkeit; bei Hysterikern wird ein Überwiegen des ersten Signalsystems (Eindrücke, Empfindungen, Vorstellungen von der Umwelt) festgestellt; schwache Naturen unterliegen leicht der Hemmung. Diese Theorie legt großen Wert auf die Bedeutung des psychischen Traumas, aber auch auf somatische Faktoren. In der Rinde der Hemisphären sollen sich unter dem Einfluß verschiedener krankheitsauslösender Ursachen scharf umgrenzte, isolierte Punkte oder Zonen bilden, die ihrerseits die Organwahl beeinflussen.

Auf die Fragwürdigkeit der generellen Anwendung des »bedingten Reflexes« zur Erklärung menschlichen Verhaltens und menschlichen Krankseins wurde schon mehrfach hingewiesen. So läßt sich insbesondere aus der Reiz-Reaktions-Theorie, auf welcher der bedingte Reflex letztlich beruht, keinerlei Verständnis für das spezifisch Menschliche ableiten. Keine einzige Großhirnzelle ist auch nur im entferntesten in der Lage, irgendeinen »Reiz« – beispielsweise eine soziale Überforderungssituation, einen Ehekonflikt, eine Examensangst – als solchen wahrzunehmen oder gar zu erkennen. Der Begriff »Reiz« entstammt der Neurophysiologie und entspricht einem steigerungs- und verminderungsfähigen Impuls, der eine »Reaktion« auslöst, indem er die Nerven erregt und chemisch-physikalische Prozesse bewirkt. Menschliches Existieren läßt sich aber niemals aus solchen quantifizierbaren Prozessen ableiten. So kann aus Reiz-Intensitäten immer wieder nur chemisch-physikalisches Geschehen abgeleitet werden, nie jedoch das ganze Phänomen etwa eines Magenulkus oder eines Asthma bronchiale. Auch der Hinweis auf Tierexperimente hilft uns nicht weiter, da sich Wesentliches am Menschen nicht vom Tier her begreifen läßt (unbelegbare Analogieschlüsse). »Das Sich-in-einer-Welt-befinden-Können setzt nämlich ein Vernehmen- und Verstehenkönnen, ein Sich-aufgehen-lassen-Können der Bedeutungsgehalte und der Verweisungszusammenhänge der dem Menschen begegnenden Dinge voraus« (Boss). Daran ändert auch die Annahme von Jores nichts, daß ein Streß, der zur psychosomatischen Erkrankung führt, strukturspezifisch und immer an verdrängte Zusammenhänge gebunden sei.

11. Das Talionsprinzip

Dieses hält sich an das alttestamentliche »Auge um Auge, Zahn um Zahn« und meint, der Mensch werde an jenem Organ bestraft, mit dem er gesündigt habe. So beispielsweise soll die sexuelle Impotenz eine Strafe für Onanie sein, eine Armlähmung die Folge einer aggressiven Haltung, die Aphonie eine Bestrafung für obszönes Reden. Abgesehen von der Fehlauslegung der Bibel beinhaltet aber diese Theorie nichts anderes als einen indiskutablen Rückfall in eine moralisierende Haltung.

12. Spezifität der Abwehrmechanismen

Für FREUD war bekanntlich das manifeste Auftreten einer psychosomatischen Störung an die Vorstellung geknüpft, daß jedem Organ eine Ich-Funktion und eine Es-Funktion zukomme. Die Es-Funktion entspricht dem unbewußten libidinösen Anteil des psychischen Apparates. An zwei Beispielen hat FREUD dies aufgezeigt: am Schreibkrampf und an der psychogenen Blindheit. In der Schreibhemmung sah FREUD eine Funktionseinschränkung des Ich. Die Ichfunktion eines Organs (hier der Hand) soll dann geschädigt sein, wenn dieses Organ »sexuell« besetzt wird. Das Ich verzichte dann auf die ihm zustehende Funktion, um nicht eine neuerliche Verdrängung vornehmen zu müssen, um einem Konflikt mit dem Es auszuweichen. Gleiches gilt für die »psychogene Sehstörung«. Das Ich hat seine Herrschaft über das Sehorgan verlassen, das sich ganz dem verdrängten sexuellen (Schau-)Trieb zur Verfügung stellt. Die sexuellen Interessen haben sich in den Vordergrund gestellt. Auch von anderen Organen behauptet FREUD ähnliches. So daß z. B. eine Hand hysterisch gelähmt wird, die eine sexuelle Aggression durchführen wollte. Hier werden Anklänge an das Talionsprinzip deutlich, etwa wenn FREUD schreibt: »Weil du dein Sehorgan zu böser Sinnenlust mißbrauchen wolltest, geschieht es dir ganz recht, wenn du überhaupt nichts mehr siehst.« Auf das Talionsprinzip verweisend erinnert FREUD an die Sage von der Lady Godiva, in welcher sich alle Einwohner des Städtchens hinter verschlossenen Türen verbergen, um der Dame die Aufgabe, bei hellichtem Tage nackt durch die Straßen zu reiten, zu erleichtern. Ein einziger, der nach der entblößten Schönheit späht, wird gestraft, indem er erblindet. Der hier angesprochene Abwehrvorgang ist somit jener der *Verdrängung*. Die Abwehr richtet sich gegen eine vom Ich nicht zugelassene Strebung. Eine andere Abwehrmöglichkeit ist *Regression*, wobei ein Erinnerungssymbol einer abgewehrten und ins Körperliche umgesetzten Erregungssumme für das Zustandekommen der Krankheit ausschlaggebend ist. Als Beispiel führt MEERWEIN die Enuresis nocturna der Kleinkinder an. Der Funktionsablauf, der in den ersten Lebensjahren normal ist, kann zu einem späteren Zeitpunkt wieder aktiviert, »besetzt« werden, z. B. bei der Ankunft eines weiteren Geschwisters. Schließlich muß auch die *Reaktionsbildung* erwähnt werden, wie wir sie etwa bei der Anorexia nervosa (übertriebenes Leistungsbedürfnis, um die Folgen des sich durchsetzenden Nahrungstriebes, die Kalorienzufuhr, »ungeschehen« zu machen). Auch bei der Colitis ulcerosa sollen Reaktionsbildungen charakterlich mitbestimmend sein.

13. Iatrogene Organwahl

Ärztliche Fehldiagnosen und dem Patienten mitgeteilte Vermutungen über mögliche Krankheitsursachen können gelegentlich zu Fixationen führen. Auch das pseudowissenschaftliche Interesse gewisser zu Hypochondrie neigender Menschen, genährt durch Informationen aus Lexika, Illustrierte oder Radio- und Fernsehberichte, können Anlaß zu »Lokalisationen« geben.

14. Multikonditionalität

Aus den gleichen Gründen, weil nämlich das einfache Schema Ursache-Wirkung im Bereich der psychosomatischen Krankheiten und ganz besonders in der Frage nach der Organ- und Symptomwahl keine Gültigkeit hat, wird auch die Rede von der *Multikonditionalität* fragwürdig. Ob wir für die Krankheit eine einfache *causa efficiens* oder mehrere Ursachen annehmen, ist *im Prinzip* gleichgültig. Erst recht brauchte es vieler Kunstgriffe, die verschiedenen Bedingungen so zu vereinen, daß sie sich zu einem einzigen Krankheitsbild verdichten. Zudem ist die Multikonditionalität nicht denkbar, ohne daß man auf die überholten Begriffe der »Psychogenie« und »Somatogenie« zurückgreift.

15. Theorie der Unspezifität (Streß)

Somit stellt sich nun das Problem, ob man nicht die Organspezifität als solche in Frage stellen müßte, mit anderen Worten, ob nicht die Organwahl als ein völlig *unspezifischer Vorgang* zu betrachten sei. E. STERN vertrat diese Ansicht mit aller Bestimmtheit. »Sehen wir unsere Beobachtungen durch, die sich auf eine Reihe verschiedenartiger Krankheiten beziehen, so fällt auf, daß die Kindheit häufig wenig glücklich war und daß affektive Frustrationen häufig waren, auch wenn der Patient diese bewußt nicht immer deutlich erlebte. Man findet, daß vielen Erkrankungen affektive Traumata vorausgehen, und viele Kranken führen diese spontan an, sobald man ihnen überhaupt Gelgenheit gibt, sich frei auszusprechen. Aber spezifische Beziehungen bestehen hier nicht. Dies gilt sowohl für die Grundkonflikte wie für die auslösenden Konflikte.« Diese Ansicht STERNS ist zweifellos richtig, wie wir anhand der Frage nach einer Konfliktspezialität nachzuweisen versuchten. Falsch scheint uns hingegen die Annahme zu sein, daß das Fehlen einer solchen Konfliktspezifität die allgemeine Unspezifität der sogenannten Organwahl beweise. Damit wären wir bei der These angelangt, ein unspezifischer *Streß* wirke sich »zufällig« an irgendeinem Organ aus. Diese »Zufälligkeit« und »Unspezifität« wird denn auch von den meisten Autoren doch nicht durchgehalten, indem sie die Organwahl auf organische Faktoren (Disposition) zurückführen, oder »struktur-spezifisch« die Dynamik unbewußter, verdrängter Seelenregungen und die Labilisierung der aufgebauten Abwehr- und Kompensationsmechanismen als zentralen Faktor verantwortlich machen (JORES, HOFF und RINGEL, KEMPER). Eine der Hauptschwierigkeiten besteht jedoch darin, daß die Gelehrten über den Begriff des »Streß« keineswegs einig sind, so daß beispielsweise SCHULTE und FINKE empfehlen, diesen Terminus »im psychischen Bereich wegen seiner mangelnden begrifflichen Schärfe möglichst wenig« anzuwenden. PLÜGGE und auch BOSS gehen noch einen Schritt weiter und zweifeln die Richtigkeit des Streßbegriffes überhaupt an. PLÜGGE meint, alle Diskussionen über den Streß beruhten auf dem Reiz-Antwort-Konzept, das schon im Tierreich keine Anwendung mehr finde, im menschlichen Bereich jedoch dem Begriff »Situation« weichen müsse. An Stelle der Einzelperson, auf die ein »Reiz« als etwas Objektives von außen kommend aufprallt, setze dieser »die wahrhafte Person, den Menschen, der von seiner Welt nicht zu trennen ist, der als der, der er ist, seine unverwechselbare Welt aufbaut und Teil ihrer wird, und dessen Welt nun durch die Existenz und Einmaligkeit seiner unverwechselbaren Leiblichkeit ermöglicht wird«. »Streß« dagegen meine »etwas unsagbar Verschwommenes«. BOSS sieht solche Begriffe lediglich aus einer »allzu einfachen und deshalb von vorneherein alles nivellierenden, reduzierenden und destruierenden Grundhypothese über die Natur des Menschen entspringen«. Nur ihr Alter und ihre Geläufigkeit in ärztlichen Kreisen vermöchten ihnen den Anschein einer fraglosen, einfachen Selbstverständlichkeit zu geben. Aus keiner Menge oder Unmenge von reizenden Energiequantitäten und von chemisch-physikalischen Nervenprozessen lasse sich je das Grundphänomen menschlichen Existierens verstehen oder ableiten, das darin besteht, daß sich der Mensch schon immer als ein in der Welt Befindlicher zu erkennen vermag. Das Sich-in-einer-Welt-befinden-Können setze nämlich ein Vernehmen- und Verstehenkönnen, ein Sich-aufgehen-lassen-Können der Bedeutungsgehalte und der Verweisungszusammenhänge der dem Menschen begegnenden Dinge voraus.

Da die Lehre von Streß und Adaptation im psychosomatischen Denken der Medizin immer noch einen hervorragenden Platz einnimmt, lohnt es sich, ihr ausführlicher nachzugehen.

1936 wies SELYE im Tierversuch nach, daß der Organismus auf verschiedenartige Reize (Infektionen, Intoxikationen, Traumata, nervöse Beanspruchungen, Hitze, Kälte, Muskelanstrengungen, Röntgenbestrahlungen) in einer einzigen, stereotypen Weise reagiert, obwohl deren spezifische Wirkungen grundverschieden sind. Ihre gemeinsame Eigenart besteht jedoch darin, daß sie den Körper in einen generellen oder systematischen Zustand von *Streß* versetzen. Die stereotype Reaktion soll nach SELYE nichts anderes sein als die körperliche Manifestation einer unspezifischen Streßreaktion (ein Begriff, der aus der Physik stammt und die Beziehung zwischen einer Kraft und dem ihr entgegengesetzten Widerstand bezeichnet).

Zu den Erscheinungsformen der Streßreaktion gehören die Vergrößerung der Nebennierenrinde, die thymolymphatische Involution mit Eosinopenie, Lymphozytopenie, Polynukleose, Geschwüre im Magendarmkanal und unspezifische Erscheinungsformen von Schock oder Trauma. Streß im Sinne von SELYE sind neben Ermüdung, Unterernährung, Temperatureinflüssen, toxischen Schädigungen im Bereiche des Psychischen vor allem Angst und Wut. Letztere führen uns mitten in die psychosomatische Problematik hinein, indem der menschliche Organismus nicht nur über spezifische Abwehrreaktionen verfügt, sondern auch die Fähigkeit haben soll, auf unspezifische Schädigungen adaptiv zu reagieren. Es handelt sich dabei um das von SELYE *G-A-S* genannte *General Adaptation Syndrom,* welches drei voneinander verschiedene Phasen aufweist: die Alarmreaktion, die Resistenzphase und das Stadium der Erschöpfung. Im Stadium der Alarmreaktion ist die Adaptation noch nicht eingetreten, im Stadium der Resistenz ist sie optimal, um im Stadium der Erschöpfung wieder gänzlich verloren zu gehen.

Die *Alarmreaktion* zeichnet sich durch folgende Symptome aus: Hypothermie, Hypotonie, Abnahme des Muskeltonus, Hypochlorämie, Hyperkalzämie, Azidose, Erhöhung und nachfolgende Senkung des Blutzuckers, Leukopenie mit folgender Leukozytose, Eosinophilie, gastrointestinale Erosionen, Auftreten sekretorischer Granula in der Nebennierenrinde. In der *Resistenzphase* verschwinden diese Phänomene weitgehend, um in der *Erschöpfungsphase* wieder aufzutreten. Bei der unspezifischen Adaptationsreaktion sind die hypothalamischen vegetativen Zentren und die Hypophyse sozusagen die Repräsentanten der Abwehrreaktion des Organismus, weshalb zwischen einem neurovegetativen und einem hormonalen Abwehrmechanismus unterschieden werden kann. *Neurovegetativ* findet die Steuerung von den hypothalamischen Zentren aus über die vegetativen Nerven zu den peripheren Organen statt. Über die Splanchnici wird die Reizung des Nebennierenmarks und die Adrenalinausschüttung in das Blut bewirkt. Gleichzeitig soll eine gewisse »Entlasung« (*discharge*) des Parasympathikus eintreten, als deren Folge eine periphere Vasokonstruktion mit konsekutiver Erhöhung des Blutdruckes. Die *hormonale* Abwehr bestehe vor allem in einer Ausschüttung von HVL-Hormonen und in der Mobilisierung des adrenocotropen Hormons ACTH. Die allgemeine Adaptation gehe somit folgendermaßen vor sich: durch den alarmierenden Streß werde zunächst eine parasympathische Reaktion mit den oben beschriebenen Symptomen erzeugt, die dann durch die Sympathicuswirkung, eventuell sogar im Sinne der Notfallfunktion CANNONS ersetzt werde. Dabei beschränke sich die sympathicotonische Wirkung jedoch keineswegs auf Zustände höchster Anspannung des Organismus, sondern mache sich mit abgestuftem Akzent bei jedem Grad der Beanspruchung geltend. Der Nullpunkt ihres Einflusses werde nur im tiefen, traumlosen Schlaf erreicht. Hinsichtlich des Parasympathicus bestätige sich auf der ganzen Linie eine Spartendenz (HESS).

Die Experimente von W. R. HESS zeigten, daß bei Reizungen des Zwischenhirns und des Hypothalamus die Funktionen der vegetativen Organe stark beeinflußt werden, daß aber gleichzeitig auch corticale Regungen mitbeteiligt sind. Bei Versuchstieren wurden bei der Reizung bestimmter hypothalamischer Bezirke typische Affekte (Wut, Aggressivität) beobachtet. ROTHSCHILD schreibt in der *Symbolik des Hirnbaus,* das Gehirn sei der Repräsentant menschlichen Erlebens. H. BINSWANGER fügt in Anlehnung an SCHULTZ-HENCKE bei, das menschliche Erleben habe sowohl im Gehirn als auch im übrigen Körper, speziell im Bereich der vegetativen Steuerungen und Regulationen, Gleichzeitigkeitskorrelate. In bezug auf ein menschliches Erleben, das nach Veränderung strebe, fänden sich im Gehirn die entsprechenden Repräsentanten, vor allem im Mittel- und Vorderhirnkreis, während in bezug auf menschliches Erleben, das nach Selbsterhaltung strebe, die repräsentierende Entsprechung im Kleinhirn liege. Das Kleinhirn sei Repräsentant der statischen, das Mittel- und Vorderhirn jener der dynamischen Motorik.

Trotz der Fragwürdigkeit und wissenschaftlichen Unhaltbarkeit einer solchen, im psychophysischen Parallelismus wurzelnden Leib-Seele-Dynamik mögen die Schlußfolgerungen, die aus der Streß- und Adaptationslehre SELYES für die psychosomatische Medizin gezogen werden, recht lehrreich sein.

Angstvolles Erleben, plötzlich auftauchende Todesgefahr, Schrecken, Panik äußern sich in einer sympathicotonen Reaktion mit Adrenalinausschüttung und einer Erhöhung der Funktionsbereitschaft im Skelettmuskelsystem, wodurch die Bereitschaft zu dynamisch-motorischen Reaktionen (Flucht, Abwehr u. a.) eine Steigerung erfährt. Statt eines möglicherweise sinnlosen, motorischen Agierens, das in Dissoziation und Erschöpfung enden müßte, stelle sich dank der Adaptation ein Vorgang ein, der keineswegs einen isolierten Mechanismus darstelle, sondern ein Teilgeschehen innerhalb der gesamtmenschlichen Regulationen; Regulationen, die von den Erlebnisqualitäten und dem Menschsein schlechthin bis zu den Gleichzeitigkeitskorrelaten des Gehirns allgemein, dem Zwischenhirn speziell, dem Sympathicus und Parasympathicus, aber auch bis zu den Hormonen und Ionen und dem übrigen Stoffwechsel reichen.

Bei der Frage nach der psychiatrischen, oder besser gesagt nach der menschlichen Bedeutung des Streß schließt H. BINSWANGER Freude, Hoffnung, überhaupt jegliche zuversichtliche, produktive und harmonische Gestimmtheit *a priori* aus. Dagegen rücken Kummer, Sorge, Angst, Bedrücktheit, Schrecken in das Zentrum des Interesses. Es handle sich dabei immer um *Erlebnisse, denen die Angst zugrunde liege.* Da Angst immer Todes- beziehungsweise Lebensangst ist, sei sie teleologisch gesehen ein lebenserhaltendes Prinzip. Anthropomorphisiert ergäbe sich folgendes

Bild: die Angst ist ein treuer Begleiter des Menschen, ein Horatio, der ihn vor lebensbedrohenden Exponiertheiten schützt. Sie hat die Eigenschaft, daß sie sich bisweilen an ganz bestimmte Bilder, Situationen und Vorstellungen knüpft, oder sie wirkt lediglich gefühlshaft, reflexartig, kurz und ohne Bewußtsein. Irrtümlicherweise könnte nun die Meinung entstehen, Angst vermöge nur aus dem Zusammenprall des Menschen mit der Welt und ihren bedrohlichen und destruktiven Inhalten entstehen. Dem sei jedoch keineswegs so. Zentrum des menschlichen Erlebens seien seine Antriebe, die sich nach SCHULTZ-HENCKE in bestimmte Gebiete kategorialer Art abgrenzen ließen: in originäre und antwortende. Originär strebe der Mensch nach Besitz, nach Geltung und Liebe; aber auch seine Bedürfnisse nach Dauer, Ordnung und Geborgenheit sollen originäre Antriebsqualitäten sein. Der andere Teil der Antriebe antworte auf das wahrnehmende Erleben der Welt. Eine wesentliche Eigentümlichkeit des Menschen sei der »Zwiespalt seiner Antriebe«. Die Konkurrenz, Antinomik und Unvereinbarkeit gleichzeitig sich meldender Antriebe bedürfe der Steuerung. Die Möglichkeiten dazu sollen im Verzicht, in der Sublimierung, Vernunft, orientierter Zucht gegeben sein. Zur Bewältigung menschlicher Zwiespältigkeit bleibe aber dem Menschen noch eine letzte Möglichkeit offen. Die Gegensätzlichkeit der Antriebe könne so plötzlich und unvermittelt, mit Überraschung oder Schrecken erlebt werden, daß die Vernunft als steuernde Instanz ausfalle. Es handle sich dann um ein Erleben panischen Schreckens, voller Angst und Schuldgefühle. In solchem Falle stehe dem Menschen eine instinktiv reflektorische Bewältigungsform des Konfliktes zur Verfügung: die *Hemmung*. Einer der beiden sich widersprechenden Antriebe falle ganz oder teilweise aus, und das entsprechende Bedürfnis sei damit eingeschränkt. Ist mit dem Entstehen einer Gehemmtheit gleichzeitig eine Erschwerung des Erinnerungsvermögens an das nunmehr gehemmte Antriebserleben und die Umstände der Hemmung verbunden, so wird dieser Gesamtvorgang »Verdrängung« genannt.

Hemmung und Verdrängung sind nach H. BINSWANGER keineswegs *a priori* pathologische Phänomene: sie stehen auch dem gesunden und dem neurotoiden Menschen zur Verfügung. Hemmung und Verdrängung sind demnach zwanglos in die Regulationsmechanismen psychischer, erlebnismäßiger Art einzureihen. Aber genau wie die Überbeanspruchung der Regulation, beziehungsweise ein Versagen der Adaptation, zu Erschöpfung, Krankheit und Tod führen könne, vermöge eine Häufung der Gehemmtheit und Verdrängung, speziell bei bestimmten konstitutionellen Bereitschaften, zur *psychischen Erkrankung* zu führen, *wobei auch körperliche Gleichzeitigkeitskorrelate gehäuft zu erwarten seien.* Hemmungen und Verdrängungen könnten ein zerstückeltes und diskontinuierliches Erleben nach sich ziehen, eine verallgemeinernde Angstbereitschaft und ein Angsterleben; daraus resultierten ein Mangel an Initiative und der Versuch einer Bewältigung des Daseins außerhalb realer Bezirke, zum Beispiel in der Phantasie. So werde der Mensch Neurotiker, zum Störer und Versager, der sich entweder bestimmten Lebensgebieten gegenüber (Geltung, Besitz, Mitmenschlichkeit, Liebe und Sexualität) als nicht gewachsen zeige, oder es fänden Chronifizierungen der Neurose mit Fehlentwicklungen statt: Depression, Sucht, Psychosen, psychosomatische Krankheiten.

Während also eine sogenannt gesunde Entwicklung die adäquaten Ausgleiche, Steuerungen und Regulationen im dauernden Zwiespalt der Antriebe finde, sei das beim neurotischen Menschen anders. Er verfalle schicksalsmäßig dem Angsterlebnis, aggressiven, destruktiven, düsteren und, in bildlicher Metapher gesprochen, nach unten (Gruft, Grab, Moder, Gestank und Unrat) weisenden Verfassungen und Stimmungen. In diesen Erlebnisbezirken aber hätten wir den Streß zu suchen.

Mit allem Nachdruck wird in diesem Zusammenhange auf die Analogie im körperlichen und psychischen Geschehen hingewiesen. Die Antinomie der menschlichen Antriebe im Sinne der Hemmung und Enthemmung und der Versuch, die Zwiespältigkeit zu überwinden, sollen »offensichtliche Korrelate«, ja Analogien im Bereich der Regulation neurovegetativer und hormonaler Art haben. Wenn wir auch die verschiedenen Einflüsse und Beziehungen der Hormone zu psychosomatischen und psychiatrischen Krankheitsbildern kennen, so muß doch gleich vorweggenommen werden, daß uns weder ein kausales Denken noch »Gleichzeitigkeitskorrelate« dem Verstehen der tatsächlichen Vorgänge näher bringen. Wir teilen auch nicht den Optimismus H. Binswangers, wenn er meint, daß eventuell durch weitere Untersuchungen und Erfahrungen mehr Licht in dieses Dunkel gebracht werden könne. Noch viel weniger jedoch können wir mit der Annahme einig gehen, daß innerhalb der Repräsentanz des menschlichen Erlebens, nämlich des Gehirns, ein bestimmtes Korrelat für die Ich-Erlebnisse, für die Beziehungen zum Selbst und zu den Mitmenschen in Form eines Körperschemas bestünden. Bleuler betonte bereits mehrmals unmißverständlich, daß die Erwartungen in bezug auf die Entdeckung spezifischer psychopathologischer Erkrankungen für spezifische endokrine Störungen und umgekehrt stark überspannt seien. Anknüpfend an die *Leistungsphysiologie* von Hess und das *Anpassungssyndrom* von Selye müsse festgestellt werden, daß die psychischen Schaltungen ein völlig andersartiges und mannigfacheres Differenzierungsvermögen besitzen als die endokrinen. Die körperlich-endokrine Schaltung erfolge grob und elementar nach dem Gesichtspunkt Leistungsbereitschaft oder Ruhe; die Psyche differenziere je nach den Besonderheiten der Situation. Sie agiere und reagiere dabei aufgrund ihres individuellen Wesens, der persönlichen Erfahrungen, Hoffnungen, Befürchtungen, Ziele und Absichten. Deshalb sei es theoretisch (und praktisch) unmöglich, daß ein und dieselbe Funktionsschaltung der Nebennierenrinde »unabhängig von der Persönlichkeit regelmäßig dieselben psychischen Vorgänge in sich schließen könnte«. Das Beispiel, das Bleuler in diesem Zusammenhang anfügt, ist dafür besonders einleuchtend: Androgene in hohen Dosierungen können körperliche Sexualfunktionen bei der Frau fördern und eine dunkle, undifferenzierte psychische Sexualisierung auslösen. Je nach Persönlichkeit, Alter, Konstitution, Disposition und Situation verarbeitet sie jedoch diesen Einfluß völlig verschieden. Sie kann ihn ohne psychische Sexualregung als bloßes Brennen oder Jucken der Genitalien empfinden. Eine Steigerung der psychischen Sexualität kann zu Ekel- Schuld- oder Unsicherheitsgefühlen Anlaß geben und eine infantile oder asketische Haltung auslösen und verstärken. Die endokrine Sexualisierung bewirkt in diesem Falle nach außen hin denselben Effekt wie beispielsweise eine Kastration, nämlich den einer Entsexualisierung in der sozialen Haltung und vor dem eigenen Ich. Nur bei einem Teil der Fälle führt die hormonale Sexualisierung auch zu einer bewußt erlebten Sexualempfindung, die aber wiederum persönliche Gestalt annimmt. Sie kann als ichfremd, zwang- und dranghaft oder als icheigen empfunden werden. Sie kann sich in Masturbation, Prostitution, aber auch in einer gehobenen und glückhaft empfundenen Steigerung der Liebesfähigkeit ausleben; was aus einer dumpfen, körperlichen Sexualempfindung gemacht wird, hängt vollständig von der Persönlichkeit ab.

Diese Bemerkungen Bleulers sind gerade für die endokrine Therapie äußerst bedeutsam. Wäre das psychische und psychosomatische Geschehen lediglich eine Angelegenheit der unspezifischen Anpassung oder analog dem leistungsphysiologischen Geschehen zu werten, dann könnte und müßte gerade in der psychosomatischen Frauenheilkunde der hormonalen Therapie eine zentrale Stellung zukommen. Da sich jedoch die Lehre vom Streß nicht auf die psychischen Vorgänge übertragen läßt, gilt es in bezug auf die therapeutischen Indikationen äußerst vorsichtig zu sein. So kann beispielsweise eine Sexualhormonbehandlung bei Frigidität vollständig fehlindiziert sein, dann nämlich, wenn durch den sexualisierenden Effekt des Hormons die Angst und damit die Abwehr noch verstärkt weden. Das gilt auch von der Hormonbehandlung der sekundären Amenorrhoe und vieler anderer Erkrankungen, die mit der Geschlechtlichkeit zusammenhängen. Im Sinne eines allgemeinen *Anpassungssyndroms* werden gerne auch die plötzlich auftretenden *Blutungsstörungen* gedeutet. Emotionelle Einflüsse auf die Menstruation sollen demnach eine völlig unspezifische Reaktion auf Streß darstellen. Bleuler schreibt, es sei sicher, daß jede emotionelle Wallung akuter Art ebenso wie jede dauerhafte, schwere emotionelle Spannung an sich – unabhängig von ihrer Natur – zu Veränderungen der Menstruation führen könne, ob es sich nun um Depression, Zorn, Angst, inhaltlose Erregung, Freude oder andere Gefühlszustände handele. Es bestehe hier eine Analogie zu den unmittelbaren emotionellen Schaltungen auf andere vegetative Funktionen, so auf die Motilität des Magen-Darms, auf den Kreislauf oder die Atmung. Allerdings gilt u. E. auch hier, daß ein emotionelles Ereignis nicht *wahllos* irgendeine Funktion (beispielsweise die Menstruation) verändert, sondern daß ebenfalls eine »Disposition« für eine bestimmte Organwahl vorhanden sein muß. Es entspricht dies auch durchaus der psychotherapeutischen Erfahrung, daß eine akut auftretende sekundäre Amenorrhoe oder eine Metrorrhagie nicht lediglich die Antwort auf eine *unspezifische* emotionelle Störung darstellt, sondern bei genauer Abklärung immer und in jedem Falle einen *Sinn*zusammenhang aufweist. Im Phänomen steckt mehr als nur der Konflikt.

16. Der phänomenologische Bedeutungsgehalt

Die wissenschaftliche Auffassung vom Streß steht nun, insofern sie den Menschen und die menschlichen Krankheiten betrifft, auf äußerst schwachen Füssen. Sie entspringt einer wohl allzu einfachen und deshalb »alles nivellierenden, reduzierenden und destruierenden Grundhypothese über die Natur des Menschen« (M. Boss). Bereits die Begriffe Streß und Reiz unterstellen, daß der Mensch eine verlebendigte Maschine sei, die naturwissenschaftlich meßbaren und berechenbaren Gesetzen gehorche. Zum spezifisch Menschlichen jedoch gehört gerade die *Freiheit*, die ihrerseits wiederum auf einem primären Vernehmen und Verstehenkönnen der Bedeutungsgehalte und Verweisungszusammenhänge der begegnenden Dinge beruht. Deshalb gibt es im Bereich des Menschlichen keine unspezifischen Reize, ebensowenig wie unspezifische Reaktionen. Die Welt des Menschen enthüllt immer nur Bedeutungsgehalte, die ihn so oder anders ansprechen, und zu denen er sich so oder anders verhalten kann. Des Menschen Freiheit besteht eben darin, sich bestimmten Weltbereichen gegenüber offen oder verschlossen zu verhalten. Er kann sich dem Begegnenden öffnen, er kann es aber auch abwehren oder ihm unfrei verfallen.

Der Versuch die Krankhaftigkeit unserer Zeit lediglich als eine Reaktion auf einen Streß-Reiz zu betrachten, dient als *Alibi*, durch das man sich vor der Verpflichtung zur Aktualisierung der Freiheit entziehen kann. Vor der Veränderung der makrosozialen (Gesellschaft) und mikrosozialen (Familie) Situation steht die Besinnung des Individuums auf sich selbst. Gewiß, es sollten keine Prioritäten festgesetzt werden. Individuum, Familie und Gesellschaft sind aufeinander bezogen und werden sich gleichzeitig verändern. Menschsein bedeutet Weltoffenheit, Freiheit und Mitdasein. Vererbung, Milieu, Biologie, Verhalten sind lediglich äußere Bedingungen menschlichen Daseins. Sie konstituieren keinen qualitativen, höchstens einen quantitativen Unterschied zu andern Lebewesen. Die menschliche Zuwendung zur Welt ist nicht von Reizen bestimmt, sondern von Interessen, von der Wahrnehmung alles Begegnenden und von der Übernahme oder Ablehnung von Verantwortung. Ein lediglich auf Streß antwortendes Lebewesen wäre tatsächlich im Sinne Gehlens ein Mängelwesen; von Mangelhaftigkeit kann jedoch nur dann gesprochen werden, wenn die tierische Biologie zum

Maßstab für den Menschen genommen wird. Der Mensch aber ist durch seine Kulturfähigkeit schon biologisch dem Tier überlegen.

Ebenso fragwürdig ist MONODS Auffassung, wonach der Mensch das Produkt eines blinden und absoluten Zufalls und ausschließlich materieller Natur sei. Wenn menschliches Denken, Fühlen, Erleben, Lieben und Angsthaben lediglich Begleiterscheinungen der Gehirnstrukturen sein sollten, müßte auch der Beweis erbracht werden, wie denn überhaupt eine chemische Verbindung etwas *wahrnehmen* und *verstehen* sowie darauf *antworten* könnte. Diesen Beweis bleibt die Wissenschaft uns aber schon deshalb schuldig, weil immer nur *Menschen* ihn antreten müßten. Wir können die Zellsysteme selbst nicht direkt befragen.

Bedenken wir den Menschen als ein Wesen, dessen ursprüngliche Weltoffenheit einem Lichte vergleichbar ist, dessen Schein die Welt aufleuchten läßt, so entpuppt sich diese lichtende Welterschlossenheit als die ursprüngliche Gestimmtheit. So wie ein Licht heller oder dunkler scheint und die Dinge mehr oder weniger klar zum Erscheinen bringt, bestimmt auch des Menschen jeweilige Gestimmtheit die Auswahl der Weltbezüge und ihrer Färbungen. In der Stimmung der Angst, der Wut, der Abwehr entbergen sich andere Weltbezüge als in jener des liebenden Glücklichseins. Je nach seiner Stimmung ist der Mensch in verschiedener Art und Weise in der Welt. Von daher ergeben sich neue Ansätze für das Verständnis der Neurosen, Psychosen und psychosomatischen Krankheiten.

Die unmittelbare Beobachtung unserer Kranken lehrt uns, daß der Mensch und insbesondere der Neurotiker in einer ganz bestimmten Beziehung zur Welt steht. Nicht eine Psyche und nicht ein Leib, nicht ein Konglomerat von Trieben und Partialtrieben, ein »psychischer Apparat« oder ein Subjekt treten uns entgegen, sondern die menschliche Existenz mit allen ihren Bezügen zur Welt. Während der Gesunde über die gesamten Möglichkeiten, die seine Existenz ausmachen, in Freiheit verfügen kann, ging der Kranke dieser Freiheit verlustig. Aus lebensgeschichtlichen Gründen oder infolge eines aktuellen Konflikts wurden seine Bezugsmöglichkeiten reduziert oder auf eine einzige Lebensweise komprimiert. Was also die Menschen in ihrem Kranksein voneinander unterscheidet, ist nicht das seelische oder leibliche Symptombild und auch nicht die Art des auslösenden Konfliktes, sondern die *Verschiedenheit des gestörten Weltbezuges.* Das Maß der Einengung oder Abdrängung eines Lebensbezuges bestimmt, ob sich eine Krankheit lediglich »psychisch« als Neurose oder »somatisch« beziehungsweise »psychosomatisch« im Leibbereich äußert. Denn die existentielle Einengung kann sich in pathologischer Art in jenen Leibbereichen austragen, deren Funktionen einem bestimmten Weltbezug entsprechen. Psychische Störungen wie leibliche Erscheinungen *sind* existentieller Austrag eines je gestimmten Weltverhältnisses. Diese »bestimmten Leibbereiche« sind für die Organwahl verantwortlich – man spricht vom Bedeutungsgehalt eines Krankheitssymptoms.

Wenn wir in der psychosomatischen Medizin und Neurosenlehre von Weltverhältnis oder Weltbezug sprechen, dann meinen diese Begriffe im Grund einfach jene Verweisungszusammenhänge, in denen sich das Vernehmen von und Verhalten zu den Dingen und Mitmenschen auszeugt. Zur *Weltoffenheit* und von dieser nicht trennbar gehört die ebenso ursprüngliche *Gestimmtheit.* Der Mensch lebt seine Existenz in je so oder anders gestimmten Weltbezügen. Daß der Mensch ängstlich und froh gestimmt, hassend und liebend, gesättigt oder hungrig, ja überhaupt verstimmbar sein kann, ist nur möglich durch die Tatsache, daß er ein von Anfang an gestimmtes Wesen ist. Die Art der Gestimmtheit ist verantwortlich für die Tönung und Auswahl der zugelassenen oder abgewehrten Weltbezüge. Je nach der Gestimmtheit, in welcher sich ein Kranker befindet, erscheinen ihm die begegnenden Mitmenschen, die Dinge der Welt, sein eigener Leib, in einem anderen Lichte. In gehobener Stimmung ist dieselbe Welt hell und farbig, in bedrückter Gemütslage grau und düster. Ängstliche Erwartungsspannung lähmt, zornige Stimmung macht aggressiv.

Die Bedeutung ursprünglicher menschlicher Gestimmtheit wurde im Bereiche der psychosomatischen Medizin bei Krankheiten der Lunge, des Magendarmtraktes und des Herz-Kreislaufsystems, bei den Allergien, der Migräne aufgewiesen. Am Beispiel der Erkrankungen des Magen-Darmtraktes haben wir das hier Angeführte – ein Schema von STAEHELIN modifizierend – zusammengestellt (Abbildung 2). Wir selbst versuchten, die Phänomenologie in die Psychosomatik der Frauenheilkunde

Abbildung 2: EINIGE BEDEUTUNGSGEHALTE PSYCHOSOMATISCHER SYMPTOME DES MAGENDARMTRAKTES

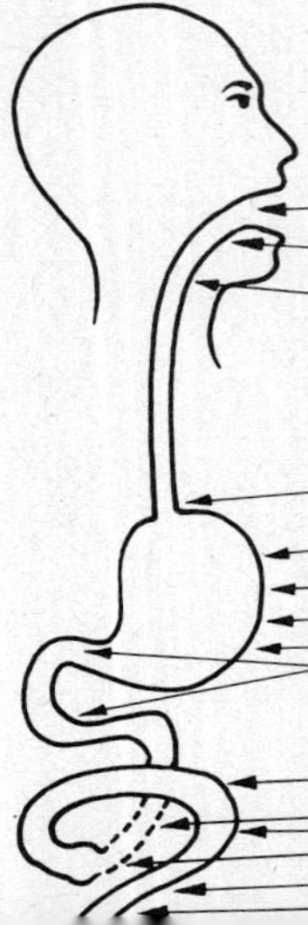

Symptom		Bedeutungsgehalt
Stomatitis, Zahnsymptome		Störung des Begreifens Zupackschwierigkeiten, Aggressionshemmung
Pharyngitis, Angina		Beengtheit
Schluckbeschwerden Globus functionalis Singultus, Aerophagie Kardiospasmus		Aufnahmeverweigerung Sperrung
Brechreiz, Erbrechen, Appetitlosigkeit		Ekel, Abwehr der leiblichen Existenz
Magenschmerzen, Gastritis, Ulkus Hypersekretion Hypermotilität		Überforderung durch die chronische Bemühung, sich etwas anzueignen, etwas zu verdauen
Pylorospasmus		
Hypersekretion Hyper-und Hypomotilität	Enterocolitis Colon irritabile	Chronische Unmöglichkeit, etwas zu verarbeiten
Schmerzen Chronische Verstopfung Chronischer Durchfall	Colitis ulcerosa	Hingabestörung Angst; Unmöglichkeit, etwas zu behalten

einzuführen. Man darf heute wohl zu Recht annehmen, daß eine ernstzunehmende Psychosomatik ohne ein phänomenologisches Krankheitsverständnis nicht auskommt. Insbesondere zeigt sich auch, daß eine lediglich auf triebmechanische Vorstellungen gegründete Krankheitsauffassung am Wesentlichen vorbeisieht, nämlich an der Tatsache, daß jedes Denken, Fühlen und Handeln letztlich nicht Funktion irgendeines Apparates, Subjektes oder eines auf physikalischen und chemischen Prozessen beruhenden Triebkonglomerates ist, sondern unmittelbarer Ausdruck menschlicher Existenz. Vor dem Tun steht das Sein, oder wie die Scholastik sagt: *agire sequiter esse.* Wäre menschliches Kranksein nichts anderes als eine Funktionsstörung, ein Leistungsausfall im Sinne der naturwissenschaftlichen Theorie, dann wäre es unverständlich, wie sich die Psychotherapie überhaupt mit menschlichen Gegebenheiten wie Angst, Schuld, Leid und Freude, Hoffnung und Mutlosigkeit, mit Problemen des Werdens und Sterbens befassen könnte.

Krankheits- und Symptomwandel

Ein wichtiges Merkmal psychosomatischer Erkrankungen ist der Krankheits- und Symptomwandel. Denn eine der augenfälligsten Erfahrungen in der Behandlung neurotischer und psychosomatischer Erkrankungen ist die Unbeständigkeit der Symptomatologie, mit anderen Worten, der Wandel im Erscheinungsbild einer Krankheit. Während der naturwissenschaftlich geschulte Arzt eher gewohnt ist, die Krankheiten nach bestimmten Gesetzmäßigkeiten entstehen und ablaufen zu sehen, sieht sich der Psychotherapeut immer wieder unberechenbaren Erscheinungen und Überraschungen gegenübergestellt. Aus diesem Grunde bietet das jeweilige Krankheitssymptom weder in genügendem Maße Anhaltspunkte für die Indikation zur Psychotherapie, noch läßt es Rückschlüsse auf die mutmaßliche Dauer und Heilungsaussicht einer solchen Behandlung zu. Ebenso fragwürdig bleibt eine Beurteilung des psychotherapeutischen Behandlungserfolges, die sich lediglich am Fortbestehen oder Verschwinden des Symptoms orientiert.

Trotzdem muß das vom Kranken dem Arzte »angebotene« Symptom in seiner Bedeutung gewürdigt werden. Dieses Krankheitsangebot kann sehr verschiedenartig sein. Der Patient klagt beispielsweise über Angstzustände, die ihn nachts bedrängen, oder über zwanghafte Gedanken und Handlungen, denen er sich nicht entziehen kann, vielleicht aber auch lediglich über sogenannt körperliche Erscheinungen wie Migräne, Herzbeschwerden, Asthma oder Magen-Darm-Störungen. Immer häufiger suchen zudem auch jene Menschen den Psychotherapeuten auf, deren Krankheit »symtomarm« ist, die also weder an eindeutig neurotischen noch an eindeutig psychosomatischen Störungen leiden, sondern lediglich an einer kaum verbalisierbaren chronischen Verstimmtheit. Endlich trifft man in der psychosomatischen Sprechstunde die großen und kleinen Versager in der Liebesbeziehung, in der Ehe oder im Berufe an. So kann man sagen, das »äußere« Erscheinungsbild neurotischer Fehlhaltungen sei so vielgestaltig, daß jegliche nosologische Einteilung fragwürdig wird. Zwar spricht man von Angstneurosen, Zwangsneurosen, Herz- oder Magenneurosen, man bezeichnet gewisse Fehlentwicklungen als Aktualneurosen, als Kern- oder Randneurosen, je nach dem wissenschaftlichen Zugang, den man selbst zum Kranksein hat. In allen diesen Bezeichnungen findet sich jedoch immer nur eine mehr oder weniger willkürliche Verabsolutierung eines Symptoms oder eines Organs, das entweder vom Arzt oder vom Patienten fälschlicherweise der eigentlichen Grundkrankheit gleichgesetzt wird. Nicht selten führt dies zur Meinung, es genüge in der Psychotherapie, das betreffende Symptom oder die betreffende Organstörung anzugehen, um die Neurose zu heilen. Auf diese Fehlbeurteilung des neurotischen Symptoms hat bereits FREUD in unmißverständlicher Weise hingewiesen. Er machte nämlich die Erfahrung, daß die Kranken gelegentlich ihre Beschwerden in solche einteilten, die sie als unerträglich, und in andere, die sie als nebensächlich beschrieben, wobei sie jeweils glaubten, von den einen (z. B. dem Kopfschmerz, der bestimmten Angst) vom Arzt befreit werden zu müssen, mit den andern jedoch selbst im Leben fertig zu werden. FREUD schrieb dazu, diese Kranken überschätzten die elektive Macht der Psychoanalyse. »Gewiß vermag der analytische Arzt viel, aber er kann nicht genau bestimmen, was er zustande bringen wird. Er leitet einen Prozeß ein, den der Auflösung der bestehenden Verdrängungen, er kann ihn überwachen, fördern, Hindernisse aus dem Wege räumen, gewiß auch viel an ihm verderben. Im ganzen aber geht der einmal eingeleitete Prozeß seinen eigenen Weg und läßt sich weder seine Richtung noch die Reihenfolge der Punkte, die er angreift, vorschreiben. Mit der Macht des Analytikers über die Krankheitserscheinungen steht es also ungefähr wie mit der männlichen Potenz. Der kräftigste Mann kann zwar ein ganzes Kind zeugen, aber nicht im weiblichen Organismus einen Kopf allein, einen Arm oder ein Bein entstehen lassen; er kann nicht einmal über das Geschlecht des Kindes bestimmen. Er leitet eben nur einen höchst verwickelten und durch alte Geschehnisse determinierten Prozeß ein, der mit der Lösung des Kindes von der Mutter endet. Auch die Neurose eines Menschen besitzt die Charaktere eines Organismus, ihre Teilerscheinungen sind nicht unabhängig voneinander, sie bedingen einander, pflegen sich gegenseitig zu stützen; man leidet immer nur an einer Neurose, nicht an mehreren, die zufällig in einem Individuum zusammengetroffen sind. Der Kranke, den man nach seinem Wunsch von dem unerträglichen Symptome befreit hat, könnte leicht die Erfahrung machen, daß nun ein bisher mildes Symptom sich zur Unerträglichkeit steigert. Wer überhaupt den Erfolg von seinen suggestiven [das heißt Übertragungs-]Bedingungen möglichst ablösen will, der tut gut daran, auch auf die Spuren elektiver Beeinflussung des Heilerfolges, die dem Arzt etwa zustehen, zu verzichten. Dem Psychoanalytiker müssen diejenigen Patienten am liebsten sein, welche die volle Gesundheit, soweit sie zu haben ist, von ihm fordern, und ihm so viel Zeit zur Verfügung stellen, als der Prozeß der Herstellung verbraucht.«

In der somatischen Medizin bedeutet häufig das Verschwinden eines Krankheitssymptoms zumindest den Beginn, wenn nicht schon den Abschluß des eigentlichen Heilungsprozesses. Die psychotherapeutische Erfahrung hingegen lehrt uns, daß diesbezüglich bei Krankheiten, die den seelischen oder leiblichen Austrag einer emotionellen Grundstörung darstellen, keinerlei Gesetzmäßigkeit nachweisbar ist. Krankheitssymptome können verschwinden, ohne daß das Grundleiden geheilt ist, was dann häufig von den Psychotherapeuten als Widerstandsheilung bezeichnet wird. Eine solche »Widerstandsheilung« gründet in der Annahme, daß der Kranke lieber auf sein Symptom verzichtet, als daß er sich den Mühen und Versagungen einer von ihm Opfer an Zeit und Geld fordernden Behandlung unterziehen will, oder daß er »unbewußt« lieber seine neurotische Lebenshaltung beibehält und dafür das Symptom opfert. Häufiger jedoch kommt es vor, daß eine Krankheitserscheinung verschwindet, um alsbald durch eine andere ersetzt zu werden. Wenn etwa im Verlauf einer Behandlung eine hysterische Lähmung von einem psychomotorischen Erregungszustand, eine sexuelle Impotenz von heftigen Kopfschmerzen abgelöst wird, eine Amenorrhöe sich in eine Hypermenorrhöe wandelt, hat der Therapeut tatsächlich oft das Gefühl, der Kranke versuche, der Heilung immer wieder auszuweichen. Aber nicht nur *Symptom- oder Organwandel* sind bedeutsam. Gelegentlich kommt es zu eigenlichen Krankheitswandlungen, so etwa wenn ein Asthma bronchiale sich in eine Angstneurose »verwandelt« oder eine Magenneurose in ein gastritisches Ulkus, eine Herzneurose in einen Myokardschaden, was allerdings eher selten ist. Besonders häufig werden in der psychotherapeutischen Behandlung psychosomatische Symptome von psychischen Depressionen abgelöst. Auf der anderen Seite wies MITSCHERLICH darauf hin, daß gewöhnlich mit dem Auftreten organischer Veränderungen die bis dahin vorhandenen psychoneurotischen Symptome völlig verschwinden oder in den Hintergrund treten. LABHARDT erinnerte an das teilweise alternierende, teilweise kombinierte Vorkommen von Colitis ulcerosa, Asthma bronchiale und allergischen Hauterkrankungen mit schizophrenen und manisch-depressiven Psychosen. Auch sollen Sucht und Depression mit psychosomatischen Störungen in Beziehung stehen. Derartige Krankheits- und Symptomwandlungen sind nun weder zufällig noch bedeutungslos. Vielmehr sind sowohl Krankheitswahl wie Symptomwahl, damit aber auch deren Veränderungen im Verlauf einer psychotherapeutischen Kur von besonderem Bedeutungsgehalt. Dies soll zunächst an einem Beispiel erörtert werden.

Der dreißigjährige Geschäftsführer eines kleinen Wirtschaftsunternehmens meldete sich zur psychotherapeutischen Behandlung, nachdem er aufgrund eines psychiatrischen Gutachtens als militärdienstuntauglich erklärt worden war. Der als tüchtiger Offizier bekannte junge Leutnant zeigte sich nämlich seiner Aufgabe als Zugführer nicht mehr gewachsen, da zunehmend *Herzbeschwerden* auftraten. Während er schon früher unter leichten vegetativen Störungen gelitten hatte, die weder eine ärztliche Behandlung nötig machten noch Arbeitsunfähigkeit verursachten, klagte er nun über Herzbeklemmungen, Kreislaufstörungen, Müdigkeit und Schlaflosigkeit. Insbesondere fühlte er auch ein Stechen in der Brust und bei geringsten Aufregungen starkes Herzklopfen. Die Ärzte diagnostizierten bei ihm nach eingehender Untersuchung eine Herzneurose und empfahlen ihm eine psychotherapeutische Behandlung, zu der er sich schließlich ohne große Überzeugung entschloß.

In der Psychotherapie verhielt sich der Patient zunächst eher passiv und verschlossen. Solange nur äußere Dinge zur Diskussion standen, schien er offen und zugewandt, sobald es aber um sein persönliches Erleben ging, war er kaum mehr zu einer Aussage zu bewegen. Die Annahme einer »psychischen Genese« seiner Beschwerden wurde von ihm affektiv abgelehnt. Er beharrte vielmehr auf der Meinung, daß es sich um konstitutionelle Störungen handle, worin er sich durch die Tatsache bestätigt fühlte, daß auch seine Mutter einmal unter ähnlichen Beschwerden gelitten hatte. Er betonte mit Nachdruck, daß bei ihm emotionell und abgesehen von seinen körperlichen Beschwerden alles in bester Ordnung sei.

Ein erster Einbruch in die nach außen vermauerte Gefühlswelt des Kranken gelang dem Arzt, als er dem Patienten die Weiterführung der bisherigen medikamentösen Therapie untersagte. Es hatte sich nämlich herausgestellt, daß der Patient bereits seit mehreren Jahren täglich Beruhigungstabletten und »Herztropfen« zu sich nahm. Zunächst wurde er durch diese Maßnahme in einen Zustand beinahe panischer Angst versetzt, der jedoch von einem positiven Effekt begleitet war. Die durch das Weglassen der Medikamente entstandene innere Unsicherheit veranlaßte ihn, sich um so intensiver an den Psychotherapeuten zu klammern und bei diesem Hilfe zu suchen, was zunächst die Schleusen öffnete, welche die bisher sorgfältig behütete innere Lebensgeschichte verborgen hielten. Oberflächlich betrachtet war sein Leben bis zur manifesten Erkrankung unauffällig und die Entwicklung gradlinig verlaufen. Er war in geordneten Verhältnissen aufgewachsen, hatte die Schulen ohne Mühe absolviert und es im Geschäft bald zu einer angesehenen Stellung gebracht. Die tiefergehende Anamnese ergab allerdings, daß die Verhältnisse bedeutend komplizierter lagen, als dies zunächst scheinen mochte. Obwohl der Patient rückblickend Kindheit und frühe Jugend als sorglose Zeit bezeichnete, bestand kein Zweifel, daß sie von schwersten Angstzuständen und innerer Unsicherheit überschattet waren, was sich vorerst lediglich in einer körperlichen Symptomatik geäußert hatte. So fiel er bis spät in die Schulzeit hinein durch sein *Bettnässen* und *Nägelkauen* auf. Nachts sei er häufig aufgeschreckt und ins Bett der Mutter geflüchtet. In späteren Jahren schließlich traten eigentliche Angstsymptome auf, so besonders in Examenssituationen und vor wichtigen Entscheidungen. Vor allem waren aber seine Beziehungen zum Vater gestört. Diesen schilderte der Patient als schweigsamen, jedoch rasch erregbaren Mann, der als Handlungsreisender häufig von zu Hause abwesend war und im Familienleben kaum eine Rolle spielte. Da er nicht nur funktionsmäßig, sondern offensichtlich auch emotionell vollständig ausfiel, lag die Erziehung unseres Kranken ganz in den Händen der Mutter. Zudem wurde er von drei älteren Schwestern mütterlich umsorgt.

Wir haben also die Lebensgeschichte eines innerlich ängstlichen, selbstunsicheren, in betont weiblicher Atmosphäre aufgewachsenen jungen Mannes vor uns, der äußerlich einen sportlichen und karrieremäßig vitalen Eindruck machte. Sein Krankheitssymptom, das ihn zur ärztlichen Behandlung bewog, bestand in *kardiovaskulären Störungen.* Bevor wir auf die Bedeutung dieses Symptoms eingehen, sei kurz der weitere Verlauf geschildert. Relativ rasch, das heißt nach einigen Wochen bereits, verschwanden die Herzbeklemmungen vollständig, und zwar zu einem Zeitpunkt, in welchem sich eine positive »Übertragungsbeziehung« zum Analytiker einstellte. Der Kranke hatte aber nicht nur Vertrauen zu seinem Psychotherapeuten gewonnen, sondern er glaubte von diesem besonders dann angenommen und geliebt zu werden, wenn er in seinem Reifeprozeß rasche Fortschritte erzielte. So verausgabte er sich weiterhin in beruflicher Hinsicht; er versuchte auch, seine bisherigen Hemmungen allem Sinnenhaften gegenüber möglichst rasch abzuwerfen und sich von seinen kleinbürgerlichen Vorstellungen zu befreien; dabei übersah er jedoch, daß er sich immer mehr verkrampfte und in Spannungen geriet, die er kaum mehr zu meistern vermochte. Nachdem er in den Winterferien in alkoholisiertem Zustande erstmals ein an sich harmloses sexuelles Abenteuer erlebt hatte, erlitt er einen Skiunfall mit Unterschenkelfraktur. Schließlich jedoch trat als neues und ihm bisher nicht bekanntes Krankheitssymptom eine schwere *Gastritis* auf, die hartnäckig anhielt und den Kranken wie den Psychotherapeuten zeitweise beunruhigte.

Wir sehen demnach bei diesem Patienten eine Aufeinanderfolge von verschiedenen Krankheitssymptomen, die zunächst ohne ersichtlichen Zusammenhang mit der Lebensgeschichte und der psychotherapeutischen Behandlung zu sein scheinen und unspezifisch wirken. Und doch kommt in jedem dieser Symptome gerade und ausdrücklich ein je besonderes und spezifisch gestimmtes Weltverhältnis zum Austrag. Betrachten wir zunächst die *Enuresis nocturna* und die *Onychophagie* in der Kindheit, so fällt es uns nicht schwer, den Zusammenhang mit der damals schon bestehenden ängstlichen Grundstimmung des Patienten zu sehen. Sowohl das Bettnässen wie das Kauen der Nägel sind als ein unzulänglicher Versuch zu werten, die auf Angst und Unsicherheit beruhende innere Spannung leiblich zu entladen. Besonders für die kindlichen Enuretiker erhellt sich der Bedeutungsgehalt ihres Symptoms sehr deutlich aus der Funktion des gestörten Organs selbst. Es genügt dabei keineswegs, lediglich von einer Fixation auf einer frühkindlichen Stufe zu sprechen oder gar anzunehmen, Bettnässer seien lediglich in die urethrale Entwicklungsphase regrediert. Selbst wenn dies tatsächlich der Fall wäre, hätte das Krankheitssymptom keinerlei spezifische Bedeutung. Zudem beruht die Vorstellung dieser Regression einerseits auf der an sich schon fragwürdigen triebmechanistischen Libidotheorie und andererseits auf einem kausalgenetischen Denken, das weitgehend hypothetisch bleibt. Denken wir jedoch daran, daß Enuretiker »Wasser lösen«, mit anderen Worten, ihre Harnblase entspannen, so kommen wir dem Phänomen viel eher auf die Spur. Dabei darf dieses Harnlassen nicht lediglich als isolierte Organentspannung betrachtet werden, da es ja bereits bei minimaler Blasenfüllung zum Einnässen kommt, sondern als eine viel umfassendere Entlastung. Innere Stauungen und Spannungen beruhen häufig auf einer ängstlichen Abwehr der eigenen Sinnlichkeit und Vitalität. Dies war denn auch deutlich bei unserem Patienten der Fall, dem in der Kindheit der reifemäßige Nachvollzug einer vitalen väterlichen Gestalt fehlte, während er von einer zwangsneurotisch hypochondrischen Mutter, von Schwestern und Tanten ängstlich behütet und engherzig erzogen wurde. Seine Vitalität konnte er höchstens im äußeren Leibbereiche zur Geltung bringen, innerlich blieb er weit hinter den Ansprüchen der unzweifelhaft vorhandenen und ihn bestürmenden männlichen Sexualität zurück.

So erstaunt uns denn nicht, daß ausgerechnet dieser Kranke mit 21 Jahren, also zu einer Zeit, in der das Herz im Vordergrund menschlichen Erlebens steht, an *kardiovaskulären Störungen* erkrankte. Auf die besondere Grundstimmung, die solchen Krankheitserscheinungen zugrunde liegt, hat in jüngster Zeit besonders STAEHELIN hingewiesen. Eingehende Untersuchungen, die er bei Herz- und Kreislaufkranken machte, bestätigen die Tatsache, daß Patienten, die an vegetativer Dystonie, an Hypotonie oder anderen kardiovaskulären Störungen leiden, ihr Dasein in einer auf spezifische Weise gestörten Grundstimmung austragen. Es ist die Stimmung der Angst, Unsicherheit, Verzagtheit, Vertrauenslosigkeit, Ohnmacht. Die Grundbefindlichkeit des Hypotonikers, »in der er sich, seine Fähigkeiten, seine Möglichkeiten, das ihm Begegnende erfährt, ist die der Verzagtheit, des ›im Grunde gelingt es mir doch nie‹, der Ohnmacht, der Resignation, des Überwältigtwerdens, des Nichtbestehenkönnens, des ›ich will zwar kämpfen, aber habe zum vornherein doch schon immer verloren‹, der inneren Vertrauenslosigkeit zu sich und der Umwelt, der Hilflosigkeit. Auch dem vegetativ Dystonen ist diese für ihn typische Grundstimmung meistens nicht bewußt. Sie trägt sich großenteils abgedrängt im stummen Medium des nur noch Körperlichen aus«. Das Weltverhältnis des Herzkranken ist jenes der Liebe und Wärme, gekennzeichnet durch die Angst, diese zu verlieren. Die Kranken leben ihr auf eine besonders gefühlsmäßig-liebende Beziehung gegründetes Gestimmtsein nicht mehr adäquat in der offenen, bewußten, mitmenschlichen Begegnung aus. Die Unfähigkeit, sich genügend liebend hinauszutragen, ist das die Herzneurosen spezifisch Auszeichnende. Des Kranken besonderes Gestimmtsein auf Liebe, Umsorgung, Erotik, Leidenschaft, Mütterlichkeit oder sein Verstimmtsein auf Liebesschmerz, Abhängigkeit, Führung wird nicht mehr auf der Ebene des mitmenschlichen Kontaktes ausgetragen, sondern bleibt im Leibe stecken. Mit Recht weist STAEHELIN in diesem Zusammenhange auf die bedeutsame Tatsache hin, daß solche »Grundverstimmtheiten« den betreffenden Erkrankten meistens nicht bewußt sind, da in ihnen der emotionelle (psychische) Konflikt *leiblich* (somatisch) ausgetragen wird.

Auch unser Patient sah zunächst keinerlei Zusammenhang zwischen dem Auftreten seiner Herzbeschwerden und irgendeiner emotionellen Störung. Ja selbst die zeitliche Übereinstimmung des Krankheitsbeginnes mit dem Tode seines Vaters erschien ihm bestenfalls als eine Zufälligkeit. Er war vielmehr der Überzeugung, die physischen Anforderungen des Militärdienstes hätten seinen »Zusammenbruch« herbeigeführt. Und doch erfuhr die Symptomwahl – oder Organwahl – in der Analyse eine wesentliche Klärung. Liebesfähigkeit und Herzenswärme waren dermaßen eingeengt, daß der Kranke weder zu einer echten Freundschaft noch gar zu einer erotischen Liebesbeziehung fähig war. Unter dem Deckmantel eines weltanschaulichen Moralismus lag eine nach Wärme und Geborgenheit suchende und beides zugleich abwehrende Existenz verborgen. Die andrängende Sinnlichkeit durfte höchstens in seinen Träumen, denen er im wachen Leben kaum Wirklichkeitswert zuerkannte, ein dürftiges Dasein fristen. Im übrigen schämte er sich aller Gefühlsregungen, da sie mit seinem künstlich anerzogenen Männlichkeitsideal unvereinbar schienen.

So hatte er auch am Grabe des Vaters kaum eine Träne vergossen. Wie sollte er auch, nachdem dieser bereits im Leben für ihn praktisch inexistent gewesen war? In dieser Meinung jedoch täuschte sich der Kranke. Denn gerade weil der Vater seinen Sohn emotionell darben ließ, blieb dessen Liebessehnsucht ungestillt. Der Verlust des Vaters wurde zudem durch dessen leibhaftiges Sterben unwiderruflich, definitiv. Daran änderte auch die mütterliche Umsorgung und Verwöhnung des Patienten durch die ihn betreuenden Frauen nichts. Nur eine intensive Abwehr des Liebesschmerzes und dessen Abdrängung in das diesem Weltbezug zugehörige Organ des Herzens konnten das Eingeständnis der Trauer und damit vermutlich eine depressive Verstimmung verhindern.

Gleichermaßen läßt sich aber auch das rasche Verschwinden der Herzbeschwerden in der Psychotherapie verstehen. Hier konnte der Patient, wohl erstmals in seinem Leben, erfahren, daß der Anspruch auf gefühlsmäßig Erfahrbares, auf Sicherheit, Wärme und Zuneigung, auf das, was er bisher für weibisch gehalten hatte, auch für den Mann legitim ist. Zwar hatte er an der analytischen Situation manches auszusetzen, und auch die »Übertragungsbeziehung« zum Analytiker wurde zunächst von ihm heftig abgewehrt. Gerade in dieser Auseinandersetzung ereignete sich jedoch die Gestaltung einer wissentlich zugelassenen, gefühlsmäßigen mitmenschlichen Begegnung, die nicht mehr in der Anonymität des Leibes ausgetragen werden mußte.

Doch sagten wir bereits, daß damit der Heilungsprozeß nicht zu Ende war. Das Symptom der *gastritischen Beschwerden* ließ vermuten, daß die neurotische Lebenshaltung unseres Kranken noch eine andere Grundstimmung als die eben beschriebene beinhaltete. Gehören Herz und Blut in den Weltbereich von Liebe und Wärme, so ist der Magen funktionsmäßig auf das Aufnehmen und Verarbeiten von Nahrung abgestimmt. Aus diesem Grunde erkranken leiblich jene Menschen vor allem an Magenneurosen, Gastritiden und Ulcera ventriculi et duodeni, deren Lebensbezüge vorwiegend auf das Sich-Aneignen und Bewältigen der Dinge eingeengt und ausgerichtet sind. Es sind die ewig Hungernden und Nimmersatten, die mehr in sich aufnehmen und verschlingen, als sie zu verdauen vermögen. Häufig sind es Menschen, die in ihrem Liebesanspruch zu kurz kommen, die mangelnde Wärme und Geborgenheit durch ehrgeiziges Streben und süchtiges Erzwingen-Wollen von Anerkennung zu kompensieren versuchen. Auch die Existenz unseres Patienten ging fast ausschließlich in einer perfektionistischen, verkrampften, aggressiven, auf Ehrgeiz und Leistung gestimmten Weltbewältigung auf. Er überforderte sich nicht nur beruflich, indem er sich eine glänzende Karriere zu verschaffen wußte, sondern auch in seinem Verhalten während der Psychotherapie. Diese faßte er als eine Art Schule auf, die für ihn um so erfolgreicher war, je rascher er Fortschritte erzielte. So bemühte er sich allzu früh, seine »Mutterbindung« zu lösen, indem er kurzerhand deren Haus verließ und sich auswärts ein Zimmer nahm. Die sexuelle Ignoranz und Unvertrautheit versuchte der Kranke dadurch zu überwinden, daß er sich zwang, einen Mädchenkörper handgreiflich zu explorieren. Dies alles führte jedoch nicht nur zu den bereits erwähnten Magenbeschwerden, sondern zusätzlich zu weiteren Komplikationen.

Bekanntlich neigen Menschen, die ihre inneren Spannungen nicht in offener Weise lösen können, zu gewaltsamen und explosionsartigen Sprengungen ihrer leiblichen Gewebe. Es sind Menschen, die in besonderem Maße unfallanfällig sind. Sie leben, wie Boss sagt, »in einem übermäßig gespannten Verhältnis zu ihrer Welt« und neigen in einem ungewöhnlichen Maße dazu, aus ihren gespannten mitmenschlichen Beziehungen und Bindungen impulsiv auszubrechen. »Sie verunglücken immer dann, wenn sie wieder einmal in eine schwere Konfliksituation hineingeraten sind, aber keinen Weg sehen, sie durch impulsives Brechen der konflikthaft gespannten mitmenschlichen Beziehungen oder durch ein Ausreißen aus einer allzu gespannten sozialen Lage erledigen zu können. Dann bleibt ihnen gar nichts anderes übrig, als mit Hilfe sogenannter unbewußter Fehlhandlungen ihre gewalttätige, explosive Verhaltensweise nur mehr innerhalb der Sphäre der eigenen Leiblichkeit auszutragen. Dabei zerbrechen dann diese Menschen oft genug an Stelle ihrer mitweltlichen ihre innerleiblichen Verbindungen, ihre eigenleiblichen Binde- und Stützgewebe.«

In einer ähnlich gespannten Stimmung befand sich unser Patient, als er aus dem alkoholischen und sexuellen Rausch erwachte und feststellen mußte, daß er sich gewaltig überfordert hatte. Denn im Grunde seiner selbst war er noch ein kleines infantiles Lebewesen, das durch ein solches Abenteuer die zwischenmenschliche Beziehungsfähigkeit bei weitem überspannt hatte. Diesen Ausreißversuch aus seiner gespannten infantilen Welt bezahlte er dann prompt mit einem *Knochenbruch.*

So sehen wir in der Aufeinanderfolge der verschiedenen Symptome, wie Enuresis nocturna, Nägelkauen, kardiovaskuläre Störungen, vegetative Dystonie, Gastritis und Tibiafraktur nach Skiunfall, nicht lediglich den zufälligen und unspezifischen Wechsel von Krankheitserscheinungen, sondern den sinnvollen Austrag verschiedener und je spezifisch gestimmter Weltbezüge. Mit anderen Worten: die Symptom- und Organwahl gibt dem Therapeuten Auskunft über das so oder anders gestimmte Weltverhältnis des Kranken.

Ähnliche Beispiele von Symptomwandlungen finden sich häufig in der psychotherapeutischen Literatur. FREUD berichtete bereits 1893 in seinen Studien zur Hysterie an Hand der Krankengeschichte der Emmy von N. über einen fließenden Symptomwandel (Beinschmerzen, Genickkrampf, Magenschmerzen, Phobien und Abulien, deliriöse Zustände und Depressionen). Von anderer Warte aus macht uns in neuerer Zeit BOSS in seiner *Einführung in die psychosomatische Medizin* mit einer Kranken bekannt, die einem bedeutsamen Symptomwechsel von schwerer Dickdarmentzündung bis zu heftigsten Kopfschmerzattacken unterlag. Idiopathische Enteritis oder Kolitis mit schleimigen oder blutigen Durchfällen, aber auch die chronische Obstipation befallen nicht selten Menschen, deren Existenz Aufgaben und Situationen nicht zu bewältigen vermag und deshalb auf Flucht oder Abwehr gestimmt ist. Ileum und Kolon stehen im Dienste des Sich-Aneignens und Behaltens wertvoller, vom Körper benötigter und des Ausstoßens wertloser, schädlicher Bestandteile der Nahrung. Damit ist auch ihr Weltbezug gegeben. Boss bezeichnet darum den Darm als »Barometer für den Grad innerer Spannungen und Gereiztheit«. Die von Boss beschriebene Patientin hatte ihre ersten Enteritis-Attacken jeweils vor den Schulexamina bekommen. Mit zunehmenden Anforderungen des Lebens, insbesondere seit der Pubertät, steigerten sich die Durchfälle bis zum Zustandsbild der Colitis mucosa. Gleichzeitig trat eine Allergie gegen bestimmte Speisen auf. Das Allgemeinbefinden der Kranken verschlechterte sich dermaßen, daß nicht einmal mehr ein chirurgischer Eingriff gewagt werden konnte. Im Verlaufe einer fünfjährigen Analyse gewann die Patientin Einblick in ihre auf Angst und Abwehr gestimmte und eingeengte Lebensverfassung. Insbesondere erfuhr sie, wie sie in extremer Abwehrhaltung allem Erdhaft-Kreatürlichen gegenüber aufging. Mit dieser Einsicht verschwanden nun zeitweise die Kolitis-Attacken, um jedoch durch schwerste Migräneanfälle ersetzt zu werden. Schließlich gelang es ihr, auch ihre sinnlichen Verhaltensweisen wissentlich anzunehmen und auszuhalten, was zur vollständigen Heilung führte.

Dieser Fall erinnert uns daran, daß sowohl Kolitis als auch Migräne weder durch die psychoanalytische Deutung derselben als Regression noch durch somatische Erklärungsmodelle erfaßt werden können. Von der Kolitis wird gesagt, sie bedeute eine regressive Reduktion auf die analsadistische Organisationsstufe der Libido (Alexander). An der Fragwürdigkeit dieser These ändert sich nichts, wenn man die Regression auf Fixierungen zurückführt, die sich schon viel früher, nämlich zur Zeit der »*three month colic*« (Spitz), bilden. Zweifellos gibt es Menschen, die unter bestimmten Bedingungen in unreife, ja kleinkindliche Verhaltensweisen zurückfallen, die sie vordem nicht zur Schau getragen haben. Solche Phänomene waren schon immer bekannt. Weniger gesichert ist jedoch ihre Deutung durch die Psychoanalyse. Zunächst ist die Libido-Entwicklung, wie sie von Freud vorgezeichnet und von den orthodoxen Psychoanalytikern bis heute kopiert wurde, keinesfalls faktisch ausgewiesen, sondern lediglich supponiert. Man spricht in diesem Zusammenhang gerne von einem genetisch-dynamischen oder lebensgeschichtlichen Krankheitsverständnis und beruft sich auf die Empirie. Nun kann jedoch weder die »Verdrängung« noch die »Regression« empirisch nachgewiesen werden, da beide Begriffe auf einer *Deutung* von Phänomenen beruhen, demzufolge als solche nicht wahrnehmbar sind. So wird denn auch durch den Aufweis noch so vieler Fälle nicht das faktische Vorkommen von »Verdrängungen« und »Regressionen« bewiesen, sondern höchstens die Tatsache erhärtet, daß menschliche Verhaltensweisen und Krankheitssymptome immer wieder denselben vorgefaßten Modellvorstellungen unterworfen werden. Boss meint, solche Art des »Beweises« sei dem Verhalten eines Mannes vergleichbar, der alle seine Untersuchungsgegenstände durch eine rote Brille hindurch anschaue, sie alle dementsprechend rot sehe und damit den Beweis für erbracht halte, daß faktisch alle Dinge rot gefärbt seien. Auch die Auffassung von genetisch-dynamischen oder lebensgeschichtlichen Zusammenhängen ist lediglich Ausdruck einer wissenschaftlichen Vormeinung, die an Stelle der freien Entscheidungsmöglichkeit eine deterministische Kausalkette von psychischen Vorgängen setzt. Tritt schließlich nach einer solchen Deutung im psychoanalytischen Prozeß ein Evidenzerlebnis auf, so beweist dieses weniger die Sachgerechtheit der Deutung als vielmehr die Stärke des Glaubens des Analysanden an die ihm vom Analytiker gegebene Erklärung.

Demgegenüber ist das Evidenzerlebnis bei einer phänomenologischen Betrachtungsweise ganz anderer Art. Hier geht es nicht um die Übernahme einer deutenden Erklärung des Psychoanalytikers, sondern um das unmittelbare Gewahr- und Innewerden eines Tatbestandes. So erscheint die Kolitis als ein Krankheitsgeschehen, dessen Bedeutung und Sinngehalt aus der natürlichen und von jedem Menschen wahrgenommenen Funktion des Dickdarms heraus verstehbar ist.

Ein wiederum anderes Weltverhältnis finden wir bei der Migräne. Im Migräneanfall veranschaulicht sich das den ganzen Menschen erfassende Verkrampfen, Andrängen und Stauen abgewehrter Lebensbereiche, was zur völligen Isolierung (Schwöbel) führen kann. Diese Abwehr findet bei Migränepatienten in einem vasomotorischen Spasmus der Kopfarterien statt; die

Kopfschmerzen betreffen den »Ort« des Intellekts, der Willensbildung, der sozialen Anpassung oder Auflehnung; Brechreiz und Erbrechen deuten auf die Gestimmtheit des Ekels hin; Zirkulationsstörungen, Lärmüberempfindlichkeit sowie andere Begleiterscheinungen der Migräne wurden ebenfalls in ihrer je entsprechenden Bedeutung beschrieben.

Diese Beispiele lassen erkennen, daß Symptome verschiedenster Weltbezüge im Verlaufe einer Neurose und einer Psychotherapie einander ablösen können. Nur müssen solche Symptomwandlungen nicht unbedingt in einer zeitlichen Aufeinanderfolge geschehen. Häufig beobachten wir ein gleichzeitiges Wechselspiel stimmungsmäßig verschieden getönter Weltbezüge. Dies gilt besonders dort, wo gegensätzliche Grundgestimmtheiten in einem so übersteigerten Ausmaß das Verfallensein an einen Weltbezug dokumentieren, daß die Leiblichkeit mit hineingerissen wird, wie dies beispielsweise bei der Hypotonie oder bei weiblichen Genitalblutungen beobachtet wird. Die verschiedenen Formen solcher Symptombildungen können nun auch in dem Maße einander ablösen, als die Kranken in ihrem jeweiligen Lebensbezug auf Abwehr oder Wunsch gestimmt sind.

Die Gesundung des psychosomatisch Kranken führt häufig über den Weg der erlebten *Angst* und *Depression.* Hier haben wir es nicht lediglich mit einem Symptomwandel zu tun, da nicht der Weltbezug gewechselt wird. Hingegen tritt in der Depression das konflikthaft Verborgene schon viel offener in die Persönlichkeitsstruktur. Die gestörte mitmenschliche Beziehung beispielsweise wird nicht mehr nur leiblich ausgetragen. Dies mußte auch unser Patient, dessen Krankheits- und Lebensgeschichte wir erwähnten, schmerzlich erfahren. Nachdem die Herzbeschwerden verschwunden waren und die Magenschmerzen ihren Höhepunkt überschritten hatten, wurde er mit zunehmender Einsicht in die Beziehungsarmut und Dürftigkeit seiner mitmenschlichen Erlebnismöglichkeiten depressiv verstimmt. Zwar konnte er sich seine Verzagtheit, Schwäche und Bindungsunfähigkeit, seine fast vollständige Abhängigkeit von der Mutter und die arbeitswütige, ehrgeizige Gestimmtheit eingestehen, aber dieses Eingeständnis zwang ihn buchstäblich in die Knie. Besonders hart erschien ihm die schicksalhafte Tatsache, daß er ausgerechnet in dieser Zeit ein Mädchen kennenlernte, das ihn einerseits ungemein fesselte, andererseits wieder alle Abwehrkräfte mobilisierte. Zunächst versuchte er mit allen Mitteln, dieses Verhältnis bereits in *statu nascendi* zu erdrosseln, so wie er es bisher immer getan hatte. Das Mädchen ließ solches glücklicherweise nicht geschehen. Sie ging weder auf die um sein Kranksein kreisenden Klagen des Patienten noch auf dessen rationale Fluchtversuche ein, sondern umgarnte ihn mit allen Listen und Tücken, deren ein liebendes Mädchen fähig ist. Dieser Grundstimmung der Liebe mußte schließlich sogar die Depression des Kranken weichen. Wir sehen somit, daß Symptom- und Krankheitswandel im Grunde immer einen Stimmungswechsel bedeuten, wobei im ersten Falle das jeweilige Weltverhältnis sich ändert, im zweiten Falle der Grad von Abdrängung und Zulassung abgewehrter Lebensbezüge. Diese Spannung oder Verstimmtheit spielt nicht nur bei psychoneurotischen Krankheiten, sondern besonders auch im Bereich der Psychosomatik eine wesentliche Rolle.

Die kurze Falldarstellung ließ nicht nur die Bedeutung des Symptom- und Krankheitswandels, sondern auch die psychotherapeutischen Möglichkeiten der Heilung psychosomatischer Krankheiten erkennen. In der Beziehung zum Therapeuten erfahren die Kranken eine mitmenschliche Situation ganz anderer Art als jene, die sie in ihren früheren Lebensjahren faktisch gekannt haben. Der Psychotherapeut erschließt ihnen durch sein Verhalten eine Welt, in der alles erlaubt ist, was ihrem eigenen Wesen entspricht. Sie dürfen ihrer Eigenart entsprechend zu leben beginnen, ohne befürchten zu müssen, die Zuneigung der elterlichen Person, von der sie in der Kindheit so abhängig waren, zu verlieren. In dieser Atmosphäre vermögen die Kranken sich zu echter menschlicher Freiheit zu entfalten, die auch ein Freisein von allen psychosomatischen Beschwerden in sich schließt (WEISS).

Die je so oder anders gestimmte Offenständigkeit des Daseins kann wachend oder träumend, in der Rede oder agierend oder stumm (etwa im »organischen« Leiden) zur Sprache kommen; immer geht es dem gesunden und kranken Menschen um seine Existenz, die zu vollbringen er als Aufgabe mit in diese Welt bekommen hat. Die Tatsache, daß er zeit seines Lebens immer hinter dem Vollzug aller ihm gegebenen welterschließenden Lebensmöglichkeiten zurückbleibt, begründet letztlich die Angst und die Schuld, die wesensmäßig als Existentiale das Dasein mitbestimmen. Deshalb ruft das Gewissen den Menschen um so eindringlicher zur Selbstverwirklichung auf, je weiter der Mensch hinter der Erfüllung seines Lebens zurückgeblieben ist. Ihn auf diesem Wege zu begleiten, ist die Schuldigkeit der existentiellen Psychotherapie. In diesem Anliegen deckt sich die Psychotherapie mit jenen der Existenzphilosophen, von HEIDEGGER bis zu SARTRE, JASPERS und MARCEL: im Anruf an den Menschen, im Anruf und Vorruf zur Verwirklichung seines Selbst. Die besondere Bedrohung des Menschseins in unserer Welt, die Gefährdung der Selbstverwirklichung verleihen dem Anliegen der Existenzphilosophie besondere Bedeutung und Dringlichkeit. Der Mensch ist aus den früher selbstverständlich gelebten und tradierten Ordnungen herausgetreten; er ist längst nicht mehr der Beherrscher der »technischen« Natur, sondern der von ihr Beherrschte. Maßgebend sind Leistungen, Erfolge, gesellschaftliche und soziale Positionen. Intellektuell-rationales Denken, Planen und Handeln haben den Vorrang vor dem gefühlhaften Erleben. Unerfüllter Erlebnishunger sucht Erfüllung in Zerstreuung, Sensation, im Rausch. »Die eigentliche *Mitte* des Menschseins, gleichsam das Herz: *das mitmenschliche Verbundensein* in den eigentlichen menschlichen Bezügen der Freundschaft und der Liebe« – sagt STORCH in diesem Zusammenhang – »findet vielfach nicht die notwendige Erfüllung, wo der Mensch, zum bloßen Leistungsträger und zum Arbeitsspezialisten degradiert, seinem eigentlichen Sein entfremdet lebt.« Deshalb ist Psychotherapie »existentielles Engagement« (SONNEMANN). Um den Patienten überhaupt ansprechen zu können, muß der Therapeut seine eigene Person einsetzen. Er muß die menschliche Möglichkeit eines unmittelbaren Weltverhältnisses (der inneren Freiheit also) existentiell offenbar werden lassen; er muß das konkrete, zeugende Beispiel solcher Möglichkeit und Freiheit *sein*. Nur der Offene kann erschließen.

Eine »existentiell« ausgerichtete Psychosomatik bemüht sich, die alte ärztliche Vorstellung menschlichen Krankseins als eines biologischen Geschehens zu überwinden, und erblickt in der seelischen Erkrankung zur Hauptsache eine Reifungshemmung. Tatsächlich ist es den Ärzten auch erst gelungen, vieler neurotischer und psychosomatischer Krankheiten Herr zu werden, als sie deren »existentiellen« Sinn und Gehalt erkannten. Gewiß wird dadurch der Unterschied zwischen »krank« und »gesund« verwischt, eine strenge Grenzziehung aufgehoben. Diese Unklarheit und die dadurch bedingte Unsicherheit sind jedoch notwendig und heilsam. Nur durch das In-Frage-Stellen der bisher als gültig und unverrückbar gehaltenen Krankheitsbegriffe besteht Aussicht auf eine fruchtbare Neuorientierung.

Die menschlichen Lebensphasen in medizinpsychologischer Sicht

Ein Problem, das für die psychosomatische Medizin neben Krankheits- und Organwahl von großer Bedeutung erscheint, ist deren Beziehung zu den drei großen Lebensabschnitten des Menschen. Entwicklung und Reifung verlaufen teilweise kontinuierlich, teilweise asynchron, wobei verschiedene Phasen unterschieden werden können, was auch für die medizinische Psychologie von Belang ist. Aufgrund der je besonderen Gestimmtheit, die in den Weltverhältnissen der Kinder und Jugendlichen, der Erwachsenen und der Alternden zum Austrag kommt, verändert sich auch das Antlitz der Krankheit. Es mag uns denn wundern, wie sich das Krankheitspotential des Menschen im Spielalter, in der Schulzeit, in der ersten Reifezeit, in den Lehr- und Lernjahren zeigt, oder in welchem Weltverhältnis der berufstätige, leistungsstrebende Erwachsene gestört werden kann, und wie sich schließlich die Reifezeit des alternden Menschen und dessen Todesnähe auf die Gesundheit auswirkt. Davon abhängig wiederum ist die Frage nach der Gleichheit oder Verschiedenheit der zu treffenden (psycho)therapeutischen Maßnahmen.

Das menschliche Leben ist als endliches Dasein zwischen den beiden Polen Geburt und Tod ausgespannt; diese Zeitspanne bedeutet für den Menschen einen Durchgang durch verschiedene Lebensabschnitte, eine Wanderschaft von dem kaum lebensfähigen, noch weitgehend undifferenzierten, der Verantwortung enthobenen und nur in der Geborgenheit mütterlicher Fürsorge entwicklungsfähigen Wesen zu jenem Ziel der bewußten, willentlichen und wissentlichen Übernahme voller Selbstverantwortung, zur Reife. Mit dem Eintritt in das Leben stehen dem Menschen noch alle Möglichkeiten offen. Nicht nur die vom *Schicksal* auferlegten Leiden und Freuden liegen vor ihm, sondern auch die *ihm als Mensch überantwortete Entwicklung zur persönlichen Reife.* Es hängt weitgehend von ihm selbst ab, welche der dargebotenen Möglichkeiten er sich im Laufe dieser Entwicklung als die seinen aneignen und welche anderen er sich schuldig bleiben wird. Insofern der Mensch nämlich etwas ist und etwas wird, ist und wird er etwas anderes nicht. Somit bleibt er zeit seines Lebens in irgendeiner Weise, in stärkerem oder geringerem Maße, seiner Existenz etwas schuldig. Je größer diese existentielle Schuld des Menschen ist, desto unreifer erscheint er uns.

Des Menschen Leben bis zu seinem Tode ist im eigentlichen Sinne ein Werden, eine Entwicklung, in der wir verschiedene Phasen erkennen. Diese Lebensabschnitte, so scheint uns, sind jede für sich von Bedeutung, aber auch derart miteinander verknüpft, daß sie in ihrer Verwirklichung oft ausschlaggebend werden für die spätere Reifung. Ein Mensch, der seine Kindheit nicht in einer dieser Lebensphase gebührenden Geborgenheit und Freiheit des Spielens erleben durfte, ist in der Zeit jugendlicher Reifung oft schwersten neurotischen Störungen ausgesetzt, und die ärztliche Erfahrung lehrt uns, daß der Heilungsweg neurotisch erkrankter, in der Mitte ihres Lebens stehender Menschen nicht anders erreicht werden kann als durch ein Nachholen und Nacherlebenlassen ihrer zu einem früheren Zeitpunkt verpaßten Kindheit oder Jugendzeit.

Krankhaft gestimmtes Weltverhältnis in der Kindheit und Jugendzeit

Das Verständnis der kindlichen Welt und deren Störungen entzieht sich ebenso wie die psychosomatische Betrachtungsweise beim Erwachsenen der naturwissenschaftlich-biologischen Erklärung. Bekanntlich läßt sich schon die intrauterine Entwicklung mit jener der Tiere nicht vergleichen. In der tierischen Entwicklung gibt es zwei typische Verläufe, nach denen die einen Tiere als Nesthocker, die andern als Nestflüchter bezeichnet werden. Erstere bleiben längere Zeit im Nest und müssen in ihrer Hilflosigkeit von den Eltern versorgt werden, letztere öffnen gleich nach der Geburt die Augen und stehen auf ihren Beinen. Das neugeborene menschliche Wesen wird nun von der Zoologie als »hilfloser Nestflüchtler« bezeichnet; seine Sonderstellung in der Säugetierreihe wird als »physiologische Frühgeburt« betrachtet. Der *Sinn* solcher Entwicklungsverhältnisse läßt sich jedoch biologisch nicht begründen. Während das Tier nach angeborenen und ererbten Verhaltensschemata in jeweils spezifische Umwelten nach dem Schlüssel-Schloß-Prinzip eingespannt ist, liegen beim Menschen aufgrund seiner »Weltoffenheit« ganz andere Entwicklungsmöglichkeiten vor. Das Kind ist nicht einfach das Produkt von Vererbung und mitweltlicher Prägung. Es trägt in sich bereits die *Möglichkeit* aktiv-handelnder Weltbewältigung und den Drang zu freiheitlicher Lebensgestaltung. Von dieser freiheitlichen Entscheidungsmöglichkeit zeugt u. a. die Verschiedenartigkeit der Reaktionen von Säuglingen und Kleinkindern auf bestimmte Verhaltensweisen der sie pflegenden Erwachsenen.

Kleinkindesalter

Im Säuglings- und Kleinkindesalter sind »Psyche« und »Soma« kaum differenzierbar, so daß fast alle neurotischen Vorgänge zumindest körperliche Begleiterscheinungen aufweisen, wenn sie nicht vorwiegend oder ausschließlich leiblich zum Austrag gelangen. Erfahrungsgemäß bekommen Erziehungsberater und Psychologen kindliche Neurosen, die vor dem Schulalter auftreten, nur selten zu Gesicht. Bis zum fünften und sechsten Lebensjahr suchen die Eltern mit ihren neurotischen Kindern in erster Linie die Pädiater auf, sei es, daß sich die Krankheit als körperliche Störung zeigt, sei es, daß Verhaltensstörungen und Erziehungsschwierigkeiten (Nahrungsverweigerung, Trotzalter) auf Gesundheitsschäden zurückgeführt werden. Im *Säuglingsalter* treten vor allem Ernährungsstörungen auf, die mit dem besonderen, für dieses Alter spezifischen Weltbezug zusammenhängen. Das Kleinkind steht in einer empfangenden und aufnehmenden Beziehung zur Welt. Es muß be-sorgt werden, um leben zu können. Die ihm zukommende Sorge darf sich jedoch nicht lediglich auf die »physiologischen« Bedürfnisse der Ernährung und Pflege beschränken. Das Kind bedarf zu seinem Leben der Liebe und »einspringenden Fürsorge«, die ihm anfänglich in besonderer Weise von der Mutter, dann aber auch vom Vater und von allen es umgebenden Erwachsenen zukommen sollte. SIEWERTH stellte die Welt des Kindes sehr schön in seiner *Metaphysik der Kindheit* dar. So wie das Kind seine individuelle Natur und sein Dasein in allen vorgegebenen Bedingungen übernimmt, so wird es von den Eltern übernommen, damit es in solcher liebender Übernahme erst ins Walten, Wachsen und Reifen komme. So ist nach SIEWERTH auch »das ewige Nachgerede« von der »Umwelt« des Kindes, durch die es zu spontaner Aktauslösung komme, »eine peinliche Verkürzung des Eigentlichen im menschlichen Dasein«. Das In-der-Welt-Sein des Kindes ist »eine Weise, bei und in der tragenden Liebe der Erzeuger zu sein«. Nahrung, Wärme, Ruhe bedeuten Geborgenheit. Nur in der allumfassenden leibseelischen Fürsorge mütterlicher Liebe kann das Kind gedeihen. Die »Schaukraft des Kindes« ist jedoch sehr intensiv. Sie kann nicht beim Erkennen des Äußeren, Ausdruckshaften und Teilhaften bleiben, »weil dies seinem eigenen reinen Wesen nicht angemessen ist. Der aus dem liebenden Herzen gehende Blick erfährt am Maßgrund des eigenen Wesens die Wesenstiefe der Liebe selbst, die sich ihr auf diese Weise einbildet«. Die psychologische Beobachtung kann diese »Schaukraft des kindhaft Einfältigen« nicht erreichen, weil das Kind von ihr nach außen hin nicht Zeugnis geben kann. Nichts bleibt dem kindlichen Schauen verborgen; es waltet keine fade, allgemeine Typik, sondern nur das unmittelbar ansprechende, konkrete Erlebnis. Nichts wird ausgelassen, weder das Ehrfurchtsgebietende noch das unheimlich Fremde, weder die ausgestrahlte Wärme noch das Kalte und Leere des Unmenschlichen. Geschwister, Kameraden, Erzieher werden mit einem Blick erfaßt, »der zwar von unreflektierter Unmittelbarkeit ist, aber doch das wesenhaft Prägende und das individuell Eigenartige und unauflöslich Persönliche unverrückbar festgehalten hat«. Jeder Erzieher muß wissen, daß keine Maskerade nur äußerer Haltung, Höflichkeit und Liebe sein fades, kaltes, unbeherrschtes Inneres dem Kind verbergen kann. »So er sich selbst nicht läutert oder nicht in der Demut seines begrenzten Menschseins schlicht und echt vor und mit den Kindern lebt, wird er im Innern dem Kinde Unheilvolles zutragen und in einem tieferen Sinn nicht erziehen können.«

Eine solche Betrachtungsweise des Kindesalters bringt uns auch dem Verständnis psychosomatischer Erkrankungen dieser Entwicklungspeiode näher als alle organspezifischen, biologischen und triebmechanistischen Erklärungsversuche, die immer nur einen Teilaspekt des wahrnehmbaren Ganzen erfassen und diesen aufgrund einer vorgefaßten Theorie umdeuten. FREUD glaubte sogar, die Analyse habe im neurotisch kranken Erwachsenen »das wenig verändert fortlebende Kind« aufgezeigt. Fixation, Regression und Wiederholungszwang sind Denkprodukte dieses grundlegenden Mißverständnisses, das durch die Annahme genährt wird, Triebkräfte verliehen »dem kindlichen Wesen sein ihm eigenes Gepräge« und bestimmten seine Entwicklungswege bis zur Reife des Erwachsenenseins. Gewiß ist nichts dagegen einzuwenden, daß Verhaltensweisen, phasische Ab-

Tabelle 5:

PSYCHOSOMATISCHE KRANKHEITEN IM KINDESALTER

Säuglingsalter	1. Ernährungsstörungen a) völlige Nahrungsverweigerung b) Erbrechen c) Rumination 2. Dreimonatskolik 3. Säuglingsekzem 4. Schlafstörungen 5. Hospitalismus
Kleinkindesalter	1. Azetonämisches Erbrechen 2. Chronische Obstipation 3. Chronische Durchfälle 4. Einnässen und Einkoten 5. Bauchkoliken (sogenannte Nabelkoliken) 6. Pseudokrupp und ähnliche Zustände 7. Asthmaanfälle 8. Husten 9. Rezidivierende Fieberschübe (»periodisches Syndrom«) 10. Jactatio capitis et corporis 11. Hautkrankheiten (Ekzem, Prurigo, Neurodermitis)
Schulalter	1. Allgemeine Übelkeit 2. Schwindel 3. Kopfschmerzen inklusive Migräne 4. Herzbeschwerden, besonders Stechen, Herzjagen usw. 5. Atemstörungen, besonders Nicht-durchatmen-Können 6. Tics aller Art 7. Stottern
Pubertät	1. Magersucht (Anorexia nervosa) 2. Adipositas 3. Hysteriforme Erscheinungen (Lähmungen, Gelenkbeschwerden, Anfälle) 4. Pruritus ani et vulvae 5. Entwicklungsstörungen (primäre Amenorrhöe)

läufe, ja selbst organische Körperfunktionen begrifflich festgelegt und systematisch geordnet werden. Nur dürfen solche Darstellungen nicht als »empirische Befunde« angeboten werden, aus denen sich das Wesen der kindlichen Welt verstehen lasse. Weder die Betätigung des Mundes (orale Phase) noch die Defäkationstätigkeit (anale Phase) begründen biologisch das entsprechende »rezeptive« beziehungsweise »zurückbehaltende« oder »ausstoßende« Weltverhältnis. Vielmehr ist es wohl so, daß die menschlichen Organe eben einem je bestimmten Weltbezug *zugeordnet* sind und dessen leiblichen Austrag ermöglichen. Nur so läßt sich verstehen, daß Störungen im menschlichen Vollzugsbereich des Empfangens und Aufnehmens eben jene »Organe« in Mitleidenschaft ziehen, die der Nahrungsaufnahme dienen, während die auf ängstliches Festhalten oder Gehenlassen gestimmte Fehlhaltung entsprechende Leibbereiche mitschwingen läßt. Noch willkürlicher ist die Annahme, jede leibseelische menschliche Tätigkeit sei die Repräsentation erotischer Partialtriebe. An dieser Willkürlichkeit ändert die Tatsache nichts, daß die Psychoanalyse zwischen den Begriffen »sexuell« und »genital« scharf unterscheidet. Zunächst ist nicht jede sogenannt physiologische Bedürfnisbefriedigung eine »sexuelle Lustgewinnung«, will man nicht die Sexualität desexualisieren und damit ihres spezifischen Wertes berauben. Dann aber ist auch der zufriedene und gesättigte Gesichtsausdruck des Säuglings an der Mutterbrust noch keineswegs als Beweis für eine erotische Spannungslösung aufzufassen.

In *Tabelle 5* findet sich eine Zusammenstellung der häufigsten psychosomatischen Krankheiten im Kindesalter. Entsprechend der feststellbaren Tatsache, daß das Kind auf mütterliche Fürsorge und Pflege angewiesen ist, finden wir im frühesten Stadium, wie gesagt, vorwiegend Ernährungsstörungen, die eben nicht lediglich auf eine falsche leibliche Nahrungsverabreichung zurückgeführt werden können. Nahrungsverweigerung und Erbrechen deuten häufig auf eine Störung der Mutter-Kind-Beziehung hin beziehungsweise auf eine Ablehnung der Mutter durch das Kind. Man spricht ganz allgemein davon, daß die ersten psychosomatischen Reaktionen der Kinder eigentlich *Mutterneurosen* vertreten. SPITZ wies nach, daß sich die Neurotisierung der Mutter bereits durch den Stillakt auf den Säugling auswirkt (»Speikinder«). Besonders eindrücklich zeigt die sogenannte

Dreimonatskolik das pathologische Verhalten der Mutter auf. Das Kind nimmt am unsicheren und ängstlichen Weltverhältnis der Mutter teil, was zu Spannungszuständen und konsekutivem Schreien führt. Da die meisten Mütter dieses Schreien als »Hunger« mißverstehen, ersetzen sie ihre mangelnde Ausstrahlung von Wärme und Geborgenheit durch forcierte Ernährung, was schließlich zu eigentlichen Kolikschmerzen führt. Wie sehr Liebe und leibliche Präsenz der Mutter die gesunde Entfaltung des Kindes erst ermöglichen, zeigt bei deren Fehlen auch das häufige Vorkommen von Hautkrankheiten an, ist die Haut doch mehr als nur eine den Körper einschließende Epidermis, nämlich die leibliche Kontaktfläche zur Umwelt. Bei Hautaffektionen der Kleinkinder trifft man »fast immer« auf Mütter, »die eine unbewußte feindselige Einstellung gegen das Kind haben und deswegen einen innigen, liebevollen Kontakt, wozu z. B. das ›Herzen‹ und das ›Streicheln‹ gehören, vermeiden« (HOFF und RINGEL). Untersuchungen über das neurovegetative System der Haut sollen in der Lage sein, diese Beobachtungen experimentell und pathogenetisch zu erklären. Schließlich können bereits im Säuglingsalter Schlafstörungen auftreten, die nicht selten Ausdruck der Angst vor dem Verlassenwerden durch die Mutter sind.

Besonders im *Kleinkindesalter* treten deutliche Angstäquivalente auf: chronische Obstipation und Durchfälle, Einnässen und Einkoten, Bauchkoliken, Pavor nocturnus und Asthmaanfälle. Auch die Schreikrämpfe gehören hierher. Onychophagie und Enuresis nocturna, die wohl häufigsten psychosomatischen Erscheinungen des Kindesalters, dienen der Spannungsentladung und Angstbewältigung. Auch hier spielt die Beziehung des Kindes zur Mutter bei der Krankheitsentstehung eine gewichtige Rolle. Die Darmerkrankungen von Kindern weisen oft auf neurotisch-pedantische Mütter hin (übertriebenes Toilettentraining), das Asthma bronchiale auf familiäre Ungeborgenheit und existentielle Unsicherheit. Die häufigsten neurotischen Verhaltensstörungen der Mütter wurden von SPITZ beschrieben: offene oder geheime Ablehnung des Kindes durch die Mutter, ängstliche Überbesorgtheit, rascher Wechsel zwischen Zärtlichkeit und aggressiver Feindseligkeit, zyklische Stimmungsschwankungen von längerer Dauer. In solchen Fällen nützt die bewußte Kompensation derartiger Verhaltensweisen durch die Mutter nichts;

eine solche verschlimmert im Gegenteil häufig die Krankheit des Kindes.

Die fehlende oder insuffiziente Mutter-Kind-Beziehung schließlich führt gelegentlich sogar zum Tode, wie Fälle von Hospitalismus bewiesen haben. Allerdings muß in diesem Zusammenhang betont werden, daß es auch psychosomatische Erkrankungen im Kindesalter ohne nennenswerte Störung des Mutter-Kind-Verhältnisses gibt. Hoff und Ringel haben immerhin auch in »all diesen Fällen« eine Unsicherheit der gesamten Familiensituation feststellen können. Balint bezeichnet gar die Krankheit des Kindes als ein Präsentiersymptom der Eltern. In einem Drittel der Fälle genüge es, die Eltern selbst zu behandeln, damit die Kinder gesund würden; in einem weiteren Drittel müßten Eltern und Kinder und schließlich in nur einem Drittel die Kinder allein in Therapie genommen werden.

Schulalter

Eine eigentliche Zäsur im Leben des Kindes vollzieht sich mit dem Eintritt in das *Schulalter.* Hier findet die natürliche kindliche Entwicklung zumindest teilweise ein künstliches Ende. Denn die Schule ist eine Erfindung der Erwachsenen und wird als solche dem kindlichen Wesen aufgezwungen. Im Grunde entspricht es nicht immer der zum Schulalter deklarierten Entwicklungsstufe, daß das Kind intellektuell lernen muß. Dazu kommt, daß in dieser Zeit eine Nivellierung der je individuellen Kinderschicksale stattfindet, die sich besonders bei sensiblen Kindern eher entwicklungshemmend auswirkt. Auch haben diejenigen, welche die Schule institutionalisierten, oft recht wenig Verständnis für die Bedürfnisse und Möglichkeiten des Kindes bewiesen. Siewerth bezeichnet es als eine »Monstrosität«, daß Zeichnen, Singen, Sprechen und niederschreibendes Erzählen von sieben- bis zehnjährigen Kindern aufgrund einer willkürlichen Zahlenskala und in bezug auf einen Klassendurchschnitt oder ein staatlich verfügtes Leistungsmaß zu beurteilen sind. »Die ebenso unwahrhaftige wie herzlose dauernde Zeugnisschreiberei verwandelt die Lehrjahre vieler Kinder weite Lebensstrecken lang in trostlose Trauer bis zur verzagten Verzweiflung.«

Trauer und Verzweiflung äußern sich in den nicht allzu seltenen, doch oft von den Eltern und Erziehern nicht beachteten oder als Verhaltensstörung (Faulheit, Unerzogenheit, Unlust, Trotz) mißdeuteten jugendlichen Depressionen oder intellektuell im schulischen Versagen. Weitaus häufiger ist jedoch ihr Abgleiten in eine körperliche Symptomatik, die der sogenannten *vegetativen Dystonie* der Erwachsenen entspricht. Hier wie dort ist das Krankheitsbild Ausdruck einer existentiellen *Überforderung,* die durch inneren Ehrgeiz und Pflichtgefühl genährt oder von außen an das Kind herangetragen wird. Nicht von ungefähr stehen in dieser Entwicklungsperiode Symptome im Vordergrund, die auf den Versuch einer intellektuellen und willensmäßigen Weltbewältigung schließen lassen: Kopfweh, Schwindel, Migräne, Schlafstörungen, Herzbeschwerden, allgemeine Übelkeit. Dazu drei Beispiele:

1. Ein zwölfjähriger Knabe, Pflegekind akademischer Eltern, mußte in ein kinderpsychiatrisches Heim eingewiesen werden, weil er überdurchschnittliche Schwierigkeiten bereitete. In der Schule war er unkonzentriert und beanspruchte die Zuwendung und Führung durch die Lehrerin in einem ungewöhnlichen Ausmaß. Sich selbst überlassen, war er auffällig enthemmt, aggressiv und grob. Zu Hause fiel er durch sein nervöses Verhalten auf, insbesondere durch nächtliches Aufschreien und *Jactatio capitis.* Im übrigen benahm er sich wie ein Kleinkind. Seine ausgesprochene Naschsucht führte so weit, daß er auch kleine Geldbeträge entwendete.

Die Pflegemutter des Knaben befand sich damals wegen einer schweren Angstneurose, verbunden mit Frigidität, zeitweiliger Amenorrhöe und depressiven Schüben, in psychoanalytischer Behandlung. Sie hatte das Kind in Pflege genommen, nachdem sie eine Frühgeburt verloren und nach insgesamt acht Spontanaborten jegliche Hoffnung auf ein eigenes Kind durch eine operative Sterilisation definitiv aufgegeben hatte.

Aus dem Bericht des Kinderheimes geht hervor, daß der Knabe sowohl in der Schule als auch in der Gruppe auf eine lükkenlose, verständnisvolle Führung, die er zwar nicht ohne weiteres akzeptierte, angewiesen war. Namentlich anfänglich sträubte er sich dagegen und ließ es im Umgang mit den Erwachsenen auf Kraftproben ankommen. Auch die Einordnung in die Kindergruppe bereitete Schwierigkeiten, indem er seine Wünsche oft rücksichtslos durchzusetzen versuchte und dabei natürlich keine großen Sympathien bei den andern Kindern fand. Nachdem er zeitweise deswegen allein beschäftigt wurde, gab er sich später mehr Mühe, sich in die Gruppe einzugliedern und an Gruppenspielen teilzunehmen. Daneben waren Anzeichen einer nervösen Spannung festzustellen, die sich in einem *Pavor nocturnus*, in *Kopfwackeln* und *Bettnässen* äußerte. Diese Symptome verloren im Verlaufe des Heimaufenthaltes an Frequenz und Intensität. In der Schule waren seine Leistungen eher schlecht, er arbeitete langsam und gleichmäßig, ohne Gefühlsregungen, Freude oder Unlust zu zeigen. Dabei bestätigte die Intelligenzprüfung nach BINET-SIMON-KRAMER mit einem Intelligenzquotienten von 0,95, daß eine durchschnittliche, eher praktische als theoretische Begabung vorlag. Dies wurde auch durch den *Rorschachtest* bestätigt.

Körperlich war der Knabe seinem Alter gemäß entwickelt, wobei er einen leicht dysplastischen Einschlag aufwies. Das Gemüts- und Gefühlsleben entsprach jedoch weitgehend demjenigen eines etwa drei- bis vierjährigen Kindes. In dieser kleinkindlichen Welt hatte er große Mühe, den Phantasiebereich von der Realität abzugrenzen. Aus solchen Gründen war er auf eine konstante, heilpädagogisch untermauerte erzieherische Führung angewiesen, wie sie auf die Dauer nur in einem Heim möglich ist. Nach anfänglichen Schwierigkeiten und Widerständen sprach der Knabe relativ gut auf eine derartige Beeinflussung an, so daß sich seine Spannungssymptome zurückbilden konnten.

2. An einer *Angstneurose* mit körperlichen Begleitsymptomen litt der zehnjährige Sohn eines Schauspielers. Der Vater lebte – von Berufs wegen – in einer anderen Stadt als die Mutter mit dem Kind. Diese erschien dem Psychiater als unruhig, nervös, unausgeglichen. Zudem litt sie unter massiven Eifersuchtsideen, die sie offenbar auch dem Knaben gegenüber äußerte. Jedenfalls erzählte er in der Schule, seine Mutter habe immer Angst, der Vater könnte ihr mit einer hübschen Schauspielerin untreu werden!

Zu einer eingehenden kinderärztlichen Untersuchung mit Hospitalisation führte zunächst das Auftreten *epileptiformer Ohnmachtsanfälle* sowie eine ventrikuläre heterotope Extrasystolie. Da die klinische Abklärung (inklusive EKG und EEG) irgendwelche Anhaltspunkte für ein organisches Leiden ausschloß, die Aufnahme der Anamnese zudem neurotische

Verhaltensstörungen und schulisches Versagen zutage förderte, wurde das Kind dem Psychiater zugeführt. Es zeigte sich, daß dem Krankheitsbild eine schwere angstneurotische Fehlentwicklung zugrunde lag.

Mit zweieinhalb Jahren wurde der Knabe von einem Fernsehgeräusch so erschreckt, daß er die folgenden Nächte nicht mehr schlafen konnte und noch monatelang nachts aufschreckte. Der Pavor nocturnus hielt auch während der Schulzeit an. Tagsüber fiel eine hochgradige Onychophagie auf. Er fühlte sich innerlich bedroht und einsam. Um mit seinen Kameraden in besseren Kontakt zu kommen, spielte er in der Schule den Clown. Er wurde jedoch nur ausgelacht und infolge seiner ängstlichen Wehrlosigkeit, die er durch Angeberei zu kompensieren versuchte, verprügelt. Seine Leistungen in der Schule wurden so schlecht, daß er eine Klasse wiederholen mußte. In dieser Zeit stellten sich hartnäckige Kopf- und Bauchschmerzen mit gelegentlichem Erbrechen ein.

Der den Knaben untersuchende Kinderpsychiater empfahl zunächst vor allem der Mutter eine psychotherapeutische Behandlung. In dieser Bemühung wurde er vom Ehemann unterstützt, der selbst einen großen Teil der Schuld am psychosomatischen Versagen des Knaben seiner Frau zuschob. Sie enge den Knaben ein, könne an ihm nichts ertragen und sei von einer kaum auszuhaltenden Ängstlichkeit. Die Mutter wollte jedoch von einer solchen Therapie nichts wissen.

Die eingeengte und bedrohliche Welt des Knaben trat auch in seinen Träumen und in den Projektionstests deutlich in Erscheinung. Meistens träumte er, die Mutter oder der Vater seien gestorben. In anderen Träumen spielten sich Kriegshandlungen ab, in deren Verlauf Soldaten ihre Gefangenen einsperrten und anschließend erschossen. So träumte er beispielsweise, ein Soldat werfe eine Handgranate auf einen Löwen, ein anderer erschlage einen Menschen mit dem Gewehrkolben, ein dritter töte ein Krokodil. Im TAT *(Thematic Apperception Test)* wurde ein Bub eingesperrt, eine Frau von einem Räuber mit der Pistole bedroht, ein Kind »ohne Mittagessen« durch Zimmerarrest bestraft. Im *Szenotest* zeigte sich die animalische Welt des Kindes durch die Technik (Kirche mit hohem, wackeligem Turm, der immer wieder zusammenfällt) bedroht. Der *Rorschachtest* enthüllte die gut eingeschliffene Fassadehaltung des kleinen Patienten. Im Grunde vermochte er sich nicht zu behaupten. Aus Angst vor spontanen Gefühlsreaktionen wich er ins Agieren aus und lebte fast nur noch auf dieser Stufe. Der Boden, auf dem er stand, war gespalten. Er fühlte sich in seinem Inneren gemütsmäßig ausgehöhlt und hatte wenig Beziehung zum Menschlichen. Insbesondere schien das Verhältnis zur Mutter stark gestört. Sie erschien ihm in der Rolle der Autorität, angsterregend statt verständnisvoll.

Vier Therapiestunden genügten beim Patienten, um eine deutliche Besserung seines Zustandes herbeizuführen. Die körperlichen Beschwerden verschwanden vollständig. Zu Hause ging es ordentlich; nach einer Schulversetzung gelang dem Knaben ein besseres Verhältnis zu seinen neuen Kameraden. Leider begnügten sich die Eltern mit diesem Teilerfolg und brachen die Therapie ab. Die Prognose für die Weiterentwicklung in die Pubertätsjahre hinein und die Gestaltung der Jugendzeit blieb deshalb völlig offen.

3. Ein fünfzehnjähriger Knabe wurde der psychotherapeutischen Behandlung zugewiesen, weil er zu Hause erhebliche Erziehungsschwierigkeiten bereitete und durch seine hochgradige Nervosität in der Schule aufgefallen war. Im Vordergrund stand die quälende Eifersucht seiner jüngeren Schwester gegenüber und ein schwerer *Tic der mimischen Gesichtsmuskulatur.* Mit der Schwester lag er in dauerndem Streit; er schlug bereits auf sie ein, als sie nur einige Monate alt war. In der Schule galt er als faul und uninteressiert, dabei ruhelos und zappelig. Vor den Kameraden fürchtete er sich, da diese ihm alle körperlich überlegen waren. Seit dem fünften Lebensjahr fiel der Knabe durch ein ständiges *Grimassieren* auf, von der Umgebung als »Wetterleuchten« beschrieben. Er kniff die Augen zusammen und schleckte die Lippen. Nach dem Tode des Großvaters – im gleichen Jahr – begann er zudem den Kopf zu schütteln, und schließlich übertrug sich das Schütteln auf seinen rechten Arm.

Das den Knaben und dessen Umgebung besonders beunruhigende Symptom des *Kopf- und Körperwerfens* (Jactatio capitis et corporis) ist ätiologisch weitgehend geklärt. RAMBACH wies anhand einer Untersuchung von 180 Kindern, die an dieser Erscheinung litten, nach, daß fast alle psychisch unangepaßt oder stark sozial gehemmt, empfindsam und milieugeschädigt waren

Abnorme Trotzreaktionen stünden dabei im Vordergrund. Die Ursachen sollen in der gestörten Ehe der Eltern zu suchen sein, weshalb letztere in die Psychotherapie einzubeziehen seien.

Für unseren Knaben war der Verlust des Großvaters besonders schmerzlich gewesen, da er mit großer Liebe an ihm hing und er zudem zu seinen eigenen ängstlichen und nervösen Eltern nur schlechten Kontakt hatte. Milieuwechsel, Aufenthalte in Kinderheimen, selbst hypnotische Sitzungen und medikamentöse Therapien hatten bisher zu nur vorübergehenden Besserungen geführt. In einer intensiven psychotherapeutischen und auf das Wesen seines kleinkindlichen Gemütes zugeschnittenen Betreuung konnte der Knabe endlich seine abgrundtiefe Lebensangst zeichnerisch darstellen und zur Sprache bringen. Er träumte immer wieder von Einbrechern und Räubern, die in seine elterliche Wohnung eindrangen und ihn mit Messern bedrohten. Minderwertigkeitsgefühle und Schuldgefühle beherrschten die kleinkindlich gebliebene Existenz des Jungen. Die Therapie bestand in regelmäßigen Aussprachen, Malen und Modellieren, wobei ihm vor allem die Gestaltung am Sandkasten viel Freude bereitete. Dabei zeigte sich, daß der Knabe, aus dem man zu Hause ein »Musterkind« machen wollte, in der Möglichkeit kindlichen Spielens unter Anleitung einer mütterlich-verständnisvollen Frau wieder jene Geborgenheit und Wärme fand, die er durch den plötzlichen Unfalltod des Großvaters verloren hatte.

Pubertät und Jugendzeit

Die beschriebenen Fälle sind in keiner Weise außergewöhnlich oder ausgefallen. Nicht nur kennt jeder Kinderpsychiater solche und ähnliche Beispiele zur Genüge, auch jedem Pädiater sind sie bekannt. Weniger häufig dürften die Kinderärzte mit den eigentlichen *Pubertätskrisen* konfrontiert werden, da diese zur Hauptsache – insofern sie nicht im Geheimen ausgetragen werden – zur Kenntnis der Erziehungsberater gelangen. In der Pubertät können jedoch Störungen psychosomatischer Art auftreten, die oft das dahinterliegende Problem der Reifungskrise verbergen. In diesem Zeitabschnitt sieht man gelegentlich hysteriforme Erscheinungen, insbesondere Lähmungen und Anfälle, schließlich Zwangserscheinungen aller Art. Mit Eintritt in das eigentliche Jugendalter, das bis über die Zwanzigerjahre hinaus dauern kann, treten dagegen eher leistungsmäßige Versager in den Vordergrund.

Auf ein Krankheitsbild muß hier verwiesen werden, das zur Hauptsache nur Mädchen betrifft, infolge seiner Häufigkeit und Gefährlichkeit jedoch besondere Beachtung verdient: die *Anorexia nervosa.* Charakteristisch ist die symptomatische Trias: Abmagerung, Amenorrhöe und Obstipation, wobei eine primäre körperliche Ätiologie nicht nachweisbar ist. Ebenso typisch ist das Persönlichkeitsprofil dieser Kranken: sie sind meistens lebhaft, vor allem geistig interessiert, von aufgeräumter und betriebsamer Stimmung, sexuell nicht engagiert, unfähig zu tieferem Kontakt mit der Umwelt, völlig uneinsichtig in die Krankhaftigkeit ihrer Nahrungsabstinenz. Körperlich treten mit der Zeit Stoffwechselveränderungen auf, wobei die Hypotonie und die Grundumsatzerniedrigung hervorstechen. Der Puls ist langsam und träge, die Körpertemperatur hält sich etwa zwei Grad unter dem normalen Durchschnitt, die Haut ist trocken und faltig, die Haare sind glanzlos, das Gesicht kalt und aschfarben, die Mimik starr, wobei die hohlen Augen oft das einzig Lebendige an diesen schwachen, farblosen Geschöpfen sind. Auffällig ist das Eßritual der Kranken: sie zieren sich beim Essen, stochern in der Nahrung herum, kauen lange. Manche nehmen unbeobachtet hochwertige Nahrung zu sich, während sie beim gemeinschaftlichen Essen die Nahrung verweigern. Wiederum andere essen regelmäßig und normale Mengen, um das Aufgenommene unverzüglich nach der Mahlzeit wieder zu erbrechen. Der Gewichtsverlust schreitet gelegentlich bis zur Einbuße der Hälfte des Normalgewichtes voran und kann zu Bettlägerigkeit führen. In den meisten Fällen geht der Erkrankung ein unregelmäßiger Menstruationszyklus voraus. Initialsymptom ist in der Regel die Amenorrhöe. In den Endstadien gleichen die Kranken hautüberzogenen Skeletten. Der Bauch ist kahnförmig eingezogen, durch die dünnen Bauchdecken hindurch beobachtet man die Darmperistaltik. Schließlich kommt es zu einer allgemeinen Organatrophie.

Die Psychoanalyse deutet die Anorexia nervosa als einen Rückzug des triebhaften Objektbezuges, der die normale Introversion der Pubertierenden bei weitem übertreffe. Die genitalsexuelle Entwicklungsstufe werde objektiv und subjektiv aufgegeben. Die sexuellen Regungen würden aus dem Bewußtsein verdrängt, das Denken werde von Inhalten der oralen Entwicklungsstufe beherrscht. Die regressiv verstärkten und mehrfach überformten oralen Ansprüche würden aus Angst und Schuldgefühlen abgewehrt. Ein asexuelles Ichideal soll als Reaktionsbildung zur Sicherung gegen das Bewußtwerden sexueller Wünsche dienen. Das orale Einverleiben erhalte einen besonders aggressiven Charakter, der dem Bewußtsein unerträglich sei.

Die Beobachtung dieser Mädchen zeigt jedenfalls, daß sie in einer intensiven Abwehr gegen jegliches leibliche Existierenmüssen stecken, wobei diese Abwehrhaltung verschiedene Färbungen und Grade annehmen kann. Es gibt Kranke, die sich lediglich in einer bestimmten Umgebung oder unter besonderen Verhältnissen weigern, Nahrung aufzunehmen und weiter zu existieren. Andere richten ihre Absage an das Leben schlechthin, weshalb man auch von einem Suizid in refracta dosi gesprochen hat. Je nach der Struktur dieser kleinkindlich gebliebenen, magersüchtigen Existenzen genügt therapeutisch ein Milieuwechsel, eine psychagogische Führung, oder es bedarf einer oft jahrelang dauernden intensiven Psychotherapie. Bei jugendlichen Kranken, besonders in der Pubertät, bei akutem Verlauf und eher hysterischer Charakterstruktur ist die Prognose besser als bei älteren, zwangshaft-depressiven Patienten mit chronischem Verlauf. Offen vorhandene und aufdeckbare psychische Konflikte ermöglichen eher eine psychotherapeutische Behandlung als jene Fälle, die solche nicht aufweisen. Sinkt das Körpergewicht unter die Hälfte des Sollgewichtes ab, so ist die sofortige Hospitalisation indiziert.

Die Pubertät leitet nun hinüber in das eigentliche *Jugendalter*, welches zwischen den Spielen der Kindheit und den besonderen Aufgaben und Sorgen des beruflichen Alltags des Erwachsenen liegt. Während der Greis in seinem Lebenslauf schicksalsergeben innehält und rückwärts in die Vergangenheit blickt, der Mensch in der Lebensmitte die Gegenwart zu bewältigen sucht, seine inneren und äußeren Möglichkeiten sorgfältig abwägt und einsetzt, ist es das Vorrecht der Jugend, zukunftsgläubig vorwärts zu stürmen, die erahnten, aber noch weitgehend unbekannten Gefilde des Geistes und Gefühls erobernd zu besetzen. Für unsere Zeit bedeutungsvoll und bezeichnend jedoch ist die Tatsache, daß die früher so eindeutig scharfen Grenzen zwischen diesen verschiedenen Altersstufen sich verwischt haben. Die Welt unserer Jugendlichen ist äußerlich kaum mehr von der Welt der Erwachsenen zu unterscheiden. Selbst das Kind nimmt infolge der Errungenschaften der Technik (Radio, Fernsehen) wesentlich Anteil an einer Welt, die ihm früher in hohem Maße verschlossen war. Dadurch erfährt es bereits die Unsicherheit und Ungeborgenheit des heutigen Menschen. Die soziale Struktur, der Lebensstil, unsere Gesellschaftsordnung haben sich bis in die Familie hinein verändert. Diese Wandlung begann allerdings nicht erst zur Zeit, als die Technik ihre höchsten Triumphe feiern sollte, sondern zeichnete sich im geistigen Bereich viel früher ab. Die traditionsgebundenen Werte, insbesondere jene einer irrationalen, wesentlich von religiösen Glaubensgehalten erfüllten Zeit, verschwanden im Zeitalter der Aufklärung weitgehend. Die Ungeborgenheit ist das Kennzeichen unserer Zeit, sie ist Urgrund der Angst und Aggressivität der modernen Welt.

Wesentlich für das Jugendalter ist das Phänomen der *Entwicklung,* die uns in den körperlichen Erscheinungen, im Körperwachstum entgegentritt, die aber auch ihre besonderen psychischen und geistigen Stufen aufweist. In der Kindheit und Jugendzeit erwirbt sich der Mensch einen zunehmenden Reichtum an Möglichkeiten des Gefühls, des Verstandes und der Tätigkeit. Wohl verläuft die jugendliche Reifung nach bestimmten art-, gattungs- und rassentypischen Merkmalen und Normen, im allgemeinen jedoch nicht gleichmäßig linear, sondern phasenförmig und transformierend, metamorphisierend (LUTZ). Der Entwicklungsvorgang gesunder Kinder und Jugendlicher führt zur Reife und findet darin sein vorläufiges Ziel und Ende. In dieser ersten Reifung werden die primären Funktionen des Denkens der individuellen Persönlichkeit entfaltet, Fühlen und Wollen differenziert, geordnet. In der jugendlichen Entwicklung zur Reife vollzieht sich die Entfremdung von erb- und umweltbedingtem Geschehen, die Loslösung aus der Prägeform der Erwachsenenwelt. Reife bedeutet Freiheit, bedeutet Übernahme von Verantwortung, Selbstvertrauen, Selbstbewußtsein, Selbständigkeit und Selbstsicherheit. Der solcherart Gereifte ist erwacht, aber noch keineswegs fertig. Er ist erst eigentlich der individuell Werdende, der nicht am Ende steht, sondern am Anfang. Er hat die Aufgabe der Selbstverwirklichung nicht nur erkannt, sondern auch handelnd übernommen. Reife bedeutet nicht nur Individualität, persönliche Entwicklung, sondern Eingliederung in die Gemeinschaft, Sorge und Fürsorge für sich und den andern. Reife bedeutet sich selber *wählen* (KIERKEGAARD), das heißt, handelnd sein Menschsein als Individuum und Mitmensch vollziehen. Selbstverantwortung und Mitverantwortung setzen die Fähigkeit voraus, den Mitmenschen in seinem eigenen individuellen Anliegen gelten zu lassen, ihn in seiner sozialen und ethischen Auseinandersetzung zu sehen und ernstzunehmen. Reife heißt Vertiefung des Gemeinschaftsbezuges (MÜLLER-WIELAND), Teilnahme an Sozialbewußtsein und Kultur.

Hervorstechende Merkmale unserer Zeit sind Umbruch und Unsicherheit im geistig-ethischen Bereich sowie die zunehmende Sozialisierung und Nivellierung im beruflich-wirtschaftlichen Sektor. Beide führen zu einer Abwertung der autoritär-patriarchalischen Gesellschaftsstruktur, aber auch zu einer Einengung des Individuellen und zur Betonung der Gruppe. Die moderne Jugend ist kühl und weitgehend mehr technisch orientiert, als es die Erwachsenen, die Jugendlichen von gestern je waren. Die Zeit, in der die Entwicklungsjahre eine Periode unbestimmter Sehnsüchte und düsteren Weltschmerzes, durchsetzt von schwärmerischem Idealismus und nihilistischen Tiefsinnigkeiten, darstellten, dürfte vorbei sein. Die Krisen der heutigen Jugend sind nicht mehr die gleichen wie früher; sie sind weit weniger individuelle, dem Unverständnis der Erwachsenen entsprungene, durch ständige Rebellion genährte Reifestörungen als vielmehr *entwicklungsbedingte Fehlhaltungen*.

Gewiß macht jeder Mensch in seiner Entwicklung »Krisen« durch. Diese individuellen Krisen sind keine besondere Eigenart des Jugendalters; wir kennen sie bei Säuglingen, Klein- und Schulkindern, bei Erwachsenen und nennen sie je nach Intensität, Art und Dauer »physiologisch«, »normal« oder »pathologisch«, »anormal«. Die krankhaften Krisen können sich im leiblichen Bereiche äußern als rein organische oder als sogenannte psychosomatische Erkrankungen, im psychischen als psychoneurotische Störungen. In schweren Fällen kommt es zu prozeßhaften Dekompensationen, zu vorübergehenden oder chronisch verlaufenden psychotischen Erscheinungen. Das Jugendalter zeichnet sich dadurch aus, daß entsprechend der Vitalität dieser Zeit des Umbruchs alle Krisen heftiger und unkontrollierbarer zur Entladung drängen als bei den Erwachsenen. Jugendliche Neurosen gelangen farbiger und schillernder, formreicher und spannungsgeladener zum Austrag als etwa die hartnäckigen, oft monoton wirkenden, in ihrer Hoffnungslosigkeit eher einem grauen Herbst als einem stürmischen Frühling gleichenden Depressionen der älteren Generation. Sie sind dementsprechend auch dankbarer anzugehen, leichter aufzufangen und zu behandeln als letztere.

Typisch für unsere jugendliche Generation ist das Phänomen der Akzeleration. Sie ist vorwiegend quantitativer Natur und äußert sich in einer frühzeitigen körperlichen Reifung. Die Pubertät ist beschleunigt, die primären und sekundären Geschlechtsmerkmale bilden sich früher aus. Hinzu kommt ein vermehrtes Längenwachstum. Sprach man früher bei den Heranwachsenden von einer »Phase der Fülle«, die jeweils vor der »Phase der Streckung« (ALBERTS) eine Sammlung der Kräfte erlaubte, so fällt diese Fülle heute weg. Die Belastungsfähigkeit der Jugendlichen wird dadurch stärker eingeschränkt. Unsere Welt stellt aber mit ihrer Reizüberflutung, ihrem Verlust an Nestwärme und mit der Vorverlagerung bestimmter Phasen des Lebenskampfes in die Schulzeit übersteigerte Forderungen an die körperliche und seelische Trag- und Leistungsfähigkeit. Die Folge eines solchen Mißverständnisses zwischen Anforderungen einerseits und Leistungsvermögen andererseits bei den Jugendlichen ist häufig zunächst ein Nachlassen der Leistungsbereitschaft, Enttäuschung und Entmutigung, geistige Konzentrationsschwäche und affektiver Kontaktverlust, in fortgeschrittenen Stadien sind es Störungen im Bereiche des vegetativen Nervensystems und psychosomatische Erkrankungen. Zwar wird die säkulare Akzeleration, das heißt der seit etwa hundert Jahren festgestellte, besonders in den Jahren nach den beiden Weltkriegen deutlicher in Erscheinung getretene allgemein beschleunigte Ablauf der Entwicklung bei Jugendlichen im allgemeinen nicht als pathologisches Phänomen bezeichnet. Die Tatsache, daß die geschlechtliche Reife bei den Mädchen in den letzten fünfzig Jahren um zwei, bei den Knaben um durchschnittlich eineinhalb Jahre früher eintritt, gibt jedoch zu denken. Die Probleme der Pubertät spielen dadurch heute bereits ins Schulalter hinein, besonders in die Mittelstufe; vor allem wird das Spatium zwischen körperlicher Reife und Reifung der Persönlichkeit vergrößert, was eine Verlängerung der Pubertät und Adoleszenz bedeutet.

Es zeigt sich nämlich immer deutlicher, daß die geistig-seelische und soziale Reife mit dem vermehrten Längenwachstum, der verfrühten Pubertät, der körperlichen Akzeleration sehr oft nicht Schritt hält. Der quantitativen Beschleunigung steht eine qualitative *Retardierung* gegenüber. Diese dürfte nicht nur als relative Größe zur Akzeleration auffallen, sondern entwicklungsmäßig einen davon unabhängigen Faktor darstellen. Die Retardierung scheint eine Folge der jugendlichen Ungeborgenheit und Unsicherheit zu sein. Unsere Jugendlichen sind psychisch größeren Belastungen ausgesetzt, als das früher der Fall war. Der Mensch verharrt länger im Konfliktalter, die Reife des Mannesalters tritt später ein. Charakteristisch für die jugendliche Retardierung ist die Passivität und Kontaktschwäche, die Gehemmtheit oder deren Gegenstück, die Hemmungslosigkeit, aber auch die Neigung zur Ablehnung von Verantwortung, ferner die Entschlußunfähigkeit.

Kindheit und Jugendzeit sind gekennzeichnet durch ein Weltverhältnis, das im Zeichen des Wachsens und Reifens steht. Beides, Wachsen und Reifen, darf nicht lediglich »physiologisch« verstanden werden, sondern als ein Offenwerden für den Entwurf des Daseins als In-der-Welt-Sein. Deshalb ist auch die Entwicklungspsychologie mit ihrer Gliederung des Aufbauprozesses in verschiedene Stadien von fragwürdiger Nützlichkeit für die Psychotherapie, wenn auch gewisse Lebensentfaltungen und körperliche Reifevorgänge zeitlich determiniert erscheinen. Dadurch, daß die Reifung generell als »phasenhafte, entelechiale Selbstausformung im naturhaften Wachstum« (SIEWERTH) ausgedeutet wird, geschieht Kindern und Jugendlichen viel Unrecht. Schließlich darf nicht übersehen werden, daß für jede gesellschaftliche, soziale, rassische und kulturelle Gemeinschaft verschiedene Formen und Gesetze und damit entwicklungspsychologisch andere Reifephasen gelten. Trotzdem gibt es auch im Reifeprozeß eine gewisse naturhafte Ordnung. Das Wachsen und Reifen ist als Geschehen von der Biologie her nicht zu verstehen. Denn »Reifen ist wesenhaft ein Akt des zum Sein gewillten, des vernehmend verinnernden Menschen, der im inneren Welt- und Seinsraum der Seele sich sammelt und aus ihm ausgreift«. So eignen sich das Kind und der Jugendliche in der Übernahme der eigenen Leiblichkeit, im Offenwerden für die Welt, im Beherrschen der Sprache, in der Ausformung des Gewissens das eigene Dasein an. Die Reifestufen, der Reiferhythmus, die Reifegestimmtheit, der innere Lebensraum, in den hinein sich kindliches und jugendliches Leben sammelt – darin stimmen wir SIEWERTH bedingungslos zu –, sind in jedem Kinde und Jugendlichen von Grund aus verschieden. Erkennt der Arzt und Pädagoge die Sinnlosigkeit einer schematisierenden und nivellierenden Lebensführung und Bildungsplanung, wird es ihm auch möglich sein, viel kindliches und jugendliches Kranksein zu *verhindern* oder gegebenenfalls zu heilen. Nicht das Leistungsurteil der Erwachsenen ist für die jugendliche Reifung maßgebend, sondern lediglich die jedem Kinde innewohnenden Möglichkeiten und Fähigkeiten, die auch der junge Mensch in der Reifungsperiode als die seinen erkennen und anerkennen muß.

Psychosomatische Fälle und Probleme des mittleren Lebensalters

Stehen im Kindes- und Jugendalter psychoneurotische Störungen und Reifungskrisen im Vordergrund, so ist die eigentliche psychosomatische Krankheit *sensu strictu* eine Erkrankung des *mittleren Lebensabschnittes,* das heißt des Erwachsenenalters. Dies wurde durch zahllose Statistiken mehrfach belegt. Es sollen hier nur kurz die Feststellungen von de BOOR und KÜNZLER angeführt werden. Von den Ambulanzpatienten eines zehnjährigen Krankengutes waren altersmäßig die Zwanzig- bis Vierzigjährigen wesentlich stärker, die Fünfzigjährigen seltener vertreten als im Bevölkerungsdurchschnitt oder im Patientenkreis einer Medizinischen Poliklinik. Offenbar findet die Dekompensation einer neurotischen Fehlentwicklung im Lebensabschnitt von zwanzig bis vierzig Jahren gehäuft statt. Die Grundlagen dafür werden darin erblickt, daß in bezug auf die Konsolidierung der individuellen Lebensgestaltung in dieser Zeitperiode am meisten Anforderungen gestellt werden. Man denke an die Verwurzelung im Beruf oder an die Familiengründung. Das Scheitern in der Bewältigung von Lebensaufgaben führe zur unbewußt gesteuerten »Flucht in die Krankheit«. Ältere Patienten dagegen fühlten sich weniger häufig krank, da sie viele ihrer Beschwerden als Alterserscheinungen und nicht als Krankheitssymptome auffaßten. »Obwohl diese Befunde seit Jahrzehnten bekannt sind, sind sie bis heute nicht ins Bewußtsein der Laien, ja nicht einmal in das der Ärzte eingedrungen. *Weithin gilt das Alter zwischen 20 und 40 als eine Zeit der leistungsfähigsten Jahre, gilt, ›daß Beschwerden erst mit dem zunehmenden Alter kommen‹*. Der *Ledigenstand* wird wegen seiner Freiheit und seiner ›Sorglosigkeit‹ gepriesen. Den unteren Sozialschichten räumt man wenig emotionale Empfindlichkeit in belastenden Situationen ein. Noch in der Nachkriegszeit wurde ein Kranheitsbild kreiert, dessen Ursache man in einer besonderen physischen und psychischen Belastung der Betroffenen sah und das man deshalb *›Managerkrankheit‹* nannte. Man war sehr überrascht, als sich dieses Krankheitsbild *ausnahmslos in allen Bevölkerungsschichten fand,* auch in denen, bei deren Angehörigen man mit besonderen Reaktionen auf körperliche und seelische (emotionale) Belastung gar nicht gerechnet hatte.« Die Autoren meinen nicht zu Unrecht, man stoße hier auf eine große Lücke in unseren Kenntnissen, die bisher offensichtlich mit gruppenspezifischen Vorurteilen ausgefüllt worden sei. Wir wissen wenig über typische Persönlichkeitsstrukturen in den verschiedenen Bevölkerungsgruppen und -schichten, noch weniger über schichtspezifische Konflikt- und Belastungssituationen, denen die Angehörigen der einzelnen Gruppen ausgesetzt sind, sowie über die Versuche zu deren Bewältigung, und darüber an welchen Schwierigkeiten adäquate Konfliktlösungen scheitern.

Die bemerkenswerte Tatsache, daß eine hohe Erkrankungshäufigkeit bei den Zwanzig- bis Vierzigjährigen, den Ledigen und bei Angehörigen der unteren und mittleren Sozialschichten gefunden wird, läßt darauf schließen, daß wichtige Entscheidungen im beruflichen und individuell-familiären Bereich, einschneidende Veränderungen der Persönlichkeitsbeziehungen oder die Konfrontation mit der Tatsache, daß weitere Aufstiegsmöglichkeiten, die Chance eines Prestigegewinnes usw., nicht mehr offen stehen, krankmachend wirken. Eine größere Anzahl von Menschen kann offensichtlich den Strukturwandel der Persönlichkeit nicht komplikationslos vollziehen, der mit dem Eintritt in eine neue Beziehung (Ehe, Wechsel der Funktionen und Positionen innerhalb der Familie bei der Geburt von Kindern, beruflicher Wechsel von einer untergeordneten zu einer leitenden Position) zu leisten ist. Andere wieder dekompensieren, weil sie sich nicht damit abfinden können, keine Möglichkeiten zum Aufstieg und Prestigezuwachs mehr zu haben. Letzteres soll besonders bei Angehörigen der unteren Sozialschichten der Fall sein, die unter dem Druck der allgemeinen Haltung ihrer Schicht die Möglichkeiten zum sozialen Aufstieg nicht genutzt haben.

In diesem Zusammenhang wird gelegentlich die Forderung nach einer Abklärung und Erforschung der Epidemiologie psychosomatischer Erkrankungen gefordert. Neuerdings spricht man gerne von *transkultureller Psychosomatik*, wobei nicht nur epidemiologische, sondern auch ethnologische und soziologische Untersuchungen anvisiert werden. PFLANZ faßt das Problem der transkulturellen Psychosomatik dahin zusammen, daß sich kulturelle Differenzen in der verschiedenen Häufigkeit psychosomatischer Krankheiten widerspiegeln, gemäß der Annahme, daß psychosomatische Krankheiten mit der Entwicklung und Prägung im Kindheits- und Jugendalter zusammenhängen und aktuelle Konflikte dabei eine Rolle spielen. Die transkulturelle Psychosomatik zielt nun darauf hin, »differenzierte Zusammenhänge zwischen ganz bestimmten Krankheiten aufzudecken«, und hofft, »in gleicher Weise zur Frage der Symptomwahl beizutragen wie zur Frage der Konflikt- oder Persönlichkeitsspezifität psychosomatischer Krankheiten«. Schließlich soll sie sogar die Frage beantworten, »was psychosomatische Krankheiten eigentlich sind«. Untersuchungen dieser Art wurden vor allem in den Entwicklungsländern (Afrika, Indien) durchgeführt, doch wurde auch das Krankheitspotential unserer westlichen Kultur eingehend statistischen und soziologischen Betrachtungen unterworfen.

Wenn wir vom Krankheitspotential des Menschen sprechen, dann gilt es zu bedenken, daß die Häufigkeit der Erkrankungen in einer durchschnittlichen Lebensspanne von siebzig Jahren eine individuell variable Größe ist. Immerhin wurden auch darüber statistische Untersuchungen angestellt. Bekannt wurde die schematisch festgehaltene und quantitative Aufgliederung der Gesundheitsbeeinträchtigungen nach Braun, die später von Rothschuh in den *Prinzipien der Medizin* übernommen wurde. Danach soll die relative Häufigkeit, mit der die Ärzte beansprucht werden, von sehr vielen Faktoren abhängig sein. Nicht zuletzt spielen soziologische und wirtschaftliche Gesichtspunkte eine Rolle. Der Arbeitsprozeß unserer Industriegesellschaft trägt wesentlich dazu bei, daß der Arzt mehr beansprucht wird als etwa in der bäuerlichen Sippschaft. Diesen Faktoren zum Trotz spiegelt jedoch die ärztliche Beanspruchung durchaus nicht annähernd die effektiven Erkrankungsziffern im Leben eines Menschen wider. Die große Mehrzahl von Beeinträchtigungen flüchtiger oder gewohnter Art werden nicht als Krankheit gewertet. Sie verschwinden ohne ärztliche Behandlung. Eine zweite Gruppe von Unpäßlichkeiten wird zwar als Krankheit registriert, jedoch ohne ärztliche Hilfe vom Betroffenen oder von dessen Angehörigen selbst behandelt. Ein kleinerer Teil führt zur Behandlung durch den praktischen Arzt (Hausarzt) und ein noch geringerer Anteil zur spezialärztlichen Therapie. Die Gruppen verhalten sich zueinander wie 1225:400:100:9:1. Mit andern Worten, bei gründlichster Erhebung ließen sich je Todesfall aus der Gesamtbevölkerung heraus zumindest etwa 1200 (vorwiegend belanglose) Gesundheitsbeeinträchtigungen erfassen, oder anders ausgedrückt: Der Mensch erfährt im Durchschnitt unter unseren Lebensbedingungen (von der Geburt bis zum Tode im 66. Lebensjahr) – ohne Zahnleiden – mindestens 1200 Gesundheitsbeeinträchtigungen. Darunter sind nur etwa 400 nennenswert, etwa 100 führen ihn zum Hausarzt, der ihn wiederum 9mal zur diagnostischen Abklärung zum Spezialisten schickt.

Diese Aufgliederung, von uns nach BRAUN, HORDER und HORDER in der schematischen Darstellung (*Tabelle 6*) leicht abgewandelt, führen wir deshalb an, weil sie einen Anhaltspunkt dafür liefert, daß menschliches Kranksein sowohl in bezug auf Entstehung wie Heilung von sehr vielen Faktoren abhängig ist.

Tabelle 6:

GESUNDHEITSBEEINTRÄCHTIGUNGEN

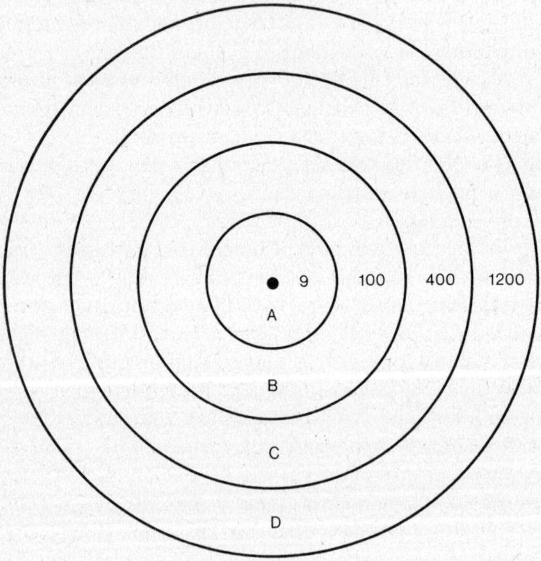

D Nicht als Krankheit erachtete Gesundheitheitsbeeinträchtigung einschließlich der Scheingesundheit

C Subjektiv als Krankheit empfundener Zustand ohne ärztliche Beratung

B Diagnostische Versorgung durch praktischen Arzt

A Spezialist, Krankenhaus

Vor allem läßt die Aufstellung vermuten, daß sehr viele vorübergehende, spontan heilende »Unpäßlichkeiten« psychosomatischer Natur sind und mit der jeweiligen Stimmungslage kommen und gehen. Diese Annahme wird durch eine andere Untersuchung bestätigt, welche von Esther Winter an der II. Medizinischen Universitätsklinik und Poliklinik der Charité in Berlin durchgeführt wurde. Vom September 1957 bis Mai 1958 explorierte sie 200 gesunde Angestellte eines größeren technischen Betriebes, wobei folgende »neurotische Symptome bei Gesunden« festgestellt wurden: wiederkehrende Verstimmung ohne erkennbaren Grund (43%), Magenbeschwerden, Appetitstörungen, z. T. als Gastritis, z. T. als Ulkus verifiziert (37,5%), Angstzustände (26,5%), rezidivierende Tonsillitiden (22%), Schwindel- und Ohnmachtsanfälle (17,5%), Schlaflosigkeit (17,5%), Obstipation (14,5%), Dysmenorrhöe (15%), Schweißausbrüche (14%), Frigidität (13,5%), Herzschmerzen und Herzklopfen (13%), Kopfschmerzen (Migräne) (13%), Ekzeme (9%). Dazu kamen depressive Verhaltensweisen, Globusgefühl, »rheumatische« Beschwerden, »Schilddrüsenüberfunktionen«, Tics, Nägelkauen, Oberbauchsyndrome (außer Magen), rezidivierende Diarrhöen, Asthma bronchiale, gehäufte Unfälle, Zwangserscheinungen, Stottern, Enuresis nocturna, Impotenz, Enuresis diurna, Rhinitis vasomotoria, sexuelle Perversionen, Psychopathie, Diabetes, alle unter 10%. Von den 200 Befragten gaben 36 (18%) an, sich momentan wohl zu fühlen. Die meisten nahmen ihre Symptome als »Schicksal« hin. Immerhin ergab die (psychosomatisch einwandfrei durchgeführte) Untersuchung die Feststellung, daß lediglich 5% einer Gruppe von »Gesunden« symptomfrei war. 19,5% litten unter leichten Störungen, bei 55% fanden sich mittelschwere Beschwerden, in 8,5% der Fälle schwere Neurosen, während 20,5% leichte Züge von Verwahrlosung aufwiesen. 11,5% erlaubten keine klare Beurteilung.

Die generelle Häufigkeit neurotischer und psychosomatischer Störungen wird durch solche Untersuchungen zwar bestätigt, brauchte durch sie aber nicht erst bewiesen zu werden. Jeder Arzt kennt die entsprechenden Zahlen aus seiner eigenen Praxis. Mit hoher Wahrscheinlichkeit kann vermutet werden, weitere Untersuchungen in dieser Richtung könnten mit großer Eindringlichkeit die Behauptung unter Beweis stellen, daß menschliches Kranksein zu jedem Zeitpunkt nicht lediglich mechanische

Funktionsstörung ist, sondern mit der je besonderen Existenzsituation oder -phase in Zusammenhang steht.

Die Erhebungen der transkulturellen Psychosomatik dürfen allerdings, sofern sie auf Statistik und Reihenuntersuchung beruhen, nicht überwertet werden. Sie geben wohl über das die verschiedenen Kulturen und Subkulturen auszeichnende spezifische Weltverhältnis Aufschluß, sind jedoch für das phänomenologische Verständnis menschlichen Krankseins weitgehend überflüssig. Ein bestimmter, zum Wesen einer Krankheit gehörender, ja diese erst konstituierender Bedeutungsgehalt braucht statistisch nicht bestätigt zu werden. Er muß immer und überall aufweisbar sein, wo die entsprechende Krankheit zum Austrag kommt. Somit müssen für die Tatsache einer Häufung psychosomatischer Krankheiten im mittleren Lebensalter nicht lediglich »epidemiologische« oder »soziologische« Fakten, sondern vielmehr die Zunahme bestimmter Weltbezüge und die je besondere Gestimmtheit dieser Lebensepoche verantwortlich gemacht werden. Diese in je besonderer Weise gestimmten Weltbezüge sind nicht nur für die Spezifität der psychosomatischen Krankheiten ausschlaggebend; sie bestimmen auch die individuelle und kollektive Entwicklung und Beanspruchung des Menschen. Nicht Eheprobleme, Berufsschwierigkeiten oder gar die jeweilige Struktur einer Bevölkerungsschicht sind »Ursachen« der erhöhten Verbreitung menschlichen Krankseins; vielmehr kommt in allen diesen Phänomenen, im persönlichen, familiären und sozialen Sich-Bewähren oder Versagen als auch in der Krankheit, das diesem Alter gemäße Weltverhältnis zum Austrag.

An drei Beispielen soll dieses für das mittlere Lebensalter charakteristische Weltverhältnis etwas eingehender besprochen werden. Auf der einen Seite sind es die sogenannten *vegetativen Dystonien,* welche nicht nur die davon befallenen Patienten, sondern infolge ihrer Häufigkeit auch die behandelnden Ärzte belasten, andererseits die statistisch seltenere *essentielle Hypertonie.* Bei der vegetativen Dystonie ist der neurotische Gehalt offensichtlicher als bei der Hypertonie, die eine eigentlich organneurotische Erkrankung darstellt. Am Beispiel des *Asthma bronchiale* sollen schließlich Krankheits- und Organwahl noch einmal erläutert werden. Die häufigsten psychosomatischen Erkrankungen des mittleren Lebensalters sind in unserer Tabelle 7 aufgeführt.

Tabelle 7:

DIE HÄUFIGSTEN PSYCHOSOMATISCHEN ERKRANKUNGEN DER MITTLEREN LEBENSPERIODE

1. Vegetative Dystonie (inkl. vasomotorische Kopfschmerzen, Schwindelgefühle, allgemeine Müdigkeit und Schwäche, Unwohlsein, Blasen- und Darmstörungen, Herzbeschwerden, Schlaflosigkeit)
2. Vorübergehende und chronische Augen-, Nasen-, Hals-, Ohren- und Rachenbeschwerden, Rückenschmerzen, Gelenkbeschwerden, rheumatische Beschwerden, besonders Cervicobrachial-Syndrom
3. Magen-Darm-Krankheiten: Appetitstörungen, Erbrechen, Schluckbeschwerden, Gastritis, chronische Obstipation und Durchfälle, Ulcus ventriculi et duodeni, Enteritis, Colitis mucosa et ulcerosa
4. Herz-Kreislauf-System: paroxysmale Tachykardie, essentielle Hypertonie, Hypotonie
5. Migräne und Menièresche Krankheit
6. Lungenkrankheiten: Tuberkulose, Asthma bronchiale, chronischer Husten
7. Endokrine Störungen: Hyperthyreose (Basedowsche Krankheit), Diabetes u. a.
8. Hautaffektionen: Ekzeme, Neurodermitis, Psoriasis, diffuser Haarausfall und Alopecia areata
9. Allergische Erkrankungen (Rhinitis pollinosa usw.)
10. Frauenkrankheiten: sekundäre Amenorrhöe, Dysmenorrhöe, schmerzhafte Beschwerden im kleinen Becken, Erkrankungen während der Schwangerschaft und im Wochenbett
11. Sexuelle Störungen: Impotenz und Frigidität
12. Neigung zu Unfällen *(Accident-Proneness)*

Vegetative Dystonie

Die Diagnose einer vegetativen Dystonie wird beinahe täglich in der allgemein-ärztlichen Sprechstunde gestellt. Dieser Tatbestand allein könnte zur Annahme verleiten, es handle sich dabei nicht nur um ein alltägliches Krankheitsbild, sondern auch um eine medizinisch abgeklärte und symptomatisch gesicherte Krankheit. Gerade das Gegenteil ist der Fall. Die vegetative Dystonie ist als Begriff ebenso unklar, wie sie häufig ist, so daß nicht zu Unrecht gelegentlich von einer »Verlegenheitsdiagnose« gesprochen wird; letzteres vor allem deshalb, weil meistens den subjektiv vorgebrachten Beschwerden keine objektiv faßbaren Befunde entsprechen. Dies hat denn auch dazu geführt, daß die Medizin von »funktionellen Störungen« spricht. VON UEXKÜLL wies auf drei Kriterien hin, die solche funktionellen Syndrome konstituierten, nämlich die relativ genau lokalisierbaren oder vagen körperlichen Symptome, die seelisch empfundenen Spannungszustände (Angst, Unruhe, Unlust) sowie die Neigung der Beschwerden, ihren Charakter von Situation zu Situation zu wandeln. Der Variationsreichtum der Beschwerden wird lediglich durch den Variationsreichtum der für das Krankheitsbild vorgeschlagenen Bezeichnungen überboten. Dies ist ein weiteres Indiz dafür, daß die medizinische Wissenschaft gerade im Bereich der sogenannten vegetativen Dystonie noch im dunkeln tappt.

Wenn darauf hingewiesen wurde, daß die Gruppe der Patienten, die an funktionellen Syndromen oder vegetativen Beschwerden leiden, sehr groß ist, so stützt sich diese Angabe auf ärztliche Statistiken. Pflanz schätzt, daß 70 bis 90 Prozent aller Menschen mehr oder minder an funktionellen Störungen leiden, und v. UEXKÜLL meint, diese Gruppe sei nicht viel kleiner, sondern eher größer als alle andern Krankheitsgruppen zusammen. Er glaubt sogar, der Prozentsatz an funktionellen Syndromen könnte mit der Gründlichkeit der Untersuchung steigen. »Wir stellen ja – wenn wir ehrlich sind – nicht ganz selten die Diagnose einer organischen Krankheit, ohne daß sich der Zusammenhang zwischen Beschwerden und einem mehr oder weniger eindrucksvollen organischen Befund auf eine sehr strenge Beweisführung stützen kann. Hier wirkt sich der Einfluß der Erziehung aus, die uns erst dann beruhigt sein läßt, wenn wir einen organischen Befund erhoben haben. Bei genauer, kritischer und wiederholter Kontrolle schrumpft aber die Bedeutung eines organischen Befundes manchmal bis zur Belanglosigkeit zusammen.« Allein die Kosten, welche durch eine wiederholte diagnostische Unterschuchung entstehen, übersteigen die Kosten »um ein vielfaches, die etwa für die Feststellung eines Karzinoms oder einer Lungentuberkulose anfallen«, und der Prozentsatz der Medikamente, die gegen solche Störungen verschrieben werden, soll erschreckend hoch sein und immer weiter steigen. Dazu kommt, daß ein großer Teil jener Menschen, die – etwa vorübergehend – an vegetativen Beschwerden leiden, den Arzt gar nicht aufsuchen, sondern direkt den Weg in die Apotheke einschlagen.

Einer der Hauptgründe für das Versagen der medizinischen Heiltätigkeit bei diesem so häufigen Krankheitsbild dürfte wohl die durch v. Uexküll erwähnte ärztliche »Erziehung« sein. Aufgrund seiner naturwissenschaftlichen Tradition und Ausbildung ist jedoch nicht nur der praktisch tätige Arzt verpflichtet, zunächst und ausschließlich nach somatischen Erklärungen jeglichen menschlichen Krankseins zu suchen. In einer Medizin, die seit bald 200 Jahren im Menschen lediglich ein Konglomerat von physikalischen Vorgängen erblickt, hat sich auch die Grundlagenforschung materialistisch ausgerichtet. Selbst als die Bedeutung emotionalen Geschehens bei der Krankheitsentstehung nicht mehr länger ausgeklammert werden konnte, wurde das Psychische vergegenständlicht und durch die Trieblehre in die Biologie zurückverwiesen. Eine so orientierte Psychosomatik sieht dementsprechend in der »Somatisation« psychischer Konflikte einen Abwehr*mechanismus*. Wird ein Abwehr*verhalten* jedoch als »Mechanismus« bezeichnet, dann entäußert sich dieses augenblicklich jeglichen Bezugs zur menschlichen Freiheit. Denn ein Mechnismus zeichnet sich gerade dadurch aus, daß er unwillkürlich, unabhänderlich, stumpf, nach vorgegebener Gesetzmäßigkeit funktioniert. Eine psychosomatische Betrachtungsweise, die Freiheit und Bewußtheit menschlicher Existenz im Auge behält, kann demzufolge nicht von Abwehr*mechanismen* sprechen, auch dort nicht, wo eine Abwehr*haltung* sichtbar zum Wesen der Krankheit gehört.

Wie wenig jedoch psychosomatisches Krankheitsgeschehen gesetzmäßig entsteht und abläuft, läßt sich an der *vegetativen Dystonie* nachweisen. Die Vielfalt ihrer Symptome sowie die scheinbare Unspezifität der Beschwerden geben schon den »somatisch« denkenden Ärzten Rätsel auf. Inzwischen hat man nämlich längst gemerkt, daß durch die Lokalisation der Krankheit ins limbische System oder durch die generelle Annahme einer Übererregbarkeit des vegetativen Nervensystems nicht das

Geringste für das Verständnis dieser Krankheit gewonnen wurde. Aber auch die Feststellung sogenannter »Abwehrmechanismen«, die durch die *individuelle Lebensgeschichte* geprägt in der manifesten Krankheit aktiviert werden sollen, bringt uns nicht weiter. Die *Diagnose* einer vegetativen Dystonie entpuppt sich nämlich bei näherem Zusehen als ein Kurzschluß, der unser Verständnis des Krankheitsgeschehens in Dunkelheit hüllt. Wenden wir uns jedoch den sich zeigenden Phänomenen zu, dann geben die der »vegetativen Dystonie« zugeschriebenen *Symptome* von selbst Kunde, in welches Weltverhältnis die Patienten eingestimmt sind. In den Mittelpunkt unseres ärztlichen Interesses rückt damit die Frage nach der jeweiligen Existenz des Kranken, dessen besondere Gestimmtheit im Krankheitsbild zum Austrag gelangt. Diese Betrachtungsweise sei an einem Beispiel veranschaulicht.

Eine dreiundzwanzigjährige Primarschullehrerin hatte bereits innerhalb eines Jahres sechzehn Ärzte konsultiert, bevor sie uns zur psychosomatischen Abklärung zugewiesen wurde. Seit drei Jahren litt sie an allgemeiner Müdigkeit und medizinisch objektivierter Hypotonie sowie an einer Reizblase mit gehäuftem Harndrang. Schließlich traten Durchfälle dazu, worauf eine Hospitalisierung erfolgte. Wegen einer lokalisierten Druckdolenz im rechten Unterbauch wurde an chronische Appendizitis gedacht: bei der Revision fand sich eine leicht entzündete Appendix, zudem eine Ovarialcyste rechts, die eröffnet wurde. Im Anschluß an die Operation erfolgte eine Besserung der Durchfälle, es blieben jedoch diffuse Unterbauchbeschwerden und Dysmenorrhöe bestehen. Die Patientin machte einen deutlichen Gewichtssturz von zehn Kilo Körpergewicht durch. Seither war sie arbeitsunfähig; sie bekam zunehmend Tenesmen und Schwierigkeiten beim Wasserlösen im Sinne einer Dysurie. Internistisch und urologisch wurde die Diagnose einer chronischen Cystitis gestellt. Die wöchentlich durchgeführten Blasenspülungen ließen jedoch die Tenesmen eher an Intensität zunehmen.

Die Patientin wurde als ältestes von fünf Kindern eines Schreiners geboren und wuchs in äußerlich geordneten kleinbürgerlichen Verhältnissen auf. Der Vater starb fünfzigjährig an einem Hirntumor. Er war ein strenger, aber gerechter und guter Mann, der Mittelpunkt der Familie. Sein Tod war für die Patientin ein schweres Erlebnis. Die Mutter blieb in der Schilderung der Patientin eher blaß, sie war im Gegensatz zum Vater inkonsequent, mit wenig Familiensinn. Die Kranke selbst kam als Frühgeburt zur Welt, machte dann eine normale körperliche Entwicklung durch, blieb indessen konstitutionell immer asthenisch. Die Sauberkeitsgewöhnung war verzögert. Sie besuchte die Schulen mit Erfolg und wurde selbst Lehrerin. Als Persönlichkeit war sie schon immer sensibel, in der Schule peinlich genau und gewissenhaft. Mit Gleichaltrigen war sie von jeher etwas kontaktschwach und sie hatte nie eine Freundin. Sie erfuhr zu Hause keine sexuelle Aufklärung, die Menarche trat im Alter von dreizehn Jahren ein. Seit dem siebzehnten Altersjahr bestand eine Beziehung zu einem um ein Jahr jüngeren Freund, der später Veterinärmedizin studierte. Anfänglich war es nur ein loses Verhältnis, das sich in den letzten drei Jahren dann enger gestaltete; die beiden gingen oft miteinander aus. Der Freund bedrängte die Patientin offenbar in sexueller Hinsicht, sie wehrte indessen immer aus religiösen Gründen ab. Seit etwa zwei Jahren kam es gelegentlich zu gegenseitiger Masturbation. Die Patientin blieb in der Beziehung zum Freund immer ambivalent, der Mann hielt sich zunehmend zurück, vor allem in Hinblick auf eine feste Planung der Heirat. Die Patientin zog sich ihrerseits zurück, worauf in den vergangenen Monaten der Freund sich endgültig distanzierte.

Die psychosomatische Diagnose lautete: Reizblase und vorwiegend vegetativ bedingte Unterbauchbeschwerden, wahrscheinlich als psychosomatische Symptome auf dem Hintergrund eines neurotischen Konfliktes, bei psychasthenischer, infantiler Persönlichkeitsentwicklung.

Es handelte sich um ein graziles, lebhaftes Mädchen, das deutlich jünger wirkte als seinem Alter entsprach und sich auch nach der neuesten, infantilisierenden Mode kleidete. Die Patientin betonte von Anfang an sehr, daß sie *körperlich* krank sei und in seelischer Hinsicht keinerlei Probleme habe. Sie schloß sich im Gespräch mit dem Arzt nur langsam auf, konnte dann aber die Problematik in der Beziehung zum Freund sehen. Im weiteren wirkte sie sehr unsicher, unselbständig und noch stark an Autoritäten gebunden. Aufschlußreich waren ihre Träume, in denen sie zum Beispiel aus dem sicheren Schutz eines Spitals Bränden und Kämpfen zusah.

An diesem Beispiel läßt sich unschwer nachweisen, daß die vegetative Dystonie kein einheitliches Kranheitsbild darstellt. Jedes Symptom unserer Kranken könnte einer andern Krankheit zugeordnet sein oder zumindest auf eine andere Erkrankung schließen lassen. Es sind denn auch bei der vegetativen Dystonie gerade die differentialdiagnostischen Abklärungen, welche soviel Schwierigkeiten bereiten. V. UEXKÜLL unterscheidet eine essentielle von einer symptomatischen funktionellen Syndromatik, in der Annahme, daß ähnliche Beschwerden sowohl auf dem Boden seelischer Belastungen wie organischer Krankheiten entstehen, und knüpft daran die für das ärztliche Gewissen bedeutsame Frage, wieweit man überhaupt die medizinisch-technische Abklärung in diesen Fällen vorantreiben soll, oder anders ausgedrückt, in welchem Zeitpunkt man diese abbrechen dürfe. Hier spielt nun die prinzipielle Auffassung eine ausschlagebende Rolle. Wer immer »psychosomatisch« mit »psychogen« gleichsetzt und emotionale Faktoren als krankheitsbedingende Ursachen unter anderen möglichen *causae efficientes* ansetzt, wird nur über den Umweg einer Exklusivdiagnose zur Annahme eines psychischen Geschehens gelangen. Zwar wird auch von den »Psychogenetikern« immer wieder die Forderung erhoben, die Diagnose auf ein neurotisches Geschehen nicht nur *per exclusionem,* sondern aufgrund positiver Befunde zu stellen. Die Schwierigkeit liegt aber darin, daß es solche spezifischen positiven Befunde gar nicht gibt, daß vielmehr sogenannt psychogene Faktoren (Angst, Schuldgefühle, aber auch entscheidende Ereignisse wie der Tod von Angehörigen, Versagen in Liebesbeziehungen oder im Beruf, Streßsituationen usw.) sowohl bei Gesunden wie bei Kranken unspezifisch vorkommen. So ist denn auch die Lebensgeschichte unserer Patientin keineswegs symptomatisch für das Entstehen einer vegetativen Dystonie.

Ähnliche Argumente gelten für die meisten Theorien über die Entstehung funktioneller Syndrome, ob man nun dafür die Psyche, das vegetative Nervensystem oder die Drüsen mit innerer Sekretion im Auge hat. Wie v. UEXKÜLL mit Recht erwähnt, sind bis heute keine Krankheiten bekannt, die ihren Sitz primär im vegetativen Nervensystem haben. »Alle Thesen von einem Über- oder Unterfunktionieren des Sympathikus oder Vagus oder von einem primären Versagen regulatorischer Mechanismen sind Spekulationen, die weder durch die klinische Praxis noch durch experimentelle Unterlagen bewiesen werden können.« In bezug auf die These von der endokrinen Störung ist zu sagen, daß Erkrankungen endokriner Drüsen fest umrissene Krankheitsbilder hervorrufen, die sich von der vegetativen Dystonie meistens eindeutig abgrenzen lassen. Das gleiche gilt von der Annahme, funktionellen Syndromen liege eine Streßreaktion zugrunde. Dies ist eine Modeerscheinung, die in dieser allgemeinen Form sicher nicht zutrifft. Ebensolche Bedenken hegen wir gegenüber psychosomatischen und soziologischen Hypothesen, die sich auf Modellvorstellungen stützen, welche ihrerseits auf unbeweisbaren, gedanklich konstruierten Voraussetzungen beruhen. Weder die Notfallfunktionen CANNONS noch der Begriff »organismischer« Lebensvollzüge (J. H. SCHULTZ, CHRISTIAN) oder die Vorstellung eines Ausdrucksgeschehens (v. UEXKÜLL) können gänzlich befriedigen, auch wenn in allen diesen Anschauungen eine Teilwahrheit stecken mag. Denn erklärt wird durch alle diese Theorien lediglich der pathogenische Weg einer Erkrankung, nicht jedoch ihr Wesen.

Kehren wir zu unserer Patientin zurück, dann fällt uns unmittelbar das in besonderer Weise gestimmte Weltverhältnis auf, durch welches auch die leibliche Symptomatik ihr Verständnis erhält. Boss schrieb einmal, vegetative Dystoniker stünden samt und sonders in einem Mißverhältnis zwischen ihrer Tragfähigkeit und den Anforderungen, die ihre Umweltbeziehungen an sie stellten. Das Grundleiden unserer Patientin bestand denn auch zweifellos darin, daß sie, durch den Bruch zwischenmenschlicher Beziehungen ihrer bisherigen Lebensstützen beraubt, menschlich eine überforderte Frau war. Zuerst starb der von ihr geliebte Vater, dann verließ sie der Freund. Ihr eigenes infantiles Wesen wehrte sich gleichzeitig gegen das Erwachsenwerden, was sich in der massiven Sexualablehnung und den dysmenorrhöischen Beschwerden äußerte. In manch anderer Hinsicht glich unsere Kranke den von STAEHELIN beschriebenen vegetativ Dystonen. Ihre Grundstimmung, in der sie sich und das ihr Begegnende erfuhr, war jene der Angst, der Verzagtheit, der Ohnmacht, der Resignation, des Überwältigtwerdens, des Nicht-bestehen-Könnens. Es war die Stimmung innerer Vertrauenslosigkeit, sich selbst und der Umwelt gegenüber, der Hilflosigkeit, der Unsicherheit und Heimatlosigkeit. Dazu gesellte sich, wie bei den Allergikern, eine mimosenhafte Überempfindlichkeit. So lassen sich jetzt unschwer auch die Störungen des Darmes und der Blase als leibliche Austragsphänomene dieser auf Angst und Spannung gestimmten Existenz erkennen. Die hochgradige Abmagerung kann – wie bei den anorektischen Mädchen – eine unwissentlich vollzogene Abkehr vom leiblich-sinnlichen Existieren bedeuten, die Durchfälle und das häufige Wasserlösen melden uns die Unmöglichkeit dieses Mädchens, irgend etwas zu ertragen, zu behalten und zu verarbeiten. Unangenehmes, Konfliktstiftendes wird möglichst rasch »durchgelassen« und ausgestoßen. Was Spannung erzeugt, wird neutralisiert. Der vegetativ Dystone gibt den Kampf auf, bevor dieser begonnen hat.

Ist jedoch die Beschränkung des psychosomatischen Interesses auf die besondere Grundstimmung der Kranken und deren gestörtes Weltverhältnis nicht eine unzulässige phänomenologische *Reduktion,* die eine kausale Therapie ausschließt? Müßte man nicht umgekehrt die *Beschreibung* der Krankheitserscheinung im Hinblick auf die Therapie hinter die *Abklärung der Ursachen* zurücktreten lassen? Ein solches Unterfangen setzte zunächst voraus, daß man tatsächlich »Ursachen« findet, was wiederum das effektive Vorhandensein von »Ursachen« voraussetzt. Nun gibt es jedoch Bereiche der Wirklichkeit, in denen die Kausalität nicht mehr nachweisbar ist. Selbst in der modernen Physik hat das kausale Denken an Bedeutung verloren. Insbesondere dort, wo es um die menschliche Existenz in allen ihren Austragsmöglichkeiten geht, ist das Kausalitätsprinzip nicht mehr anwendbar. Der Mensch kann nie aus seiner materiell-physikalischen »Zusammensetzung« wesenhaft erfaßt werden, sondern nur aus dem Bedeutungsgehalt seiner Existenz, aus seinem In-der-Welt-Sein, das sich in den je so oder anders gestimmten Weltbezügen auszeugt.

Aber auch aus praktischen Erwägungen ist eine Abklärung von Krankheitsursachen oder -bedingungen für die Therapie unnötig. Früher glaubte man zwar, der psychotherapeutische Heilerfolg beruhe auf der Aufdeckung unbewußter, meist frühkindlich entstandener Krankheitsursachen. Bereits FREUD erkannte jedoch, daß der psychoanalytische Prozeß aus solcher »Aufdekkung« nur wenig Nutzen ziehe. So wurde die Heilwirkung der Psychoanalyse vor allem in der Gestaltung der Übertragungsbeziehung, oder wie ALEXANDER später formulierte, in der *»corrective emotional experience«* gesehen. Tatsächlich ist es wohl so, daß die psychotherapeutische Heilung in einer *Umstimmung* besteht, die es dem Patienten ermöglicht, sich in ein offenes, vertrauensvolles, selbstsicheres, Angst – und Schuld – ertragendes Weltverhältnis einzulassen. Eine solche Umstimmung kann durch die Begegnung des Kranken mit der Weltoffenheit seines Arztes geschehen; sie kann aber auch durch die Begegnung des Kranken mit irgendeinem anderen Menschen geschehen, was das Vorkommen sogenannter Spontanheilungen erhellt. Beispielsweise weigerte sich unsere Patientin, die ihr empfohlene Psychoanalyse zu beginnen. An deren Stelle trat jedoch eine neuerliche und diesmal beglückende Liebesbeziehung zu einem gleichaltrigen, aber reiferen jungen Mann, die alle vegetativen Beschwerden in Vergessenheit geraten ließ.

Bei solcher Auffassung des Wesens der psychosomatischen Krankheit und deren Heilung fällt auch der Gewissenskonflikt der Ärzte dahin, ob und wieweit die somatische Abklärung voranzutreiben sei, bevor man den Kranken zur Psychotherapie überweisen soll. Die Psychotherapie beginnt nämlich mit der ersten Konsultation, vor allem dann, wenn der Arzt um die psychosomatische Bedeutung des Krankheitsbildes *weiß* und sich in entsprechender mitmenschlicher Offenheit *verhält.* Wird das Leiden lediglich als isolierte organische Funktionsstörung gesehen und somatisch behandelt, oder glaubt man, nur eine jahrelang dauernde psychoanalytische Erforschung unbewußter Krankheitsmotive könne dem Kranken helfen, wendet sich dieser oft enttäuscht vom Arzt ab. Jede ärztliche Untersuchung sollte immer auch schon von einem Wissen des Arztes um die Bedeutung mit- und umweltlicher Beziehungen begleitet sein. Zur Abklärung jeder vegetativen Dystonie gehören schon die erweiterte lebensgeschichtliche Anamnese und die Erhellung der jeweiligen Gestimmtheit des Kranken.

Dieser Auffassung pflichten heute wohl die meisten psychosomatisch interessierten Ärzte bei, und Boss bemerkt mit Recht: »Die Forderung ist darum wahrhaftig nicht aus der Luft gegriffen, die vom Arzt verlangt, daß alle somatische Abklärung grundsätzlich und von Anfang an immer nur vor dem Hintergrund einer Erhellung der ganzen emotionalen Beziehungszusammenhänge geschehen darf, in die ein Kranker jeweilen mit Leib und Seele eingebettet ist. Dieser Art von ›existentieller‹ Erhellung prinzipiell das Primat zusprechen heißt indessen keineswegs, nunmehr einer möglichst sorgfältigen und genauen leiblichen Untersuchung eines Kranken eine geringere Beachtung schenken zu müssen. Etwas in einem anderen, größeren Lichte sehen lernen läßt im Gegenteil die Einzelheiten des Beobachteten eher noch plastischer und bedeutungsvoller als zuvor in Erscheinung treten. Eine Sicht, die alle leiblichen Strukturen und Prozesse stets im und ausgerichtet auf den umfassenderen Zusammenhang des gesamten Weltverhältnisses eines Kranken zu sehen sich bemüht, wird deshalb auch ihnen den hohen Rang unabdingbar und unmittelbar der menschlichen Existenz selbst zugehöriger Phänomene zuerkennen. Sie wird sie jedenfalls nie mehr lediglich zu den unwesentlichen Manifestationen einer bloß peripheren, ›niedrigen‹ Seelenhülle rechnen.«

Essentielle Hypertonie

In wiederum anderer Weise als der vegetativ Dystone trägt der Hypertoniker seine Existenz aus. Dort nämlich, wo die Lebensweise der Menschen auf ein andauerndes Unter-Druck-Sein und Verkrampft-Sein gestimmt ist, können auch die Gefäßsysteme unter einem krampfartigen Überdruck stehen. Nicht der jeweilige Anlaß, welcher die Hypertonie bewirkt, ist dabei von Bedeutung, sondern lediglich der existentielle Grundzug eines übermäßigen Gespanntseins. Hochdruck-Kranke sind Menschen, deren Existenz sich leiblich in einer besonders bedrückten *Gestimmtheit* austrägt; deshalb läßt sich das Wesentliche der psychosomatischen Erkrankung, nämlich das in je spezifischer Weise gestimmte Weltverhältnis, besonders deutlich bei ihnen aufweisen.

Zunächst sei der Fall eines sechsundzwanzigjährigen Chemikers erwähnt, den wir bereits anderenorts (*Daseinsanalytische Psychotherapie*) kurz geschildert haben. Der Patient litt an einer essentiellen Hypertonie; der Blutdruck hielt sich auf einer Höhe von 180/100 mm Hg ziemlich konstant, die subjektiven Beschwerden bestanden in Kopfdruck, Schwindelgefühlen, hochgradiger Ermüdbarkeit und allgemeinem Unwohlsein. Der Kranke war vom behandelnden Arzt zur Psychotherapie überwiesen worden, da einerseits keine organische Ursache für den Hochdruck gefunden wurde und andererseits dieser allen Therapieversuchen gegenüber refraktär blieb.

Es erwies sich bald, daß der Kranke eine Anamnese aufzuweisen hatte, die trotz einer Häufung scheinbar organischer Störungen auf eine *emotionelle Unausgeglichenheit* hindeutete. Nach der Geburt litt er an einem Ikterus neonatorum, als Kleinkind erkrankte er an Keuchhusten, Masern und Scharlach, später häufig an Angina, zweimal an Varizellen. Zweijährig machte er eine Pneumonie durch, später eine Scharlachnephritis und verschiedentlich polyarthritische Schübe. Bis zur sechsten Schulklasse war er immer kränklich. Schließlich befiel ihn eine Bauchtuberkulose, die ihn zu Aufenthalten in Höhenkurorten zwang. Es folgten Tonsillektomie und Appendektomie. Seit seiner Kindheit war der Patient auch in besonderem Maße unfallanfällig. Zweimal erlitt er eine Claviculafraktur, später eine Fraktur des linken Wadenbeins, eine Meniskusverletzung und mehrfache Handverstauchungen. Infolge seiner Krankheiten und Unfälle war der Patient in der Schule stark behindert und mußte den Schulort häufig wechseln. Nur durch außerordentlichen Fleiß gelangen ihm schließlich die Schulabschlüsse.

Diese Krankengeschichte liefert bereits aufschlußreiche Anhaltspunkte für das Verständnis der besonderen Gestimmtheit, die offenbar unseren Patienten sein ganzes Leben hindurch begleitete. Zunächst fällt dabei die Häufung infektiöser Erkrankungen auf, von der harmlosen Kinderkrankheit bis zur Bauchtuberkulose. Hier kommt eine gewisse Überempfindlichkeit, eine mangelhafte Abwehrbereitschaft und eine verminderte Widerstandskraft zum Austrag, wie man sie häufig bei Kindern antrifft, die überfordert werden und/oder nicht in der Sicherheit mütterlicher Nestwärme aufwachsen. Die hochgradige Anfälligkeit für Infektionen, interkurrente fieberhafte Erkrankungen, Tonsillitis und Pneumonie läßt jedoch nicht nur auf eine verminderte *leibliche* Widerstandsfähigkeit schließen, sie darf also nicht lediglich als ein durch äußere Ereignisse bedingtes organisches Geschehen gedeutet werden. Es ist vielmehr bekannt, daß sie vor allem dann in Erscheinung tritt, wenn sich der Mensch emotionell in einer Situation befindet, die ihn bedrückt. Man könnte von Depressionsäquivalenten sprechen, wobei die traurige Verstimmtheit im Unterschied zur echten Depression nicht wissentlich ausgetragen wird, sondern im eher stummen Bereich des Leibes. Das gesamte Weltverhältnis dieses Kranken steht stimmungsmäßig unter Druck. Man braucht nur zu wissen, wie sehr sogar »harmlose« Erkältungskrankheiten den Menschen »erledigen«, zu Bettruhe und Untätigkeit zwingen, um den psychosomatischen Bedeutungsgehalt interkurrenter Krankheiten zu erahnen. In besonderem Maße gilt dies aber von der Tuberkulose. Sie ist es, die das Aufgeben von Leistungs- und Lebenswillen am eindrücklichsten zeigt. Diese Selbst-Aufgabe und Abwendung von der eigenen Existenz geschieht vornehmlich dort, wo sich der menschlichen Reifung unüberwindbar scheinende Hindernisse in den Weg stellen, wo der Mensch überfordert ist, unter Druck gehalten wird. Daß der Patient in einem solchen, auf Druck und Spannung gestimmten Verhältnis zur Welt aufgewachsen sein muß, geht noch aus der anamnestischen Angabe seiner zahlreichen Unfälle hervor. Besonders jene Menschen neigen zu Unfällen und Verletzungen, die sich in einer emotionellen Spannung befinden, die sie nicht lösen können. Wir dürfen also mit großer Wahrscheinlichkeit annehmen, daß unser Hypertonie-Kranker seine kindlichen und jugendlichen Lebensabschnitte in einem stimmungsmäßig gespannten und unfreien Weltverhältnis durchschritt, wobei seine Widerstandskraft allzuoft gebrochen wurde. Dieses jeweilige konflikthafte Versagen wurde nicht als solches und in der entsprechenden mitmenschlichen Beziehung ausgetragen, sondern auf dem Boden der körperlichen Erkrankung.

Auf die besondere Gestimmtheit des Unter-Druck-Stehens hätten wir jedoch nicht nur aus der Anamnese, sondern bereits aus dem Krankheitsangebot schließen können. Nicht von ungefähr spricht man vom »*Hochdruck*«-Kranken. Dieser Hochdruck, der tatsächlich auf dem Patienten lastet, kann allerdings nicht in mm Hg gemessen werden. Auf diesen Menschen liegt nicht nur ein Druck von außen, noch viel weniger eine rein arteriosklerotische Verkrampfung, sondern ein existentieller, stimmungsmäßiger Spasmus. Sie geben dem Druck, der auf ihnen lastet, nicht nach. Sie flüchten nicht in die Krankheit wie der Hypotone. Sie wehren sich. Ihre Abwehrhaltung entspricht der Überforderung. Sie haben sich zur Verteidigung eingerichtet, nicht zur Flucht.

Auf die charakteristische und spezifische Gestimmtheit der Hypertoniker wurde mehrfach hingewiesen. ALEXANDER machte u. a. ein übergroßes Maß an Selbstbeherrschung und Unterdrückung der Aggression für die Häufigkeit der essentiellen Hypertonie verantwortlich. SCHWÖBEL weist auf die inneren Spannungen hin, die mit tiefgreifenden Verkrampfungen im Organismus einhergehen, über deren eigentliche Bedeutung die Kranken selbst nicht Auskunft zu geben vermögen. Innere Unruhe, Spannung und Verhaltung, Unterdrückung von Aggression der sozialen Anpassung zuliebe, Selbstvorwürfe und Schuldgefühle gehören zum Krankheitsbild der Hypertonie. STAEHELIN bezeichnet die Hochdruck-Kranken als einseitig-leistungsstrebend, überexakt in der Arbeit, pedantisch, verhalten aggressiv, gespannt in ihren Gefühlsbeziehungen, zwangsmäßig verschlossen, überhöflich, auf Anerkennung wartend. Wesentlich für die Hypertonie ist jedoch nicht nur diese Gestimmtheit, die man auch bei anderen Krankheitsbildern antrifft, sondern die Art und das Ausmaß, in der diese Hochdruckspannung zugelassen oder abgewehrt wird. Findet diese Grundstimmung einen entsprechenden umweltbezogenen Austrag etwa in einer vitalen, tatkräftigen, draufgängerischen Lebenshaltung, so besteht die Gefahr der »leiblichen Hypertonie« in viel geringerem Maße als dort, wo die Hochdruckgestimmtheit von jedem Umweltbezug abgedrängt wird. Es sind dann eben jene Organe, die erkranken, welche funktionsmäßig der körperlichen Regulation der Dauerspannung dienen. In besonderem Maße betrifft dies das System der glatten Muskulatur, was zu einem Dauerspasmus in den Arteriolen und zu jener für die Hypertonie typischen spastischen Tendenz aller Organe mit glatter Muskulatur führt.

Gilt die Stimmung des Bedrückt-Seins, der gehemmten Aktivität als maßgebliches Phänomen der Hochdruckkrankheit, so finden wir bei Boss eine noch differenziertere Aussage über den Bedeutungsgehalt dieser Krankheit. Hypertoniker zeichnen sich nämlich immer dadurch aus, daß jene Lebensmöglichkeiten am freien Austrag gehindert – unter Druck gesetzt – werden, »die mit Herz und Blut in allernächstem Zusammenhang stehen«. Es sind die Beziehungsmöglichkeiten der Liebe, die Stimmung des Sich-freuen-Könnens, »des warmen, vitalen, spontanen, temperamentvollen Pulsierens im Kreise mitmenschlicher Gemeinschaften und sozialer Körperschaften«. Somit wäre der Hoch druck nicht lediglich eine Krankheit, die durch einen sozialen Streß, durch berufliche Überforderung oder äußere Beengung und erzwungene Inaktivität zustande kommt, sondern ein spezifisch *mitmenschliches Problem.* Die beruflich-ehrgeizige Lebenshaltung, welche häufig für die Hypertonie verantwortlich gemacht wird, ist nicht deren Ursache, sondern bereits ein Symptom des Überdrucks. Jene Menschen, die sich einseitig und universell dem Leistungsprinzip verschrieben haben, entfernen sich bereits im gleichen Maße vom mitmenschlichen Lebensvollzug der Liebe.

Es gilt nun zu untersuchen, *unter welchen Bedingungen* sich im Leben eines Menschen ein derartig gestimmtes Weltverhältnis festlegen kann. Dazu genügt die üblicherweise vom Arzt aufgenommene Krankheitsanamnese nicht; vielmehr müssen die Angaben *lebensgeschichtlich erweitert* werden.

Der Patient, über dessen Krankheit wir eben berichteten, entstammte einer moralisch rigiden, puritanischen Familie, deren Mitglieder in den Gemeinwesen hohes soziales und politisches Ansehen genossen. Die häusliche Atmosphäre war dementsprechend kalt und unfreundlich. Weder zum Vater noch zur Mutter hatte der Patient ein warmes Verhältnis. Der Vater ging völlig in seinem Beruf auf, die Mutter machte einen chronisch unzufriedenen und mürrischen Eindruck, der eine Annäherung von vornherein verunmöglichte. Sie soll den Patienten als Kind öfters völlig grundlos geschlagen haben.

Der Kranke wuchs als Einzelkind auf. Schon früh plagten ihn nachts schwere Angstträume, die ihn schreckhaft aus dem Schlafe rissen. Der einzige Mensch, der in seiner Umgebung für ihn Verständnis zeigte und den er heimlich bewunderte, war ein Onkel. Dieser galt seines weniger orthodoxen Lebenswandels wegen als das schwarze Schaf der Familie. Von ihm habe er eine gewisse Neigung zur Unordentlichkeit, aber auch zu starken Gemütsschwankungen übernommen. Auf jedes ihn treffende Ereignis reagierte der Patient mit einer schweren depressiven Verstimmung.

Waren Kindheit und Jugendzeit schon durch die frostige familiäre Atmosphäre gekennzeichnet, so gelang es dem Kranken auch nicht, in der Ehe sein Glück zu finden. Er heiratete viel zu früh und zu einem Zeitpunkt, da er für die Ehe noch keineswegs reif war. In seinem eigenen Heim fühlte er sich als Gefangener. Die Heirat war für ihn nicht die befreiende Erlösung vom Elternhaus, sondern lediglich der Wechsel von einem »Käfig« in einen anderen. In gewisser Hinsicht trat jedoch ein Wandel ein: er hatte das Studium abgeschlossen und damit ein gewisses Selbstvertrauen erhalten. In seinem neuen Arbeitskreis lernte er Kameraden kennen, deren Lebensstil von dem seinen völlig verschieden war. Erstmals schien er nun all jenes erleben zu können, das ihn seit der leiblichen Pubertät nur als bedrückendes Verbot belastet hatte. Barbesuche, Trinkgelage und gelegentliche Dirnenbekanntschaften boten ihm Ersatz für die »langweilige« und »frigide« häusliche Atmosphäre. Seine Frau lehnte ebenso entrüstet alles Leiblich-Sinnenhafte ab wie früher seine Mutter. Alkohol galt als das Getränk des Teufels. Nur mit schlechtem Gewissen wagte sich der Patient jeweils nach seinen Ausschweifungen nach Hause. Um jeglichen Diskussionen aus dem Wege zu gehen, verschloß er sich zusehends vor seiner Frau, bis schließlich alle Zwiesprache verstummte.

Die psychosomatische Bedeutsamkeit der essentiellen Hypertonie war bereits den deutschen Klinikern des neunzehnten Jahrhunderts (Schönlein, Wunderlich, Strümpell) bekannt, obwohl weder das Krankheitsbild selbst noch das Wesen der Psychosomatik gesichert waren. Inzwischen ist der idiopathische Hochdruck in beiden Richtungen vielfach abgeklärt worden. Über die Psychodynamik der Hypertoniker machten Hoff und Ringel einige interessante Angaben. So soll die Kindheitsatmosphäre durch Unsicherheit und Gespanntheit gekennzeichnet sein, auch soll der Vateraspekt durch häufige und heftige, unberechenbare Affektausbrüche gekennzeichnet sein, während die Mütter kaum charakteristische Befunde aufwiesen. Das eingeschüchterte und verängstigte Kind entwickle Aggressionen, die, weil gegen den Vater gerichtet, verdrängt würden. Die Aggressionshemmung beziehungsweise die Aggressionsverlagerung nach innen soll einem »präsuicidalen Syndrom« oder einer schweren Depression (v. Gebsattel) gleichzustellen sein. Die von Hoff und Ringel aufgestellten Thesen lauten zusammengefaßt dahin, daß die Hypertonie auf eine *chronische Entwicklung* zurückgeht und daß die permanente psychische Belastung das Resultat eines in der *Kindheit* entstandenen neurotischen *Konfliktes* ist. Die Hypertonie komme zudem erst dann richtig zum Ausbruch, wenn der *physiologische Abnützungsfaktor* (Entgegenkommen der Organe, Organminderwertigkeit) durch einen pathologischen Lebensstil beschleunigt und verstärkt werde. Damit sind die üblichen *Ursachen* einer psychosomatischen Erkrankung aufgezeigt, wenn man von den »Persönlichkeitsprofilen« und der unspezifischen Streßtheorie absieht. Gerade am Beispiel der Hypertonie läßt sich jedoch unschwer nachweisen, daß allen diesen Erklärungsmodellen im besten Falle spekulativer Charakter zukommt. Weder die kausale Rückführung der Hypertonie auf frühkindliche Erlebnisse noch eine primäre Organminderwertigkeit oder eine Konflikt- und Lebensstil-Spezifität lassen sich in Wirklichkeit als zum Wesen der Hypertonie gehörend nachweisen, mögen noch so ausführliche Statistiken zur Stützung dieser Thesen herangezogen werden. Eine Wesenserkenntnis der Hypertonie ist nur möglich aufgrund der bereits erwähnten phänomenologischen Betrachtungsweise. Diese bestimmt jedoch nicht nur das Krankheitsverständnis, sondern auch die einzuschlagende Therapie. Letztere wird sich demnach nicht mit einer Bewußtmachung verdrängter Aggressionen oder der Aufdeckung unbewußter Triebwünsche begnügen, sondern die in je besonderer Weise gestimmten Weltbezüge »durcharbeiten«.

Unser Patient hatte sich zunächst widerstrebend für eine Psychotherapie entschieden. Er kam je nach Möglichkeit ein- bis zweimal pro Woche in die Sprechstunde; was ihm zusätzliche Mühe bereitete, war, daß er in einer anderen Stadt als der Therapeut wohnte. Nach Überwindung der Anfangsschwierigkeiten konnte er jedoch zum Psychotherapeuten eine offenere Beziehung herstellen. Er setzte sich mit den ihn bedrängenden Schuldgefühlen auseinander, lernte sich als einen Menschen kennen und akzeptieren, dessen Sinnenhaftigkeit und Gefühlshaftigkeit ebensolche Daseinsberechtigung haben wie der intellektuelle Erfolg und die brave Bürgerlichkeit. Es gelang ihm sogar, eine gewisse persönliche Freiheit mit einem gesunden Eheleben zu verbinden. Das Verhältnis zu seiner Frau hatte sich in dem Moment gebessert, als er auf Anraten des Therapeuten mit ihr eine Aussprache herbeiführte. Auch sie sah ein, daß ihr Mann schon allzulange in seiner Aktivität gehemmt worden war.

Der Kranke brach die Psychotherapie – nach Verschwinden seiner subjektiven Beschwerden – gegen den Rat des Therapeuten vorzeitig ab. Einige Jahre später soll er einen Herzinfarkt erlitten haben, von dem er sich jedoch wieder erholte. Dies beweist einmal mehr die psychotherapeutische Forderung, es sei die Behandlung psychosomatischer Erkrankungen nicht nach dem Verschwinden der körperlichen Symptome abzubrechen, sondern erst nach Heilung der zugrunde liegenden Neurose. Daß dies meistens gerade von den psychosomatisch Kranken nicht eingesehen wird, gehört als Wesensbestandteil zum Krankheitsbild. Je verschlossener, gespannter und intellektualisierter ein Kranker ist, desto geringer ist die Aussicht auf eine volle Wesensäußerung. Da dies beim Hypertoniker in besonderem Maße der Fall ist, muß sich der Therapeut gelegentlich mit der Rolle bescheiden, den Kranken ein Stück seines Lebensweges zu begleiten, ohne auf endgültige Heilung hoffen zu dürfen. Aber auch dies ist ärztliche Haltung und ärztliche Aufgabe.

Asthma bronchiale

Verschiedene Lungenkrankheiten sind psychosomatisch bestens bekannt. Erwähnt seien die Tuberkulose und das Asthma bronchiale. Beide Krankheiten wurden eingehend vom Gesichtspunkt der Krankheitswahl aus betrachtet, die Tuberkulose als chronische, zum Tode führende Selbstaufgabe des Menschen, das Asthma als Austrag eines angstbesetzten, auf individuelle Überforderung gestimmten, allergischen Weltverhältnisses. In einer Übersicht klinisch erfaßter psychosomatischer Krankheitsbilder erwähnten de BOOR und KÜNZLER 185 Erkrankungen der Lunge, etwa zu gleichen Teilen Asthma bronchiale und Lungentuberkulose, deren Häufigkeit unter den 29 angeführten Diagnosen mit Abstand an erster Stelle steht. Aber nicht nur die großen chronischen Lungenkrankheiten sind psychosomatisch bedeutsam. HEGGLIN erwähnt die Wichtigkeit emotioneller Faktoren beim Auftreten dyspnoischer Zustände, den Einfluß der Angst auf die Entstehung des Effortsyndroms. Die Dyspnoeformen sollen eng mit einem Fehlen des seelischen Gleichgewichts verknüpft sein und in Zusammenhang stehen mit der Entwurzelung des modernen Menschen. Atemnot, Lufthunger und Beklemmung deuten darauf hin, daß sich der Mensch in seiner leibhaftigen Existenz bedroht fühlt.

Diese existenzielle Bedrohung kennzeichnet die Organwahl Lungenkranker. Die Lunge ist für uns nicht nur lebenswichtig, sondern in besonderem Maße auch Indikator unserer jeweiligen Gestimmtheit. Der Volksmund spricht von »dicker Luft«, wenn der Mensch nicht mehr frei atmen kann; in angstvoller oder freudiger Erregung geraten wir »außer Atem«. Im Schreck »verschlägt es einem den Atem«, in »atemloser Gespanntheit« liest man einen Kriminalroman, oder man ist von einer »atemberaubenden Schönheit« beeindruckt. Der von Angst gequälte Mensch findet allerdings den Atem so leicht nicht wieder; je intensiver die objektiv vorhandene oder subjektiv gefühlte Bedrohung erlebt wird, desto eher kann es zum leiblichen Niederschlag der Neurose in der Lunge kommen. Dies kann am Beispiel des Asthma bronchiale mit besonderer Eindrücklichkeit exemplifiziert werden.

Bereits seit der Jahrhundertwende ist die Psychosomatik Asthmakranker bekannt. SADGER (1910), WULFF (1912), MARCINOWSKI (1913) und WEISS (1922) fanden bei ihren Asthmakranken ein gesteigertes Liebesbedürfnis und eine außergewöhnliche Abhängigkeit von einem stützenden Liebespartner. Als ausschlaggebend für das Auftreten asthmatischer Anfälle erwies sich die Angst vor einem Liebesverlust. FRENCH, ALEXANDER und Mitarbeiter wiesen vor allem auf die Bedeutung der Mutter in diesem Zusammenhang hin, wobei die Angst, von ihr getrennt zu werden, verbunden mit einem Mangel an Selbständigkeit und Reife, für das Asthma prädisponieren soll. In neuerer Zeit befaßten sich die Psychosomatiker SCHWÖBEL (1949), BOSS (1954), STAEHELIN (1962), JORES (1967) und andere mit dem Asthma. Übereinstimmend wurde dabei festgestellt, daß der Asthmaanfall nicht auf irgendeinen bestimmten ursächlichen Faktor, wie etwa die innere oder äußere Trennung von der Mutter, rückführbar sei, sondern wesentlich nichts anderes als ein Angstäquivalent darstelle. Als besonders typisch für die Wesenserfassung Asthmakranker erwiesen sich deren Träume und die Funde psychodiagnostischer Tests. Asthamatiker träumen vom gewaltsamen Untergang ihrer Welt, und im RORSCHACH*schen* Formdeuteversuch erscheinen Tiere und Menschen in zerstückelter und verstümmelter Form, wie man sie sonst nur bei Schizophrenen sieht. Im ganzen gesehen erscheinen Asthmakranke als Menschen, deren Welt brüchig und von Auflösung bedroht ist. »In ihrer gleichsam embryonalen, unfertigen Verfassung muß die Welt diesen Kranken, wenn immer sie einer mütterlichen Umhüllung und eines mütterlichen Filters beraubt werden, in höchstem Maße beängstigend und mit übermäßigen Reizen geschwängert erscheinen« (BOSS). Ihr Dasein ist von einer abgründigen Angst beherrscht.

Nun gibt es Patienten, die auch bei eingehendster Befragung keine angstvolle Gestimmtheit erkennen lassen, die weder in ihren Träumen noch im RORSCHACH-Protokoll die eben beschriebenen Eigenheiten aufweisen. Immer aber hat sich gezeigt, daß auch diese Kranken im Grunde ihres Wesens auf Bedrohung und Angst gestimmt sind, selbst wenn ihnen dies zunächst verborgen bleibt. Aus diesem Grunde machen solche Patienten, wenn sie sich in eine Psychotherapie begeben, zunächst einen scheinbaren Rückschritt, das heißt, der Weg zur Gesundung psychosomatisch Lungenkranker führt häufig über die Angstneurose. Erst dann, wenn das psychosomatische Krankheitsgeschehen die emotionelle Not des Patienten offen zutage treten läßt, ist eine psychotherapeutische Beeinflussung möglich. Die psychosomatische Krankheit wird über den Weg der Neurose schließlich geheilt.

Dazu ein Beispiel aus der *Psychosomatik der Frauenheilkunde*: Eine siebenundzwanzigjährige Patientin, die in äußerlich geordneten Verhältnissen aufgewachsen war, litt seit ihrem sechsten Lebensjahr unter schwersten Asthmaanfällen. Die Anfälle waren so stark, daß sie jeweils das Gefühl hatte, ersticken zu müssen. Obwohl die Familiensituation nach außen hin gutbürgerlich und unauffällig schien, war die innere Atmosphäre durch einen kaltherzigen Puritanismus gekennzeichnet, der unserer Patientin wirklich keinen freien Raum zum Atmen ließ. Der Vater war ein religiöser Fanatiker, der in weltfremder Sturheit seine Familie emotionell (und auch wirtschaftlich) darben ließ; seine Erziehungsmethoden wurden durch den Stock und die Bibel bestimmt. Die Patientin galt als das schwarze Schaf der Familie, vom Vater als »Teufelskind« bezeichnet, und wurde auch für die Vergehen ihrer Geschwister bestraft. Die Mutter war zu schwach, um ihr Kind gegen das Terrorregime des Vaters in Schutz zu nehmen. Die Patientin litt denn auch nachts unter schwersten Alpträumen, in denen sie selbst oder ihre Eltern oder Geschwister umgebracht wurden. Tagsüber fühlte sie sich unglücklich und vereinsamt, sie war schüchtern, kontaktbehindert und beengt. Das Asthma verschwand spontan, als die Patientin mit sechzehn Jahren das Elternhaus verließ und eine Lehrstelle als Laborantin in einer entfernten Stadt annahm. Schließlich heiratete sie und fühlte sich einige Jahre frei und zufrieden.

Mit zweiundzwanzig Jahren gebar die Patientin ihr erstes Kind. Im Anschluß daran trat eine Galaktorrhöe auf, verbunden mit einer sekundären Amenorrhöe. Zur gleichen Zeit litt sie wieder unter Asthmaanfällen, die sie mehrere Jahre verfolgten. Fünf

Jahre nach der Geburt ihres Kindes entschloß sie sich zu einer Psychotherapie. Dabei erfuhr vor allem das Verhältnis zu ihrem Ehemann eine Klärung. Sie hatte nämlich einen Mann geheiratet, der in mancher Beziehung das genaue Ebenbild ihres eigenen Vaters darstellte. Auch er war pedantisch-zwangsneurotisch starr und hart, von einem unerbittlichen Perfektionismus besessen. Wie seinerzeit der Vater suchte auch der Ehemann die Patientin nach seinem Willen zu formen, indem er ein autoritäres Verhalten an den Tag legte und seiner Ehepartnerin richtiggehend die Luft wegnahm. Er dirigierte den Haushalt und die Pflege des Kindes, zwang die Patientin beispielsweise, das Kind zu stillen, obwohl sie keine Milch mehr hatte und die Brüste jeweils bluteten. Auch in sexueller Hinsicht war er rücksichtslos fordernd; von der Frau erwartete er, daß sie sich ihm restlos füge.

Bereits nach wenigen Wochen psychotherapeutischer Sitzungen besserte sich der Zustand der Patientin wesentlich. Zunächst einmal lernte sie, sich allen jenen gegenüber zur Wehr zu setzen, die ihr eine ihrem Wesen nicht gemäße Lebensform aufzwingen wollten. Als sie, die sich bisher immer gefügt hatte, nicht nur in der Therapie über ihren Mann schimpfen, sondern ihn auch in direkter Auseinandersetzung zu einer Änderung seines Verhaltens bewegen konnte, verschwand das Asthma bronchiale spontan. Es ist seither – die Psychotherapie wurde vor vier Jahren beendet – nicht mehr aufgetreten. Die Patientin berichtete uns kürzlich in einem Brief, der damalige »Ehestreit« und die Klärung der Positionen hätten sowohl das Asthma wie auch ihre Angstzustände beendet. So bestätigte sich in diesem Falle die bekannte Regel, daß Asthmatiker häufig dann ihre Anfälle verlieren, wenn es ihnen gelingt, sich in der Auflehung gegen die innere oder äußere Bedrängnis wieder Luft zu verschaffen.

Erkrankungen des alternden Menschen in medizinpsychologischer Sicht

Unsere Zeitepoche ist unter anderem durch eine auffallende Änderung der altersmäßigen Bevölkerungsstruktur gekennzeichnet. Während noch zu Beginn unseres Jahrhunderts die Kinder bis zu fünf Jahren den größten zahlenmäßigen Anteil an der Bevölkerung ausmachten, wurde von 1930 an eine bedeutende Zunahme der älteren Jahrgänge festgestellt. In Europa und Nordamerika gibt es heute absolut und relativ mehr alte Menschen, als dies je in der Geschichte der Menschheit der Fall gewesen ist (VISCHER). Die Gründe für diese Entwicklung dürften im Geburtenrückgang, in der allgemeinen Hebung des Lebensstandards, in der Dezimierung der mittleren Jahrgänge durch den Zweiten Weltkrieg (HOFF und RINGEL) und schließlich in den Fortschritten der Medizin, welche die Lebenserwartung des Menschen gegenüber seinen Vorfahren verdoppelt hat, zu suchen sein. Diese altersmäßige Bevölkerungsverschiebung ihrerseits stellt die Heilkunde vor neue Probleme. Die Geriatrie hat an Bedeutung gewonnen, die medizinische Betreuung und Pflege alternder und alter Menschen beansprucht einen Großteil der Arbeit der praktischen Ärzte. Auch die Krankenhäuser sind davon betroffen. Daß damit eine Zunahme medizinpsychologischer Probleme einhergeht, liegt auf der Hand. Das Alter ist unter anderem gekennzeichnet durch die Einschränkung körperlicher, gelegentlich auch geistiger Leistungsfähigkeit, durch die sukzessive Reduktion beruflicher Tätigkeit, vor allem jedoch emotionell durch die zunehmende äußere und innere Vereinsamung. Nicht selten sind die Ärzte noch die einzigen Menschen, die dem Alternden leiblich und seelisch wirklich nahestehen. Alterserscheinungen sind vielfältig, deshalb ist auch das Krankengut nicht so leicht systematisch erfaßbar wie etwa in der Kindheit und Jugendzeit. Gleichaltrige Betagte bieten einen »überraschend bunten Anblick«; es gibt keine Merkmale und keine physiologischen oder psychologischen Tests, die es uns ermöglichen, das chronologische Alter in körperlicher oder geistiger Hinsicht zu bestimmen. VISCHER weist auf einige Grundtatsachen der Alterspathologie hin, wonach festzuhalten ist, daß das Befinden der Patienten nicht immer dem Befund entspricht, das Auftreten von Altersvorgängen und Alterskrankheiten individuell verschieden ist, krankhafte Vorgänge gleichzeitig an verschiedenen Organen auftreten und der Allgemeinzustand stärker in Mitleidenschaft gezogen wird.

Wer sich mit den Problemen des Alters befaßt, darf nicht bei der Abklärung biologischer Vorgänge stehenbleiben. Immer mehr konzentriert sich das Interesse der Gerontologen auf psychische und soziale Phänomene. Intimsphäre und Lebensgefühl sind im Alter in weit höherem Maße als beim Jugendlichen und voll leistungsfähigen Erwachsenen durch Verluste, Verzichte, Versagungen geprägt. Die subjektiven Klagen alter Menschen in bezug auf ihren *sozialen* Status gipfeln meistens in der Klage über gesellschaftliche Isolation, die verringerte Leistungsfähigkeit und die wirtschaftliche Notlage (RUFFIN, ROTH). In unserer Gesellschaft ist die Stellung des alternden Menschen sowohl durch die Individualisierung wie durch die Kollektivierung geprägt. In früheren Epochen war die Stellung der Alten eindeutiger definiert, sozialhierarchisch gesichert und festgelegt; die heutige Lockerung bringt ein größeres Maß an Freiheit, aber auch an Unsicherheit und Ambivalenz (MÜLLER). Ein Zeichen des Alterns ist die zunehmende *Verwundbarkeit,* deren Grund nicht allein in der physiologischen Abnützung gesucht werden darf, sondern in der Tatsache, daß in Grenzsituationen schwerer Krankheit oder schwerer Belastung die Leistungsfähigkeit des Körpers überfordert wird (SCHAEFER). Eine solche Grenzsituation kann schon die Trennung von einem Aufgabenkreis und den damit verbundenen menschlichen Beziehungen darstellen, »wenn dieser Lebensbereich als Lebensinhalt eine vorherrschende oder gar ausschlaggebende Rolle gespielt hat« (HÄFNER).

Das Altern ist also gekennzeichnet durch ein Nachlassen von Vitalität, Kraft und Beweglichkeit. Die »Zeitstruktur der Lebensgeschichte« hat sich, wie HÄFNER ausführt, verändert. »Das Ende des Lebens ist näher gerückt, die Zukunft, die noch Raum für Pläne und Unternehmungen bietet, ist knapp geworden. So gewinnt die Vergangenheit, das Geschaffene, das Erworbene und das Gewesene, ein weitaus größeres Gewicht als die Hoffnung, in Zukunft noch Zusätzliches schaffen oder Verlorenes ersetzen zu können. Das Bewahren – sei es Besitz oder Prestige – und die Besonnenheit, ja Skepsis gegenüber allem Neuen ist deshalb ein Grundzug des alternden Menschen.«

Im dritten menschlichen Lebensabschnitt finden wir ein Krankengut, in welchem organische Befunde mit häufig chronischem Verlauf vorwiegen. Die Faktoren, die in der Kindheit und mittleren Erwachsenenzeit zur Neurose führten, haben sich in vielen Fällen überlebt. Die Gesellschaft fordert vom älteren Menschen nicht mehr den gleichen Einsatz wie vom Menschen mittleren Lebensalters. Seelische Konflikte, besonders psychoreaktive Störungen, aber auch neurotische Fehlhaltungen werden im Laufe des Lebens abgebaut oder überwunden. Dafür treten andere Probleme auf. Mit der Herausnahme aus dem bisherigen, gewohnten und das Leben ausfüllenden Arbeitsbereich und mit der Entfernung aus der eigenen Familie (die Kinder sind erwachsen und gründen eigene Lebensgemeinschaften) tritt zunächst das bekannte Phänomen der *bedrückenden Entlastung* auf, die ebenso eine Streßsituation darstellen kann wie die chronische Überlastung. Es ist eine Tatsache, daß die Entlastungssituation nicht nur leer und unglücklich, sondern auch krank macht. Die *Involutionsdepressionen* beispielsweise treten nicht selten bei Menschen auf, die ihr Leben gewissenhaft und pflichtbewußt ausfüllten. Aber auch die mannigfaltigen *Pensionierungsneurosen* gehören hierher, ferner die *klimakterischen Beschwerden* bei Frauen und Männern sowie die *hypochondrischen Klagen*. Dazu kommt die ganze Skala psychischer und somatischer Reaktionen, interkurrenter Erkrankungen, altersspezifischer Unpäßlichkeiten und Verstimmungen, hirnorganischer Veränderungen, kardiovaskulärer Störungen (Tabelle 9). MEYER beschrieb an einem europäischen Symposium der *»World Psychiatric Association«* vier Typen neurotischer und psychopathischer Wesenszüge, die im Alter eine besondere Rolle spielen. Da sind einmal die *Persönlichkeitsveränderungen* zu nennen, die zur Hauptsache in einer Vergröberung und Karikierung bereits vorbestehender Charakterzüge oder aber in ihrer Abschwächung bestehen. Der Sparsame wird geizig, der Vorsichtige mißtrauisch, der Tatkräftige tyrannisch oder dann, im zweiten Fall, freigebig, milde, freundlich, interesselos. Ferner werden *Verhaltensstörungen bei vorzeitiger Gehirnatrophie* beobachtet. Hier spielt das allgemeine organische Psychosyndrom (BLEULER) mit, das neben mnestischen Störungen und Abbau der Denkprozesse auch eine affektive Labilität beinhaltet. Querulanz und Streitsucht beginnen damit, daß der Kranke sich für ein vermeintlich erlittenes

Unrecht Genugtuung verschaffen will, und enden im Kampf um Gerechtigkeit überhaupt. Aber auch sexuelle Enthemmtheit und Unbeherrschbarkeit aggressiver Impulse stehen oft in Zusammenhang mit der Gehirnatrophie. An dritter Stelle werden die *chronischen Neurosen* der alten Leute genannt. Darüber ist nicht sehr viel bekannt, da diese relativ selten zur psychotherapeutischen Behandlung gelangen. Gelegentlich sieht man, daß Patienten mit Zwangsneurosen ihre Symptome im Alter verlieren; wir haben jedoch ausnahmsweise auch das Gegenteil beobachtet, nämlich eine Verstärkung und Zunahme der neurotischen Symptomatik. Schließlich soll im Alter die *psychische Reaktion auf Frustrationen* recht häufig sein. Es handelt sich dabei um einfache psychoreaktive Fehlhaltungen, die im Anschluß an Entbehrungen und Enttäuschungen auftreten und meistens depressiven Charakter haben. Auch die psychosomatischen Reaktionen gehören hierher.

Tabelle 8:

PSYCHOSOMATISCH BEDEUTSAME ERKRANKUNGEN IM ALTER

1. Akute abnorme Dekompensationen in körperlichen oder psychischen Grenzsituationen
2. Hypochondrisch-neurasthenisch gefärbte »Altersneurosen«
3. Gehäuftes Auftreten von pruritus ani et vulvae, arthritische Beschwerden, chronische Obstipation, Altersmigräne, klimakterische Beschwerden, Harninkontinenz
4. Kardiovaskuläre Erkrankungen: Angina pectoris und Myokardinfarkt
5. Altersdepressionen
6. Chronische maligne Erkrankungen (Karzinom)

All diese Krankheiten bilden jedoch nicht das Hauptkontingent der Alterskrankheiten. Wenn wir von einer »Psychosomatik des Alters« sprechen, dann denken wir nicht lediglich an ein bestimmtes Krankengut, sondern an einen *besonderen neurosenpsychologischen Zugang zum Alterskranken.* Aus diesem

Grunde lassen sich die Alterskrankheiten nicht durch eine noch so differenzierte Erforschung der somatischen Abbauvorgänge erklären; sie können nur aus der *Erfassung des Wesens des alternden Menschen* verstanden werden. Die physiologischen und pathologischen Reduktionsvorgänge des Alters dürfen nicht als die *Ursache* der psychosomatischen Erkrankungen betrachtet werden, sondern lediglich als Teilerscheinung eines Gesamtprozesses, nämlich des mehr oder weniger beschleunigten Überganges zum Tode.

Die Todesnähe ist es denn auch, welche dem Alterskranken seine besondere Prägung gibt. Beim Kinde und Jugendlichen entstehen aus der diesem Alter besonderen Gestimmtheit des Umsorgtwerdens, der Unsicherheit und Angst, des Liebesbedürfnisses, andere psychosomatische Krankheitsformen als beim Erwachsenen, der stimmungsmäßig durch sein Streben im Kampf um die Existenz, durch die Auseinandersetzung in Ehe, Familie, Beruf und sozialer Stellung ausgezeichnet ist. Der alternde Mensch hingegen strebt dem Tode entgegen. Nicht kindliche Angst und Unsicherheit stehen mehr im Vordergrund seiner stimmungsmäßigen Weltbewältigung, nicht die Probleme um Liebe und Beruf, nicht die soziale Stellung, sondern recht eigentlich die Auseinandersetzung mit dem Sinn des Lebens und Sterbens. Dieser Sinnfrage sich stellen oder nicht stellen entscheidet oft über das Schicksal des alternden Menschen. Die Ansicht, wonach das Todesproblem im Alter in der Regel »mit milder Überlegenheit und Resignation gemeistert werde«, wird u. a. von MÜLLER in Frage gestellt, da manche unverständliche Verhaltensweisen der Alten mit der Angst vor dem Tod zusammenhängen dürften. Verschiedene Autoren stellten fest, daß neurotische Menschen häufiger als andere den Tod fürchten und daß Verdrängung, Verschiebung, Negation mit der Angst vor dem Sterben in Zusammenhang stehen (CHRIST). SCHILDER brachte in einer psychoanalytischen Arbeit (1940) die Angst vor der Veränderung des Körpers, vor der Zerstückelung und vor dem Tod in Zusammenhang mit Depressionen, paranoider Wahnentwicklung und hypochondrischen Klagen. Je unreifer der Mensch sein Leben bis ins Alter hinein gerettet hat, desto mehr wird er auch angesichts der sich nähernden Todeswahrscheinlichkeit versuchen, die Flucht zu ergreifen. Je nach dem Maße, in welchem ihm diese Flucht gelingt, wird sich auch seine Krankheit mehr im

»psychischen« oder mehr im »organischen« Existenzbereich austragen.

Die psychosomatischen Krankheiten des alternden Menschen zeichnen sich denn nicht nur wegen der zeitmäßigen Todesnähe des Patienten, sondern auch durch ihre besondere Lebensgefährdung aus. Im Grunde finden wir bei Alten – abgesehen von Abbauprozessen – nicht andere Krankheiten vor als bei Menschen mittleren Lebensalters; wohl sind aber gewisse Krankheiten häufiger und prognostisch ungünstiger.

Im folgenden seien drei Krankheitsgruppen besprochen, die für das höhere Lebensalter typisch sind und zudem die Psychosomatik in einem neuen, vielleicht vielen Ärzten ungewohnten Lichte erscheinen lassen: der Myokardinfarkt, die Altersdepression und das Karzinom.

Herzinfarkt

Über die *Psychosomatik des Herzinfarktes* wurde sehr viel gesprochen und geschrieben. Die Schweizerische Gesellschaft für psychosomatische Medizin diskutierte dieses Thema 1966 an ihrer zweitägigen Jahresversammlung. Dabei wurde einmütig festgestellt, daß dieses Krankheitsbild in unseren Tagen ein brennendes Problem für die Medizin und für die Menschheit ganz allgemein darstellt. Nach dem Krebs bilden die Herz-Kreislauf-Erkrankungen die Hauptursache aller Todesfälle in der westlichen Zivilisation. Sie sind von universeller Bedeutung und müssen sowohl hinsichtlich ihrer Verbreitung wie ihrer Folgen den großen Seuchen vergangener Jahrhunderte zur Seite gestellt werden. Man spricht geradezu von einer Epidemiologie des Herzinfarktes. Statistische Untersuchungen ergaben, daß fünfzig Prozent aller Menschen unseres Kulturkreises nach ihrem fünfzigsten Lebensjahr an Herz- oder Kreislaufstörungen sterben. Soziologische Untersuchungen bestätigen im übrigen, daß die Erkrankungen an Myokardinfarkt zunehmen und Bevölkerungsschichten erreichen, die bis anhin davon verschont geblieben sind.

Obwohl die Pathogenese des Herzinfarktes gesichert erscheint, ist es bis heute nicht gelungen, einen *consensus omnium* hinsichtlich seiner Ätiologie zu erreichen. Abgesehen von zahlreichen Autoren, die ausschließlich exogene Faktoren (Nikotinabusus, Ernährung) für das Krankheitsbild verantwortlich machen, halten immer mehr Ärzte den psychischen Streß, dem der moderne Mensch ausgesetzt ist, für ausschlaggebend. Diesem Streß wird in unserer zivilisierten Welt große Bedeutung in bezug auf die Entstehung der Koronarsklerose beigemessen. SELYE, der Begründer des Streßbegriffes, beschrieb im Tierversuch das Auftreten von »Herznekrosen« bei mangelhafter Anpassung des Organismus an Streßsituationen. HOFF und RINGEL erwähnen vor allem die Streßerfahrung des Managerkranken, der durch seinen spezifischen Lebensstil gekennzeichnet ist. – Aber nicht nur der diesem Lebensstil zugeordnete chronische Streß kann zur Koronarinsuffizienz und zum Herzinfarkt führen, sondern oft auch akute psychische Faktoren, die latent vorhandene Gefäßveränderungen manifest werden lassen. Im *Handbuch der inneren Medizin* (1960) wird darauf hingewiesen, daß wiederholte oder permanente psychische Belastungen die Koronarinsuffizienz nicht nur aus funktionellen Gründen begünstigen oder auslösen können, sondern daß auch die Atheromatose beziehungsweise die Sklerose des Gefäßsystems über Regulationsstörungen des Kreislaufes und anderer Mechanismen gefördert wird. Managerkranke sollen besonders unter dem Erlebnis einer anhaltenden frustrierten Sehnsucht, von den Eltern geliebt zu werden, leiden. Sie versuchten, durch ehrgeizigen Einsatz und außergewöhnliche Leistungen diese Liebe dennoch zu erringen, was zu einer Vergötzung von Leistung und Erfolg führe. WYSS hält es für durchaus verständlich, daß derjenige, der sich rücksichtslos anspornt, »dem Pflichtgefühl, Aufopferung, Ehrgeiz höher stehen als sein Leben, schließlich auch mit dem Leben dafür büßen muß«. Die *Risikofaktoren* (Überernährung, speziell übermäßiger Fettkonsum bei geringer körperlicher Betätigung, Zigarettensüchtigkeit und Hochdruck) sollen in Verbindung mit der *Risikopersönlichkeit* (ehrgeizige Aktivität) die Erkrankungswahrscheinlichkeit enorm steigern. Die Herzinfarkt-Gefährdeten werden als rastlos-tätige, ungeduldige, konkurrenzorientierte Menschen geschildert, die aus Angst vor Hingabe und vor Passivität unfähig sind, sich zu entspannen. Am 7. internationalen Kongreß für Psychotherapie in Wiesbaden (1967) charakterisierte J. BASTIAANS das typische Verhalten dieser Menschen als *»work addiction«*. Die Wurzeln einer solch arbeitssüchtigen Persönlichkeit seien in einer unharmonischen Kindheit mit emotionaler Frustration und unterdrückten Aggressionen zu suchen.

Ein intensives Verlangen, die heimliche Schwäche mit immer neuen Erfolgen zu überwinden, kennzeichnet diese Menschen, die sich im Gegensatz zum Herzneurotiker keineswegs krank, sondern gesund und leistungsfähig fühlen. Von kardiologischer Seite wurde statistisch belegt, daß Blutdruck, Zigarettenkonsum und Überernährung (mit erhöhtem Fettgehalt im Blut) erst in Verbindung mit dem geschilderten und unsere Industriegesellschaft prägenden Lebensstil gefährlich werden.

Ähnliche Angaben erhalten wir auch von anderen Autoren. Nach DUNBAR ist die allgemeine Lebenssituation der Infarktpatienten durch starke planerische Tendenzen, zähes Festhalten an der Arbeit, Bemühungen, sich an die Spitze hinaufzuarbeiten, gekennzeichnet. Zwanghaftes Streben nach langer und intensiver Arbeit, Unfähigkeit, sich Ruhe zu gönnen, Schwierigkeiten bei der Abgabe von Verantwortung und andere autoritative Tendenzen vervollständigen das Bild. Von psychoanalytischer Seite wurde die verstärkte Neigung der Koronarpatienten zu Identifikationsreaktionen hervorgehoben. Genetisch handle es sich dabei um eine innerlich nicht gelöste Konkurrenzbeziehung zu dem am meisten gefürchteten Elternteil. Dadurch werde das Bild dieser auch gleichzeitig beneideten Person, meistens des Vaters, übertrieben groß und schwer erreichbar. Die Anstrengungen zur Überwindung des unbewußten Wiederholungskonfliktes erforderten immer neue, von der Männerwelt akzeptierte Leistungen. Das Krankheitserleben sei daher mit einem Zusammenbruch des Selbstwertgefühls verbunden. Im Unterschied zu Kranken mit phobischen Zügen verleugne der Koronarpatient innerlich diese Furcht wie auch den Konflikt mit der Autoritätsperson (ARLOW). HAHN, NÜSSEL und STIELER, deren Übersichtsreferat diese Angaben entnommen sind, erwähnen weiter das verletzliche Körperbild, die »Feindseligkeit« dieser Kranken. Nach BAHNSON sollen folgende Variablen am häufigsten mit der Anfälligkeit für koronare Herzerkrankungen verbunden sein: Unzufriedenheit mit der Arbeit und der Art und Weise der Beschäftigung, langsame Zunahme von Streß, Instabilität des Selbstwertbildes, Züge von Zwanghaftigkeit, Tendenz zur Somatisierung von Konflikten, Agieren im Verhalten gegenüber Autoritäten, Hyperaktivität und Einengung als Reaktionsbildung gegen Angst, schließlich Spannung und Verwirrung ebenso wie Aggression als Reaktion auf Ärger. Rationalisierungen und

Intellektualisierungen bilden die hauptsächlichsten Abwehrmöglichkeiten des Koronarpatienten.

Derartige Beobachtungen und deren Interpretation bestätigen die Annahme, daß nicht ein unspezifischer Streß zum Herzinfarkt prädisponiert, sondern daß der Koronarkranke in *besonderer Weise gestimmt* ist. Der klinische Aspekt der Krankheit wird nicht nur hinsichtlich Pathogenese und Ätiologie beurteilt, sondern auch auf seinen *Bedeutungsgehalt* hin befragt. Dieser ist sowohl für den Hypertoniker wie für den Infarktkranken zunächst durch ein stimmungsmäßiges und unerträgliches Unter-Druck-Sein gekennzeichnet, das den ganzen Menschen erfaßt und sich leiblich austrägt. Die spezifische Gestimmtheit der Infarktkranken äußert sich in einer Einengung ihres Handelns, Fühlens, Denkens und Erlebens auf ein aggressives und zwangsmäßiges Verhalten. Sie sind Gefangene ihrer existentiellen Erstarrung, häufig gequält von einer hoffnungslosen Angst, die Freiheit für immer verloren zu haben. LABHARDT (1964) und STAEHELIN (1965) haben die gleichen Feststellungen gemacht. Letzterer wies darauf hin, daß sich diese Kranken das ihnen Nötigste, nämlich »das sinnvolle Austragen ihrer gemütvollsten Wesensseiten in einem sie mit Angst erfüllendem Maße« schuldig bleiben. Diese Bedrohung, Einengung und Angst kommt auch in den Träumen Infarktgefährdeter in fast »pathognomischer« Weise zum Ausdruck (ZIEGLER).

Stimmungsmäßiges Eingeengtsein und die Angst, solcher Gefangenschaft nicht mehr entrinnen zu können, kennzeichnen nicht nur den Herzkranken, sondern den alternden Menschen überhaupt. Man spricht von einer »existentiellen Krise«, die nach Überschreiten der Lebensmitte auftritt und »in der Lebenswende eine Verschärfung der allgemeinen menschlichen Problematik« (HOFF und RINGEL) mit sich bringt. Die Auseinandersetzung mit dem Alter und dem Tod wird zu einem zentralen Problem. Neurotische Lösungsversuche werden oft mit einer Vielzahl von Symptomen bezahlt. Wie sehr in dieser Problematik die leibliche Existenz mitgerissen wird, zeigt sich dort, wo sie aus irgendwelchen Gründen früher auftritt, ein *de facto* vorzeitiges Altern beobachtet wird. Gegenwart und Zukunft verlieren für den alternden Menschen ihren weltoffenen Bedeutungsgehalt. Der Leib wird durch seine Anfälligkeit für Beschwerden zum behüteten und reparaturbedürftigen »Körper«, die Zukunft bedeutet

Krankheit und Tod. Der Überstieg der Krankheit in eine irreversible Schädigung und in ein chronisches Leiden in der Vorstellung des alternden Menschen führt zum Symptom der Hoffnungslosigkeit und zum einseitigen Vergangenheitsbezug. Es kommt dann entweder zur psychosomatischen Dekompensation, die zum Tode führen kann (Hospitalismus der Alten, Pensionierungstod) oder zur Depression. Die psychosomatische Selbstaufgabe kann sich in »einer extremen Herabsetzung der Widerstandskraft, in anergischen Reaktionen gegenüber Infektionen und oft in einem plötzlichen Herz- und Kreislaufversagen« (HOFF und RINGEL) äußern.

Altersdepression

Die wohl häufigste psychische Erkrankung des alternden Menschen bildet die Depression. Statistiken zeigen, daß die depressiven Phasen ein deutliches Maximum im fünften und sechsten Jahrzehnt aufweisen. Die Zahlen gelten vor allem für die endogenen Depressionen, die nicht das Gesamt der Altersverstimmungen ausmachen. So wurden bei Frauen im Präklimakterium (zwischen dem 37. und dem 45. Lebensjahr) und bei Männern in der Präinvolution (zwischen dem 51. und dem 60. Altersjahr) gehäufte *reaktive Depressionen* beobachtet, deren durchschnittliche Dauer und Intensität jene der jugendlichen Depressionen übersteigen. Auch die Erschöpfungsdepressionen (KIELHOLZ), Entwurzelungsdepressionen (BÜRGER-PRINZ) und Entlastungsdepressionen (RUFFIN) treten am häufigsten in der zweiten Lebenshälfte auf. Das Hauptkontingent der Altersdepressionen stellen jedoch die einfachen und periodischen endogenen Melancholien, die teils der manisch-depressiven Psychose, teils der Involutionsdepression zugerechnet werden. Die Kranken fallen nicht nur infolge ihrer psychischen Symptomatik, sondern auch durch ihre leiblichen Veränderungen auf. Der müde, schlaffe, gequälte Gesichtsausdruck mit dem glanzlosen, trüben, verschleierten Blick, die fahle, blasse Haut, das Versiegen der Tränen- und Schweißdrüsensekretion, der trockene Mund, die belegte Zunge, oberflächliche Atmung und Obstipation geben dem Kranken ein gealtertes Aussehen (KIELHOLZ). Der Blutdruck kann erhöht sein, der Puls verlangsamt, die Temperatur leicht gesenkt, der Grundumsatz erniedrigt, der Dickdarm atonisch. Als Prodrome beobachtet man verschiedene Schlafstörungen, insbesondere hartnäckige Einschlafstörungen (bei neurotischem Geschehen) oder »zerhackten« Schlaf mit vorzeitigem Erwachen (bei endogener Erkrankung). Die typische Altersdepression wird gelegentlich als eine spezifische Gruppe der Melancholien von den neurotischen und endogenen Formen abgehoben. Sie wird auf psychogene und dienzephale Involutionsvorgänge zurückgeführt und tritt bei Frauen zwischen dem 51. und 60., bei Männern zwischen dem 61. und 65. Altersjahr auf.

Die prämorbide Persönlichkeit der Altersdepressiven ist recht gut bekannt. KIELHOLZ beschreibt sie als stille, zurückhaltende, selbstbeherrschte, übergewissenhafte, arbeitsame, ichbezogene Persönlichkeiten, die nicht fähig sind, ihre Gefühle auszudrükken, die im Grunde ihres Wesens verschlossen und empfindlich sind. Sie gehen nur vereinzelte, dafür um so stärkere mitmenschliche Beziehungen ein. Übergewissenhaftigkeit, Vereinsamung und Introversion führen zu einer Erschwerung der affektiven Entäußerung und intellektuellen Verarbeitung und dadurch zu einem zunehmenden emotionalen Anstauen von unlustbetonten Affekten, aber auch zu Resignation und Mißtrauen. Die prämorbide Charakterstruktur zeigt bei 80 Prozent aller Kranken als vorbestehende Elemente Unelastizität, Sparsamkeit, skrupulöse Ethik und Unfähigkeit, Gefühle in freier Weise auszudrücken. Diese Charakterstrukturen sind bei Männern meist ausgeprägter als bei Frauen. Bei den restlichen 20 Prozent der Kranken überwiegen problematische, verstimmbare, schizoide Persönlichkeiten, die zu Eigenbrötlerei und unberechenbaren affektiven und intellektuellen Reaktionen neigen.

Das Involutionsalter wurde als das Alter der Verluste bezeichnet. Die mitmenschlichen Beziehungen verlieren sich durch den Hinschied von Ehepartnern, Angehörigen, Berufskollegen und Freunden; materielle Einkünfte, Macht und Ansehen, berufliche Leistung, körperliche Fitneß, sexuelle Potenz gehen zurück. Resignation und Ängstlichkeit treten an ihre Stelle, wobei sich, wie KIELHOLZ in diesem Zusammenhang schreibt, zu den Verlusten Gewissenskonflikte wegen Unterlassungen und Versäumnissen Mitmenschen gegenüber gesellen. Es ist das »Zeitalter der Bilanz« (Ch. BÜHLER). Gelang dem Menschen im mittleren Lebensabschnitt die Weltbewältigung im äußerlichen Tun und Handeln, so erfährt er im Alter eine Welt, »in der ein Ausweichen in Abhängigkeit, Anpassung, berufliche Leistung und Expansion immer schwieriger wird. Er kann sein Leben nicht mehr ausschließlich über die äußeren Umstände gestalten, sondern hat es zu verinnerlichen. Das aber gelingt ihm nicht« (Matussek). Was der Depressive am meisten fürchtet, ist die äußere Ruhe, die ihn zu sich selbst kommen ließe, die Auseinandersetzung mit dem eigenen Ich.

Wenn wir jedoch zu einem psychosomatischen Verständnis der Altersdepression gelangen wollen, so helfen uns weder lebensgeschichtliche noch psychodynamische Faktoren in genügendem Maße weiter, wohl aber der Versuch, das *Wesen* der Depression zu verstehen. Im Vordergrund der depressiven Symptomatik stehen bekanntlich die bereits erwähnten Selbstbeschuldigungen, Gewissensbisse, das Gefühl des Versagthabens. Die Bedeutung der Schuldgefühle im depressiven Geschehen ist bekannt. In der für den Außenstehenden nicht einfühlbaren Diskrepanz zwischen der Intensität des Schuldgefühls und der vermeintlich begangenen Tat, zwischen der faßbaren juristischen oder moralischen Schuld und dem davon völlig unabhängigen Schuldgefühl enthüllt sich die Tatsache, daß dieses zwar krankhaft, aber doch nur auf dem Urgrund einer wahrhaft vorhandenen, existentiellen Schuldhaftigkeit möglich ist. Boss wies eindrücklich darauf hin, das Sich-schuldig-fühlen-Können des Menschen sei und bleibe ein autochthones Schuldigsein zur eigenen Ursprünglichkeit und Wesenhaftigkeit. Gehörte das Schuldigsein-Können als solches nicht als ein eigener und ganz ursprünglicher Grundzug zum Wesen des Menschen, dann wären auch keinerlei Schuldgefühle möglich. Da Schuld jedoch das ist, »was fehlt und mangelt«, läßt sich das Wesen menschlicher Schuldhaftigkeit »nur von der Fülle und Erfüllung der menschlichen Existenz her begreifen«.

In diesem Verstehenshorizont erscheint auch die Altersdepression als das, was sie wirklich ist: ein Mahnruf des Gewissens angesichts des sich nähernden Lebensabends. Wenn wir eingangs von Weltoffenheit sprachen, dann impliziert diese auch die Verpflichtung des Menschen, sich von allem ihm Begegnenden in Anspruch nehmen zu lassen. Freiheit bedeutet Verantwortung. Je mehr der Mensch in seinem Leben sich dieser Verantwortung entzieht und sich verschließt, desto mehr beraubt er sich seiner Freiheit, desto sinnloser wird seine Existenz. Die Frage nach der Sinnhaftigkeit menschlichen Daseins wird zum quälenden

Grundproblem des Depressiven. Dies haben wir in *Angst und Schuld als Grundproblem der Psychotherapie* ausführlich dargestellt und an Hand der Krankengeschichten eines siebenundfünfzigjährigen Arztes und eines einundsechzigjährigen südamerikanischen Millionärs zu veranschaulichen versucht.

Karzinom

Fällt es uns nicht besonders schwer, den existentiellen Sinn der Altersdepression zu erfassen, so mag zunächst der Versuch erstaunen, auch in der *Krebserkrankung* ein psychosomatisches Geschehen zu vermuten. Gilt doch das Karzinom als ein organischer Gewebezerfall, der mit der Persönlichkeit und Lebensgeschichte des Kranken nicht das geringste zu tun hat. Gewiß, solange nur jene Krankheiten als psychosomatisch galten, bei denen eine »Psychogenese« angenommen wurde, mußte die Karzinose außerhalb der Betrachtung bleiben. Denn wohl niemand könnte auch nur annähernd nachweisen, auf welchem Weg sich ein seelischer Konflikt oder eine Emotion in eine Gewebewucherung umwandeln sollte. Wird jedoch von solchen unbeweisbaren kausalgenetischen Vorgängen abgesehen, so besteht durchaus die Möglichkeit, auch schwerste destruktive Krankheitsbilder vom Wesen der menschlichen Existenz her zu deuten. Daß übrigens eine derartige Fragestellung nicht mehr, wie bis vor kurzem, absurd erscheint, geht auch daraus hervor, daß gerade in der Alterspsychosomatik das Problem ernsthaft diskutiert wird, ob nicht als Substratum vermehrt körperliche Krankheiten und Gebrechen »zur Verfügung« stehen, »in welche die psychische Problematik sich einbettet, ohne daß sozusagen ›aus dem Nichts‹ ein neues, eben typisch psychosomatisches Krankheitsbild geschaffen würde«. Gilt dies, wie MÜLLER schreibt, für »abnutzungsbedingte« Krankheiten, so besteht kein Grund, dasselbe nicht auch für chronische maligne Erkrankungen anzunehmen, insbesondere für solche, deren Genese noch völlig unabgeklärt ist.

Obwohl sich das Karzinom keineswegs auf die höheren Lebensalter beschränkt und auch Jugendliche, sogar Kinder befällt, muß es seiner Häufigkeit nach wohl als eine typische Alterskrankheit betrachtet werden. Es ist jedoch nicht nur eine Erkrankung, die Chirurgen, Radiologen und Internisten beschäftigt; immer mehr zeigt sich, daß sowohl pathogenisch-psychologische Faktoren nachweisbar sind wie auch daß in der palliativen Behandlung Krebskranker das psychotherapeutische Verhalten des Arztes nicht unterschätzt werden darf (Staehelin). Baltrusch wies in mehreren Arbeiten überzeugend nach, daß mit der Erforschung des Wirtsorganismus im Tumorgeschehen, mit der Erforschung der Abwehrkräfte des Organismus auch der psychosomatischen Forschung der Weg zu systematischer Arbeit geebnet sei. Chronischer psychosozialer Streß soll zunächst in unspezifischer Weise das Abwehrvermögen des Organismus schwächen. Dies gelte sowohl für die Psychosomatik maligner Bluterkrankungen wie auch für jene der Karzinome. Die synkarzinogene Wirksamkeit psychotraumatischer Situationen und negativer Emotionen müsse vornehmlich in ihrer schwächenden Einwirkung auf das Nervensystem, das eine hervorragende Rolle in der Koordination metabolischer Prozesse bei neoplastischen Erkrankungen spielt, gesehen werden. Es bestehe Grund zur Annahme, daß psychosozialer Streß über Nervensystem und Endokrinium noch nicht geklärte pathophysiologische Prozesse neurohumoraler, enzymatischer, biochemischer und immunologischer Natur in Gang setzen könne.

Es ließ sich nun statistisch nachweisen, daß Karzinomerkrankungen besonders häufig bei Menschen auftreten, die eine für sie lebenswichtige Beziehung eingebüßt haben und dadurch in die Grundstimmung der schmerzvollen Isoliertheit, Verzweiflung und Hoffnungslosigkeit hineingeraten sind (LeShan). Das Karzinom soll besonders dort auftreten, wo das Leben durch Zerbrechen einer besonders benötigten Beziehung zu einem Lebensgefährten, einer erfüllenden Aufgabe oder eines haltgebenden Lebensinhaltes seinen tieferen Sinn verloren hat. Wir sehen also die gleichen Verhältnisse wie beim Auftreten der Altersdepression. So erweist sich das Karzinom als ein ähnliches Krankheitsbild wie die endogene Melancholie, mit dem Unterschied, daß der mitmenschlich und psychologisch einfühlbare Bezug bei ersterem versteckt, bei letzterer noch offensichtlich ist. Die zerstörerische Depression, so könnte man mit LeShan sagen, kommt im organisch malignen Gewebezerfall nur noch stumm zum Austrag.

Bei Krebskranken herrschen wie bei Depressiven häufig Gefühle des Versagens vor. Es fehlt ihnen der Lebenssinn. In psychotherapeutischen Interviews eröffnen die Patienten, das Aufgeben der eigenen Existenz erscheine ihnen als einziger, wenn auch gefürchteter Ausweg. Die Kranken bieten das Bild der *libido moriendi* (SENECA); sie wünschen nicht mehr länger zu leben. Wohl erschrecken sie über die Nähe des Todes, doch erscheint dieser als einziger Ausweg. Die ersten klinischen Symptome der Krebskrankheit treten nicht selten im Zeitpunkt solcher depressiver Grundverfassung auf. Wie HERBERGER, der auf die Bedeutung der »Kummerskala« bei der Entstehung von Krebsleiden aufmerksam machte, nachwies, beschleunigt psychische Belastung den Verlauf der Erkrankung. Besonders schwere Verläufe zeigen sich bei Kranken, die bereits prämorbid unfähig waren, schwere Lebensbelastungen zu ertragen.

Immerhin darf festgehalten werden, daß die Psychosomatik der Karzinomerkrankungen sich etabliert hat. V. v. WEIZSÄCKER fragte sich noch, ob nicht die seelische und menschliche Erfassung des Karzinoms an dem »Granit des materiellen Vorgangs« scheitern müsse. Unterdessen wurde jedoch sogar im Tierversuch der nefaste Einfluß sogenannt »psychischer« Noxen auf das Tumorwachstum festgestellt (Ch. NEUMANN). Das Karzinom kann ebensowenig als eine isolierte Organerkrankung betrachtet werden wie irgendeine beliebige andere Krankheit.

Wir untersuchten eine einundfünfzigjährige Patientin, die seit zwei Jahren klinische Symptome eines Mammakarzinoms aufwies; 1964 wurden die Brüste beidseits amputiert, 1966 Knochenmetastasen festgestellt. Von 1959 bis 1964, also in der Zeit vor der klinischen Manifestation des Karzinoms, hatte die Kranke unter schweren Depressionen gelitten. Dem sie behandelnden Assistenzarzt der Klinik gab sie bereitwillig Auskunft über ihre *Lebensgeschichte.*

Sie wurde als zweites uneheliches Kind einer verwahrlosten Mutter geboren und kam zunächst in eine Pflegefamilie, wo sie schwer vernachlässigt wurde. In einer andern Pflegefamilie waren die Verhältnisse durch den Alkoholismus des Pflegevaters getrübt; eine Tochter dieser Familie brachte zudem ein uneheliches Kind nach Hause. Schließlich mußte die Patientin ein drittes Mal die Pflegefamilie wechseln; diesmal ging es ihr besonders schlecht: Ihre Unehelichkeit wurde ihr vorgehalten, sie wurde angeschrien, geschlagen und den andern Kindern gegenüber benachteiligt.

Als die Patientin zwanzig Jahre alt war, lebte sie für kurze Zeit wieder bei ihrer Mutter, die inzwischen einen alten Mann geheiratet hatte, nachdem sie nochmals ein uneheliches Kind geboren hatte. In der Folge arbeitete sie als Serviertochter an verschiedenen Orten. Äußerlich erschien sie lustig, humorvoll und lebendig, innerlich war sie eher unglücklich und bedrückt. In ihrer Beziehung zu den Männern hatte sie zuerst Pech. Ein erster Bekannter ließ sie nach mehrmonatiger Verlobung stehen, als er erfuhr, daß sie unehelich geboren war. Die Patientin reagierte mit einer schweren Angina und nachfolgender Gelenkentzündung. Später heiratete sie doch diesen Mann. Sexuell schien sie keine Schwierigkeiten zu haben; während ihrer einzigen Schwangerschaft wurde sie von einer Hyperemesis gequält, und es wäre beinahe zu einem Spontanabort gekommen. Nach der Geburt eines Knaben gaben ihre kleinen Brüste nur sehr wenig Milch her. Sie war jedoch eine gute Mutter und erlebte ihre Ehe durchaus als glückhaft.

Im Alter von achtunddreißig Jahren wurde die Patientin zunehmend verstimmter. Ihr Sohn verließ sie, nachdem er darüber aufgeklärt worden war, daß seine Mutter unehelich geboren sei. Ein Jahr später starb ihre Mutter, der die Patientin zeit ihres Lebens in einer Haß-Liebe verfallen war, in geistiger Umnachtung durch Selbstmord. Das Verhältnis zum Ehemann verschlechterte sich; die Patientin konnte ihre Probleme mit ihm nicht mehr besprechen, weil er dafür immer weniger Verständnis zeigte. Sie kapselte sich schließlich völlig von der Umgebung ab, litt unter Todesgedanken und gab schließlich jeglichen Lebenswillen auf. Gegen 1964 hin hellte sich die Depression auf, die Todesgedanken wichen, die Aktivität der Patientin schien sich zu normalisieren. Im gleichen Jahr wurde das Mammakarzinom diagnostiziert und operiert. Nach der Operation war die Patientin wieder zufrieden; der Krebs breitete sich jedoch weiter aus, und im August 1966 starb die Patientin.

Die Lebensgeschichte dieser Patientin scheint zwar konfliktreich, doch unspezifisch zu sein. Wir sind auch weit davon entfernt, irgendwelche voreiligen Schlüsse aus ihr ziehen zu wollen. Immerhin fand der die Kranke behandelnde Assistenzarzt einige Anhaltspunkte für die Bestätigung der Thesen LeShans. Dieser Forscher, der während acht Jahren 300 Krebskranke untersucht hatte, fand bei über 60 Prozent seiner Fälle (und bei nur 10 Prozent der Kontrollfälle) folgendes Grundverhaltensmuster:

Kindheit und Jugend sollen durch ein Gefühl der Isolation gekennzeichnet sein sowie durch die Einstellung, daß enge und bedeutungsvolle »Objektbeziehungen« gefahrvoll seien, da sie Kummer und Abweisung im Gefolge hätten; ferner durch das Gefühl tiefer Hoffnungslosigkeit und Verzweiflung. Oberflächlich gesehen bestehe jedoch eine adäquate emotionale Anpassung an die Umgebung, und es komme kaum zu augenfälligen neurotischen Symptomen oder zu einer Entwicklung im Sinne einer Psychose. Hier könnte man an die Jugend unserer Patientin denken. Sie wuchs unter einer depressiven Pflegemutter auf, erlebte früh den Tod des alkoholischen Pflegevaters mit und wurde, vom Odium ihrer Unehelichkeit verfolgt, vom Gedanken gequält, sie wäre besser bereits früher gestorben. Abgesehen davon entwikkelte sich die Patientin recht lebenstüchtig.

Es folge dann in der Regel in der späteren Adoleszenz oder im Erwachsenenalter eine Periode, in welcher eine »positive Objektbeziehung« bestehe, die dem Leben einen Sinn gebe und die mit großer Energie verteidigt werde. Zum Beispiel könne es sich um eine berufliche Lebensaufgabe oder eine eheliche Bindung handeln. Auch diese Phase finden wir bei unserer Patientin, die nach dem zwanzigsten Lebensjahr ihre Verzweiflung überwand und nun ganz für ihre Ehe und ihr Kind leben wollte.

Schließlich würden äußere Lebensumstände diese Periode der scheinbaren Sicherheit beenden, beispielsweise der Verlust eines Menschen oder einer Lebensaufgabe. Mindestens andeutungsweise sehen wir auch dies bei unserer Patientin, wenn wir an den Selbstmord der ambivalent geliebten Mutter und an das Verlassenwerden durch ihren Sohn denken. Die Patientin sagte, damals sei alles wieder aufgerissen worden.

Erneut verfalle nun der Kranke in eine tiefe Verzweiflung, das Leben werde sinnlos und die Isolation unvermeidbar. Der Tod werde gefürchtet, doch das Leben biete nicht die geringste Hoffnung mehr. Dies trat bei unserer Patientin ein. Sie war zutiefst niedergeschlagen, vereinsamte innerlich in katastrophaler Weise und dachte erneut, sie wäre besser schon früher gestorben.

Für die Verzweiflung des Krebskranken sei nun aber charakteristisch, daß diese Depression nicht vorwiegend im psychischen Bereiche ausgetragen werde. Im Gegensatz zu den suizidal Depressiven würden die Krebskranken in oberflächlich gesehen unveränderter Weise weiterzuleben versuchen, sie würden einen hoffnungslosen Kampf weiterführen, der von vornherein zum Scheitern verurteilt sei. Die Grundstimmung »Verlust jeglichen Lebenssinnes« sei ihnen dabei nicht immer richtig bewußt. In dieser Grundverfassung sei dann bei den untersuchten Patienten sechs Monate bis acht Jahre nach dem »Verlust der Objektbeziehung« das Karzinom aufgetreten. Auch unsere Kranke lebte trotz ihrer Verzweiflung so weiter, daß nicht einmal dem Ehemann etwas auffiel. Das Karzinom wurde vier Jahre später manifest, wobei die »psychische« Depression um so mehr in den Hintergrund trat, je mehr sich die »organische« Krankheit entwickelte.

Psychotherapiefälle zeigten unter der Behandlung zunächst regelmäßig ein Hervorbrechen der psychischen Depression, zum Teil in schmerzhafter Weise. Ohne hier einen Vergleich mit der Patientin wagen zu wollen, erwähnte der Assistenzarzt, daß die zu Beginn etwas maskenhaft fröhliche Patientin bereits nach wenigen Unterredungen in eine schwerste, wenn auch vorübergehende Depression verfiel.

Der Arzt hatte sich nämlich nicht damit begnügt, lediglich den »medizinischen« Aspekt der Krankheit zu untersuchen. Es war ihm vielmehr gelungen, mit der Patientin, die noch nichts von der infausten Prognose ihres Krankseins ahnte, stundenlange Gespräche zu führen und so Einblick in die existentielle Struktur ihrer Persönlichkeit zu erhalten. Die Gründe, die ihn veranlaßt hatten, sich dieser Patientin in besonderem Maße anzunehmen und »ohne irgendwelche wissenschaftlichen Ambitionen« darüber zu berichten, wurden auch durch die Tatsache bestimmt, »daß die Frage eines psychosomatischen Verständnisses des Karzinoms in den letzten Jahren vermehrt wissenschaftlich diskutiert wurde«. In sympathischer Zurückhaltung schickte er seinem Bericht voraus, daß solche psychosomatischen Erörterungen die naturwissenschaftlichen Karzinomforschungen keineswegs in Frage stellen wollen. Vielleicht erscheine jedoch eine solche psychosomatische Erörterung gerade auch dem naturwissenschaftlichen Verständnis nicht mehr so absurd angesichts der neueren Hypothesen, die – neben der Virus- und Mutationstheorie – auch einen Abwehrdefekt des Organismus gegenüber malignen Zellen für die Krebsentstehung erwägen. Man ist versucht, vergleichsweise an die Tuberkulose zu denken, bei der außer dem bakteriologischen Agens ein Abwehrmangel von Bedeutung zu sein scheint, den man oft ebenfalls psychosomatisch interpretiert hat.

Durch solche Überlegungen macht sich der Psychosomatiker bei seinen medizinischen Kollegen nicht gerade beliebt. Er wird der Überschreitung seiner Kompetenzgrenzen beschuldigt, der Unwissenschaftlichkeit angeklagt. Die Tatsache, daß Psychotherapeuten sich überhaupt mit dem Problem maligner Erkrankungen befassen, bringt sie in Mißkredit. Aus welchen Gründen jedoch dem psychosomatisch Interessierten das Erforschen sogenannt »organischer« Krankheiten verwehrt sein soll, vermag niemand zu sagen. Dazu kommt die wohl schwer widerlegbare Tatsache, daß tatsächlich bislang niemand über das eigentliche Wesen des Karzinoms und noch viel weniger über dessen Ursachen Bescheid weiß. Die Forschung ist noch in vollem Gange; warum sollen sich die Psychosomatiker nicht daran beteiligen?

Allerdings stellen sich hier gleich wieder die Probleme der Therapie. Ganz allgemein sind einige Gesichtspunkte zu berücksichtigen, die von Bedeutung sein können. Während die Psychotherapie im Kindes- und Jugendalter eigengesetzlich ist und zudem noch weiterer Modifikationen bedarf, jene des mittleren Lebensabschnittes dagegen vornehmlich analytisch orientiert ist, spielen in der Psychosomatik der *Alterskranken* sowie ganz allgemein bei der Psychotherapie chronischer, das Leben gefährdender somatischer Krankheiten in besonderer Weise drei Faktoren eine bedeutende Rolle, nämlich das Alter der Patienten, die Schwere der Erkrankung und die Wahl des Arztes.

Die Psychotherapie, sofern sie analytisch verstanden wird, wirkt optimal in der Behandlung des mittleren Lebensalters. Sowohl bei Jugendlichen wie bei Alten stößt man auf Schwierigkeiten. Jugendliche sind im allgemeinen noch unfähig, die emotionellen Versagungen, welche eine solche Kur mit sich bringt, zu ertragen. Beim Auftreten von inneren oder äußeren Widerständen brechen sie aus der Therapie aus. Alterskranke andererseits sind oft in ihrer neurotischen Fehlhaltung so festgefahren, daß eine Umstrukturierung der Persönlichkeit innert nützlicher Frist aussichtslos erscheint. Aus diesem Grunde wird bei älteren Patienten das verstehend-teilnehmende Gespräch häufig der langdauernden Psychotherapie vorgezogen. Ebenso kommen aus diesen Gründen die Psychopharmaka mit mehr Berechtigung als bei jüngeren Patienten zum Zuge.

Einer lediglich psychotherapeutischen Behandlung stehen sodann hindernd die Intensität und Chronizität der psychosomatischen Alterskrankheit im Wege. Der Psychotherapeut muß über unbeschränkte Zeit verfügen; er kann sich nicht an einen Termin halten, bis zu welchem die Behandlung abgeschlossen sein muß. Die Krankheit wartet aber nicht; sie schreitet fort. Die Depression kann zum Suizid führen, das Karzinom ebenfalls zum *Exitus letalis.* Das Rennen um die Zeit kann die Psychotherapie nicht gewinnen. Schon deshalb hat die somatische, lebenserhaltende Therapie den Vorrang vor der psychotherapeutischen Beeinflussung.

Trotzdem darf auch die Dringlichkeit des psychotherapeutischen Eingriffs nicht vernachlässigt werden. Der praktizierende Arzt wird dann vor allem eine optimale Wirkung seiner somatischen Therapie erreichen, wenn er möglichst rasch und bevor noch eine spürbare Besserung im Befinden des Patienten eingetreten ist, den Psychotherapeuten beizieht. Dadurch mag zunächst eine gewisse Unsicherheit hinsichtlich des heilenden Faktors auftreten, die jedoch höchstens von akademischer Bedeutung ist, dem Kranken aber unter Umständen sogar nützen kann. Er wird so nämlich weniger der Fixierung an das »Somatische« seines Leidens verfallen, sondern zumindest in der Ungewißheit bleiben, daß seine Krankheit und deren Heilung »auch« psychischer Natur sein könnte.

Die Frage, wer eigentlich für die Behandlung psychosomatischer Kranker zuständig sei, wird verschiedentlich beantwortet. Die ideale Situation ist sicher die, daß der Patient nur bei *einem* Arzt in Therapie steht. Der Natur psychosomatischen Leidens entsprechend wäre dafür der Psychotherapeut zuständig. Insofern die körperliche Krankheit als Abwehrvorgang emotionellen Fehlverhaltens betrachtet werden kann und keine das Leben gefährdenden Ausmaße annimmt, ist der Fachpsychiater durchaus in der Lage, die Therapie »im Alleingang« durchzuführen. Es ist dies um so vorteilhafter, als damit dem Kranken der Ausbruchsversuch in das somatische Leiden nicht mehr so leicht gelingt.

In Fällen, wo die somatische Erkrankung dringend einer internistischen oder chirurgischen Behandlung bedarf, sollte diese nicht vom Psychotherapeuten durchgeführt werden. Abgesehen davon, daß ihm meistens das nötige Fachwissen und die Erfahrung abgehen, würden dabei Schwierigkeiten im ärztlichen Verhalten auftreten. In der Psychotherapie wird die Hauptlast am Heilungsprozeß dem Kranken selbst überantwortet, in der somatischen Praxis dem Arzt. Psychotherapeutische und allgemeinärztliche Behandlungswege sind grundsätzlich inkompatibel. Andererseits ist aber auch eine doppelspurige Therapie konfliktanfällig. Der Kranke gerät in sogenannte »Übertragungsschwierigkeiten«, das heißt, seine Beziehung zum Arzt wird unsicher oder zwiespältig. Allzuoft spielt er dann bewußt oder unbewußt einen Therapeuten gegen den anderen aus.

So bleibt häufig nur noch die dritte Möglichkeit übrig, nämlich die Übernahme der psychologischen Betreuung durch den Hausarzt. Der Alterskranke ist im allgemeinen nicht leicht gewillt, den Psychiater und Psychotherapeuten aufzusuchen. Ist er vorwiegend psychisch krank, leidet er an einer Depression, so ergibt er sich resigniert und fatalistisch in ein von ihm für unabänderlich gehaltenes Schicksal. Er hält sich höchstens für schuldig, nicht aber für krank. Trägt sich aber sein Kranksein mehr im Leiblichen aus, dann sucht der Patient primär den somatisch praktizierenden Arzt auf. Er empfindet eine Überweisung an den Psychiater als eine völlige Verkennung seiner Krankheit. Eine eventuell notwendige psychotherapeutische Beeinflussung des Alterskranken bleibt also dem Allgemeinpraktiker und nichtpsychiatrischen Spezialisten überantwortet.

Das Fazit, das aus diesen Überlegungen gezogen werden muß, ist dieses: Die psychosomatischen Erkrankungen des alternden und alten Menschen sind aus den angegebenen Gründen – und vor allem, weil häufig bereits irreversible Schädigungen eingetreten sind – hinsichtlich einer psychotherapeutischen Beeinflussung nicht günstig. Das verstehend-einfühlende Gespräch kann zwar palliativ fruchtbar wirken, eine analytische Umstrukturierung der Persönlichkeit bildet jedoch die Ausnahme. Um so mehr erhebt sich die Forderung, die psychotherapeutische Geriatrie nach vorne zu verlegen. Dies heißt in unserem Falle einmal mehr: Vorbeugen ist besser als heilen. Nur dadurch, daß wir der Psychosomatik des Jugendlichen und Erwachsenen größere Aufmerksamkeit widmen, wird es uns gelingen, der psychosomatischen Alterserkrankung Herr zu werden.

Zur Therapie psychosomatischer Krankheiten

Psychosomatische Medizin bedeutet den Einbezug psycho-therapeutischer Maßnahmen und psychotherapeutischen Verhaltens des Arztes in die Heilbehandlung leiblicher Krankheiten. Die Psychotherapie hat demnach ihr Anwendungsgebiet erweitert; sie ist nicht mehr lediglich die spezifische Behandlungsmethode psychoneurotischer Erkrankungen, sondern auch bei gewissen organischen Krankheiten indiziert. Grundsätzlich beruht die Möglichkeit einer Psychotherapie organischer Leiden auf der mehrfach erwähnten Tatsache, daß Leib und Seele nicht zwei voneinander verschiedene und untrennbare Wirklichkeiten sind, sondern vielmehr jeder Weltbezug »Psychisches« und »Physisches« umfaßt, eben *leiblich* ist. Wo Psychotherapie wirkt, wird immer die gesamte menschliche Existenz von ihr beeinflußt. Diese Erfahrung war allerdings nicht lediglich den Psychotherapeuten vom Fach vorbehalten. Jeder praktizierende Arzt kann bestätigen, daß Entstehung und Verlauf, aber auch die therapeutischen Heilerfolge bei organischen Krankheiten von emotionalen Faktoren mitbestimmt werden. Ebenso sicher weiß die medizinische Wissenschaft um die Bedeutung der Persönlichkeit des Arztes und des Verhältnisses des Patienten zu ihm. So *wirken* zweifellos die meisten Ärzte in gewissem Sinne psychotherapeutisch, auch wenn sie ihrem menschlichen Einsatz nicht die gleiche wissenschaftliche Bedeutung zuschreiben wie ihrer naturwissenschaftlich fundierten und am Erfolg meßbaren Heilkunst.

Therapeutische Methoden und Möglichkeiten

Bekanntlich stellt eine psychotherapeutische Behandlung für den Patienten einen erheblichen Aufwand an Zeit, Geld und Engagement dar, so daß die Frage durchaus berechtigt erscheint, ob einem psychosomatisch Kranken, der seinen Arzt in der Hoffnung auf rasche Beschwerdefreiheit aufsucht, eine solche Behandlung überhaupt zumutbar sei. Hieraus ergab sich auch die Forderung nach einer Modifikation des psychotherapeutischen Heilverfahrens mit besonderer Berücksichtigung des Zeitfaktors. Man sprach von einer sogenannten Kurz-Psychotherapie, von kleiner oder einfacher Therapie. In der großen psychotherapeutischen Behandlung wird die aktuelle Konfliktlage auf ihre lebensgeschichtlichen Zusammenhänge zurückgeführt; emotionale Fehlhaltungen, die meistens bis in die frühe Kindheit zurückreichen, werden aufgedeckt, was vornehmlich an Hand von freien Assoziationen und Träumen sowie der Bearbeitung des Arzt-Patienten-Verhältnisses, der sogenannten Übertragung, geschieht. Daß ein solcher Prozeß notgedrungen zeitraubend ist, geht allein schon aus der Tatsache hervor, daß ihm von seiten des Kranken oft bedeutende Widerstände entgegengesetzt werden, die zunächst abgebaut werden müssen. Zudem wäre jedes Drängen fruchtlos, da nur ein unvoreingenommenes, zeitlich unbeschränktes, geduldiges, für alle Probleme des Kranken offenes Hinhören zum Erfolg führt.

Die kleine Psychotherapie unterscheidet sich grunsätzlich und in den eben genannten Belangen von der großen entweder nicht oder nur unwesentlich. Wenn unter Umständen bei gewissen Krankheiten schon sehr bald ein Erfolg erzielt wird, dann ist hierfür entweder die Erfahrung des Therapeuten oder die Bewußtseinsnähe des Konfliktes und Gesundungsbereitschaft des Patienten ausschlaggebend. Eigentlich charakterneurotische Störungen benötigen naturgemäß eher eine lange Behandlungszeit, während aktuelle Konflikte, psychoreaktive Störungen oft kurzfristig zu beheben sind. Das gleiche gilt auch im Bereich der organischen Krankheiten: Somatische Symptome, die auf dem Boden einer schweren Chrakterneurose wachsen, wie z. B. das Asthma bronchiale, Ulcus ventriculi et duodeni, die essentielle Hypertonie, Colitis ulcerosa, Anorexia nervosa, Frigidität und Sterilität bedürfen meistens einer großen Psychotherapie, während sekundäre Amenorrhöen, die häufig auf einem aktuellen Konflikt beruhen, nicht selten schon nach wenigen psychotherapeutischen Sitzungen heilen. Symptomfreiheit darf allerdings nicht in jedem Falle mit Heilung gleichgesetzt werden! Oft sind gerade die organischen Symptome von solcher Hartnäckigkeit, daß sie psychotherapeutisch nur schwer angehbar sind und gelegentlich als Restzustand in Kauf genommen werden müssen, auch wenn das emotionale Gleichgewicht längst wiederhergestellt ist. Andererseits können organische Symptome sehr rasch verschwinden, ohne daß die emotionale Grundkrankheit des Patienten bereits zur Erhellung gelangt wäre. Auch wird das Phänomen des Symptomwandels während der Psychotherapie immer wieder beobachtet, weshalb vor vorschnellen Erfolgsmeldungen gewarnt werden muß. Die Frage, ob bei einem bestimmten Krankheitsbild eine kleine oder große Psychotherapie indiziert sei, kann nicht *a priori* entschieden werden, sondern lediglich im Laufe der Behandlung, was sowohl für psychoneurotische wie für psychosomatische Krankheiten gilt. Eine klare Trennung zwischen »neurotischen« und »organischen« Symptomen ist künstlicher Natur, weshalb grundsätzlich auch kein Unterschied zwischen der Psychotherapie bei »neurotischen« und der Psychotherapie bei »organischen« Krankheiten besteht.

Unbefriedigend bleibt jedoch die Tatsache, daß nicht jeder Kranke mit einem psychosomatischen Leiden, der an sich einer Psychotherapie bedürfte, den Psychiater aufsucht. Der »organisch« Kranke wendet sich in erster Linie an den Allgemeinpraktiker oder an den entsprechenden Spezialisten. Da sich sein Kranksein im Leiblichen austrägt, erwartet er auch eine Behandlung nach naturwissenschaftlichen Prinzipien. Die organische Symptomatik bekundet die innere Abkehr vom Emotionalen; der Patient will seine Krankheit nicht seelisch verstanden wissen, vielmehr sucht er nach der Bestätigung der Organizität seines Leidens. Damit berühren wir eine weitere Frage, nämlich die nach der *psychotherapeutischen Behandlungskompetenz* bei psychosomatischen Krankheiten. Der Patient seinerseits beantwortet diese Frage eindeutig, wenn er sich dem Somatiker anvertraut. Beim psychosomatisch Kranken soll der Arzt seine Aufmerksamkeit erst einmal dem organischen Leiden zuwenden! Das »organische« Krankheitsangebot ist ernst zu nehmen; es kann jedoch zum Ausgangspunkt weiterer Untersuchungen werden, die sich auf die konflikthafte Situation des Kranken erstrecken. Zeigt es sich, daß die Konfliktlage mit einem einfachen psychologisch-verständnisvollen Gespräch zu beheben ist, so kann dieses durchaus vom Praktiker geführt werden. Gewisse methodische Modifikationen gegenüber der Psychotherapie sind dabei angezeigt; die Besprechung der »Übertragungssituation« und die Traumdeutung fallen weitgehend weg. Wichtig ist vor allem, daß der Arzt geduldig und verstehend hinhören lernt, offen für alle Probleme ist und das ihm sonst geläufige aktiv-eingreifende Verhalten zurücksetzt. Er soll nicht zum Amateurpsychiater werden, sondern zum echten Therapeuten innerhalb der ihm gegebenen Möglichkeiten. Um solches zu erreichen, ist eine intensive, auf wissenschaftlichen Prinzipien gegründete Zusammenarbeit zwischen den Psychotherapeuten einserseits und den Allgemeinpraktikern und nichtpsychiatrischen Spezialisten andererseits vonnöten.

Insofern der psychosomatisch Kranke in erster Linie den Allgemeinpraktiker oder nichtpsychiatrischen Spezialisten aufsucht, fällt die Therapie weitgehend in den Zuständigkeitsbereich nicht spezifisch psychotherapeutisch ausgebildeter Ärzte. Ihnen fällt deshalb die Aufgabe zu, eine primäre *Triage* vorzunehmen, nämlich diejenigen Kranken auszusondern, bei denen eine schwere charakterneurotische Störung vorliegt, und sie dem Fachpsychiater zu überweisen, wobei eine solche Überweisung gelegentlich viel Vorbereitung und psychologisches Geschick verlangt. Auf der anderen Seite verbleiben jene Fälle der psychologischen Betreuung aller Ärzte, bei denen aus irgendeinem Grund eine solche Überweisung nicht möglich ist.

Die Überweisung an den Psychiater

Während die Überweisung eines Kranken zur weiteren Klärung oder zur Behandlung an irgendeinen Facharzt im allgemeinen keine Schwierigkeiten bietet, stellen sich der *Überweisung an den Psychiater oder Psychologen* verschiedene Hindernisse in den Weg; die Gründe hierfür liegen teils beim Psychotherapeuten selbst, teils beim überweisenden Arzt und schließlich auch beim Kranken. Im folgenden sei auf ein paar Sachverhalte hingewiesen, welche die Situation beleuchten. Einmal wird von den praktischen Ärzten mit Recht darauf hingewiesen, wie außerordentlich schwierig, ja oft unmöglich es sei, überhaupt einen Therapeuten zu finden, dem man neurotisch oder psychosomatisch Kranke zur Behandlung überweisen könne. Wenn ein Arzt nicht selten fünf oder sechs verschiedene Psychotherapeuten angerufen hat und von jedem die Antwort erhielt, er sei in den nächsten paar Wochen oder gar auf Monate hinaus nicht in der Lage, neue Patienten anzunehmen, bleibt ihm meistens nichts anderes übrig, als den Kranken selbst auf die Suche nach einem Psychiater oder Psychologen zu schicken. Dem praktischen Arzt erscheint es oft unverständlich, weshalb der Psychiater seine Patienten nicht annehmen kann. Wir müssen jedoch bedenken, daß der großen Anzahl psychiatriebedürftiger Kranker nur eine verschwindend kleine Zahl von Psychiatern zur Verfügung steht. Wenn wir des weiteren damit rechnen, daß der Psychiater pro Tag höchstens zehn bis zwölf Patienten sehen kann und daß die gleichen Kranken oft mehrmals wöchentlich in die Sprechstunden kommen – überdies dauern die meisten Therapien bei charakterneurotischen Störungen nicht selten monate- und jahrelang –, so werden die beschriebenen Zustände begreiflich. Diese Umstände lassen sich kaum ändern. Das heißt aber mit andern Worten, daß der große Teil neurotisch oder psychosomatisch Kranker dem praktischen Arzt zur Behandlung verbleibt.

Auch wenn eine Überweisung an den Psychiater möglich ist, so treten oft Hindernisse auf, die beim Kranken liegen. Der Patient, ob neurotisch, psychosomatisch oder organisch krank, erhofft vom Hausarzt oder nichtpsychiatrischen Spezialisten eine somatische Therapie; dementsprechend beziehen sich die Beschwerden auf irgendein Organ. Der Ansicht des Patienten nach trägt sich seine Krankheit im Leiblichen aus, das Wissen um einen »seelischen Hintergrund« ist ihm meistens fremd. Ja er fühlt sich in seinem Ehrgefühl verletzt, wenn der Arzt meint, ihm fehle organisch nichts, er benötige eine psychiatrische Behandlung. Es gilt also vorerst, diese Abwehr abzubauen, oder positiv formuliert, der Arzt muß in geduldiger und oft mühsamer Arbeit den Patienten psychotherapiereif machen. Sonst läuft er Gefahr, daß der Kranke sich unverstanden fühlt, von der Behandlung wegbleibt, einen andern Arzt aufsucht, bei dem sich gegebenenfalls der Vorgang wiederholt. Auch gibt es Patienten, die auf eine Überweisung an den Psychotherapeuten mit einer Verstärkung der organischen Symptome reagieren. Schließlich kennen wir jene Kranken, die zwar einen Psychotherapeuten aufsuchen, dort aber ihre psychischen Fehlhaltungen und Probleme dermaßen dissimulieren, daß sie in der Ansicht, ihr Leiden sei doch organischer Natur, bestärkt werden. Die psychotherapeutische Hauptaufgabe des praktizierenden Arztes sehen wir in solchen Fällen gerade darin, daß er versucht, den Kranken zu einer echten Krankheitseinsicht zu führen. Voraussetzung dafür ist zunächst einmal das *Wissen um den emotionellen Bedeutungsgehalt so vieler »organischer« Krankheiten*, etwa eines Asthma bronchiale, einer juvenilen Hypertonie, eines Magenulkus, einer Colitus ulcerosa oder einer Amenorrhöe. Dann gilt es, die vielen Vorurteile gegen die Psychiatrie abzubauen, die heute noch das Laienpublikum beherrschen. Die Zeiten, da nur »Verrückte«, Geisteskranke oder Psychopathen den Psychiater aufsuchten, sind längst vorbei. Nicht übersehen werden darf jedoch die Angst, welche viele Menschen vor der Konfrontation mit dem Psychiater und vor der Auseinandersetzung mit ihren persönlichen Problemen haben. Es hängt sehr viel vom Geschick und der Intuition des behandelnden Arztes ab, ob es ihm gelingt, den Patienten den Weg vom »körperlichen« Symptom zur dahinterliegenden »psychischen« Krankheit finden zu lassen.

Der Arzt, der selbst zwar mehr eine somatologische Diagnostik und Therapie betreibt, jedoch zu einer Zusammenarbeit mit einem Psychotherapeuten bereit ist, sollte zumindest einen Einblick in die neurosenpsychologische und in die psychiatrische Diagnostik und Prognosenstellung haben. Er sollte nicht nur eine Vorstellung davon haben, welches Risiko und welche Heilungschancen etwa eine interne oder chirurgische Therapie haben, sondern er müßte auch darüber orientiert sein, welchen Einsatz eine psychoanalytische Behandlung z. B. einer Zwangsneurose, eines Asthma bronchiale oder einer Sucht verlangt. Er müßte in der Lage sein abzuschätzen, ob die neurotische Störung von großem, mittlerem oder mäßigem Schweregrad ist. Es wäre ihm eine Hilfe, wenn er mit den allgemeinen prognostischen Verhältnissen vertraut wäre. *Bei nicht sehr tiefgehenden Angstzuständen, Schlafstörungen und neurotischen Depressionen sind die Behandlungsaussichten gut. Psychosomatische* und *psychoneurotische Erkrankungen* haben, soweit eine Behandlung genügend lange vorgenommen werden kann, eine *befriedigende Prognose.* Ungünstig sind die Behandlungschancen bei Perversionen, Süchten und den Erkrankungen der Psychosegruppe. Die Chancen, eine Änderung pathologischer Persönlichkeitsstrukturen zu erreichen, scheinen von der manifesten Erkrankungsdauer relativ unabhängig zu sein. Der mit den tiefenpsychologischen Erkenntnissen Vertraute wird bereits früher die Störungen entdecken. Es wäre wichtig, daß sich die Ärzte auch darin schulten, solche Fehlentwicklungen frühzeitig zu erkennen, die in einem besonderen Maße zu späteren Dekompensationen führen. Gleichzeitig müßten nicht erst soziale Vorurteile zu überwinden sein, um die gefährdeten Kinder in Behandlung zu geben. Ja, die Eltern, als die ursächlich wesentlich Mitbeteiligten, müßten selbst zu einer Therapie bereit sein, sich eventuell sogar statt der

Kinder allein einer Behandlung unterziehen (DE BOOR und KÜNZLER).

Wichtiger jedoch als psychologisches Geschick und Intuition ist für ein derartiges Verhalten der Abbau von Widerständen und Hemmungen, die beim praktizierenden Arzt selbst die Überweisung seiner Kranken an den Psychotherapeuten erschweren und die meistens in Rationalisierungen ihren Ausdruck finden. Es gibt nämlich immer noch Patienten, die zu einer psychotherapeutischen Behandlung mit allen Konsequenzen bereit wären, denen aber von ihrem Hausarzt abgeraten wird. Solche Kranke konsultieren dann häufig auf eigene Initiative doch einen Psychiater oder Psychologen, allerdings leider sehr spät. Wenn man danach fragt, was den Arzt veranlaßte, von einer psychotherapeutischen Behandlung abzuraten, tritt meistens ein eklatantes Unverständnis des Wesens der Psychotherapie zutage. Der praktische Arzt ist gewohnt, in den meisten Fällen schon sehr rasch und sehr deutlich eine Besserung im Befinden seiner Kranken zu sehen. Die Heilungen sind meistens augenfällig, der Patient ist für die Behandlung dankbar. Beim Psychotherapeuten hingegen sind die Erfolge weniger spektakulär, ja es kommt gelegentlich vor, daß sie sich äußerlich überhaupt nicht zeigen. Zudem gehört es fast zu jeder psychotherapeutischen Behandlung, daß der Patient mit dieser, zumindest zeitweise, nicht zufrieden ist und daß er sich über den behandelnden Therapeuten beklagt. Dieses Verhalten erklärt sich leicht aus der Tatsache, daß der Therapeut gerade an jene wunden Stellen des Seelenlebens seiner Kranken rühren muß, die ihnen besonders schmerzhaft und unangenehm sind. In der Psychotherapie erfährt der Kranke Dinge, denen er sich bisher mehr oder weniger willentlich verschloß. Während Behandlungserfolg oder -mißerfolg in der Allgemeinpraxis vom praktischen Arzt und seinem Patienten gleich beurteilt werden, gehen die Ansichten des Psychiaters und seines Kranken darüber oft diametral auseinander. Der psychisch kranke Mensch ist häufig kaum in der Lage, die Behandlung zu überblicken. Deshalb sollte auch der überweisende Arzt um diese Schwierigkeiten wissen und sie nicht noch durch seine eigenen Zweifel und Ängste verstärken. Allzu häufig bedarf nämlich auch der Psychotherapeut der Mithilfe des praktischen Arztes bei der Behandlung psychosomatischer Kranker.

Dem praktischen Arzt fällt jedoch nicht nur die Aufgabe zu, psychosomatisch Kranke dem Psychotherapeuten zu überweisen. Ihm selbst verbleiben zur psychologischen Betreuung alle jene Fälle, die aus irgendeinem Grund keiner eigentlichen Psychotherapie zugeführt werden können oder eine solche nicht benötigen. Auffällig ist jedoch das *Unbehagen* der Ärzte dieser Aufgabe gegenüber. Dieses ist einmal emotionell, denn jeder Arzt, der sich mit den Konflikten seiner Problempatienten befaßt, sieht sich eigenen Konflikten gegenüber. Der Problempatient *hat* nicht nur Probleme, er *ist* auch ein Problem für den Arzt. Zum anderen stehen wissenschaftliche und intellektuelle, gelegentlich auch ethische Bedenken einer sogenannten hausärztlichen Psychotherapie im Wege. Die Zeit des Arztes ist kostbar (jene des Patienten offenbar weniger, wenn man an die langen Wartezimmeraufenthalte denkt!). Trotzdem haben wir nie von einem Arzt gehört, der um einer bloßen Zeitersparnis willen auf eine eingehende körperliche Untersuchung, auf eine zeitraubende röntgenologische Abklärung oder einen chirurgischen Eingriff verzichtet hätte. Hat der psychosomatisch Kranke nicht ein gleiches Anrecht auf die Zeit des Arztes?

Einer der Hauptgründe für die allgemeinärztliche Zurückhaltung in psychotherapeutischen Belangen ist jedoch in der Tatsache zu suchen, daß der Arzt in keiner Weise auf solche Aufgaben vorbereitet ist. Man spricht heute viel von »einfacher« oder »kleiner« Psychotherapie des Hausarztes, in der Meinung, diese könne mit relativ geringem Aufwand im Rahmen der ärztlichen Fortbildung *erlernt* werden. Dies ist, wie die Erfahrung zeigt, ein grundlegender Irrtum. Psychotherapie ist ein spezielles Heilverfahren, das eine fachärztliche Ausbildung verlangt. Diese Voraussetzungen erfüllen einmal jene Ärzte bei weitem nicht, die lediglich Kurse besuchen. Auch eine eigene Analyse ermächtigt den Arzt noch zu keiner eigenen psychotherapeutischen Tätigkeit, obwohl diese eine conditio sine qua non *jeder* Psychotherapie bildet. Dies muß mit aller Deutlichkeit gesagt werden, da der Psychosomatik die größte Gefahr gerade von jenen Ärzten her erwachsen kann, die ihr eigenes neurotisches Dasein nicht geklärt haben oder nicht genügend ausgebildet sind. Auch in der fachärztlichen Ausbildung genügt die Lehranalyse *allein* nicht.

Der Arzt verlangt mit Recht eine klare Abgrenzung seiner therapeutischen Kompetenzen. In der Bescheidung auf seine therapeutischen Möglichkeiten liegt seine Stärke. Somit geht unser Bestreben nicht dahin, aus allen Ärzten Psychotherapeuten zu bilden, sondern gerade durch den Verzicht auf die Erstrebung eines unerreichbaren Zieles das Mögliche zu erreichen. An die Stelle der hausärztlichen Psychotherapie stellen wir die medizinische Psychologie, die es aufzuwerten gilt.

Die *grundsätzlichen Möglichkeiten einer psychosomatisch orientierten Therapie* sind auf Tabelle 10 dargestellt. Bei jedem Krankheitsfall unterscheidet die Medizin zwischen Ätiologie, Pathogenese und Symptomatik. Ätiologie (griech. αἰτία Ursache) ist die Lehre von den Krankheitsursachen; Pathogenese (griech. γένεσις Entstehung) ist die Lehre von der Krankheitsentstehung. Der Medizin ist es gelungen, einen beträchtlichen Teil der Krankheits*ursachen* naturwissenschaftlich abzuklären, beispielsweise bei den Infektionskrankheiten. In noch größerem Maße gelang es der pathogenetischen Forschung, vor allem mit Hilfe der Tierversuche, die *Entstehungs*bedingungen der Krankheiten festzustellen. Dementsprechend ist auch die Therapie entweder auf die Beseitigung der Ursachen ausgerichtet, also »kausal«, oder lediglich auf die Verhinderung der Entstehung bedacht, »pathogenetisch«. Beide Arten der Therapie werden von JORES am Beispiel des Diabetes dargestellt. Während die Ätiologie der Zuckerkrankheit unbekannt ist, kennt man ihre Pathogenese (Minderbildung von Insulin) gut. Das gleiche gilt von andern endokrinen, aber auch von den allergischen Krankheiten. Die pathogenetische Behandlung besteht in diesen Fällen in der Verordnung der nötigen Hormone oder in einer bestimmten Desensibilisierung. Avitaminosen werden durch entsprechende Vitamingaben behoben, und auch die Chirurgie verdankt ihre größten Erfolge der pathogenetischen Forschung. »Aber man muß sich doch darüber im klaren sein« – sagt JORES –, »daß die auf der pathogenetischen Forschung aufgebauten heilenden Maßnahmen keine wirklich kausale, d. h. an der eigentlichen Ursache des Übels angreifende Therapie darstellen.« Die so behandelten Kranken werden daher »auch nur bedingt gesund«. Schließlich kennt die Medizin noch die *symptomatische* Behandlung, die nur symptomgerichtet ist und weder Ursache noch Entstehungsbedingung einer Krankheit entfernt. Eine solche

Therapie ist beispielsweise die Schmerzlinderung durch Analgetica, die Bekämpfung von Schlafstörungen oder der Angst durch Medikamente. Daß die symptomatische Behandlung Erfolge zeitigt, ist allerdings nicht nur naturwissenschaftlich erklärbar, wie Kontrollversuche mit Placebo gezeigt haben. Längst ist man sich der magischen und suggestiven Wirkung eines großen Teils der mit viel Propaganda empfohlenen Mittel im klaren. Daß auch die Arzt-Patienten-Beziehung hier eine wichtige Rolle spielt, sei nur erwähnt.

Eine analoge Einteilung der Therapiemöglichkeiten kann auch für die psychosomatische Medizin getroffen werden. Die *ätiologische* Behandlung sollte dabei nicht mehr kausal verstanden werden, da im Bereich der Psychosomatik nicht von eigentlichen »Ursachen«, sondern vom Bedeutungs- oder Sinngehalt einer Krankheit gesprochen wird. Die Psychotherapie hat demnach zur Aufgabe, den Sinn- und Bedeutungsgehalt der neurotischen Grundkrankheit aufzudecken; wir nennen die ätiologisch ausgerichtete Psychotherapie deshalb »sinnerhellend«. Eine solche Behandlung ist, da sie eine eigentliche Umstrukturierung und Nachreifung der Persönlichkeit des Kranken anstrebt, den spe-

Tabelle 9:

KRANKHEIT »Was«	THERAPIE »Wie«		ARZT »Wer«
	Somatische Medizin	Psychosomatische Medizin	
Ätiologie	kausal	»sinnerhellend« analytische Psychotherapie	Psychotherapeut
Pathogenese	pathogenetisch	»konfliktbezogen« verstehendes Gespräch	Psychotheropeut und praktizierender Arzt
Symptomatik	symptomatisch	»zudeckend« somatische Therapie	Praktizierender Arzt

ziell dafür ausgebildeten analytisch arbeitenden Psychotherapeuten vorbehalten. Aufgrund der diesem Unterfangen innewohnenden Gefahren sollte sich der praktische Arzt und nichtpsychiatrische Spezialist der großen Psychotherapie enthalten.

Anders verhält es sich bei der »pathogenetischen« Behandlung, die wir in der psychosomatischen Medizin als »konfliktbezogene« Therapie bezeichnen. Bei oberflächlicher Betrachtung könnte man annehmen, die Erhellung des Bedeutungsgehaltes einer Krankheit und die Aufdeckung der Konfliktsituationen seien ein und dasselbe. Dem ist nicht so. Beispielsweise trägt sich im Asthma bronchiale oder in der essentiellen Hypertonie ein ganz besonders gestimmtes Weltverhältnis aus, im ersten Falle jenes der angstgestimmten Be-engtheit, im zweiten Falle jenes eines stimmungsmäßigen Be-drücktseins. Welches jedoch der konkrete, lebensgeschichtliche oder aktuelle *Anlaß* für die Verstimmung ist, geht aus dem Krankheitsbild nicht hervor. Dieser Anlaß kann nun ein Konflikt sein, der dem Kranken selbst zur Zeit der Untersuchung nicht bewußt ist, sondern erst im Verlauf einer Langzeitpsychotherapie entdeckt wird. Diese Ent-deckung bildet dann einen Teil der analytischen Durcharbeit. Häufig jedoch befinden sich die Patienten in einer ihnen durchaus gegenwärtigen Konfliktsituation – sei es in der Familie, am Arbeitsplatz oder sonstwo. Derartige Konfliktsituationen – häufig als psychischer Streß interpretiert – können durch einfache Befragung zur Sprache gebracht werden. In solchem Zur-Sprache-Bringen liegt der tiefere Sinn einer ärztlichen »Sprech-Stunde«. Es gehört zum therapeutischen Rüstzeug jedes Arztes, nicht nur des Psychotherapeuten. Man mag diese Art der Sprechstunde »kleine Psychotherapie« oder »Psychotherapie des Hausarztes« oder schlicht »psychologische Krankenbetreuung« nennen, immer geht es um eine *verstehende, mitmenschliche Anteilnahme* an den Sorgen und Nöten des Patienten. In einem solchen Gespräch wird sich oft das weitere Schicksal des Kranken entscheiden.

Zweifellos sind weder alle Ärzte noch alle Patienten gewillt, sich in ein Gespräch einzulassen. Die Widerstände gegen die Preisgabe seelischer Geheimnisse und gegen die Aufnahme einer über die berufliche hinausgehenden menschlichen Beziehung sind größer, als gemeinhin angenommen wird. In diesen Fällen verbleibt noch die »symptomatische Behandlung« psychosomatischer Krankheiten. Da sich letztere, wie bereits mehrfach ausgeführt, zur Hauptsache als organische Krankheiten manifestieren, besteht die symptomatische Behandlung zur Hauptsache in einer *somatischen* Therapie. Die emotionale Grundstörung wird dabei nicht behandelt. Eine symptomatisch-somatische Therapie psychosomatischer Leiden ist zwar von fragwürdigem Dauereffekt, jedoch keineswegs nutzlos. Einmal kann sie zur Überbrükkung dienen, bis sich beispielsweise eine konflikthafte Situation spontan oder durch äußere Maßnahmen, auf die der Arzt ohne Einfluß ist, entschärft hat. Dies gilt allerdings nur für psychoreaktiv ausgelöste, mehr oder weniger akute Erkrankungen. Bei chronischen Krankheiten dagegen ist eine symptomatische Behandlung nur sinnvoll, wenn sie einem lebenserhaltenden Zweck dient oder eine soziale Besserung erzielt, bis der Patient psychotherapiereif geworden ist.

Zur symptomatischen Therapie rechnen wir auch die Behandlung mit Psychopharmaka. Depressive Verstimmungen, Angstzustände, emotionale Spannungen können so gemildert und erträglich gestaltet werden. Auch hier muß jedoch beachtet werden, daß sich der magisch-suggestive, der archetypisch-mystische und der von Ärzten oft angewandte autoritär-apostolische Aspekt der pharmakologischen Wirkung immer zugesellt und »oft sogar den einzigen Grund einer Symptombesserung« darstellt (LAMBELET). Der Großteil der Ärzte ist sich der fragwürdigen Bedeutung einer psychopharmakologischen Therapie durchaus bewußt. Trotzdem ist deren Anwendung leider ubiquitär geworden. Sie erspart es dem Arzt, Zeit und Geduld für seine Patienten aufbringen zu müssen, und bedeutet gleichzeitig das Eingeständnis seiner Unfähigkeit, mit dem Kranken in ein Gespräch zu kommen.

Die symptomatische Therapie ist mit einer eigentlichen analytischen Psychotherapie oft unvereinbar. Zwar wird von der pharmazeutischen Industrie immer wieder propagiert, die Psychotherapie könne durch Medikamente unterstützt werden. Dies kann z. B. bei hochgradigen Angstzuständen oder depressiven Verstimmungen durchaus der Fall sein, dort nämlich, wo der Leidensdruck einen unerträglichen Grad erreicht hat oder der Patient noch nicht bereit ist, Schmerzen und Versagungen auszuhalten. In der Regel jedoch wird eben dieser für die Therapie so wichtige Leidensdruck – oft die einzige Motivation zu einer Weiterführung der ätiologischen »Wurzelbehandlung« – durch eine vorangehende oder gleichzeitige symptomatische Medikation behoben, die Konfliktlage scheinbar entschärft, so daß der Patient keinen Grund mehr sieht, weiterzumachen. Die Therapie ist »zudeckend«. Zudem unterstützt die Verabreichung von Medikamenten die Widerstandshaltung der psychosomatisch Kranken, die ohnehin aufgrund ihrer »körperlichen« Krankheitsbilder der »psychischen« Behandlung Mißtrauen entgegenbringen. Nicht unerwähnt soll zuletzt noch bleiben, daß die symptomatische Behandlung psychosomatischer Krankheiten eher das Aktivitäts- und Erfolgsbedürfnis der Ärzte befriedigt, als daß sie wirklich dem Patienten hilft.

Behandlung einer sekundären Amenorrhöe

An einem Beispiel sollen die drei Therapiemöglichkeiten veranschaulicht werden. Ein junges Mädchen, zwanzigjährig, suchte ihren Hausarzt auf, da sie seit einem Jahr keine Menstruationsblutung mehr hatte, während sie vordem, seit ihrer Menarche im Alter von vierzehn Jahren, regelmäßig menstruiert hatte. Der Arzt überwies die Patientin sogleich einem Frauenarzt, der sie in der Folge hormonal behandelte. Diese Therapie – Ovaid 12 und Primolut N – führte gelegentliche Blutungen herbei, jedoch in unregelmäßigen Abständen und schwach. Das Absetzen der Hormongaben ließ die Kranke sofort wieder amenorrhoisch werden.

In den folgenden zwei Jahren traten zusätzlich und scheinbar ohne inneren Zusammenhang mit der Amenorrhöe depressive Verstimmungen auf. Die Patientin wurde deswegen wiederum einem weiteren Arzt überwiesen, der sich ihrer nicht nur medizinisch, sondern auch psychologisch annahm. Die hormonale Behandlung beim Frauenarzt wurde parallel weitergeführt; beim Nervenarzt erhielt sie Antidepressiva. Immerhin bestellte letzterer die Patientin in regelmäßigen Abständen zu Aussprachen, wobei ihre aktuellen Sorgen besprochen wurden. Diese standen im Zusammenhang mit der beruflichen Entwicklung des Mädchens und vor allem mit familiären Auseinandersetzungen.

Aus der Lebensgeschichte der Patienten, wie wir sie später kennenlernten, mag erwähnenswert sein, daß sie als Einzelkind eines mittelständischen Ehepaars aufgewachsen ist. Im Alter von fünf Jahren mußte sie wegen eines Erythema nodosum ein halbes Jahr zu einer Kur in eine Berggegend. Wie die meisten Einzelkinder wurde auch unsere Patientin in der Kindheit von ihren Eltern ängstlich umsorgt und verwöhnt. Dies führte zu einer hochgradigen Versagungsintoleranz, so daß sie schon in geringen Belastungssituationen jeweils zusammenbrach. Zu Beginn ihres neuen beruflichen Lebensabschnittes als Krankenschwester setzte die Menstruation aus, angesichts der sich nähernden Examenssituation traten die Depressionen auf.

Der anteilnehmenden und verständnisvollen Gesprächsführung des Nervenarztes gelang es schließlich – nach Absetzung der Psychopharmaka –, die Depression aufzuhellen. Die Patientin konnte ihr Examen bestehen, womit auch die Auseinandersetzungen mit den Eltern vorübergehend aufhörten. Sie schien wieder fröhlich und zufrieden, wenn auch die Menstruationsstörung keineswegs behoben war. Der Arzt hatte ihr angeraten, sich damit abzufinden, und die Patientin aus der Behandlung entlassen.

Eine neuerliche Störung trat etwa zwei Jahre später auf. Das Mädchen, inzwischen vierundzwanzigjährig geworden, sollte das Elternhaus verlassen. Dies wurde von den Eltern gewünscht, welche inzwischen bemerkt hatten, daß ihre Tochter unselbständig und kindlich, ja völlig lebensuntüchtig zu bleiben drohte, wenn sie nicht einmal auf eigenen Füßen stehen mußte. Sie war nicht fähig, auch nur die geringste Entscheidung selbst zu treffen. Die Eltern ihrerseits fühlten sich durch die ständigen Fragen und die zu gebenden Ratschläge überfordert und suchten dem Mädchen kurzerhand ein Zimmer in einer nahegelegenen Stadt mit der Begründung, sie *müsse* jetzt erwachsen werden. Zu diesem von den Eltern geforderten Erwachsensein gehörte aber auch die normale Menstruation. Der Vater ließ sich von einem Arzt, den er selbst wegen eines chronischen Darmleidens aufsuchte, beraten. Dieser empfahl eine analytisch orientierte Psychotherapie.

Wir sahen die Patientin erstmals fünf Jahre nach Beginn der Amenorrhöe. Sie machte einen netten, eher infantilen Eindruck und war froh, daß ihr »eine so teure Behandlung« von den Eltern bewilligt wurde. Die Beziehung unserer Kranken zum Arzt war von Anfang an gut; schon bald konnte sie spontan auf ihre täglichen Telefongespräche mit der Mutter verzichten. Als sie dann allerdings *zu* selbständig zu werden drohte und gelegentlich an ihren freien Tagen nicht mehr wie üblich nach Hause ging, fühlten sich die Eltern ihrerseits beunruhigt. Mit einer solchen Entwicklung hatten sie nicht gerechnet.

In der analytisch geführten Therapie – die Patientin lag auf der Couch, der Therapeut griff im wesentlichen nicht aktiv ein – trat zunächst die seit der letzten Behandlung verdrängte Depression voll in Erscheinung. Gelegentlich wurde ihre traurige Verstimmung von hysterischen Weinkrämpfen, Atemnot und Panik durchbrochen. Sie versuchte den Arzt durch massive Suiziddrohungen aus seiner Ruhe zu bringen, rief ihn auch gelegentlich außerhalb der Sprechstunde zu Hause an oder ließ ihn durch eine Freundin telefonisch auf die Ernsthaftigkeit der Situation aufmerksam machen. Im Privatspital, an dem sie tätig war, erging es ihr nicht gut. Sie reagierte wie ein kleines Kind auf jede Äußerung ihrer Vorgesetzten, so daß sie als Krankenschwester kaum mehr tragbar war. Es zeigte sich im übrigen, daß die *Berufswahl* unglücklich getroffen war. Der Vater, von dem wir bereits meldeten, er habe ein chronisches Darmleiden, hatte ihr diesen Beruf vorgeschlagen, damit sie ihn später pflegen könne! Dies wurde nun nicht nur analytisch durchgearbeitet, sondern auch faktisch korrigiert. Die Patientin suchte auf eigene Faust ein neues Tätigkeitsfeld, allem »Kranken« fern, in einer weltweiten Touristenorganisation, wo sie von fröhlichen und aufgeschlossenen Menschen umgeben war und selbst Reisen in alle Welt unternehmen konnte.

Diese scheinbar nur berufliche Öffnung zur Welt war jedoch von einer inneren, stimmungsmäßigen Befreiung begleitet. Das bisher jeden sinnlich-erotischen Kontakt meidende Mädchen entdeckte zunächst ihren weiblichen Selbstwert und ihre Sexualität. Trotz ihres chronologischen Alters von nunmehr bald sechsundzwanzig Jahren erlebte sie alle Höhen und Tiefen der erst einsetzenden Pubertät. Die Menstruation trat nach zehnmonatiger Psychotherapie mit etwa siebzig Sitzungen erstmals spontan – versuchsweise für drei Tage – auf. Diesmal allerdings wurde die Blutung von der Patientin nicht mehr als »schreckliches Trauma« erlebt wie seinerzeit die Menarche. Diese hatte sie nämlich völlig unerwartet und unvorbereitet getroffen. Sie war weder sexuell aufgeklärt gewesen noch wußte sie über die weibliche Geschlechtsfunktion Bescheid. Sie hatte damals befürchtet, verbluten zu müssen.

Es würde zu weit führen, die Entwicklung des Mädchens während der über zwei Jahre dauernden Psychotherapie – es kam im zweiten Jahre einmal wöchentlich in die Sprechstunde – zu schildern. Einige bemerkenswerte Punkte seien kurz gestreift. Die Patientin menstruierte im zweiten Jahr spontan und regelmäßig, mit zwei Ausnahmen. Ein erstes Mal blieb die Menstruation aus, als die Eltern ihr das Ende der Psychotherapie ankündigten. Für sie war das Mädchen mit dem Einsetzen der Monatsregel geheilt, so daß sich weitere finanzielle Opfer dafür erübrigten. Daß sich unter diesen Umständen die Amenorrhöe prompt wieder einstellte, bedarf keiner weiteren Erklärung. Ein zweites Mal, einige Monate später, setzte die Blutung wieder aus, als die Patientin ihre erste Liebensenttäuschung erlebte. Sie hatte sich nämlich während der Psychotherapiezeit erstmals richtig in einen jungen Mann verliebt, der sie jedoch wegen ihrer völligen Naivität und Unerfahrenheit in sexuellen Dingen sitzenließ. Immerhin lernte sie, daß solche Enttäuschungen zum Leben gehören und durchaus tragbar sind. Hatte sie sich früher beim Auftreten innerer Spannungen immer in ein süchtiges Rauchen oder Essen geflüchtet, so war sie jetzt fähig geworden, auf beides zu verzichten. Nachdem keine Depressionen mehr auftraten und die Patientin eine sie beglückende, zur Verlobung führende Bekanntschaft gemacht hatte, konnte die Psychotherapie nach zweieinhalb Jahren Dauer beendigt werden.

Während die erste Behandlungsphase – Hormontherapie – lediglich »symptomatisch« gewirkt hatte, die zweite immerhin »pathogenetisch« in dem Sinne, daß die aktuelle Konfliktsituation zur Sprache kam, wurde die »ätiologische« Heilung erst durch eine analytische Langzeittherapie bewirkt. In diesem Zusammenhang muß noch erwähnt werden, daß wir zu Beginn der Psychotherapie jegliche hormonale und psychopharmakologische Medikation abgestellt hatten. Wir sind hier wohl berechtigt, von einer »sinnerhellenden« Psychotherapie zu sprechen, da sowohl der Kranken wie dem Arzt der Bedeutungsgehalt dieser Amenorrhöe und deren Sinn innerhalb der Lebensgeschichte aufging. Offensichtlich konnten weder die »organische« Blutungsstörung noch die »psychische« Depression als zwei verschiedene und voneinander unabhängig verlaufende Krankheitsabläufe betrachtet werden. Aber auch die Annahme, das eine Krankheitsbild sei »Ursache« beziehungsweise »Wirkung« des anderen, ließ sich lebensgeschichtlich nicht nachweisen. Die Patientin erfuhr sich selbst als ein Wesen, das in einer ganz bestimmten Weise in der Welt stand. Nicht nur war sie in fast jeder Beziehung kleinkindlich und elternverhaftet. Auch die Reifung ihrer sinnlich-erotischen Leibhaftigkeit war sie sich schuldig geblieben. Das erklärt denn auch die Tatsache, daß sich gerade zu einer Zeit, als die Berufswahl sie der Geborgenheit und Verwöhnungsstituation schützender häuslicher Atmosphäre zu entreißen drohte, aus dem Weltverhältnis ihrer nunmehr bewußt werdenden Fraulichkeit leiblich zurückzog. Die Angst vor dem ihr aufgebürdeten Leben ließ sie sich in den Schlupfwinkel ihrer kleinkindlichen Welt verkriechen. Dadurch allerdings blieb sie ihrer Existenz die Entfaltung ganz wesentlicher Möglichkeiten schuldig, was naturgemäß zu depressiven Verstimmungen führen mußte. Erst als sie sich im psychotherapeutischen Gespräch ihr eigentliches Sein-Können aneignete, eröffnete sich ihr die Möglichkeit, offenständig für den ihr aufgetragenen Reifungsprozeß zu werden.

Psychotherapie ereignet sich im Gespräch. Bally schrieb in einem Aufsatz zu Freuds hundertstem Geburtstag, der Schöpfer der Psychoanalyse habe – für die Medizin seiner Zeit neu – die Bedeutung des Gesprächs für die Erhellung und Heilung menschlicher Leiden wiederentdeckt. Freud führte jedoch das »wachsam und bedacht geführte Gespräch« in eine materialistisch-technisch orientierte Heilkunde ein, die »die Abblendung des Mitmenschlichen auf seine physikalisch verstandene Körperlichkeit zur Voraussetzung für ihren eben angetretenen Siegeslauf gemacht hatte«. Dieser stellte er »als das einzige Werkzeug zur Heilung den Dialog in der vollen mitmenschlichen Begegnung« gegenüber. Der Patient sollte im freien Sprechen alles, was zutage tritt, in seine Verantwortung übernehmen, der Arzt hingegen aufnehmend und verstehend dieses Tun des Kranken unterstützen und dem Zutagetretenden jeweils zur Artikulierung verhelfen. Bally bezeichnete dieses Vorgehen als den Weg der Katharsis, der bis zur Hermeneutik, zur Seelenführung weise, »und zwar zu einer Hermeneutik, die durchaus den Sokratischen Namen der Mäeutik, der Geburtshilfe, verdient«.

Dieses ärztliche Gespräch bedeutet die Anerkennung der Persönlichkeit des Kranken. Es ist im Grunde ein »Heilsprechen«, eine *»talking cure«*, bei der der Arzt sich *ansprechen läßt*, der Patient sich *ausspricht* und das Ausgesprochene, Bedachte, heilend wirkt. Im praktischen ärztlich-dialogischen Kontakt ist der Patient »nicht nur ein Produkt seiner Verhältnisse . . ., sondern mehr: ein Produzent, ein Gestalter seines Lebens; damit wird aber der Patient zum *Mitarbeiter* des Arztes berufen; sinnlos wäre es nun, ihn weiter in die leidende, passive Rolle eines Behandlungsobjektes zu verweisen«. Mit anderen Worten, der Kranke übernimmt die Mitverantwortung für seine zur Heilung führende Entwicklung.

Die Mitteilung vieler Gedanken und Erinnerungen ist den Patienten oft peinlich. Angst vor einer möglichen Verurteilung aufkeimender Regungen durch die ärztliche Autorität, die am überlieferten Moralkodex festhält, aber auch die noch tiefere Angst, man werde die Geister, die man rief, nicht mehr los, stehen der freien Offenbarung hindernd im Wege. BALLY weist in diesem Zusammenhang sehr zu Recht darauf hin, daß die Kranken in Versuchung geraten, die bisherige moralisierende, krankmachende Haltung beizubehalten und den Arzt als Verteidiger dieser Haltung zu gewinnen. Der Kranke »ist in solchen Behandlungsstadien versucht, diese Haltung der Freiheit vorzuziehen, da die Freiheit hier in *statu nascendi* noch keine Struktur, noch keinen Stil kennt, sich noch nicht gestalten kann. Darum ist jede in der psychoanalytischen Behandlung gewährte Freiheit, in der jede absichtliche Thematisierung der Mitteilungen vermieden wird, so schwer zu ertragen. Das Bewußtsein und das Verdrängte sind Gegner, und so löst die Befolgung der Grundregel, alles zu sagen, was einem einfällt, einen Zweikampf zwischen zwei inneren Mächten aus: dem alten Ordnungsprinzip, das sich auf die überlieferten, übernommenen, erziehungsbestimmten Werte stützt, und deren Regulativ, dem Selbstwert-Zweifel. Schuldgefühle stellen sich in dem Augenblick ein, da ›verbotene‹ Gedanken auftreten, und sofort werden sie wieder abgewehrt«. Aufgabe des Arztes ist es nun, dem neuen Freiheitsprinzip, beruhend auf der Überzeugung, daß keine Regung an sich schlecht, böse und verwerflich oder gar sündhaft sei, gegenüber eingeschliffenen, dem Patienten wesensfremden Haltungen zum Druchbruch zu verhelfen. Es geht in der Psychotherapie nicht darum, Verhaltensweisen zu werten, sondern zu verstehen, damit verantwortungsbewußt der neuen Freiheit entsprechend gelebt werden kann. Denn Freiheit ist nur möglich in Grenzen. Freiheit ist nicht Ungebundenheit oder Chaos, sondern Ordnung.

So kann denn auch das Ziel einer psychotherapeutischen Behandlung psychosomatisch Kranker in nichts anderem bestehen als in einer freiheitlicheren Existenzentfaltung. In der Psychotherapie findet eine Umstimmung statt, die den Kranken erfahren läßt, daß nicht nur Angst und Schuld, sondern auch Vertrauen, Freiheit und Verantwortung das Dasein durchwalten. Solche Umstimmung geschieht in der mitmenschlichen Beziehung und Partnerschaft bzwischen Arzt und Patient. In ihr geschieht das, was *Widerstandsanalyse* genannt wird, nämlich die Bloßlegung und Beseitigung jener Abwehrhaltungen, die der Reifung des Kranken im Wege stehen. Im spontanen Gespräch ist der Patient mit seiner Welt in einer Weise konfrontiert, die letztlich alles Unechte und Unwahre entlarvt. GÖRRES formuliert die dabei auftretenden Erlebnisqualitäten wie folgt: »Die Wahrnehmungen werden präziser, die Erinnerungen deutlicher, die Phantasien, die gerade bei neurotischen Menschen oft spurlos wie Träume aus dem Gedächtnis entschwinden, sobald sie irgendwie unterbrochen werden, prägen sich tiefer ein und haften länger. Feine, fast unmerkliche Erlebnisverläufe werden in ihrer Gliederung bemerkt. Unscharfe Gewohnheitsurteile offenbaren ihre Gebrechlichkeit, sobald man sie laut ausspricht. Dafür treten bisher nicht gewagte Eigengedanken schärfer hervor. Der Spiegel des eigenen Wortes, das Sichfestlegen im Wort ruft Spannungen und Gegensätze im seelischen Leben auf, die früher verschliffen waren. Ich entdecke überrascht, daß mein Mögen, Wünschen und Wollen einmal stärker wird, indem ich es ausspreche, ein anderes Mal plötzlich schwindet oder sich wandelt, kaum daß es ausgesagt worden ist.« Gilt diese Charakterisierung im wesentlichen für das sogenannt freie Assoziieren in der *psychoanalytischen* Situation, so muß doch festgehalten werden, daß *jedes psychotherapeutische Gespräch* analytischen Grundregeln folgen muß, wenn es wirksam sein soll. Deshalb können wir einer scharfen Grenzziehung zwischen analytischer und nichtanalytischer Psychotherapie – wie sie so oft gefordert wird – nicht zustimmen. Selbst ein suggestives, im Gefälle Arzt-Patient erfolgendes Gespräch dürfte zur Hauptsache, wenn nicht ausschließlich, aus der gleichen, im analytisch-offenen Dialog erfahrenen menschlichen Begegnung heraus seine Wirksamkeit entfalten.

Dem bisher Ausgeführten, insbesondere der vorgelegten Krankengeschichte, kann entnommen werden, daß die Therapie psychosomatischer Krankheiten mancherlei Probleme aufwirft. Die Frage nach den Methoden und Möglichkeiten psychotherapeutischer Begegnung mit dem Kranken muß, wie wir gesehen haben, auch jene Patienten bedenken, die einer Psychotherapie aus äußeren oder inneren Gründen nicht zugänglich sind. In diesen Bereich gehört auch die Abgrenzung der Behandlungskompetenzen zwischen Hausarzt und Psychotherapeut. Nun gilt es, die Kriterien festzulegen, welche die *Indikation* für eine solche Heilbehandlung darstellen. Schließlich werden wir die *Prognose* psychotherapeutischer Bemühungen, mit anderen Worten, die Beurteilung des Heilerfolges in symptomatischer, sozialer und ätiologischer Hinsicht einer kritischen Prüfung unterziehen müssen.

Die Indikation zur Psychotherapie

In der somatisch ausgerichteten Medizin ist es üblich, die Indikation für das therapeutische Vorgehen nach dem bekannten Schema: subjektive Beschwerden, Anamnese, objektiver Befund, Diagnose und Prognose zu beurteilen. In den meisten Fällen läßt sich daraus nicht nur die Art der Behandlung, sondern auch die mutmaßliche Dauer der Therapie abschätzen. Das *Krankheitsbild* ist maßgeblicher für die therapeutische Indikation als der Kranke selbst, wenn auch letzterer nicht ganz ausgeklammert werden kann.

Für jene Krankheiten, die in den Bereich der Psychotherapie fallen, gilt dieses so einfache und nützliche Schema allerdings nicht. Bereits 1904 schrieb FREUD, die Natur der psychoanalytischen Methode schaffe »Indikationen und Gegenanzeigen sowohl von seiten der zu behandelnden Personen als auch mit Rücksicht auf das Krankheitsbild«. Er stellte also die *»zu behandelnden Personen«*, mit andern Worten die *Persönlichkeit* des Patienten, an erste Stelle und somit vor das Krankheitsbild, vor den Befund und vor die Diagnose, um die Indikation oder Gegenindikation für eine psychoanalytisch orientierte Therapie zu bestimmen. Diese fundamentale Einsicht FREUDS wurde bis heute nicht widerlegt, auch wenn Methoden und Anwendungsgebiete der Seelenbehandlung Korrekturen und Erweiterungen erfuhren. Nicht jede psychotherapeutische Behandlung kann Psychoanalyse genannt werden, aber trotzdem gründet *de facto* jede wirksame Psychotherapie auf den analytischen Grundpfeilern der sogenannten »Übertragung« und des »Widerstandes«, mit anderen Worten: auf der Gestaltung der Arzt-Patient-Beziehung, und sie wendet mit Vorteil die praktischen Ratschläge FREUDS für die Krankenbehandlung an. Das heißt mit aller Deutlichkeit, *daß die Indikation für jeden psychotherapeutischen Eingriff, ob es sich um eine große analytische Psychotherapie oder um die sogenannte Kurztherapie mit allen ihren Modifikationen handelt, vom Patienten her gestellt werden muß und nicht oder nur unwesentlich vom Krankheitssymptom.* Psychotherapie setzt den Willen des Kranken voraus, sein neurotisches Kranksein aufzugeben, aber auch die Bereitschaft, aktiv an der Heilbehandlung teilzunehmen. Der Wille zur Heilung wird zwar bei jedem Kranken, der den Arzt aufsucht, stillschweigend vorausgesetzt. Daß dieser im Grunde sehr oft *nur bedingt vorhanden* ist, wissen jedoch alle jene Ärzte, die sich mit den sogenannten »funktionellen« Krankheiten befaßt haben und die erfahren mußten, daß sich trotz intensiven therapeutischen Einsatzes die Heilung verzögerte oder ausblieb, weil der Kranke letztlich nicht gesunden wollte. Neurotischen Patienten bringt ihre Krankheit gelegentlich einen Krankheitsgewinn ein – beispielsweise dem Süchtigen ein intensives Lusterlebnis, dem körperlich Kranken die Vermeidung beruflicher oder ehelicher Auseinandersetzungen –, vergleichbar etwa dem materiellen Gewinn, den gewisse Versicherungspatienten aus ihrer Krankheit schöpfen. Dort aber, wo die wirkliche Einsicht in das Krankheitsgeschehen und der echte Wille zur Gesundung fehlen – beide werden durch den Leidensdruck gefördert –, ist auch eine Psychotherapie von vornherein zum Scheitern verurteilt.

Wenn für den Arzt das Gebot gilt, allen Leidenden müsse geholfen werden, so verliert dieser Grundsatz im Hinblick auf die Psychotherapie weitgehend seine Verbindlichkeit, da diese Behandlung ohne volle Anteilnahme des Kranken undurchführbar ist (PARIN). Erfolgreiche Psychotherapie setzt außer Krankheitseinsicht, Leidensdruck und Heilungswillen auch ein gewisses Maß an Intelligenz, Beharrlichkeit, vor allem jedoch Gefühlstiefe voraus. Je infantiler und unreifer der Patient ist, desto fragwürdiger wird der Ausgang der Behandlung sein. In einer statistischen Auswertung der Verlaufsformen und Ausgänge neurotischer Störungen wies Ernst die große Bedeutung der prämorbiden Persönlichkeit für den Ausgang der Neurosen nach. Unter den ungünstigen Ausgängen häuften sich eindeutig schwächliche und matte, unter den Geheilten energiereiche und begabte Menschen. Als besonders bedeutsam erwies sich vor allem die jeweilige Emotionalität des Patienten. Gemütswärme, Initiative und jede Art von Begabung wirkten heilbringend, positive Milieuverhältnisse vor und nach Ausbruch der Krankheit günstig. De Jong stellte in Anlehnung an Alexander und Schultz-Hencke eine Indikations- und Gegenindikationsskala zur Gesprächstherapie auf. Danach sollen Erbfaktoren (Organminderwertigkeit), geringe Vitalität oder Abartigkeit des Temperamentes, niedriger Intelligenzgrad, »persistierende Primordialsymptomatik« prognostisch ungünstig wirken. Die Prognose werde ferner durch altersbedingte Persönlichkeitsveränderungen, nicht zu ändernde Streßsituationen (unpassender Ehepartner, falsche Berufswahl) getrübt. Günstige prognostische Kriterien dagegen sind: eine im ganzen aufsteigende Lebenslinie, ein gutes Introspektions- und Integrationsvermögen, die freie Entscheidung des Patienten für die Behandlung.

Selbstverständlich muß der Arzt die geschilderten Verhältnisse bei der Behandlungsentscheidung in Rechnung stellen. Er wird die Behandlung von Patienten besonders dann ablehnen, wenn sie lediglich eine Symptomentlastung suchen oder nicht während der gesprächsweisen oder der *psychodiagnostischen Abklärung die Bereitschaft* erkennen lassen, sich auch mit ihrer eigenen Persönlichkeit und deren Konflikten auseinandersetzen zu wollen. Er schützt sich und den Patienten damit vor einem frühzeitigen Behandlungsabbruch. Die abgebrochene Behandlung hätte, ohne einen Erfolg gebracht zu haben, den Patienten Zeit und Geld gekostet, aber auch dem Arzt Arbeitszeit genommen, die er besser solchen Patienten zur Verfügung stellt, die die nötige Behandlungsbereitschaft entweder von vornherein mitbringen oder bald entwickeln.

Ist schon die Persönlichkeit des Kranken für die Indikation zur Psychotherapie ausschlaggebend, so darf – in Ergänzung zum anfänglich zitierten Satz Freuds – auch die *Persönlichkeit des behandelnden Arztes* nicht außer acht gelassen werden. Nicht jeder Neurotiker kann von jedem Psychotherapeuten gleich optimal behandelt werden, so wie eben nicht jeder Mensch auf jeden anderen gleich anspricht. Dies ist ein Faktor, der in allen Untersuchungen über Psychotherapieverläufe kaum berücksichtigt wird. Der wesentliche Heilfaktor in der Pschotherapie ist die Gestaltung der mitmenschlichen Beziehung zwischen Arzt und Patient, die bekanntlich nie nur einseitig sein kann, sondern immer beidseitig ist. Man spricht deshalb von einer »Gegenübertragung«, womit man die Beziehung des Arztes zum Patienten meint. Diese »Gegenübertragung« ist vor allem dort problematisch, wo der psychotherapeutisch tätige Arzt nicht eine eigene Lehranalyse als Grundlage seiner Arbeit aufzuweisen hat, wo er gegebenfalls selbst unverarbeitete neurotische Persönlichkeitsmerkmale trägt. Für die Indikationsstellung zur Psychotherapie stellt sich somit auch die Frage nach der Reife und seelischen Gesundheit des Therapeuten selbst beziehungsweise nach seinen charakterlichen Störfaktoren. Durch persönliche Reifung, Einsicht und Ausweitung der Gesamtpersönlichkeit gelingt es dem Therapeuten, Abstand zu seinen eigenen Charaktereigenschaften zu finden, doch ist es, um RIEMANN zu folgen, fruchtbarer, »seine Persönlichkeit in die Therapie einzubeziehen, als sie hinter der Methode zu verbergen«, worin immer die Gefahr liegt, daß das angestrebte Überpersönliche zum Unpersönlichen und damit oft Unmenschlichen wird. Der Therapeut mit *hysterischen* Strukturanteilen läuft Gefahr, den Patienten besonders am Anfang zu überfordern. Dies führt zwar gelegentlich zu guten Anfangserfolgen (RIEMANN spricht von »Flitterwochen in der Therapie«), bald aber auch zu Enttäuschungen, wobei der Narzismus des Therapeuten an vielen Fehlschlägen und Behandlungsabbrüchen schuld sein dürfte. Der *zwangshaft* strukturierte Therapeut dagegen neigt dazu, sich hinter starren Regeln und Prinzipien abzusichern. Während der Hysteriker sich über die Methode hinwegsetzt, geht der Zwangsneurotiker in ihr auf. Wo jener distanzlos ist, bewahrt dieser zu großen Abstand zu seinen Patienten. Dadurch wird die mitmenschliche Beziehung von einer unpersönlichen, neutralen Haltung beherrscht, die vom Kranken als Gemütskälte empfunden wird. Die Therapie wird von der Schulmeinung abhängig und bleibt meist rational-intellektuell. Die Intutition ist gehemmt, die Widerstandsanalyse erhält überdimensionale Bedeutung, der Perfektionismus verlängert die Behandlung und läßt sie oft kaum zu einem Ende kommen. *Depressive* Therapeuten dagegen lassen sich leicht, besonders von hysterischen und depressiven Patienten, überfordern. Sie identifizieren sich zu sehr mit ihren Kranken; überdurchschnittliche Einführung ohne »wahre schöpferische Distanz« ist für den Patienten ungesund. Der Therapeut soll nicht trösten, wo er analysieren muß, sonst wird er ausgenutzt und ist unfähig, von seinen Kranken Versagungen fordern zu können. Er traut weder sich selbst noch der seiner Methode zugrunde liegenden Theorie, vermittelt dem Patienten das Gefühl der Unsicherheit und verunmöglicht ihm infolge seiner Aufopferungsbereitschaft und Selbstlosigkeit aggressive Verhaltensweisen.

Hier müßte man in Ergänzung zu RIEMANN durch die *phobischen* Strukturanteile des Therapeuten nennen, die zu ähnlichen Störfaktoren führen wie die depressiven. Insbesondere besteht bei ängstlichen Psychotherapeuten in vermehrtem Maße die tatsächliche Gefahr des Abgleitens der Kranken in psychotische oder depressive Zustände. Sie neigen auch allzuoft dazu, Krisensituationen in der Psychotherapie durch eine Hilfsmedikation (Psychopharmaka) oder aktives Eingreifen (Verhaltensanordnungen) dämpfen zu wollen, wobei wertvolles und heilendes Erlebnismaterial verlorengehen kann. RIEMANN erwähnt als vierte Gruppe die *schizoiden* Typen, die zu kühl, fern und abstrakt sind, um eine wirkliche mitmenschliche Kommunikation herzustellen. Sie betreiben eine »Analyse im gefühlsleeren Raum«, was zu Einsichten ohne emotionale Beteiligung führt. Der Patient fühlt sich nicht angenommen.

Natürlich können noch andere Charaktereigenschaften und Fehlhaltungen neurotischer Art die Psychotherapie beeinflussen. Als solche Störfaktoren zeigen sich unter anderen: ausschließlich oder vorwiegend wissenschaftliches Interesse am Patienten, finanzielle Bedürftigkeit des Therapeuten, sexuelle Frustriertheit, leistungsmäßiger Ehrgeiz, ungesättigte Aggressivität oder infantiles Liebesbedürfnis, süchtiges Weltverhältnis. Moralische Intransigenz und Asketentum passen ebensowenig zum Bild des Psychotherapeuten wie das hemmungslose Verfallensein an die sinnliche Welt. Diese Haltungen sollten allerdings durch eine Lehranalyse weitgehend geklärt und aufgefangen sein, bevor der Psychotherapeut seine Tätigkeit aufnimmt. Darüber hinaus jedoch werden immer Eigenheiten des Therapeuten bestehen bleiben, die zur Folge haben, daß bestimmte Patienten bei Ärzten mit entsprechenden Persönlichkeitsstrukturen besser aufgehoben sind als bei anderen. Letztere sind jedoch nicht immer mit den vom Patienten gewünschten und vorgestellten identisch. Kranke neigen nämlich dazu, sich Therapeuten auszusuchen, die ihnen nicht gefährlich werden, die ihnen die Möglichkeit offen lassen, in ihrem neurotischen Weltverhältnis zu verbleiben. So wird sich ein Patient mit infantilen Geborgenheitswünschen zunächst eher einem Therapeuten anvertrauen wollen, der ihm eine Verwöhnungsstituation gewährt. Jener jedoch, der schuldbeladen und mit starkem Strafbedürfnis in die Therapie geht, wird sich bei einem versagenden Therapeuten wohler fühlen. Der Arzt muß um diese Zusammenhänge wissen und versuchen, sie bereits im ersten Interview zur Sprache zu bringen. Die Entscheidung nämlich, zu welchem Therapeuten ein Kranker im optimalen Fall gehen sollte, wird wesentlich vom Arzt mitbestimmt. Das Erstinterview ist für ihn, wenn er sich ehrlich um seine eigenen Gefühle angesichts eines neuen Falles befragt, von ebensolcher Wichtigkeit wie für den Patienten.

Räumen wir diesen beiden Faktoren, nämlich der Persönlichkeit des Patienten und jener des Therapeuten, primäre Bedeutung ein, so verbleibt die Frage, ob das neurotische oder organische Krankheitsbild als solches, mit einem Wort: die *Diagnose*, Anhaltspunkte für die Indikation zur Psychotherapie bietet oder nicht. Tatsächlich scheint das *Krankheitsbild für die Indikationsstellung nicht völlig bedeutungslos zu sein*, gehört es doch im psychosomatischen Krankheitsverständnis unmittelbar zur Persönlichkeitsstruktur. Dabei ist für die Indikationsstellung wiederum zu beachten, daß sämtliche neurotischen und psychosomatischen Symptome sowohl Austrag einer eigentlich charakterneurotischen und lebensgeschichtlich verankerten Persönlichkeitsstörung als auch einer psychoreaktiven Fehlhaltung sein können. So kann beispielsweise die *Migräne* der leibliche Austrag einer verkrampften, nur auf das Rationale ausgerichteten, unflexiblen Lebenshaltung sein oder aber lediglich die vorübergehende Zentrierung auf eine kaum zu bewältigende, aktuelle Situation (Examen). Die *sexuelle Impotenz* mag einmal der äußere, leibliche Austrag einer neurotisch fixierten Abwehrhaltung gegen alles Sinnlich-Geschlechtliche sein und ein anderes Mal nur die Abneigung gegen die sexuelle Kommunikation mit einer bestimmten Partnerin beinhalten oder schließlich an einen bestimmten Ort, an bestimmte Umstände und Voraussetzungen gebunden sein. Wie fragwürdig jedoch hinsichtlich Dauer und Ausgang einer Psychotherapie jegliche Prognose ist, die sich nur an der Diagnose orientiert, sei kurz an zwei Befunden aufgewiesen. Bei allen Fällen stand das Symptom der *sekundären Amenorrhöe* im Vordergrund der Krankheit; beide Kranken suchten den Arzt wegen dieses Symptoms auf und wurden deswegen dem Psychotherapeuten überwiesen.

Ein siebzehnjähriges Mädchen beschloß, eine Abmagerungskur durchzuführen. Es gelang ihr, innerhalb von drei Monaten zehn Kilogramm abzunehmen. Bald jedoch ekelte es sie derart vor Speisen, daß sie fast nichts mehr zu sich nehmen konnte und nach jeder Mahlzeit erbrechen mußte. Ihr Körpergewicht betrug schließlich nur noch fünfunddreißig Kilogramm, so daß eine klinische Spitalbehandlung notwendig wurde. Nachdem der lebensbedrohende Zustand behoben war und die Patientin nach Hause entlassen werden konnte, nahm sie im Laufe der nächsten zwei Jahre bis auf einundfünfzig Kilogramm zu. Als hartnäckiges Symptom jedoch ihrer offensichtlichen Magersucht erwies sich die sekundäre Amenorrhöe, die mit der Anorexie aufgetreten war. Aus diesem Grunde suchte sie die frauenärztliche Sprechstunde auf, von wo sie zur Psychotherapie überwiesen wurde.

Eine andere Kranke, die siebenundzwanzigjährige Frau eines technischen Ingenieurs, gebar vor acht Jahren ihr erstes und bisher einziges Kind. Seit dieser Zeit waren die monatlichen Regelblutungen ausgeblieben. Das Symptombild veränderte sich trotz intensiver hormonaler Behandlung nicht, so daß nach gründlicher klinischer Abklärung, die kaum nennenswerte Laboratoriumsbefunde zutage förderte, die bisherige Therapie abgesetzt wurde. Da die Kranke den Frauenärzten durch ihre psychische Stimmungslabilität aufgefallen war, wurde sie ebenfalls der psychotherapeutischen Behandlung zugewiesen.

In beiden Fällen stand also klinisch das Symptom der Amenorrhöe im Vordergrund. Im ersten Fall, demjenigen des jungen Mädchens, mußte die Diagnose auf eine *Anorexia nervosa* gestellt werden, und es war anzunehmen, daß es sich bei diesem Krankheitsbild um ein recht *schweres* und *behandlungsresistentes Leiden* handeln würde. Als erschwerend trat noch hinzu, daß die Patientin keinerlei Krankheitseinsicht besaß und auch den Vorschlag zu einer Psychotherapie mit jener oberflächlichen Gleichgültigkeit und Indifferenz akzeptierte, wie man sie bei magersüchtigen Mädchen häufig antrifft. Bei der *postpartualen Amenorrhöe* hingegen stießen wir schon bei der ersten Besprechung auf eine schwere Konfliktsituation, welche die Vermutung nahelegte, das Ausbleiben der Menstruation stehe mit der schweren ehelichen Zerrüttung in Zusammenhang. Die Patientin war denn auch sofort bereit, sich beim Psychotherapeuten auszusprechen. Während wir also im ersten Falle eine langwierige, große psychotherapeutische Behandlung bei einer Charakterneurose erwarteten, hatten wir im zweiten Falle eher mit einer Kurztherapie bei psychoreaktiver Konfliktlage gerechnet. Beide Erwartungen wurden nicht bestätigt.

Im Falle der jungen magersüchtigen Patientin war die Amenorrhöe nach fünf Sitzungen verschwunden. Die Patientin hat seither regelmäßig menstruiert, weshalb sie die Behandlung abbrach, obwohl die charakterneurotische Störung in dieser kurzen Zeit natürlich keineswegs behoben war. Sie galt jedoch als klinisch geheilt. Bei der verheirateten Kranken dagegen konnte der aktuelle Konflikt zwar relativ rasch gelöst werden, hingegen zeigte es sich, daß hinter der psychoreaktiven Störung eine emotionale Fehlentwicklung stand, die eine über ein Jahr dauernde Behandlung erforderlich machte. Die Amenorrhöe persistierte über den Behandlungsabschluß hinaus.

Damit wollen wir auf etwas Grundsätzliches in jeder Psychotherapie hinweisen. Das Krankheitssymptom erteilt uns zwar Auskunft über die besondere Gestimmtheit des Kranken und über seinen gestörten Weltbezug, aber kaum brauchbare Anhaltspunkte für die Indikation zur Psychotherapie. Diese ergibt sich aus der Intuition und Erfahrung des Arztes, eine sichere Diagnose kann jedoch erst nach Abschluß der Behandlung gestellt werden. Oder wie ERNST sagt: Die Psychotherapie ist weniger »indizierbar«, als daß sie zustande kommt. Günstigenfalls kommt es bei der Einleitung der Behandlung zu einem sukzessiven Aufeinanderzuschreiten von Arzt und Patient, aber nicht zu einer einfachen Befolgung einer Verordnung. Auch FREUD äußerte sich (1933) hinsichtlich der Indikation zur Psychotherapie sehr skeptisch, wenn er schrieb: »Unsere Diagnosen erfolgen sehr häufig erst nachträglich . . . Wir können den Patienten, der zur Behandlung, oder ebenso den Kandidaten, der zur Ausbildung kommt, nicht beurteilen, ehe wir ihn durch einige Wochen oder Monate analytisch studiert haben. Wir kaufen tatsächlich die Katze im Sack.« Trotz dieser notwendigerweise mit aller Deutlichkeit formulierten Einschränkung liefert uns das Krankheitsbild doch sehr wesentliche und brauchbare Anhaltspunkte für die Indikation zu einer Psychotherapie. Der Begriff »Indikation« beinhaltet nach Pschyrembel den »zwingenden Grund zur Anwendung eines bestimmten Heilverfahrens in einem bestimmten Krankheitsfall«. Danach wären zunächst die in dieser Definition enthaltenen Aspekte des »bestimmten Heilverfahrens« und des »bestimmten Krankheitsfalls« zu klären, wobei es zwei Gründe für die Anwendung eines bestimmten Heilverfahrens gibt, nämlich die voraussichtliche Heilungsmöglichkeit (Prognose) und den Schweregrad der Krankheit (Notwendigkeitsaspekt). Die Begriffsbestimmung dessen, was man als »bestimmtes Heilverfahren« bezeichnen will, ist nun schon viel schwieriger. Bürli, der diesen Fragen in einer Dissertation nachgegangen ist, bezweifelt mit Recht, daß die Psychotherapie irgendeiner anderen Therapie gleichgestellt werden könne und daß ihr wie jeder anderen ein bestimmter Indikationsbereich zukomme. Ebenso werde bekanntlich die methodische Einheit der Psychotherapie durch die große Bedeutung der Therapeutenpersönlichkeit erschwert, aber auch durch den möglichen Einfluß äußerer Umstände des Therapievorganges in Frage gestellt. Eine weitere Unbekannte sei die klare Abgrenzung der verschiedenen psychotherapeutischen Richtungen und Schulen, welche unseres Erachtens allerdings den Laien mehr Kopfzerbrechen bereitet als den Fachärzten und für die Behandlung weniger Bedeutung hat, als allgemein angenommen wird. Der Begriff »Psychotherapie« wird tatsächlich verschieden angewandt, wobei darunter sowohl die einfache psychologisch-psychagogische Beratung und Betreuung, die suggestiven Methoden (inklusive autogenes Training und Hypnose) als auch die eigentliche analytische Behandlung verstanden werden und letztere als »wohl schwerster psychotherapeutischer Eingriff in die Persönlichkeit« in seiner Folgenschwere dem operativen Zugriff des Chirurgen gleichgesetzt wird.

Als herkömmliche Methode zur Festlegung des »bestimmten Krankheitsfalles« und deren Indikation für die Psychotherapie diente lange Zeit ausschließlich die psychiatrische Krankheitsdiagnose, eine mehr dynamische Persönlichkeitsbeschreibung oder die Untersuchung mittels Testverfahren sowie die sogenannte Probeanalyse. Alle diese Möglichkeiten jedoch sind nur von sehr beschränktem Wert, und selbst ausgesprochen psychiatrisch orientierte Psychotherapeuten verwiesen immer wieder auf die relativ große Unsicherheitskonstante (zirka 35 Prozent), die solche »grob-kategorialen« Diagnosen aufweisen. Bedeutungsvoller für die Notwendigkeitsbeurteilung einer psychotherapeutischen Behandlung ist die Ernsthaftigkeit, der Schweregrad des Krankheitsfalles. Die Art der Erkrankung fällt nur insofern ins Gewicht, als jedem Krankheitsfall beziehungsweise jedem Krankheitsbild ein bestimmter, allerdings nur relativ konstanter Krankheitswert zukommt. Was die eigentlich psychoanalytische Psychotherapie angeht, so läßt sich ein exakter Krankheitsgrad nicht in Normwerten angeben. Grundsätzlich kann nur angenommen werden, daß sie »keine Behandlungsmethode für leichte oder schwerste Fälle darstellt, für leichte Störungen schon deshalb nicht, weil einerseits mit Spontanheilungen gerechnet werden sollte, andererseits oft mit einfacheren Eingriffen eine Heilung bewirkt werden kann« (Bürli). Damit ist auch die Frage nach dem Ziel einer analytischen Heilbehandlung anvisiert. Vom Heilverfahren her wird eine gewisse Adäquatheit gefordert; der Therapieaufwand müsse in einem »vernünftigen Verhältnis« zum vorliegenden Leiden stehen.

Ergänzend zu den bisher angeführten Gesichtspunkten zur Psychotherapie-Indikation wird gelegentlich auf sogenannt »evaluierende Kriterien bei der Anamneseaufnahme« (Vaessen) aufmerksam gemacht. Darunter fällt ein *Test zur Lebensgeschichte* (»performance test« Alexanders), die Frage nach der sozialen Bewährung, dem Anpassungsvermögen an verschiedene Situationen im Leben (Integrationsfähigkeit) sowie die bereits erwähnte »persistierende Primordialsymptomatik«. Schultz-Hencke versteht darunter eine neurotische Symptomatik beim Kinde, die nach der Pubertät bestehen bleibt. So soll die schizoide Struktur bereits im zweiten Lebensjahr, die depressive im dritten, die zwangsneurotische im sechsten und siebten, die hysterische vom achten bis zwölften Lebensjahr auftreten. Auch Daumenlutschen, Nägelbeißen, Eßstörungen, Pavor, Stottern, Erbrechen, Enuresis und Enkopresis werden genannt. Im allgemeinen verschwinden diese »Unarten« in der Pubertät; bleiben sie bestehen, so soll die Prognose ungünstig sein. Weiter zählt der *Leidensdruck* zu diesen Kriterien. Möglichkeiten der Ersatzbefriedigung (Sucht, Perversionen) verschlechtern die Erfolgsaussichten der Psychotherapie. Um diese Frage beurteilen zu können, werden *Versuchsinterpretationen* (ALEXANDER, HEIGL) vorgeschlagen. Es handelt sich dabei um Bemerkungen oder Fragen, die bereits zu Beginn der Behandlung vom Therapeuten absichtlich in das Gespräch eingeflochten werden, um die Reaktion des Patienten festzustellen (sogenannte Stichfragen). Dadurch können Widerstände provoziert, Vorurteile aufgedeckt, Übertragungsmöglichkeiten getestet werden. An sich gehören alle Momente, die hier angeführt wurden, zur Persönlichkeitsstruktur des Patienten.

Es fällt natürlich schwer, generell anwendbare Indikationsregeln für die Psychotherapie aufzustellen, da jede Psychotherapieform wiederum ihre eigenen Grundsätze und Erfolgskriterien hat. Es sei hier auf mein Buch *Einführung in die Psychotherapie* (Kindler Verlag 1974) verwiesen, in welchem die verschiedenen Schulrichtungen ausführlich dargestellt sind. Immerhin möchte ich hier wiederum einige Gesichtspunkte aus der ausgezeichneten statistischen Arbeit von DE BOOR und KÜNZLER anfügen, die gerade für den praktischen Arzt von großer Bedeutung sein dürften. Besonders Bezug genommen sei hier auf die sogenannte *Fokaltherapie*, die in England und Deutschland als Kurztherapie mit Erfolg angewendet wird.

Hinsichtlich der *Indikation* für eine große Psychotherapie oder eine sogenannte Kurztherapie *(Fokaltherapie)* zeigten sich insofern Unterschiede, als *Intelligenz*, *Berufsausbildung* und gehobene *soziale Position* eher eine psychoanalytische Behandlung ermöglichten. An zweiter Stelle kamen Kranke mit *Mittel- oder Fachschulbildung* oder *abgeschlossener handwerklicher Berufsausbildung* und am seltensten Patienten, die nur über *Volksschulbildung* verfügten. Die geringsten Aussichten bestehen für ungelernte Arbeiter. Die Psychoanalyse wurde bei diesen sowohl von der Klinik wie von ihnen selbst aus abgelehnt. Bei den Kurztherapien ist das Verhältnis gerade umgekehrt. Ein bezeichnendes Bild entwirft die Feststellung, daß bei der Behandlung der Arbeiter und Angestellten die *Einstellung ihrer Krankenkassen* zur Psychotherapie von wesentlichem Einfluß ist. Ichschwache

Patienten ließen sich durch die *ablehnende Haltung* der Versicherungsträger beeinflussen; meistens waren sie dann nicht bereit, für ihre Therapie selber ein finanzielles Opfer zu tragen. Es zeigt sich hier eine negative Auswirkung des *Wohlfahrtsstaates*, der »einer nicht geringen Zahl von Patienten die Delegation der Verantwortung für ihre Erkrankung ›nach oben‹, auf versorgende Autoritäten und Institutionen möglich macht, also einer dauerhaften Infantilisierung der Persönlichkeit Vorschub leistet«.

Die *Fokaltherapie* gehört in die Gruppe der sogenannten kleinen Psychotherapie mit einer Behandlungsstunde pro Woche und einer im voraus bestimmten Stundenzahlbegrenzung. Es handelt sich um eine konfliktzentrierte Therapieform. Der psychodynamisch wirksame Konflikt wird Fokus genannt.

Unter Beibehaltung der psychoanalytischen Technik soll versucht werden, diesen Fokus anzugehen, wobei als Hypothese gilt, daß durch eine Veränderung der dynamischen Wirksamkeit und der ökonomischen Bedeutung des Konfliktes auch Auswirkungen stattfinden auf »kollateral« mit dem Konflikt verbundene körperliche und seelische Symptome und Verhaltensstörungen.

Die *Indikation* zur Fokaltherapie wird aufgrund der Persönlichkeitsstruktur und nicht aufgrund des Krankheitssymptoms gestellt. Psychosen und Charakterneurosen sowie ausgeprägte Formen psychischen Infantilismus scheiden von vornherein aus. Drei Vorbedingungen sind unerläßlich:

1. Tragfähige »Objektbeziehungen« (mitmenschliche Beziehungsfähigkeit). Dadurch soll der Patient nicht mehr ausschließlich auf die Übertragungsbeziehung zum Therapeuten angewiesen sein.
2. Fähigkeit zur Realitätsbewältigung. Leistungsfähigkeit, Bewährung im Berufsleben, Fähigkeit zur sozialen Einordnung, vermitteln einen Eindruck von der »Ichorganisation«. Auch die Frustrationstoleranz oder Ichstärke finden darin ihren Ausdruck.
3. Ein gewisses Maß an psychischer Differenzierung und Einfühlungsbereitschaft. Ein niedriger Intelligenzquotient schließt die Kurztherapie aus. Aber die gemüthafte, »affektive« Differenzierung ist von größter Wichtigkeit.

Zur *Technik* der Fokaltherapie ist zu bemerken, daß diese mit Deutungen arbeitet, aber auf Suggestion und Ratschläge verzichtet.

Prognose und Erfolgsbeurteilung

Die psychotherapeutische Wirkung des ärztlichen Gesprächs bei psychosomatischen Krankheiten wird, wie gesagt, durch verschiedene Faktoren in Frage gestellt, die teilweise im Wesen der Erkrankung liegen, teilweise durch das Verhalten der Ärzte bedingt sind. Statistisch nachgewiesen ist die Tatsache, daß die meisten psychosomatisch Kranken, wenn überhaupt, erst nach längerer Krankheitsdauer dem Psychotherapeuten zugewiesen werden. Bei den in die psychosomatische Klinik Heidelberg eingewiesenen Patienten waren nur 31 Prozent weniger als zwei Jahre krank; bei 69 Prozent sind mehr als zwei Jahre und darin inbegriffen bei 37 Prozent mehr als sechs Jahre seit dem ersten Auftreten ihrer Beschwerden vergangen. Dabei ist zu bedenken, daß die Chronifizierung der Symptomatik ungünstige Voraussetzungen für eine Behandlung schafft und die Prognose verschlechtert. »Diese Tatsache« – schreiben de BOOR und KÜNZLER – »illustriert, wie sehr die Forderung berechtigt ist, daß im Beginn somatisch imponierender Leidenszustände die psychodiagnostische Beurteilung ebenso selbstverständlich wie die somatische Abklärung erfolgen sollte . . .« Soziale Vorurteile und die geringe Kenntnis medizinpsychologischer Fakten verhindern zudem häufig, daß die Kranken einer rechtzeitigen psychotherapeutischen Behandlung zugeführt werden. Körperliche Symptomatik, aber auch Süchte und Perversionen kommen später zur Behandlung als Angstzustände, Schlafstörungen und Depressionen.

Häufig scheitert die Behandlung psychosomatisch Kranker auch aus äußeren Gründen. Die Patienten sind oft gezwungen, große Entfernungen zurückzulegen, da die Psychotherapeuten sich im allgemeinen in großen Städten konzentrieren; dies führt dazu, daß zeitliche und finanzielle Gründe eine psychotherapeutische Behandlung verunmöglichen. Auch die Einstellung der Krankenkassen und Sozialversicherungen zum Problem der

Neurosen wirkt sich auf den Behandlungswillen und auf die äußeren Behandlungsbedingungen aus. DE BOOR und KÜNZLER bemerken dazu, daß die Kassen und Versicherungsträger zwar nicht eine schroffe, wohl aber eine allgemein verbreitete ablehnende Haltung einnehmen. Während im Falle des ärztlichen Unverständnisses die Kranken die Betroffenen sind, müßte jetzt hinzugefügt werden: Im Falle der Kostenträger sind nicht nur die Patienten betroffen, sondern die Kassen selbst. Wäre einem Ulkuspatienten, dessen Erkrankung in engem Zusammenhang mit seiner konfliktgeladenen Ehesituation steht, die Möglichkeit gegeben worden, seine Lebenskonflikte in einer psychotherapeutischen Behandlung zu bearbeiten, so hätte die Kasse ihm nicht mehrmalige Spitalaufenthalte, einen Kuraufenthalt und mehrere ambulante Röntgenuntersuchungen zu bezahlen brauchen, »von dem Aufwand an ›Krankengeld‹ ganz zu schweigen«. Allerdings dürfen wir hoffen, daß in dieser Beziehung eine Revision der Haltung zu erreichen sein wird. In der Schweiz sind die Verhältnisse durch die Einführung einer verbindlichen Position (Psychotherapie) im Gesetz über die Kranken- und Unfallversicherungen (KUVG) bereits annehmbar geworden.

Leider wird immer noch an der unseligen und von der Sache her nicht gerechtfertigten Regel festgehalten, wonach nur die nichtanalytisch tiefenpsychologische Psychotherapie (also lediglich die stützende, psychologische) kassenpflichtigt ist, während alle Patienten, die sich einer Analyse unterziehen, auf freiwillige Beträge der Kassen angewiesen sind. In Deutschland ist einer besseren Regelung zugestimmt worden. Dort bezahlen die Kassen an alle Formen der Psychotherapie.

Lange Erkrankungszeiten, vielfältige somatische Behandlungsversuche verschlechtern unnötig die psychotherapeutische Prognose. Äußere Gründe sind dafür nur in wenigen Fällen verantwortlich. Die psychosomatische Krankheit wird häufig »iatrogen« ungünstig beeinflußt. Unsachliche, abschätzige Bemerkungen der Ärzte über die Erfolgsaussichten einer psychotherapeutischen Behandlung – oft vermischt mit reichlich obskuren Ansichten oder von völliger Ignoranz geprägt – bestärken die Kranken in ihrem Abwehrverhalten. »Solange es als diskriminierend empfunden wird, an Konflikten zu scheitern, wird es den meisten Menschen – ob Ärzten oder Laien – schwerfallen, sich von der psychologischen Verursachung oder Mitverursachung zahlreicher menschlicher Leiden zu überzeugen und den Gedanken an unpersönliche, den einzelnen unverschuldet treffende Noxen aufzugeben.« Der Widerstand psychosomatisch Kranker gegen eine Konfrontation mit ihren persönlichen Problemen findet seine Stütze in einer von einflußreichen Teilen der Gesellschaft gebilligten Ablehnung. »Gerade diese Form des ›erlaubten‹ Widerstandes erleichtert es vielen Patienten, sich gegen die Aufnahme einer Behandlung zu sträuben oder die allgemeinen Argumente in Widerstandsphasen der Behandlung aufzugreifen und sich mit dem Gefühl einer gewissen ›Berechtigung‹ zurückzuziehen. Es ist sicher, daß mit einer Tolerierung oder vielmehr noch mit einer positiven Stellungnahme der Allgemeinheit in der Frage psychischer Krankheitsverursachung diese Form der Kommunikationsschwierigkeiten erheblich verringert würde, mehr Behandlungen zustande kämen und möglicherweise Widerstandsphasen in Behandlungen, die auch noch von außen verstärkt werden, leichter überwunden würden« (de Boor und Künzler).

Einer Psychotherapie psychosomatischer Krankheiten stehen demnach nicht nur grundsätzliche Schwierigkeiten im Weg, sondern auch Hindernisse, die mit dem Krankheitsbild direkt keinen Zusammenhang aufweisen. Diese wurden eingehend untersucht, wobei die statistisch begründeten Schlußfolgerungen den Erfahrungen, welche wir selbst gemacht haben und die auch im persönlichen Gespräch mit unseren Kollegen bestätigt werden, weitgehend entsprechen. Demnach bestehen einmal Zusammenhänge zwischen sozialer Position und Erkrankungshäufigkeit, dann auch zwischen sozialer Position und Psychotherapiefähigkeit. Der Psychotherapie, insbesondere der Psychoanalyse, wird ja bekanntlich häufig der Vorwurf gemacht, sie sei eine unsoziale Behandlungsmethode, sie bevorzuge einseitig gehobene Sozialschichten, während sie ebenso einseitig die unteren benachteilige. Tatsächlich erscheinen Angehörige der oberen Sozialschichten für eine analytische Behandlung geeigneter. An ihrem Zahlenmaterial konnten die Autoren nachweisen, daß eine psychotherapeutische Behandlung nicht am sozialen Vorurteil der psychoanalytisch tätigen Ärzte und ganz besonders nicht an der Frage der Behandlungsfinanzierung scheitere. Die Gruppe der Patienten, die kein Behandlungshonorar entrichteten, enthielt vor allem Patienten von einfacher Persönlichkeitsstruktur, geringer Introspektionsfähigkeit und weniger geschulter Fähigkeit, sich mit ihrem eigenen emotionalen Erleben und demjenigen ihrer Mitmenschen auseinanderzusetzen. Sie hatten oft »magische« Vorstellungen von der Krankheitsentstehung; die Behandlungsnotwendigkeit und die Art der vorgeschlagenen Behandlung wurden häufig intellektuell nicht erfaßt. Verhalten und Reaktionen der Patienten waren dem Verständnis und Einfühlungsvermögen des Therapeuten schwer zugänglich. Die Patienten ihrerseits verstanden die Anforderungen und Deutungen des Arztes nicht und fühlten sich in ihren Bedürfnissen unverstanden. Um eine solche Kluft zu überbrücken, braucht es einen großen Einsatz, »denn die Tätigkeit des Therapeuten kann nicht darin bestehen, daß er auf der Ebene des Patienten zu agieren beginnt, um ihn direkt zu befriedigen«. Aufgabe des Arztes ist es, den Patienten aus seinen unreflektierten Beziehungen und Reaktionen herauszuführen und ihn zu befähigen, emotionale Regungen nicht aktiv-handelnd, sondern in einer »psychiatrischen Auseinandersetzung« zu befriedigen. Dies bedeutet für den Kranken einen ihm bisher fremden, völlig neuen Erlebnisbereich, der nur durch großen Arbeitsaufwand und viele Versagungen erarbeitet werden kann. Bei Patienten aus gehobeneren Sozialschichten verringern sich die geschilderten Schwierigkeiten, da sie bereits durch ihr Gruppenverhalten mehr oder weniger gewohnt sind, mitmenschliche Beziehungen und eigene emotionale Regungen distanzierend zu reflektieren. Die analytische Situation wird von Arzt und Patient leichter ertragen.

Andererseits darf nicht verschwiegen werden, daß auch bei sozial Schwachen psychoanalytische Behandlungen mit Erfolg durchgeführt werden konnten. Diese verlangen allerdings vom Therapeuten eine Kommunikationsmöglichkeit, die ihm durch seinen gesellschaftlichen und beruflichen Umgang nicht immer geläufig ist. Der psychotherapeutischen Wirkung des Patientenhonorars wird häufig von den Psychoanalytikern eine übertriebene Bedeutung beigemessen. Gewiß mag die Tatsache, daß der Kranke selbst auch finanziell an seiner Heilungsmöglichkeit beteiligt ist, diese in positivem Sinne beeinflussen; unabdingbare Voraussetzung für den Heilerfolg ist sie nicht. Wir haben mehrere Patienten mit Erfolg analytisch behandelt, deren Therapie entweder durch Drittpersonen (Eltern, Freunde oder Institutionen) bezahlt wurde oder die honorarfrei (poliklinisch) betreut werden mußten. Andererseits begünstigt eine volle Übernahme der Behandlungskosten durch Kassen und Versicherungen die »Verwöhnungssituation« der Kranken. Dieser Gefahr sind jedoch auch Patienten aus gehobenen Sozialschichten ausgesetzt, deren wirtschaftlicher Status ihnen eine mehrjährige Psychoanalyse ermöglicht, ohne daß diese für sie ein finanzielles Opfer bedeutet.

Das Ende der Therapie

Eine Frage, die offensichtlich den Psychotherapeuten am wenigsten, den Laien am meisten beschäftigt, ist jene nach dem *Ende einer psychotherapeutischen Behandlung*. Wir haben mehrfach gesehen, daß Psychotherapien *vorzeitig*, aus äußeren oder inneren Gründen, abgebrochen werden. Gelegentlich wird dieser vorzeitige Abbruch von einer Symptomheilung begleitet, die in psychoanalytischen Kreisen als »Widerstandsheilung« deklariert wird. Nicht selten jedoch scheint überhaupt keine Veränderung im Status des Patienten eingetreten zu sein. Wie steht es nun mit einem normgemäßen Ende einer analytischen Psychotherapie? FREUD meinte noch, in der Praxis stelle das Ende der Analyse kein wesentliches Problem dar. »Die Analyse ist beendigt, wenn Analytiker und Patient sich nicht mehr zur analytischen Arbeitsstunde treffen. Sie werden so tun, wenn zwei Bedingungen ungefähr erfüllt sind, die erste, daß der Patient nicht mehr an seinen Symptomen leidet und seine Ängste wie seine Hemmungen überwunden hat, die zweite, daß der Analytiker urteilt, es sei beim Kranken so viel Verdrängtes bewußt gemacht, so viel Unverständliches abgeklärt, soviel innerer Widerstand besiegt worden, daß man die Wiederholung der betreffenden pathologischen Vorgänge nicht zu befürchten braucht« (1937). Von einer endgültig beendeten Analyse dürfe man jedoch nur sprechen, wenn sie »im vorwiegend traumatischen Fall« das geleistet hat, »was sie meisterlich kann, die unzulängliche Entscheidung aus der Frühzeit dank der Erstarkung des Ichs durch eine korrekte Erledigung ersetzen«. Bei sogenannten Charakteranalysen werde man »nicht leicht ein natürliches Ende voraussehen können . . .« RUFFLER bemerkt dazu, das Behandlungsende habe sich in den Anfangsjahren der Psychoanalyse einfach aus dem Verschwinden der

Symptomatik ergeben. Zureichend gesicherte und allgemeinverbindliche Kriterien gebe es eben deshalb nicht, weil sich das psychoanalytische Gesundheitsideal, die therapeutische Zielsetzung und die Kriterien für die Beendigung der Therapie nicht auf Durchschnittsmerkmale sogenannt Angepaßter (auf die »schematische Normalität« FREUDS) beschränken dürfe. Trotzdem wurden solche Kriterien aufgestellt. Nach RICKMANN kann die Behandlung abgeschlossen werden, wenn der Patient die Fähigkeit erlangt hat, in der Erinnerung (auch gefühlsmäßig) ungehindert von der Vergangenheit zur Gegenwart und wieder zurück zu gelangen. Dazu wird die Fähigkeit zu heterosexueller genitaler Befriedigung sowie die Möglichkeit, libidinöse Frustrationen und Entbehrungen ohne regressive Abwehr und Angst zu ertragen, gefordert. Der Patient soll in der Lage sein zu arbeiten und auch unbeschäftigt zu verweilen, ohne Verlust der Objektliebe und ohne Schuldgefühle, die aggressiven Antriebe bei sich und anderen zu ertragen, und schließlich soll er zur Trauer fähig sein.

Ein erster Blick zeigt bereits, daß diese Kriterien einerseits unvollständig, andererseits nicht immer erreichbar sind (z. B. bei der Behandlung von Homosexuellen). Zudem muß an den Ratschlag FREUDS gedacht werden, der Arzt müsse vor allem tolerant sein gegen die Schwäche der Kranken, er müsse sich bescheiden, auch einem nicht Vollwertigen ein Stück Leistungs- und Genußfähigkeit wieder gewonnen zu haben. »Der erzieherische Ehrgeiz ist so wenig zweckmäßig wie der therapeutische.« Momente der sogenannten »Gegenübertragung«, das heißt emotionale Faktoren, die nicht beim Patienten, sondern beim Therapeuten liegen, beeinflussen nicht selten den Zeitpunkt des Therapieabbruches. Ein perfektionistischer Ehrgeiz des Arztes kann zur »unendlichen Analyse« führen, die Unmöglichkeit, aggressive Tendenzen des Patienten zu ertragen, zu einem vorzeitigen Abbruch der Psychotherapie.

In bezug auf die Beendigung der Psychotherapie psychosomatischer Erkrankungen halten wir uns heute an die allgemein üblichen drei Kriterien:

1. Symptomheilung (klinischer Erfolg),
2. Soziale Heilung (Arbeitsfähigkeit),
3. Persönlichkeitsstrukturelle Heilung (analytischer Erfolg).

Selbstverständlich lassen sich diese drei Beurteilungsfaktoren nicht streng voneinander trennen. Wie wir bereits ausführten, kann die *Symptomheilung* früh oder spät eintreten. Sie kann Ausdruck eines Widerstandsphänomens (»Flucht in die Gesundheit«) sein und damit eine persönlichkeitsreifende Entwicklung verhindern; oder sie ist bereits die Folge einer Veränderung der Persönlichkeitsstruktur und damit untrennbar mit dieser verbunden. Dasselbe gilt von der *sozialen Bewährung*. Ein Stillstand im beruflichen und sozialen Sektor läßt sich nur schwer mit einer Persönlichkeitsentwicklung vereinbaren. So macht der Psychotherapeut in den meisten Fällen die Erfahrung, daß sich der Patient im Verlauf der Analyse sozial besser stellt. Wird jedoch nur letzteres in Gang gesetzt, ohne daß es entsprechend von einer inneren Entwicklung getragen wird, dann hat die psychotherapeutische Bemühung sicher einen falschen Weg eingeschlagen. Schließlich gibt es in der Psychotherapie auch die Entwicklung, die zunächst, und für den Außenstehenden vielleicht permanent, völlig unsichtbar bleibt. Es sind jene Patienten, die von einer Psychotherapie für sich persönlich gewissen Gewinn ziehen, für die Umwelt jedoch (meistens infolge Symptompersistenz) als ungeheilt gelten.

Aus den veränderten Behandlungsbedingungen und dem von den üblichen medizinischen Kriterien abweichenden Gesundheitsbegriff ergeben sich Schwierigkeiten für die *Beurteilung der psychotherapeutischen Behandlungserfolge*. Die Wiederherstellung der Arbeitsfähigkeit, Veränderung in den Verhaltensweisen (soziale Anpassung), aber auch der nur schwer zu erfassende innere Strukturwandel der Persönlichkeit müssen mitberücksichtigt werden. De Boor und Künzler ermittelten statistische Daten von 640 psychoanalytisch behandelten Patienten. Als geheilt galten Patienten mit völligem Verschwinden der pathologischen Erscheinungen, gebessert waren Kranke, deren Symptomatik ihren pathologischen Stellenwert verloren hatte, und ungebessert jene, die entweder keine Änderung der Symptomatik aufwiesen oder die trotz einer gewissen Syptomberuhigung ein Rezidiv erwarten ließen. Diese drei Kategorien galten für die klinischen und sozialen Kriterien. Für die *analytische Erfolgsbeurteilung* hingegen ließ sich diese Einteilung nicht aufrechterhalten. Dem Begriff der analytischen Heilung liegt nämlich eine Idealvorstellung, die *hypostasierte Utopie psychischer Gesundheit* zugrunde, welcher die Struktur eines Menschen möglichst nahekommen sollte.

Daher beschränken sich die Autoren darauf festzustellen, ob ein Strukturwandel eingetreten ist oder nicht. Unter Strukturwandel verstehen de BOOR und KÜNZLER, daß es mit der Durcharbeitung der infantilen Neurose dem Patienten möglich wurde, »Fixierungen der Libido in früheren Entwicklungsstadien zu lösen« und pathologische Abwehrmechanismen des Ichs abzubauen »und so in ein ungestörtes, harmonisches Gleichgewicht seiner Persönlichkeitsanteile von Es – Ich – Über-Ich zu kommen, so daß auch sein Sozialverhalten realitätsgerechter werden konnte«. Etwa 70 Prozent aller Behandlungen führten klinisch und sozial zu Heilungen und Besserungen; 45 Prozent wiesen einen Strukturwandel auf.

In diesen Zahlen, die nicht wesentlich von der übrigen medizinischen Erfolgsstatistik abweichen, sind alle Fälle enthalten, also auch jene, die von vornherein eine ungünstige Prognose hatten oder bei denen die Behandlung vorzeitig aus äußeren oder inneren Gründen abgebrochen wurde. Von jenen Kranken, welche die Therapie zu Ende führten, waren 95 Prozent klinisch und sozial geheilt oder gebessert. 70–80 Prozent wiesen eine positive Wandlung der Persönlichkeitsstruktur auf. Der überwiegende Teil also der klinisch geheilten und gebesserten Patienten »war zugleich in seiner psychodynamischen Struktur in Bewegung geraten«; es war zu einer »Ich-Stärkung« und adäquaten Realitätsbewältigung gekommen. Insbesondere hatte sich auch das mitmenschliche Verhalten positiv geändert. Damit wurde auch die Gefahr von Rezidiven herabgesetzt – es wurde also über die reine Symptomheilung hinaus ein »Mehr an Heilung« erzielt.

Die Persönlichkeit wird bereits in einem frühen Lebensalter geprägt; sie ist während der symptomfreien Zeit voll ausgebildet vorhanden, tritt aber in ihrem pathologischen Anteil erst in einer psychoneurotischen oder psychosomatischen Dekompensation offen zutage. Deshalb ist die manifeste Symptomdauer für das persönlichkeitsstrukturelle Behandlungsergebnis nicht von ausschlaggebender Bedeutung, doch ist dieser Faktor keineswegs zu vernachlässigen. Wichtig ist jedoch die Erkrankungsdauer für die klinischen und sozialen Behandlungsergebnisse. Bei Kranken, deren Erkrankungsdauer unter zwei Jahren liegt, sind die Therapieergebnisse als gut zu bezeichnen. Bei einer Symptomdauer bis zu sechs Jahren kann die psychoanalytische Behandlung noch Gutes leisten, bei längerer Symptomdauer verschlechtert sich dagegen die Prognose. 40 Prozent der Patienten, die länger als sechs Jahre krank sind, bleiben ungebessert.

Patienten mit einer kurzen Anamnese sind oft nicht bereit, das Opfer einer analytischen Behandlung auf sich zu nehmen, da ihr *Leidensdruck* noch gering ist und vor allem, weil sie in der somatischen Behandlungsmethode eine Alternative sehen, die ihnen bei dem Erfolg der Symptombeseitigung weniger Mühe abverlangt. Die symptomatische Behandlungsmethode gewährt zahlreiche Gratifikationen (besonders wenn sie in der Klinik durchgeführt wird), indem sie dem sogenannten »Regressionsbedürfnis« des Kranken entgegenkommt, Konfliktverschiebung und Konfliktverleugnung ermöglicht. Auch leistet sie den passiven Bedürfnissen der Patienten Vorschub, indem ein aktiver Einsatz kaum oder gar nicht verlangt wird, sondern höchstens die pünktliche und genaue Befolgung von Verordnungen, die meist auch noch von anderen Personen (Ärzte, Pflegepersonal) ausgeführt werden. Dahingegen verhindert die Psychoanalyse eine solche »Verwöhnungssituation« durch die Forderung nach aktiver Mitarbeit und Versagung der Gratifikationen (Rückzugstendenzen, passive Bedürfnisse). »Sie läßt den Patienten, der an der Lösung emotionaler, zwischenmenschlicher Konflikte zu scheitern droht, nicht noch vordergründigen Gewinn aus seiner Situation ziehen, sondern zwingt ihn zur Konfrontation und Auseinandersetzung mit den Problemen, denen sich der Patient nicht mehr gewachsen fühlte und denen er sich gerade durch seine Krankheit entziehen wollte.« Zwei Voraussetzungen sind also nötig, damit sich der Patient zu einer analytischen Behandlung entschließen und diese durchhalten kann: einmal ein beträchtlicher Leidensdruck, zum zweiten die Erfahrung, daß symptomatische Behandlungsversuche letzten Endes nicht zum Erfolg führen. Was den Leidensdruck anbetrifft, so wäre zu ergänzen, daß er im Idealfall eben nicht nur »somatischer« Natur sein sollte. Je mehr »psychische« Elemente sich am Leidensdruck beteiligen, desto mehr wächst im Kranken das Gefühl der Notwendigkeit einer »psychologischen« Behandlung.

Andererseits gibt es eindeutig psychosomatische Krankheiten, die immer noch von vielen Ärzten verkannt und somatisch behandelt werden, wobei in den meisten Fällen nicht der geringste

Erfolg zu erwarten ist und dieser, sollte er sich doch einstellen, auf die begleitende psychotherapeutische Wirksamkeit der verordneten Behandlung oder die Suggestivkraft des Arztes zurückgeführt werden muß. Solche Behandlungen kosten den Patienten genausoviel Zeit und Geld, wie es ihm für sachgemäße psychotherapeutische Bemühungen vorgerechnet wird. Es ist einfach nicht mehr zulässig, daß ein Schreibkrampf jahrelang mit Tabletten behandelt wird – um ein Beispiel von de Boor und Künzler anzuführen – oder daß die »Luftveränderung« bei einer schweren Neurose für zureichend gehalten wird. Schließlich – so meinen die Autoren zu Recht – werde auch weder ein Arzt noch ein Laie die Behandlung mit Brustwickeln bei einer tuberkulösen Kaverne für ausreichend halten oder gar die Behandlung eines Mamma-Karzinoms mit Arnikatinktur. Öffentlichkeit und Ärzte sollten über das tiefenpsychologische Erfahrungsgut in bezug auf Krankheit und Gesundung Bescheid wissen. Dazu gehört auch die Warnung, zu hohe Erwartungen in die Möglichkeiten der psychotherapeutischen Krankenbehandlung zu setzen. Häufig wird vor allem die notwendige Dauer einer solchen bei weitem unterschätzt. Allzu viele Ärzte glauben noch, daß Neurosen lediglich Verhaltensstörungen seien, die durch ein mahnendes Wort des Therapeuten geregelt werden könnten. Die Patienten müßten nur »zurechtgewiesen«, auf das »Unsinnige ihres Verhaltens« aufmerksam gemacht werden. Bedenklich sind auch allzu positive Versprechungen, etwa dahingehend, daß ein »guter Psychiater« den Kranken »in wenigen Stunden« heilen werde. Eine sachliche Aufklärung der überweisenden Ärzte und der Patienten über das Wesen und die möglicher Dauer, eventuell sogar über die zu erwartenden Kosten einer psychotherapeutischen Behandlung ist dringend notwendig.

Das *Zeitproblem* in der Psychotherapie ist sowohl von grundsätzlicher wie praktischer Bedeutung. Einmal muß man sich fragen, wie der Mensch selbst, und insbesondere der neurotisch Kranke, zur »Zeit« steht, ob er einen Sinn für das hat, was mit dem Begriff der Zeit, nämlich des Werdens und Vergehens, gemeint ist, ob für ihn die Zeit schneller oder langsamer vergeht als für andere und welche Bedeutung dies für das Zustandekommen und den Verlauf seines Krankseins hat. Eine sehr schöne Studie verdanken wir diesbezüglich Merloo, der in einer Arbeit unter dem Titel *Time Sense and Therapy* darauf hinweist, wie gerade in der Psychoanalyse der Zeitsinn der Patienten und deren Auseinandersetzung mit dem Zeitproblem von hervorragender Bedeutung sind. Auch für den Therapeuten selbst ist der Zeitbegriff nicht völlig bedeutungslos. Allerdings wird er hier von anderer Sicht angegangen. Bekanntlich ist einer der häufigsten Vorwürfe an die Adresse der Psychotherapeuten, daß es ihnen bisher nicht gelungen sei, die Dauer ihrer Behandlungen auch nur einigermaßen vorauszuschätzen, daß solche Behandlungen schon vom zeitmäßigen Gesichtspunkt aus eine Zumutung darstellten, die man neurotisch Kranken, erst recht aber einem psychosomatisch Kranken nicht zumuten könne. Es werden immer wieder Forderungen laut, man möge nach kürzeren Verfahren suchen, ohne daß man sich darüber Rechenschaft gibt, daß das Zeitproblem nicht eine Frage der Behandlungstechnik ist, sondern nur aus dem Wesen der Krankheit selbst verstanden werden kann. Daß die Forderung nach kürzeren Heilverfahren in der Psychotherapie von jenen Ärzten erhoben wird, die weder um das Wesen der neurotischen Persönlichkeitsveränderung wissen noch selbst in ihrer Praxis für den Patienten Zeit haben, ist verständlich; daß diese Forderung jedoch von Psychotherapeuten selbst übernommen wurde, ist bedauerlich.

Eine andere Frage betrifft die *Behandlungsintensität*. Bekanntlich empfahl Freud, die Kranken täglich während einer Stunde zu sehen. Bereits die Unterbrechung der Kur während des Sonntags führe zur Bildung einer »Montagskruste«, einer erneuten Widerstandsverhärtung, die die Kur hemme. Bei seltener Arbeit bestehe die Gefahr, daß man mit dem realen Erleben des Kranken nicht Schritt halten könne, daß die Kur den Kontakt mit der Gegenwart verliere und auf Seitenwege gedrängt werde. Gelegentlich treffe man auch auf Patienten, denen man mehr Zeit widmen müsse, weil sie den größeren Teil einer Stunde verbrauchen, um aufzutauen und mitteilsam zu werden. In angelsächsischen Ländern hat sich unseres Wissens die Behandlungsintensität, nämlich die tägliche Analyse, weitgehend erhalten, während im deutschen Sprachbereich die Gewohnheit sich entwickelt hat, die Kranken dreimal wöchentlich zu sehen. Gelegentlich müssen sich Patienten, die eine lange Reise zu ihrem Psychotherapeuten unternehmen müssen, mit einer bis zwei Wochenstunden begnügen. Entgegen den Erwartungen hat sich nun gezeigt, daß dies nicht unbedingt eine Verlängerung der Kur mit sich bringen muß. So schreibt CLARA THOMPSON, die tatsächliche Behandlungsdauer in Jahren und Monaten sei die gleiche, ob der Kranke fünfmal oder nur dreimal in der Woche erscheine. Der Patient braucht also nicht nur eine bestimmte Zahl von Aussprachestunden, sondern auch eine bestimmte davon unabhängige Zeit, um den psychoanalytischen Reifeprozeß bis zur Heilung durchzustehen. Der analytische Prozeß gehorcht scheinbar bezüglich des dafür notwendigen Zeitaufwandes einer Eigengesetzlichkeit, die eine fachgerechte Durchführung der Kur voraussetzt und durch äußere Maßnahmen nicht wesentlich zu beeinflussen ist (MEERWEIN).

Zum Abschluß unserer Betrachtungen zum psychotherapeutischen Heilgeschehen sei nochmals darauf verwiesen, daß jede Psychotherapie mitmenschliche Begegnung und Beziehung bedeutet und im Vorentwurf menschlichen Daseins als ungeteilten Mitseins gründet.

Kommunikationsschwierigkeiten zwischen Arzt und Patient können die Behandlung erschweren. Solche Schwierigkeiten beruhen gelegentlich auf dem Unvermögen der Ärzte, Angehörige anderer sozialer und ethnischer Gruppen adäquat zu verstehen und sich ihnen anzunähern. Der Psychotherapeut muß weltoffen sein, er darf sich weder von rassischen noch religiösen, schon gar nicht von standesgemäßen Vorurteilen beeinflussen lassen. Dann erst kann das *Ziel* einer solchen Therapie weiter gesteckt werden als jenes einer naturwissenschaftlich orientierten Medizin, deren Zweck und Aufgabe lediglich die Wiederherstellung funktionsuntüchtiger Organe ist. Arbeits- und Genußfähigkeit allein, oder eine reibungslose Anpassung an den Lebensstil und die sozialen Bedingungen einer herrschenden Gesellschaft, sind vom psychotherapeutischen Gesichtspunkt aus keine genügenden Kriterien für die Gesundheit.

Die Begegnung zwischen Patient und Arzt gründet in der dem menschlichen Dasein eigensten Natur des In-der-Welt-Seins als ursprünglichen, primären Mit-Seins. Die Welt des Menschen ist demnach Mit-Welt; daraus folgert, daß der Mensch sich selbst und seine ihm begegnenden Mitmenschen und Dinge unmittelbar wahrnehmen und verstehen kann. Solches primäres Vernehmen- und Verstehenkönnen ist nicht lediglich eine Eigenschaft des Menschen, die er neben vielen anderen *hat*. Vielmehr *ist* er gerade seiner eigensten Grundverfassung nach wesenhaft vernehmend und verstehend. Die bisherige Aufteilung der Welt in eine Umwelt, Mitwelt und Eigenwelt wird dadurch aufgehoben, indem die je meinige Welt den Mitmenschen nicht nur nicht ausschließt, sondern wesenhaft mit einschließt. Darin wird die eigentliche Bedeutung der menschlichen Existenz evident. Insofern ek-sistiert der Mensch, als er immer und im wörtlichsten Sinne draußen bei den Mitmenschen und Dingen dieser Welt ist, »insofern er sich zum vornherein stets zu diesen hingedrängt und getrieben fühlt, handelnd mit ihnen umgehen will, sie wahrnimmt, sie vorstellt, sie bedeutet und in allen diesen Beziehungsarten und Formen seines Weltverhältnisses sich recht eigentlich aufhält . . .« (Boss). In dieser mitmenschlichen Weltoffenheit gründet nicht nur die alltägliche Begegnung des Menschen, sondern in besonders ausgeprägtem Maße und eigens bedacht die Möglichkeit der Fürsorge, wie sie in der Arzt-Patient-Beziehung zum leibhaftigen Austrag gelangt. Nicht von ungefähr spielt in der Psychotherapie das Verhältnis zwischen dem Kranken und seinem Arzte eine ausschlaggebende Rolle; zunächst in seinem Wesen verkannt und mißdeutet, fand dieses Verhältnis in der daseinsanalytisch-hermeneutischen Auslegung des Wesens menschlichen Daseins seine Klärung.

Das Bedenken der Grundverfassung unserer Existenz ermöglicht ein besseres *Verständnis menschlichen Krankseins und ärztlicher Therapie.* Kurz zusammengefaßt läßt es sich in folgenden zehn *Thesen* darlegen:

1. Menschliches Dasein ist seiner Grundnatur nach *Weltoffenheit*, in gleich ursprünglicher Weise *Gestimmtsein* und *Leiblichkeit.*
2. Des Menschen wesentliche *Freiheit* besteht in der Möglichkeit, seine Existenz auf Verantwortlichkeit und Entscheidungsfähigkeit hin zu entfalten oder sich solcher Reifung zu verschließen.
3. Das psychosomatische *Krankheitsverständnis* beruht nicht wie die ausschließlich naturwissenschaftliche *Krankheitserklärung* im Aufdecken kausaler Zusammenhänge, sondern im phänomenologisch-hermeneutischen Aufweis des Bedeutungsgehaltes pathologisch gestimmter Weltverhältnisse und deren Verweisungszusammenhänge.

4. Die Einschränkung menschlicher Freiheit, die sich in der Abwehr bestimmter Weltbezüge oder im Verfallensein an dieselben kundtut, bestimmt die *Krankheitswahl*, die Verschiedenartigkeit der Weltbezüge die *Organspezifität*, Veränderungen von Grundstimmung und Weltbezug den *Krankheits- und Symptomwandel.*
5. Die *Therapie* psychosomatischer Krankheiten ist ätiologisch »sinnerhellend« (analytische Psychotherapie), pathogenetisch »konfliktbezogen« (ärztliches Gespräch), symptomatisch »zudeckend« (somatische Behandlung). Wo die Möglichkeit einer sinnerhellenden Therapie besteht, ist die symptomatische Behandlung immer, bei der konfliktbezogenen Therapie häufig kontraindiziert.
6. Für eine symptomatische Therapie ist der praktische Arzt und nichtpsychiatrische Spezialist, für die sinnerhellende Therapie der Fachpsychotherapeut, für das verstehende ärztliche Gespräch jeder Arzt zuständig.
7. Die *Indikation für die Psychotherapie* stellt sich aus der Persönlichkeit des Patienten, der Persönlichkeitsstruktur des Arztes und erst in letzter Linie aus der psychosomatischen Diagnose.
8. Die *Beurteilung der Erfolgskriterien* einer psychotherapeutischen Behandlung ergibt sich aus der Symptomheilung, der sozialen Besserung und der persönlichkeitsstrukturellen Nachreifung.
9. Eine echte empathisch-verstehende und psychotherapeutische Haltung in der Begegnung Arzt-Patient gründet in der dem menschlichen Dasein eigensten Natur des In-der-Welt-Seins als ursprünglichen, primären Mit-Seins.
10. Mit-Sein und Begegnung sowie die Erhellung von Bedeutungsgehalten und Verweisungszusammenhängen in der Psychotherapie ereignen sich in der *Sprache.*

So einfach uns die Voraussetzungen für ein psychotherapeutisch wirksames Gespräch erscheinen, so schwierig gestaltet sich dieses allzuhäufig in der Praxis. Zunächst erschweren äußere Faktoren den Ablauf einer »psychosomatischen Sprechstunde«. Den meisten praktizierenden Ärzten steht kein eigentliches Psychotherapiezimmer zur Verfügung, so daß das ärztliche Gespräch in einem meist nüchternen, mit Instrumententischen und Untersuchungsgegenständen ausgefüllten Raum stattfinden muß. Störungen durch Telefonanrufe und hereintretendes Personal sind oft unvermeidbar. Die äußeren Gegebenheiten entsprechen also nicht der Atmosphäre eines psychotherapeutischen Sprechzimmers, wobei nicht selten die räumliche Unbequemlichkeit auch einer zeitlichen Unrast entspricht. Daß damit die Konsultation von Anfang an nicht die günstigsten Voraussetzungen für ein fruchtbares, emotionell mitgestaltetes Gespräch schafft, scheint naheliegend.

Die psychosomatische Sprechstunde des praktischen Arztes und nichtpsychiatrischen Spezialisten unterscheidet sich jedoch nicht nur im äußeren Rahmen von einem fachärztlich geführten psychotherapeutischen Gespräch. Den Kranken, die den Arzt wegen eines scheinbar *körperlichen* Leidens aufsuchen, fehlt häufig der für ein solches Gespräch eminent wichtige *psychische* Leidensdruck. Oft wissen die Kranken gar nicht um die psychosomatischen Zusammenhänge und begegnen der Aufforderung zum Gespräch zunächst mit Mißtrauen. Selbst dort, wo massive Konfliktsituationen bestehen, wird die körperliche Krankheit nicht in Zusammenhang damit gebracht. Schließlich gibt es nicht wenige Patienten, die es strikte ablehnen, den Arzt hinter die Kulissen ihrer leiblichen Existenz blicken zu lassen. Daher stammt die Einsicht der Psychotherapeuten, es sei sinnlos, in einem ärztlichen Gespräch lediglich nach Informationen zu bohren, dagegen sinnvoll, die Widerstände aufzudecken und zu besprechen.

Der sterbende Patient – ein vergessenes Problem der Medizinpsychologie

Das Verhältnis der Medizin zum Tode

Es dürfte kaum eine Epoche gegeben haben, in welcher der Mensch so umfassend mit seiner irdischen Vergänglichkeit konfrontiert wurde und zugleich das Sterben-Müssen, die Gewißheit des Todes, so vehement zu verleugnen suchte wie gerade unsere Zeit. *Media vita in morte sumus*: »Mitten wir im Leben sind mit dem Tod umfangen«, die mittelalterliche, NOTKER dem Stammler zugeschriebene und später von LUTHER übernommene Antiphon, wird uns heute in vollem Ausmaß täglich vor Augen geführt. Die leibhaftige Bedrohung der Menschheit, ja deren mögliche vollständige Vernichtung durch Kriege (nukleare Bedrohung), biologische Umwelteinflüsse (zunehmender Sauerstoffmangel), Technik (Verkehrsunfälle, Flugzeug-, Schiffs- und Eisenbahnkatastrophen), Gewalt- und Terrorakte ist, um nur eine Auswahl aus dem makabren Katalog zu erwähnen, fast total.

So sehr wir uns daran gewöhnt haben, mit solcher Bedrohung und im Angesicht des Schreckens zu leben, sind wir doch nicht bereit, uns persönlich mit der Tatsache abzufinden, daß wir selbst schicksalsmäßig dem Tode verfallen sind, ja daß wir zum Tode hin leben. Auch wenn wir uns der Endlichkeit unseres Daseins bewußt sind, versuchen wir, uns diesem Bewußtsein zu entziehen. Die einen gehen in der Geschäftigkeit des Lebens auf und füllen dieses süchtig in immerwährender Leistungs- und Konsumgier aus; für andere beginnt das Leben erst nach dem Tode. Beide Verhaltensweisen sollen die Todesangst bewältigen helfen. Ihnen liegt aber auch eine bestimmte Vorstellung vom Tode zugrunde. Im ersten Fall wird der Tod als das unwiderrufliche Ende, die totale Destruktion, das hereinbrechende Nichts betrachtet, der völlig sinnlos ist und dementsprechend auch das Leben als sinnlos erscheinen läßt. Im zweiten Fall verliert das Leben ebenfalls seine ihm eigenständige Sinn- und Werthaftigkeit, gilt es doch lediglich als Vorbereitung auf ein Leben nach dem Tode; der Mensch befindet sich gleichsam im Vorraum des eigentlichen Lebens.

So könnte man annehmen, das Verhältnis zum Tode sei ein höchstpersönliches, der weltanschaulichen und philosophischen Geisteshaltung des Einzelnen überlassen. Bestenfalls die Theologen und Philosophen hätten demnach die Berechtigung, über den Tod nachzudenken und ihn in ihre Wissenschaft einzubeziehen. Die Ärzte aber, sie, die von der menschlichen Gesellschaft als eigentliche Kampftruppe gegen den Tod eingesetzt sind, sollten darüber nicht nachdenken? Kann es ihnen gleichgültig sein, welches das Wesen dessen ist, gegen das sie anzutreten haben? Steht es bei ihnen gar so, wie überhaupt in ihrer Wissenschaft: daß sie zwar ausgewiesene Naturwissenschaftler sind, doch die philosophischen Voraussetzungen und Grundlagen ihrer Wissenschaft weder zu kennen brauchen noch gar in Frage stellen dürfen? Ist der Arzt dadurch jedoch nicht zu einem Handwerker geworden, der in Selbstbescheidung oder aus Ignoranz wohl in der Lage ist, sein erlerntes Handwerk auszuüben, ohne aber die Grundlagen seiner Tätigkeit kennen zu müssen? So wie Handwerker eben ein Haus bauen und reparieren können, ohne die Gesetze der Physik zu kennen. Krankheit hat in so verstandener Medizin den Stellenwert eines reparaturbedürftigen Defekts, eines Versagens der Lebensmaschinerie, der Tod jedoch findet in ihr keinen Platz. Er verweist höchstens auf das Versagen der ärztlichen Kunst und ist im Grunde eine Beleidigung für den Arzt.

Gewiß, diese Medizin kann ihre Notwendigkeit und ihre Berechtigung beanspruchen. Sowenig man Physiker beim Hausbau als Maurer, Schreiner, Elektriker, Installateure und Handlanger anstellen wird, so wenig wäre dem kranken Menschen mit Philosophen gedient. Die genannte Selbstbescheidung der Ärzte ist deshalb höchst sinnvoll; Erhaltung eines gesunden Lebens bleibt vornehmlichste Aufgabe des Arztes, so sehr sogar, daß sie als ethisches Prinzip jegliches ärztliche Handeln bestimmt. Ein Arzt, der sich dieser Verpflichtung entzieht, hat aufgehört, Arzt zu sein (und als solcher ist der Arzt Naturwissenschaftler). Philosophie und Weltanschauung am Krankenbett mögen im Zeitalter der Medizinmänner, Schamanen und Gesundbeter gefragt gewesen sein. Heute, in unserer rationalen Epoche, hat der Arzt die ganz klar umgrenzte Aufgabe, den Menschen gesund und am Leben zu erhalten.

Allerdings läßt sich diese Aufgabe in doppelter Hinsicht nicht so leicht erfüllen, einmal weil bisher nicht geklärt ist, was Gesundheit eigentlich bedeutet, zum anderen weil wir im Grunde so wenig wissen, was die Erhaltung des Lebens, ja was »Leben« überhaupt darstellt. Denn die Tatsache, daß menschliches Leben und menschliche Gesundheit biochemisch *erhalten* werden kann, sagt noch nichts über deren *Wesen* aus. Leben finden wir auch bei Pflanzen und Tieren; auch diese können absterben oder verenden. Können sie aber sterben? Setzt Sterben nicht ein Wissen um die Möglichkeit des Todes voraus, das Pflanzen und Tieren völlig abgeht? Und ist menschliches Kranksein nicht eine viel umfassendere Beeinträchtigung des Daseins, als es die »medizinische« Diagnose vermuten ließe? Also doch Philosophie?

In zwei Bereichen genügt die vorhin skizzierte Aufgabe der Ärzte nicht; zum einen im Gebiet der psychosomatischen Medizin, zum andern in der Begegnung des Arztes mit dem unrettbar zum zeitlich absehbaren Tod verurteilten Kranken. Die psychosomatische Krankheit sprengt bereits den Rahmen der naturwissenschaftlichen Medizin. Sie konfrontiert Arzt und Patient mit Fragen, die »handwerklich« nicht zu lösen sind, obwohl dies heute immer noch hartnäckig versucht wird. In weit stärkerem Maße begegnet der Arzt dieser Problematik menschlicher Existenz bei der Behandlung unheilbar Erkrankter und sterbender Patienten. Die Kranken selbst nämlich zwingen die Ärzte, Stellung zu nehmen, sei es durch ausgesprochene oder stumm an sie herangetragene Fragen. Davon wird jeder Arzt betroffen, ob er es wahrhaben will oder nicht. Und wenn man die seelische Bedrängnis junger Mediziner, die mit sterbenden Patienten zu tun haben, miterlebt hat, kann man ermessen, welche Abgründe menschlichen Seins sich dem Arzt angesichts des Todes auftun. Dem Arzt, der ja auf diese Aufgabe während seines Medizinstudiums nicht vorbereitet wurde, da es den Tod in der naturwissenschaftlichen Medizin nicht gibt – höchstens den Leichnam als anatomisches oder pathologisches Präparat.

Der sterbende Patient

Jeder Mensch hat ein eigenes Verhältnis zum Sterben, das abhängig ist vom Wissen und Glauben, von gesellschaftlichen, weltanschaulichen, religiösen und familiären Einflüssen, vom Erlebnis beim Tod eines Angehörigen, von der eigenen »gesunden« oder »neurotischen« Lebensentwicklung. Die Sterbensgewißheit kann verdrängt werden oder aber den Menschen angstvoll lähmen. Corey unterschied vier Weisen des Umgangs mit dem

Wissen um die Sterblichkeit: *Avoidance, Acceptance, Neutralization, Suppression;* das Bewußtsein des Sterbenmüssens kann demnach umgegangen, angenommen, neutralisiert oder unterdrückt werden. Junge Menschen neigen eher zu *Acceptance* beziehungsweise *Neutralization*, alte zu *Avoidance.* Zwei Wesensmerkmale des Sterbens sind für die Verarbeitung des Wissens um den Tod von besonderer Bedeutung: die *Hora incerta* – die Ungewißheit des Todeszeitpunkts – und die Tatsache, daß man allein stirbt. SARTRE bereits erkannte, daß man auf den Tod nicht warten könne, sondern höchstens auf ihn gefaßt sein müsse, denn das Wann des unbestimmt-gewissen Todes kann jeder Augenblick sein. JASPERS hob die Einsamkeit des Todes für den Sterbenden wie für den Zurückbleibenden hervor. So ist das Erschreckende an der Todesahnung das Wissen um die *Trennung* von dieser uns vertraut gewordenen Welt, von unseren Lieben, von unserem Leben. Diesen »Tod« erlebt der Mensch aber immer wieder, zeit seines Lebens – das Kleinkind etwa, das von seiner Mutter getrennt wird, der Liebende beim Abschied von der Geliebten.

Die empirische Sozialforschung (welchen Wert man auch immer ihrer Methodik beimessen mag) wies nach, daß Kinder im Alter zwischen ein und drei Jahren den Tod in seiner Bedeutung noch nicht erfassen. Mit fünf bis neun Jahren hingegen, besonders vom achten Lebensjahr an, konkretisiert sich das persönliche Sterben als Vorstellung einer irreversiblen Auflösung des Körpers. Die Möglichkeit, selbst zu sterben, wird bewußt. Im Vordergrund des Erlebens stehen jetzt eine naiv-realistische Einschätzung des Todes und die Neugier für die Begleitumstände des Sterbens. Während der Adoleszenz und des frühen Erwachsenenalters findet man meist eine ungewisse Todesangst, wobei hier allerdings eingehende Untersuchungen fehlen (auffallend ist die hohe Suizidalität in der Zeit zwischen Pubertät und abgeschlossener Maturität). In den mittleren Lebensjahren sind die Ergebnisse einheitlich; einer der wichtigsten Adaptationsmechanismen an das Altwerden scheint jedoch die Verleugnung des Todes bei über Fünfzigjährigen zu sein, wobei natürlich Unterschiede in der Abhängigkeit von Religiosität und sozialer Integration erkennbar sind. Menschen, die in der Familie oder im Altersheim leben, zeigen zumeist eine positivere Einstellung zum Tod als Alleinstehende (J. E. MEYER). MOLTMANN führte in einem Vortrag über die Menschlichkeit des Lebens und Sterbens anläßlich der Herbstversammlung der Zürcher Ärztegesellschaft 1972 aus, jeder wisse, daß menschliches Leben sterblich sei, nur wenige jedoch wüßten, wo und wie heute gestorben werde. Es fehle je länger je mehr die bewußte Einstellung zum Tode. Während früher die direkte Erfahrung des Todes anderer einen Teil der ganzen Lebenserfahrung bildete, verschwinden heute bereits die Schwerkranken aus dem aktiven Leben der Familie in die Krankenhäuser und Sterbekliniken. Zudem leben die Alten immer häufiger unter ihresgleichen in Altersheimen; die Bestattung mit den entsprechenden Ritualen wird an Beerdigungsinstitute delegiert, und so entgleitet die Todeserfahrung dem Individuum. Man erwartet vom modernen Menschen, daß er sich immer beherrscht gibt und funktionstüchtig erhält, auch wenn er einen geliebten Menschen verloren hat. Überdies wird erwartet, sagt J. E. MEYER, »daß wir selbst möglichst lautlos, ohne Aufsehen und Last für andere, abtreten. Der moderne Mensch hat kaum mehr Gelegenheit, sich an den Tod zu ›gewöhnen‹. Die Wandlungen der Begräbnisriten, in denen ursprünglich Trauerarbeit geleistet wurde, haben vor allem dazu beigetragen, Sterben und Tod aus dem Blickfeld der Lebenden zu entfernen und damit dem Menschen eine lebensbegleitende Vertrautheit mit dem Sterben unmöglich zu machen«. Durch Isolierung der unheilbar Kranken und Alten, also aller dem Tode Nahestehenden, geht der unmittelbare Todeskontakt für beide Seiten verloren. Bevor der *physische* Tod den Menschen erreicht, erleiden »viele Alte und Kranke schon den *sozialen* Tod« (MOLTMANN). SIGMUND FREUD bemerkte bereits, dem Menschen eigne die unverkennbare Tendenz, den Tod beiseite zu schieben, ihn aus dem Leben zu eliminieren. FREUD hat denn auch die »unbewußten« und »bewußten« Gründe dargelegt, die den Menschen bewegen, Sterbenden aus dem Wege zu gehen. Die amerikanische Psychoanalytikerin JANICE NORTON wies nach, daß sich Familie, Freunde, Ärzte und Seelsorger oft von sterbenden Menschen abwenden. Ja, es ist bekannt, wie abgesondert und isoliert Sterbende sogar in der Klinik sind. Ärzte und Krankenschwestern suchen deren Zimmer weniger häufig und weniger lange auf als die anderer Patienten. So wird der Sterbende nicht nur isoliert, sondern auch seiner Würde beraubt. Er wird zum »hoffnungslosen Fall«, der Tod zum »Exitus letalis«.

Wenn gesagt wurde, daß der Tod einem Verdrängungsprozeß unterliegt, so darf darin nicht lediglich ein neurotischer Mechanismus gesehen werden. ZILBOORG und viele andere, unter ihnen auch MAX SCHELER, betrachten die Todesverdrängung als zweckmäßig und als notwendig für soziales Funktionieren. Die Todesangst (Thanatophobie) kann aber auch zu Neurosen führen (J. E. MEYER, WAHL); das läßt sich bereits bei Kleinkindern vom dritten Lebensjahr an nachweisen. Äußerst schwierig ist es allerdings zu beurteilen, ob die Todesangst als Ursache einer neurotischen Lebenshaltung angesehen werden darf. Das kausale Denken spielt uns wohl auch hier, wie überhaupt in der Neurosenlehre, einen Streich. Die Todesangst ist vermutlich eher Symptom einer bereits einsetzenden oder bestehenden Neurose als deren Ursache.

Der Tod weist in den verschiedenen Lebensaltern einen unterschiedlichen Aspekt auf. Es ist sicher nicht richtig, vom sterbenden Kind und Jugendlichen, ja selbst vom Erwachsenen, der mitten aus dem Leben gerissen wird, zu behaupten, sein Dasein wäre früh vollendet worden. Der Todesfall bei jungen Menschen vollendet dieses Dasein vermutlich nicht, sondern bricht es ab; er gilt gemeinhin als vermeidbar, so daß man sagen kann, der Tod sei »wenigstens in den Ländern mit entwickelter Zivilisation immer mehr zu einer Angelegenheit der alten Menschen geworden« (LEUENBERGER).

Die infauste Prognose

Die Unbeholfenheit der Ärzte ihren vom Tode gezeichneten Patienten gegenüber ist so sprichwörtlich, daß sie auch in der belletristischen Literatur lebhaften Niederschlag gefunden hat. Es sei hier nur an MAX FRISCHS Bühnenstück *Biographie* und an den Roman der leider allzu früh verstorbenen, feinsinnigen amerikanischen Schriftstellerin CARSON MC CULLERS *Uhr ohne Zeiger* (stellvertretend für viele andere) erinnert.

In beiden Dichtungen geht es um die Frage, ob und wie der Arzt den Patienten die »Wahrheit« mitteilen solle.

In MAX FRISCHS *Biographie* versucht Kürmann, der offensichtlich an einem inoperablen Magenkarzinom leidet, vergeblich den Arzt zu einer Stellungnahme zu bewegen. Dieser flüchtet sich angesichts der hoffnungslosen Situation seines Patienten zunächst in eine unverpflichtende Verbrüderung mit dem Kranken (»Wie haben *wir* geschlafen?«), dann in die Rolle des Trösters (»Wir müssen Geduld haben«), des Tadelnden (»Sie grübeln zuviel«), um schließlich zu einer nichtssagenden Scheindiagnose (Gastritis) mit vielen Fragezeichen zu greifen und den Patienten auf das Nebengeleise der Unannehmlichkeiten der Therapie (Bestrahlen) abzulenken. Nach einem kurzen Versuch, den Ernst der Lage mit einem Hinweis auf die Statistik anzudeuten, versucht der Arzt dann ganz vom Thema wegzukommen mit dem Hinweis auf eine hier völlig belanglose Sache (»Was lesen Sie da?«), worauf er schließlich, mit der Todesangst des Patienten direkt konfrontiert, zur Lüge Zuflucht sucht (»um die *Wahrheit* zu sagen, wir wissen es nicht«). Bezeichnenderweise löste diese Szene während der Aufführung im Publikum Gelächter aus, was die Peinlichkeit dieses Dialoges noch unterstrich. Man hörte denn auch in Diskussionen genügend Stimmen, die an der realitätsgerechten Wiedergabe eines solchen medizinischen Verhaltens nicht zweifelten.

Mag nun FRISCH in seiner Satire einiges überspitzt und den »Professor« betont lächerlich dargestellt haben, so entwirft uns CARSON MC CULLERS in *Uhr ohne Zeiger* ein Bild des Arztes, das ebenso wirklichkeitsgetreu ist wie jenes von FRISCH, aber durch den viel ernsteren Hintergrund (sowohl des Romans wie der damals schon todkranken Autorin) besticht. Der sterbende MALONE erkannte schließlich, daß der Verlust des eigenen Ichs schlimmer ist als der leibliche Tod und fand den Weg zu sich selbst, damit sein Sterben zu einem erlösenden Erlebnis gestaltend. Bevor er jedoch diesen Frieden fand, überfiel auch ihn panische Angst vor seinem Schicksal. Er wollte die Wahrheit wissen. Schließlich glaubte der Arzt mit dem Patienten, der einige Semester Medizin studiert hatte »medizinisch darüber reden« zu können. Er teilte ihm einige Laborbefunde mit und sagte dann mit leiser Stimme: »Sie verstehen wahrscheinlich, was das bedeutet«. Da MALONE jedoch nicht verstand, sondern nur erahnte, daß ihm »etwas Fremdes und Schreckliches widerfuhr« eröffnete der Arzt die Diagnose (Leukämie) und die infauste Prognose. Zweifellos, »MALONE hatte um die Wahrheit gebeten, doch mit seiner Bitte hatte er nichts als Beruhigung hören wollen. Er hatte Mitgefühl verlangt, und statt dessen bekam er sein Todesurteil zu hören«. Man gab MALONE Beruhigungsmittel, er lebte aber »wie auf einer einsamen Insel weiter, wenn sich auch sein Alltagsleben nicht viel anders gestaltete«. Im Roman MC CULLERS hat sich also der Arzt anders verhalten als bei FRISCH. Er hat dem Patienten, wenn es ihm auch offensichtlich unangenehm und peinlich war, die sogenannte Wahrheit gesagt. War es wirklich die Wahrheit?

Damit sind wir beim eigentlichen Problem des sterbenden Patienten angelangt. ANSOHN hat ein aufschlußreiches Buch über die *Wahrheit am Krankenbett* geschrieben, das in keiner Arztbibliothek fehlen sollte. Auch LEUENBERGER hat sich mit ihr in einem Kapitel seines Buches *Der Tod. Schicksal und Aufgabe* auseinandergesetzt. In bezug auf diese »Wahrheit« stehen sich grundsätzlich zwei extreme Auffassungen gegenüber: die, wonach der Patient über seinen Zustand nichts erfahren soll, jene, der zufolge er informiert werden muß. Für die erste Ansicht werden als Gründe die Schonung des Patienten, die »moralische Schweigepflicht des Arztes« (MIKOREY), die Unsicherheit der Prognose, die Begrenztheit des ärztlichen Handelns, die Sicherung des leichten Sterbens (der »schöne Tod«) ins Feld geführt. Der Kranke wolle die Tatsachen gar nicht kennen, zumindest dürfe keine Hoffnung zerstört werden, und schließlich habe der Arzt der Natur zu dienen. Immer wieder wird darauf verwiesen, daß Menschen nach Mitteilung der »Wahrheit« Selbstmord begingen. Patienten mit infauster Prognose müsse man schonen, weil sie die Wirklichkeit nicht ertragen könnten. Es gebe keinen *modus vivendi* mit dem Tod. Das Mißtrauen der Kranken gegenüber der Aufrichtigkeit ihres Arztes entspreche ihrem Nichtwissenwollen. Der Arzt als *minister naturae* solle dem Kranken keinesfalls mehr mitteilen als die Natur selbst – und die schweige bekanntlich. Zur Tröstung der Seele bedürfe es zudem höherer Kategorien, als sie der Biologie und damit der ärztlichen Kunst zur Verfügung stehen.

Die andere Ansicht wird damit begründet, daß die Wahrhaftigkeit Aktivität und Widerstandskraft auslöse und mit ihr die Persönlichkeit des Kranken geachtet werde, wohingegen die Autorität des Arztes durch Lügen zerstört würde. Eine 1961 veröffentlichte Umfrage bei 1300 Ärzten ergab, daß 57% ihren Krebspatienten die »Wahrheit« sagten, während 49% ihre Kranken »beruhigten«. WEISMANN und HACKETT meinen, daß jene

Mediziner in der Regel dazu neigen, Diagnose und infauste Prognose mitzuteilen, die eine größere Variationsbreite therapeutischer Möglichkeiten anzubieten haben. Dermatologen setzen offenbar praktisch jeden Krebskranken davon in Kenntnis, Gynäkologen und Chirurgen sind zurückhaltender. Die Gruppe der allgemeinpraktizierenden Ärzte scheint es sich zur Routine gemacht zu haben, ihre infaust erkrankten Patienten aufzuklären; sie geben ihnen zumeist auch mehr psychischen Rückhalt als die Spezialisten.

Es dürfte wohl klar sein, daß weder die Begründung für die schonungslose Aufklärung noch die für das Verschweigen gänzlich zu überzeugen vermag. KARLFRIED GRAF DÜRCKHEIM meint deshalb, es gebe eine allgemeinveinverbindliche, abstrakte Antwort auf diese Fragen nicht, sie hinge vielmehr wesentlich davon ab, wie reif ein Patient ist, die Wahrheit zu hören, und wie reif der Arzt, darüber in der rechten Weise zu sprechen. »Die Praxis der Psychotherapie lehrt, daß – trotz aller Angst und Abwehr an der Oberfläche – in der Tiefe des Menschen etwas begierig ist, der Wahrheit gegenübergestellt zu werden; denn dieses Annehmen der Wahrheit entbindet erst das Ja zur Möglichkeit des Todes, das Fallen des eigensinnigen Widerstandes gegen seine Möglichkeit, die Wirklichkeit der noch vorhandenen Kräfte des Lebens.« Und auch ROBBINS schreibt, die Klarheit über den eigenen Zustand könne dem Patienten eine ungeahnte seelische Kraft erschließen. Die meisten Menschen besäßen mehr Mut und inneren Widerstand, als sie sich selbst zutrauen und als normalerweise von ihnen verlangt wird. »Einen Todkranken, den man der Möglichkeit beraubt, zu zeigen, daß er dem Ende gefaßt entgegensehen kann, bringt man um etwas sehr Kostbares.« JASPERS schränkt dagegen ein: »Anspruch auf Wahrheit hat nur der Kranke, der fähig ist, die Wahrheit zu ertragen und mit ihr vernünftig umzugehen.« Wie der Arzt dies ausfindig machen kann, vermag uns JASPERS jedoch nicht zu sagen. STERN andererseits bezweifelt, »daß der Arzt – von einzelnen Fällen abgesehen – dem Kranken gegenüber, dessen Zustand er als hoffnungslos ansieht, zur Wahrheit verpflichtet ist, auch wenn der Betreffende ihn darum bittet«.

Hier scheint nun eine kurze Reflexion über den *Begriff der Wahrheit* angezeigt. Alle zitierten Aussagen bezogen sich in doppeldeutiger Weise darauf. Einmal war damit die Mitteilung der Diagnose gemeint, zum andern aber auch die Tatsache der infausten Prognose beziehungsweise des voraussichtlichen Todes. Wahrheit heißt in altgriechischer Sprache ἀλήθεια, was bei HEIDEGGER auf deutsch das »Unverborgene« bedeutet. Es muß also ein Tatbestand so ausgesagt werden, wie er sich *de facto* verhält, und er muß voll erschlossen werden. Die alleinige Benennung eines Sachverhalts, beispielsweise die Mitteilung einer Diagnose, deren Bedeutung entweder nicht voll erfaßt oder aber verdrängt würde, entspräche nicht dieser Definition der Wahrheit, obwohl sie exakt wäre. ANSOHN unterscheidet denn auch zu Recht zwischen »Wahrheit« und »Richtigkeit«. »Wahrheit«, sagt HEIDEGGER, »ist mehr als ›Richtigkeit‹.« Angewandt auf unser Thema, wäre es allen zitierten Autoren nicht eigentlich um die Mitteilung der Wahrheit an ihre Patienten oder das Verschweigen gegangen, sondern vielmehr um die Mitteilung oder das Verschweigen von etwas Richtigem. Auch die Formulierung der Prognose ist lediglich richtig, nicht aber wahr. »Wahrheit am Krankenbett ist niemals die Ankündigung des Sterbens, Wahrheit am Krankenbett bedeutet die Sinnerschließung des Sterbens. Erst damit wird der Schritt in die volle Wirklichkeit getan« (ANSOHN). Die Sinnerschließung des Sterbens jedoch ist unabhängig vom Zeitpunkt des Sterbens, ist unabhängig von Gesundheit oder Krankheit. Sie ist ein Prozeß der Wahrheits*findung*, der Seinserschließung menschlicher Existenz, und damit wesenhaft von medizinpsychologischer Bedeutung für den Arzt.

Jeder Mensch weiß, daß er sterben muß. Es ist jedem von uns allerdings anheimgestellt, wie er sich zu diesem Wissen verhalten will.

Ärztliche Sterbehilfe

Der Begriff der »ärztlichen Sterbehilfe« ist heute mehrdeutig geworden, nämlich im Sinne des *Beistandes* beim sterbenden Patienten und im Sinne der Euthanasie – der *Beihilfe* zum Sterben –, die ihrerseits nicht nur heftig diskutiert, sondern in diesen Diskussionen auch noch differenziert wird. Sie läßt sich allerdings in ethischer Sicht nicht so klar trennen, und das Problem der Euthanasie besteht keineswegs allein als juristischer Diskussionsgegenstand, sondern ist ebensosehr von der Frage abhängig, wie der Patient, der Arzt und die Gesellschaft zum Tode eingestellt sind – ist also letztlich ebenfalls ein philosophisch-medizinpsychologisches Problem.

Für die Medizin bedeutet der *Tod* einen naturwissenschaftlich festlegbaren Zustand, der mehr oder weniger genau definiert werden kann, was unter anderem für Organtransplantationen von Wichtigkeit ist. Der Tote selbst dagegen hat nur noch wissenschaftliches Interesse (und juristisch wurde in ihm ja eine Person zur Sache). Der *Sterbende beansprucht* den Arzt, zunächst zwar nicht zur seelsorgerischen Sterbehilfe, sondern zum Abwenden oder wenigsten zum Aufhalten des Todes, im Falle seiner Unabwendbarkeit zum Lindern des Leidens. Die Begegnung des Arztes mit dem Sterbenden ist vielfältig; am häufigsten fordert sie wohl den Notfallarzt und den Allgemeinpraktiker – ihn vornehmlich auf dem Lande – heraus, sei es, daß er alte Patienten – gelegentlich natürlich auch Kinder – sterben sieht, sei es, daß er zu einem tödlichen Unfall gerufen wird. Der Hausarzt ist zumeist persönlich engagiert; oft hat er den Patienten gekannt, ihn vielleicht jahrelang behandelt, oft ist ihm auch dessen Familie bereits vertraut. Im Spital, bei Chirurgen und Internisten, besonders bei den Geriatern, die wohl ebenso häufig Sterbende sehen, gestaltet sich diese Begegnung unpersönlicher. Der Sterbende geht in der Anonymität des Spitals unter, nicht selten räumlich abgesondert und alleingelassen. Es gibt aber auch medizinische Spezialfächer, deren Vertreter kaum mehr mit Moribunden in Berührung kommen.

In Deutschland stirbt alle acht Minuten ein Mensch. Nie war der Mensch »in seiner letzten Stunde so einsam wie heute, abgeschoben in irgendein Schwesternzimmer, alleingelassen mit seinen Schmerzen, seiner Todesangst, seinem Bedürfnis nach menschlicher Wärme«, sagt Zschocke. Und W. Cyran schrieb: »Unsere Gesellschaft verneint den Tod; nimmt sie von ihm Notiz, dann häufig nur im Sinne einer vermeidbaren Panne oder eines bedauerlichen Unglücksfalles. Würden wir versuchen zu akzeptieren, daß jeder von uns sterblich ist, könnten wir auch Sterbenden besser helfen.«

In England wurde im April 1967 das *St. Christophers Hospice*, die erste »Sterbeklinik«, eröffnet, mit dem Ziel, die Einsamkeit des Todes in der Gesellschaft zu überwinden und dem Menschen beim Sterben etwas von seiner Würde zurückzugeben. Diese Klinik nimmt Patienten auf, deren Lebenserwartung im Durchschnitt etwa zwei Wochen beträgt, also Kranke, die von den Ärzten aufgegeben worden sind. Trotzdem herrscht in diesem Krankenhaus nicht eine Friedhofstimmung, sondern eine lebensbejahende Atmosphäre. Keiner der Patienten weiß, daß er in einer Sterbeklinik ist; das Wort »Krebs« wird nie ausgesprochen. Schwestern und über hundert freiwillige Helfer verrichten hier ihre Arbeit. Von ihnen gilt es zu lernen:

Rezepte zur ärztlichen Sterbehilfe gibt es nicht. In Notfällen wirkt die distanzierte, naturwissenschaftliche Haltung des Arztes oft lebenserhaltend. Für die Rettung von Selbstmordkandidaten genügt weder die Magenspülung noch die chirurgische oder internistische Intervention. Hier ist – bei vollem Bewußtsein des Patienten – ein ärztliches Gespräch dringend am Platze, das möglicherweise in die eigentliche Psychotherapie überführt. Beim todkranken Kinde gilt es, besonders auch die Eltern menschlich-psychologisch zu betreuen. Chronisch Kranke mit infauster Prognose machen mehrere Phasen durch, die jede für sich ein angepaßtes unterschiedliches Verhalten des Arztes erfordern. In der *Anfangsphase* steht das Vertrauensverhältnis im Vordergrund, schon damit der Patient nicht von Praxis zu Praxis geht oder schließlich das Opfer von Kurpfuschern und Wundertätern wird. Während dieser Zeit ist bei dem Kranken eine Tendenz zur Verleugnung und Aufhebung des »Todes-urteils« die ihm einzig mögliche Abwehr. Solche Abwehrtendenz sollte meines Erachtens nicht aufgebrochen werden. Es wäre sinnlos, jetzt dem Patienten die »Wahrheit« mitteilen zu wollen. Sowohl Diagnose wie Prognose gehören in den Bereich des ärztlichen Geheimnisses. *Cave*: Aufklärungszwang! Allzuoft lassen sich Ärzte herbei, dem Patienten selbst oder dessen Angehörigen Befund und Prognose mitzuteilen, aus Furcht, sie könnten später dafür belangt werden, weil sie die Diagnose nicht frühzeitig genug gestellt hätten. Dagegen ist zu empfehlen, das Untersuchungsergebnis eventuell einem zweiten Arzt mitzuteilen oder entsprechende Unterlagen selbst unter Verschluß aufzubewahren. Im übrigen genügt im allgemeinen das kunstgerechte Verhalten, um spätere Anklagen gegenstandslos werden zu lassen. Gelegentlich kann man jedoch eine Vertrauensperson des Kranken, meist einen Angehörigen, auf den Ernst der Situation aufmerksam machen. Dabei wird allerdings deren Belastungstoleranz leider mitunter überschätzt.

Zumeist folgt auf die Anfangsphase eine sogenannte *Latenzperiode.* Der Abwehrmodus ist in diesem Zeitabschnitt die Verdrängung. Nach anfänglicher Aufregung finden sich Patient und Umgebung mit dem Leiden ab, man gewöhnt sich an die Krankheit. In der *terminalen Phase* dagegen bricht die Abwehr vollständig zusammen. Hier nun besteht die Gefahr der Isolierung – die Gefahr, daß der Patient vom Arzt und von den Angehörigen aufgegeben wird. Eine völlige Geheimhaltung wäre jetzt – sowohl dem Kranken wie den Angehörigen gegenüber – sinnlos. Häufig sind noch dringende Geschäfte zu erledigen; zudem bedeutet der Tod oft wirklich eine Erlösung für den Patienten und die Familie.

NAYLOR und MICHAELS empfahlen verschiedenartige »Unterhaltungstherapie« für Karzinompatienten, wovon wohl nicht allzuviel zu erwarten ist. Wichtiger wäre es, wenn solche Menschen gruppentherapeutisch erfaßt werden könnten. So wie es Ehetherapie, Sexualtherapie und alle möglichen Arten von Verhaltenstherapie gibt, läßt sich auch eine spezifische Therapie für Sterbende vorstellen. Das gleiche gilt für die Angehörigen, die oft bei der Sterbehilfe wichtiger sind als der behandelnde Arzt. Selbsterfahrungsgruppen von Menschen, die chronisch Kranke zu betreuen haben – die auf Sterbekliniken oder zu Hause sich für Sterbende aufopfern –, könnten viel dazu beisteuern, Angst und Schuldgefühl abzutragen.

Die Vorbereitung auf das Sterben muß schrittweise erfolgen, das sollte aber eigentlich nicht erst bei Eintritt einer schweren Krankheit der Fall sein. Dann nämlich, wenn die *Hora incerta* zur allgegenwärtigen Stunde wird, verliert die Sterbestunde jenen Schrecken, den sie heute noch immer ausübt. Und für den Arzt gilt wohl das, was JÜRG WUNDERLI über dessen Verantwortung gegenüber dem sterbenden und todkranken Patienten schrieb: »Die Praxis des Arztes ist konkrete Philosophie. Im Sinne PLATONS hinwiederum kann man alle Philosophie als ein Nachdenken über den Tod definieren. Daraus folgt, daß das Nachdenken über den Tod die praktische Tätigkeit des Arztes stets begleiten sollte.«

Der Arzt jedoch wird der Herausforderung durch seine sterbenden Patienten nur in dem Maße gewachsen sein, wie er stets die eigene Sterblichkeit vor Augen hat. Das Verhältnis nämlich zur eigenen Endlichkeit, zum eigenen Sterben, zum eigenen Tod bestimmt auch des Arztes Verhalten gegenüber dem Sterben des von ihm betreuten Kranken. Doch selbst nach dessen Tode besteht die ärztliche Aufgabe weiter: Noch immer gilt es, Selbstbeschuldigungen, Schuldgefühle und die Trauer der Hinterbliebenen zu sehen. Ihnen muß der Arzt ebenfalls beistehen, ohne dabei zu vergessen, daß er ja auch nur ein Mensch ist, kein über Leben und Tod erhabener Gott. Allein wer zur eigenen Not steht, zur eigenen Angst, der kann die Angst und die Not des andern verstehen.

Der Umgang mit der Angst vor dem Tode führte zur Geburt einer neuen »Wissenschaft«, der *Thanatologie.* Der angelsächsische Sprachraum verfügt bereits über eine umfangreiche Literatur zum Thema *Death and Dying.* EISSLER, KÜBLER-ROSS, NORTON, ROOSE und andere haben Fallberichte über den psychologischen Umgang mit Sterbenden veröffentlicht. KÜBLER-ROSS wies in ihrer Publikation vor allem auf die Bedeutung des *Denial* und der *Isolation* hin. Die Verleugnung haben wir bereits kennengelernt; sie entspricht psychoanalytisch dann auch etwa dem Begriff der Verdrängung. MEERWEIN fügt hier bei, daß *Denial* in der Onkologie zur Regression auf archaischere Vorstellungs- und Denkprozesse führen kann. Das »magische Denken« erhält bei vom Tode Bedrohten erhöhte Bedeutung. Unter dem Einfluß offener oder abgewehrter Todesangst erwacht oft ein starker Glaube an magische Kräfte von Naturprodukten, von Heilern und Naturärzten, ein Glaube, »der aller wissenschaftlichen Vernunft ins Gesicht schlägt«. Am eindrücklichsten ist allerdings die Feststellung, daß ein *Denial* nicht selten lediglich den Angehörigen gegenüber aufrechterhalten wird. Krebskranke, die um die schlechte Prognose ihres Leidens wissen, verweigern hier einfach das Mitwissen von anderen, selbst der ihnen Nächststehenden. Diese Haltung bewahren sie allzuoft auch dem Arzte gegenüber, besonders wenn sie fürchten, er sei nicht tragfähig oder zuverlässig genug und könnte sich von ihnen zurückziehen.

Der Persönlichkeit des Arztes kommt somit eine entscheidende Rolle zu. In einer testpsychologischen Untersuchung wurde festgestellt, daß Mediziner den Tod in der Regel mehr fürchten als eine Vergleichsgruppe von Patienten (FEIFEL, zitiert nach MEERWEIN). Es ist sogar behauptet worden, verdrängte, massive Todesangst sei – als »unbewußtes Motiv« – für ihre Berufswahl ausschlaggebend. So etwas muß zu einem ärztlichen »Allmachtsideal« führen, das wirkliche Offenheit für ein Sterben-Können des Mitmenschen Patient verunmöglicht. Der Arzt kann aber – das sei hier mit aller Deutlichkeit gesagt – nur dann dem Sterbenden so beistehen, wie er selbst in der gleichen Situation behandelt werden möchte, wenn er die eigenen Verleugnungen, Rationalisierungen und die »kontraphobische Aktivität« zu meistern vermag. An die Stelle des *Denial* tritt dann Ordnung und Geborgenheit, die *Acceptance*.

Für den Arzt ergibt sich daraus, was MARGARETTA K. BOWERS in unübertrefflicher Weise postuliert hat: Die Bedeutung des Lebens *und* des Todes zu bedenken, so, daß der Patient die persönliche Erfüllung und eine vollkommenere Verwirklichung seines Selbst sogar angesichts des Todes finden kann. Es geht dabei letztlich um die offene Konfrontation mit den existentialen Werten, die nicht nur im Leben, sondern auch im Sterben erlangt werden können. »Wie ein Mensch den Tod erfährt, hängt davon ab, worin er den Sinn seines Lebens sieht.« Die Auseinandersetzung mit dem Tod bleibt die wichtigste, jedoch nie erlernbare Aufgabe des Arztes. Sie ist Teil seiner eigenen Persönlichkeit. Wer erahnen will, wie diese Auseinandersetzung wahrhaftig stattfindet, möge weniger bei medizinischen und thanatologischen Büchern Zuflucht suchen, als die Selbstzeugnisse von Menschen ergründen, die sich während schwerer Krankheit und im Angesichte des Todes ihre dichterische Gabe bewahrt haben. Der Dichter hat wie kaum ein anderer die Fähigkeit, das Ihn-Angehende, Ihn-Bewegende, Ihn-Erfüllende zu beschreiben. Hier möchte ich besonders auf das Buch von IDA CERMAK: *Ich klage nicht* hinweisen.

Psychotherapie eines Sterbenden

Üblicherweise werden in der psychotherapeutischen Literatur Krankheitsfälle beschrieben, die einen günstigen Verlauf nehmen und zur Heilung führen. Dem Patienten, über den wir jetzt berichten, war ein anderes Schicksal beschieden.

Er erkrankte im Verlaufe der Therapie an einer unheilbaren,

zum Tode führenden Krankheit, und zwar zu einem Zeitpunkt, da er aus der Behandlung entlassen werden konnte.

Wir vergegenwärtigen uns den Patienten, wie er im Alter von 35 Jahren an Brechreiz, Würgen im Hals, Appetitlosigkeit und apathischer Interesselosigkeit litt, wozu sich später weitere psychosomatische Beschwerden gesellten. Er fühlte sich kraftlos, willenlos, kontaktlos. Früher ein Tatmensch, war er nun ein »Eigenbrötler geworden, ohne Grundsätze«, ein »richtiger Lump«. Zudem hatte er Schwierigkeiten beim Denken, es passierten ihm Fehler im Beruf. Schuldgefühle plagten ihn, weil er im Interesse der Bank im Münzgeschäft Transaktionen vornehmen mußte, die, wie er sagte, nicht ganz »stubenrein« waren. Er habe schon oft Selbstmordgedanken gehabt, sei aber zu feige gewesen, Suizid zu begehen. Er habe nämlich gräßliche Angst vor dem Tode. Die analytische Behandlung dieses an sich sympathisch wirkenden Mannes, der – wie sich im Verlauf der Behandlung herausstellte – an einer schweren Zwangsneurose mit fast schizoid anmutender Kontaktarmut litt, ließ sich recht gut an. Er kam gerne in die Therapie, fühlte sich auf der Psychiatercouch geborgen und zufrieden »wie er es noch nie zuvor im Leben gewesen war«. Auf die Darstellung der Lebensgeschichte und der neurotischen Fehlentwicklung, bei welcher sexuelle Momente eine ausschlaggebende Rolle spielten, wollen wir hier verzichten, da sie für das Verständnis der nachfolgenden Geschehnisse unerheblich sind. Immerhin dauerte die analytische Behandlung dieses sexuell impotenten und infantil gebliebenen Mannes, der zudem an Schmutzphobie und Waschzwang litt, mehrere Jahre. Sein Verhältnis zum Analytiker beschrieb er in einem Brief mit den Worten: »Ich habe mehr und mehr das Verlangen, jemanden zu haben, mit dem ich mich aussprechen darf, ohne abgewiesen, unterbrochen oder gar beschimpft zu werden. Mehr und mehr sehe ich einen Vater in Ihnen, vielleicht besonders darum, weil ich mit meinem leiblichen erneut auf gespanntem Fuß lebe.«

Schließlich verlobte sich der Patient. Er hatte sich inzwischen selbständig gemacht und in kurzer Zeit ein ansehnliches Vermögen erarbeitet. In der Beziehung zu seiner Braut erlebte er wechselvolle und dramatische Zeiten; nach etwa dreijähriger Bekanntschaft kam es trotzdem zur Heirat. Die analytische Behandlung wurde damals noch fortgesetzt, jedoch in größeren Zeitabständen.

Nach einem weiteren Jahr, zu einer Zeit, da die Beendigung der Therapie bereits besprochen war, wurde dem Patienten durch einen Dermatologen ein *Naevus pigmentosus* am Nacken operativ entfernt. Da ein Rezidiv auftrat, ließ er sich im Spital operieren, wo ihm nach der histologischen Untersuchung mitgeteilt wurde,seine Krankheit sei nicht harmlos, er müsse bestrahlt werden. Der Kranke war sehr beunruhigt und träumte in der gleichen Nacht, er werde zerstückelt. Nun wünschte er, daß der Therapeut sich beim Chefarzt des betreffenden Krankenhauses über die Natur seines Leidens erkundige. Dieser erfuhr, daß sein Schützling an einem *amelanotischen Melanom* der Haut mit Rezidiv-Tumoren am Thorax leide. Die Lebenserwartung des Patienten betrage noch etwa sechs bis acht Monate.

Begreiflicherweise wollte der Kranke nun die »Wahrheit« erfahren. Wir versuchten ihm klar zu machen, daß diese Wahrheit nicht durch die einfache Mitteilung der Diagnose oder Prognose gegeben sei, daß wir uns vielmehr mit der Frage beschäftigen müßten, woran er wirklich leide. Dieses »wirkliche« Leiden entpuppte sich als eine ihn verzehrende Todesangst. Der Tod, so meinte er, sei das Ende allen Existierens, der totale Untergang, die Vernichtung. Gläubig war er schon lange nicht mehr, ein Leben nach dem Tode konnte er sich nicht vorstellen. Die Gespräche, die wir in der folgenden Zeit intensiv über das Sterben und über den Tod führten, beruhigten ihn etwas und lenkten die Aufmerksamkeit von seiner Krankheit ab. Dann jedoch kam die Zeit, da er mehrfach operiert werden mußte, da immer mehr Melanomknötchen auftraten. Er hatte das Gefühl, auseinanderzufallen. Endoxanbehandlung und Bestrahlung blieben ohne Erfolg. Der Patient mußte hospitalisiert werden und erfuhr bei dieser Gelegenheit die genaue Diagnose, die wir ihm nicht mitgeteilt hatten. Anfänglich besuchten wir ihn alle zwei Tage, später täglich, wobei gesagt werden darf, daß uns das Schicksal dieses Mannes sehr ans Herz ging. Aus dem ehemaligen Patienten war ein Freund geworden.

Seine Untergangsstimmung kam vor allem in den Träumen zum Ausdruck, in denen er beispielsweise in Staumauern von Kraftwerken eingeschlossen oder sich in Vernichtungslagern befand, wo Menschen gequält, gemordet und zerstückelt wurden. in einem anderen Traum sah er einen stolzen Hirschen von einer Hundemeute gejagt und zerfetzt werden. Als sein Zustand eine

Zeitlang stationär blieb, begab sich der Patient nach Hause, wo er, zwar bettlägerig, immerhin einige geschäftliche Angelegenheiten erledigen konnte. Eines Tages überraschte er den Psychotherapeuten mit der Frage, ob er ein Kind zeugen dürfe, da seine Frau und er dies sehnlichst wünschten. Dieses Problem führte zu einem markanten Wendepunkt im Verhalten des Patienten. Erstmals ging ihm ganz spontan die Ernsthaftigkeit seiner Krankheit auf. Es wurde ihm mit aller Klarheit bewußt, daß er über kurz oder lang sterben würde. Dies führte zunächst zu einer gesteigerten Aktivität. Er erledigte noch seine bisher nicht abgeschlossenen Geschäfte, ordnete sein Vermögen, klärte seine Frau über die finanzielle Situation auf, versöhnte sich mit seiner Schwester und machte einen recht zufriedenen Eindruck. Schließlich kam die endgültige Hospitalisierung. Wir begleiteten ihn diesmal selbst ins Spital und blieben an diesem Tage mehrere Stunden bei ihm. Einige Wochen später erlebte er einen »Probetod« anläßlich einer Lymphographie. Er hatte das Gefühl zu sterben und fühlte sich dabei »ganz leicht und glücklich«. Von da an war die Angst vor dem Sterben völlig verschwunden. Einige Tage später, zwei Jahre nach der Feststellung der Diagnose, starb der Patient.

Es würde zu weit führen, hier den Wortlaut unserer Gespräche mit dem Patienten über das Sterben und den Tod wiederzugeben. Es gibt auch keine allgemeingültigen Regeln für die Behandlung solcher Probleme. Je nach der persönlichen Einstellung des Arztes und des Patienten zum Tode wird sich ein Dialog entwickeln. Jedenfalls dürfte in den meisten Fällen die sonst in der Psychotherapie übliche Zurückhaltung und das Schweigen des Therapeuten weitgehend aufgehoben sein.

Somit hat es der Arzt nicht nur mit einer Krankheit, einem Fall, einem Schicksalsschlag zu tun, sondern mit einem Patienten, dessen ganze Lebensgeschichte und Existenzweise mitbetroffen ist und dessen Kranksein möglicherweise auch bereits von dieser Lebensgeschichte und Existenzweise mitgeformt wurde. Vor allem werden die Hoffnungen, Erwartungen und Ängste, welche der Patient an eine Krankheit knüpft, wesentlich von der bereits vorliegenden Persönlichkeitsstruktur mitbestimmt. Es kann infolgedessen erst recht für die Betreuung eines unheilbar Kranken keinesfalls gleichgültig sein, welches »Weltverhältnis« in seinem Kranksein zum Austrag kommt und welche Weltbezüge sein Leben vor der Krankheit charakterisiert haben.

Daß im übrigen der Verlauf jeder Erkrankung, also auch der von unheilbaren Leibprozessen, in ganz wesentlicher Weise durch das Gestimmtsein des Patienten mitbestimmt wird, ist bekannt. Die Stimmung, welche das Wissen um die Möglichkeit des eigenen Todes begleitet, ist immer ein Hinweis auf die jeweilige Reifung des Menschen. Nur der Arzt, der solchermaßen eigenes Sterblich-Sein bedenkt, der weder an die Dinge dieser Welt verloren und ihnen verfallen ist, noch resigniert und passiv dem Tode entgegensieht, kann seinem Kranken selbst eine wahrhafte Sterbehilfe sein. Die praktische Fürsorge des Arztes muß sich auf den Kranken und auf dessen Umgebung ausrichten. Der Patient seinerseits soll für menschlichen Beistand aufgeschlossen sein, die Umgebung soll eine Situation des Vertrauens ermöglichen. Deshalb kommt der Arzt-Patient-Beziehung beim Sterbenden eine so hervorragende Bedeutung zu, deshalb auch *ist der sterbende Patient eine Herausforderung für den Arzt.* Hier wird der wirkliche Arzt einen Weg finden zwischen fürsorglicher Pflege, eigener Betroffenheit und Ehrfurcht vor dem unabwendbaren menschlichen Schicksal.

Die Bedeutung der Sprache in der ärztlichen Heilkunde

In der ärztlichen Heilkunde spielte die Sprache von jeher eine hervorragende Rolle, auch wenn ihre Bedeutung in der modernen, naturwissenschaftlich-technisch orientierten Medizin anscheinend erst wieder neu entdeckt werden muß. Wir gehen kaum fehl in der Annahme, die Sprache stehe am Beginn ärztlicher Heiltätigkeit. In der vorwissenschaftlichen, animistischen Medizin wurde sie mit rituellen, gesprochenen oder gesungenen Beschwörungsformeln zum Kommunikationsmittel der Priesterärzte mit der Gottheit. Gebet und Fürbitte für die Kranken vermitteln auch heute vielen Gläubigen noch die Beziehung zu einer übernatürlichen Heilkraft.

Die Loslösung der Medizin von religiösen Vorstellungen und die zunehmende Möglichkeit, die Welt naturwissenschaftlich zu erklären und technisch zu bewältigen, brachten die Entmystifizierung der Krankheit mit sich. Der *homo patiens* wendet sich heute in seiner Not nicht mehr an die Gottheit oder ihren Stellvertreter, sondern an den Arzt. Dieser ist unmittelbar aufgerufen, aufgrund seines Wissens und Könnens Hilfe zu leisten; der Arzt ist nicht mehr lediglich Vermittler übernatürlicher Heilkunde. Das ärztliche Gespräch verlor den Charakter der Fürbitte und wurde zum Zwiegespräch mit dem Kranken. Die Begegnung des Arztes mit seinem Patienten findet im *Sprechzimmer* statt; von der hohen Bedeutung, die der Sprache in der Heilkunde zugemessen wird, zeugt der Ausdruck *»Sprechstunde«*.

Die Sprechstunde, als Begriff meist unbedacht und unreflektiert gebraucht, gehörte von alters her zum Arzt. WIESENHÜTTER bemerkt dazu mit Recht, sie sei immer in der Weise gemeint, daß nicht allein der Arzt zum Patienten zu sprechen, ihm einen Rat oder eine Anweisung zu geben habe, sondern daß vielmehr das Sichaussprechen des Kranken genauso von Bedeutung sei. In der Sprechstunde soll ein Wechselgespräch, ein Dialog, stattfinden.

Psychoanalyse

Die Tatsache, daß der Sprechstundendialog nicht nur diagnostische Bedeutung hat und demnach nicht lediglich der Information des Arztes dient, sondern in ausgezeichneter Weise therapeutisch wirkt, wurde durch die *Psychoanalyse* unter Beweis gestellt. Die Psychoanalyse wird dann wirksam, »wenn es ihr mit

Hilfe der sprachlichen Verständigung glückt, die von Affekten getragenen Phantasien des Kranken in die Nähe seines bewußten Ich vordringen zu lassen und gleichzeitig dieses Ich so weit zu stabilisieren und tolerant zu stimmen, daß es diese Phantasien erträgt, mit ihnen umgeht, z. B. sublimierend verändert, statt sie in einer Art Vogel-Strauß-Politik abzuwehren« (MITSCHERLICH). Das Mittel der psychoanalytischen Therapie ist also das *Gespräch.* An die Stelle der Abwehr und der unbewußt verlaufenden Konfliktbewältigung soll ein bewußtes Erleben der konfliktstiftenden Affekte treten. Die Sprache hat hier »einen vielfältigen Vermittlungsauftrag zu erfüllen: Sie vergewissert die Verständigungsmöglichkeit zwischen den Instanzen unserer seelischen Organisation. Ausdruck, der sich bisher nicht zeigen durfte, findet seine Sprache, und mit der Sprache die dialektische Distanz«. Stellvertretender Ausdruck für die Krise oder Zeichen chronischer Dauerbelastung durch Affekte, die sich nicht äußern dürfen – sagt MITSCHERLICH in diesem Zusammenhang –, können durch unchiffrierte und damit der kritischen Prüfung zugängliche Mitteilungen, durch die bewußt erfahrenen ambivalenten Affekte, durch die eingestandene Neigung oder Angst ersetzt werden.

Das große Verdienst FREUDS besteht darin, daß er, obwohl fest im naturwissenschaftlichen Boden der Medizin verankert, den Kranken in seiner je einmaligen Individualität zu erfassen versuchte. Während in der somatischen Medizin das Arzt-Patient-Verhältnis in seiner Wirkung auf den Verlauf der Therapie weitgehend unbeachtet blieb, erblickte er die wesentliche Hilfe im Heilungsprozeß seiner Neurotiker gerade in dieser Begegnung, nämlich in der persönlichen Nähe und Distanz zwischen dem Therapeuten und seinem Kranken. Zudem hat er, wie BINSWANGER von ihm mit Recht sagen konnte, zum Verständnis der inneren Lebensgeschichte des Menschen mehr beigetragen als irgendein einzelner vor ihm.

Um diese »innere Lebensgeschichte« ging es FREUD. In ihr suchte und fand er das Geheimnis der neurotischen Erkrankung des Menschen. Dabei mußte er zunächst feststellen, wie gering das Wissen um die eigene lebensgeschichtliche Entwicklung bei den Kranken war und wie es gerade des ärztlichen Dialogs bedurfte, um diese zur Sprache zu bringen. Zudem erwies sich affektloses Erinnern fast immer als wirkungslos: Der ursprünglich abgelaufene psychische Prozeß mußte so lebhaft wie möglich wiederholt, in *statu nascendi* gebracht und dann »ausgesprochen« werden. Die Wirksamkeit dieses kathartischen Verfahrens erklärte sich aus der Abfuhr der bisher gleichsam eingeklemmten Affekte, die sich an die unterdrückten seelischen Aktionen geheftet hatten. Den Hauptcharakter solcher Katharsis erblickte Freud darin, daß die therapeutische Wirksamkeit nicht einem suggestiven Verhalten des Arztes übertragen wird. *Die Symptome* sollten *spontan verschwinden,* sobald es dem Kranken gelungen ist, in der Aussprache zu sich selbst zu kommen.

Wir sehen, daß bereits die ersten Versuche, die Sprache in den Dienst der Heiltätigkeit zu stellen, zu wesentlichen Einsichten führten. Einmal wurde mit aller Deutlichkeit offenbar, daß eine »dialogische Leidenshilfe« (Bally) nur dann möglich ist, wenn der Kranke sich einem Partner, hier dem Arzt, gegenüber öffnen kann und wenn er dies nicht nur in Form einer neutralen Mitteilung macht, sondern als emotionales Erlebnis. Diese Erkenntnis wurde bestätigt, als Freud die ursprünglich angewandte, aber unzuverlässige Methode der Hypnose verließ und eine neue, auf freien Einfällen beruhende Gesprächstechnik entwickelte, die den Patienten als gleichberechtigten Partner im psychotherapeutischen Dialog wach sein ließ. Vom Patienten wurde eine rücksichtslose Offenheit verlangt, die sich weder um weltanschauliche noch politische, moralische oder gesellschaftliche Wertungen kümmert. Freud forderte die Kranken auf, sich in ihren Mitteilungen gehen zu lassen, wie man es etwa in einem Gespräch tut, bei welchem man vom Hundertsten ins Tausendste gerät. Er schärfte ihnen ein, alles mitzusagen, was ihnen bei der Erzählung ihrer Krankengeschichte durch den Kopf ging, auch wenn sie meinten, es sei unwichtig oder unsinnig. Mit besonderem Nachdruck aber wurde von den Kranken verlangt, daß sie keinen Gedanken oder Einfall darum von der Mitteilung ausschlössen, weil ihnen diese Mitteilung beschämend oder peinlich wäre. Dadurch sollte jene Erweiterung des Bewußtseins ermöglicht werden, der Freud schon bei der hypnotischen Behandlung große Bedeutung beigemessen hatte. Vom Therapeuten wiederum forderte er, daß er dem Kranken »in frei schwebender Aufmerksamkeit« zugewandt sei. Damit wurde das den Ärzten natürliche Bedürfnis nach aktivem Eingreifen wesentlich zurückgebunden. Ja mehr noch: Der Arzt mußte auch seine eigene Zensur ausschalten. Er sollte »dem gegebenen Unbewußten des Kranken sein eigenes Unbewußtes als empfangendes Organ zuwenden«. Freier Einfall des Patienten und schwebende Aufmerksamkeit des Therapeuten wurden demnach zu den Bedingungen, »unter denen mitgeteilt und vernommen wird, was sich sonst im alltäglichen Umgang zu verbergen und zu verhüllen strebt« (BALLY).

Die Lehre von der Verdrängung, der Grundpfeiler der psychoanalytischen Theorie, führte FREUD schließlich zur wichtigsten Konzeption seiner Heilmethode, nämlich zu den Begriffen des *Widerstandes* und der *Übertragung*. Gespräch, so deuteten wir bereits an, geschieht nur in der Beziehung zu einem Partner. Das psychoanalytische Gespräch sollte über diese Beziehung hinaus dem Zwecke dienen, Verdrängtes bewußt werden zu lassen. FREUD entdeckte jedoch, daß zur Heilung des neurotischen Menschen nicht so sehr der Inhalt des Verdrängten von ausschlaggebender Bedeutung ist als vielmehr jene Faktoren, die der Wiederbewußtmachung dieser verdrängten Inhalte hindernd im Wege oder fördernd zur Seite stehen. Er bekannte, daß er zunächst in intellektualistischer Denkeinstellung das Wissen des Kranken um das von ihm Vergessene zu hoch eingeschätzt habe. Nicht das Nichtwissen an sich sei jedoch das pathogene Moment, sondern die Begründung des Nichtwissens in inneren Widerständen, welche das Nichtwissen zuerst hervorgerufen haben und es noch erhalten. In der Bekämpfung dieser Widerstände liege die Aufgabe des ärztlichen Gesprächs. »Wäre das Wissen des Unbewußten für den Kranken so wichtig wie der in der Psychoanalyse Unerfahrene glaubt« – sagte Freud –, »so müßte es zur Heilung hinreichen, wenn der Kranke Vorlesungen anhört oder Bücher liest. Diese Maßnahmen aber haben ebensoviel Einfluß auf die nervösen Leidenssymptome wie die Verteilung von Menükarten zur Zeit einer Hungersnot auf den Hunger. Der Vergleich ist sogar über seine erste Verwendung hinaus brauchbar, denn die Mitteilung des Unbewußten an den Kranken hat regelmäßig zur Folge, daß der Konflikt in ihm verschärft wird und die Beschwerden sich steigern«. Diese Warnung FREUDS hat bis heute seine Gültigkeit für das psychotherapeutische Gespräch behalten und kann nie genug beherzigt werden.

Bilden Widerstand und Übertragung die Grundpfeiler des Verhältnisses zwischen Arzt und Patient in der Psychoanalyse, so wird deutlich, daß sich der Gesundungsweg des Neurotikers in der dualen Auseinandersetzung mit dem Psychotherapeuten, in einem wechselvollen Spiel von Spannung und Entspannung, in einer Atmosphäre des Vertrauens und Mißtrauens hinzieht. Diese unmittelbare Beziehung zwischen Arzt und Patient, die sich im Dialog austrägt, bildet die Grundlage jeglicher ärztlichen Tätigkeit. Sie ist nicht der psychoanalytischen Situation vorbehalten. Was jedoch das psychoanalytische Gespräch von jedem anderen ärztlichen Gespräch unterscheidet, ist die *Deutung*. FREUD vertrat den Standpunkt, die Phänomene selbst müßten bedeutungsmäßig hinter angenommenen Strebungen zurücktreten; die Sprache der Kranken müsse wie eine Geheimschrift dechiffriert werden. Die *Methode* der Psychoanalyse ist demnach *erklärend* und kausal determiniert. Es geht ihr um den Nachweis genetischer Zusammenhänge zur Erklärung der neurotischen Fehlentwicklung. Die Psychoanalyse greift dabei zu biologischen Vorstellungsmodellen. Sie reiht sich in die naturwissenschaftliche Methode der Medizin ein. FREUD bekannte, die Psychoanalyse sehe sich genötigt, mit der wissenschaftlichen Terminologie zu arbeiten.

Wie sehr die Psychoanalytiker selbst jedoch dem gesetzmäßig berechenbaren Ablauf menschlicher Entwicklung mißtrauen, geht daraus hervor, daß das psychoanalytische Gespräch nicht einfach *erlernt* werden kann wie etwa die chirurgische oder internistische Heilmethode. Implizite ist nämlich Psychoanalyse nur aufgrund eines *Selbstverständnisses* des Menschen möglich. Wie anders könnte sonst die Forderung nach einer eigenen therapeutischen Reifung des Arztes, verharmlost »Lehranalyse« genannt, begründet werden: doch wohl nur in der Erkenntnis, daß jegliches Fremdverstehen ausschließlich auf der Grundlage des Selbstverständnisses möglich ist. In der *Lehranalyse* soll der Therapeut die gleichen Erfahrungen machen wie später seine Kranken. Sie unterscheidet sich in nichts von einer therapeutischen Analyse. Ihr Ziel ist die Selbsterfahrung, die Selbsterkenntnis, das Selbstverstehen. Dieses Selbstverständnis ist für das ärztliche Gespräch von ausschlaggebender Wichtigkeit, da der Arzt in der Psychotherapie nicht nur intellektuell, sondern vor allem emotional, d. h. mit seiner ganzen Existenz engagiert ist. C. G. JUNG spricht von einem *dialektischen Gespräch*. Der Therapeut sei »Miterlebender eines individuellen Entwicklungsprozesses«, die Psychotherapie nicht eine »einfache und eindeutige

Methode«, sondern in gewissem Sinne ein dialektisches Verfahren, mit anderen Worten ein Zwiegespräch oder eine Auseinandersetzung zwischen zwei Personen. Der Psychotherapeut stehe demzufolge nicht außerhalb des psychoanalytischen Prozesses, sondern sei immer schon mit einbezogen. Zwischen Arzt und Patient bestünden irrationale Beziehungsfaktoren, welche gegenseitige Wandlung bewirkten. Dabei werde die stabilere, stärkere Persönlichkeit den endgültigen Ausschlag geben. Der Arzt sei ebensosehr »in der Analyse« wie der Patient. Er sei ebensosehr Bestandteil des seelischen Vorganges der Behandlung wie letzterer und darum ebensosehr den verwandelnden Einflüssen ausgesetzt wie jener. »Ja, in dem Maße, als sich der Arzt diesem Einfluß gegenüber unzugänglich erweist, ist er auch seines Einflusses auf den Patienten beraubt, und insofern er nur unbewußt beeinflußt ist, entsteht in seinem Bewußtseinsfeld eine Lücke, die es ihm verunmöglicht, den Patienten richtig zu sehen. In beiden Fällen ist das Resultat der Behandlung kompromittiert.«

Die »psychosomatische Sprechstunde«

Wurde nun das ärztliche Gespräch im Bereiche der Psychoanalyse zu einer wissenschaftlich gesicherten und anerkannten Methode der Heilbehandlung, so entstehen schon sehr viel mehr Schwierigkeiten in der Beurteilung und Zielsetzung der *nichtanalytischen* Zwiesprache zwischen Arzt und Patient. Daß eine solche stattfindet, und immer stattfindet, auch dort, wo nicht *expressiv verbis* von Psychotherapie gesprochen wird, liegt auf der Hand. Es käme einer schweren Selbsttäuschung der Ärzte gleich, wollten sie in ihrem Bemühen um die Kranken nicht die Bedeutung des gesprochenen – und des ungesprochenen – Wortes anerkennen. Boss wies anläßlich einer Vorlesung zur Psychotherapie des praktischen Arztes darauf hin, daß auch ohne Wissen und Willen des Arztes Psychotherapie geschieht. »Denn was die moderne Physik vom Umgang des Menschen mit den Atomen der Materie weiß, gilt in einem noch viel umfassenderen Sinne von jeder Beziehung zwischen Mensch und Mensch. Im mitmenschlichen Zusammensein ist keine Beobachtung, keine Berührung, keine Untersuchung möglich, die nicht als ein irgendwie bedeutsames Ereignis wahrgenommen und als solche Wahrnehmung die seelische Verfassung aller Beteiligten beeinflussen und auf ihre Weise konstellieren würde.« Trotzdem lehnen es die meisten Ärzte ab, ihre Arbeit am Kranken als Psychotherapie zu sehen, und empfinden eine derartige Auslegung ihres Tuns als Entwürdigung. Leider geriet dadurch auch die Bedeutung der Sprache, des Dialogs mit dem Kranken, in einer Welt, die den Arzt in den Bann ihrer technischen Erfolge zog, in Vergessenheit. Der heutige Arzt, sagt JORES, glaubt an die Macht der Chemie, aber nicht mehr an die Macht des Wortes. Er wird bei seinen Visiten im wesentlichen auf die Kurven und die objektiven Befunde schauen und den Patienten höchstens fragen: »Wie geht es Ihnen?« – kaum mehr, denn alles andere, die Therapie, sein Handeln, wird vom Untersuchungsergebnis geleitet. Von einer »Sprechstunde« kann heute vielerorts kaum mehr die Rede sein, da weder Arzt noch Patient Zeit und Muße aufbringen, sich zu einer Stunde des Sprechens zu finden. So wurde das Sprechzimmer zum Behandlungsraum: An die Stelle des Gesprächs trat die möglichst unpersönliche, nur nach ihrer unmittelbaren Wirksamkeit beurteilte Handlung. Die Heilwirkung des Gesprächs wird von vielen Ärzten in Frage gestellt. Nach MITSCHERLICH ist dies eine Konsequenz der unausgesprochenen Übereinkunft über das Wesen der Krankheit als somatischen Geschehens und des Sprachverlustes der konventionellen Medizin.

Daß trotz der Beweiskraft psychoanalytischer Gesprächsmethoden die Sprache als Heilmittel in der Medizin noch nicht die gebührende Würdigung erfahren konnte, ist also nicht zuletzt dem Umstand zuzuschreiben, daß die ärztliche Heilkunde einseitig an einem Krankheitsverständnis festhält, das der Sprache keinen Entfaltungsraum gewährt. Andererseits spielt dabei die fehlende Ausbildung in der Gesprächstechnik sowie die fehlende Zeit in der Privatpraxis eine wesentliche Rolle. Während der Psychotherapeut in seiner Spezialpraxis meistens über unbegrenzte Zeit verfügt, um den Widerstand allmählich abzubauen, ist weder der »somatisch« tätige Arzt noch der psychosomatische Konsiliarius in dieser glücklichen Lage. Ihre Aufgabe ist es vielmehr, innerhalb der ihnen zur Verfügung stehenden Zeit ein psychodiagnostisches und psychotherapeutisches Maximum herauszuholen. Die psychosomatische Sprechstunde sollte demnach etwas Unmögliches vollbringen, das sogar jeder psychotherapeutischen Erfahrung widerspricht. Glücklicherweise kommt uns in diesem Falle ein Faktor zu Hilfe, der ansonsten der Psychosomatik und Psychotherapie übel vermerkt wird, nämlich die Unberechenbarkeit, der Mangel an Gesetzmäßigkeit im Verlauf, die Unstetigkeit der neurotischen Krankheit. Letzteres, sowie die daraus resultierende, zumindest scheinbar fehlende psychotherapeutische Systematik trägt auch heutzutage noch unserem Bemühen das Prädikat »unwissenschaftlich« ein. Allen diesen Mängeln zum Trotz *geschieht* aber häufig doch Wesentliches in einem echten ärztlichen Gespräch.

Die psychosomatische Sprechstunde hat nun drei Aufgaben zu erfüllen, die in einem inneren Zusammenhang stehen. Erstens soll das Gespräch die medizinische Anamnese *biographisch* erweitern, zweitens gilt es, im Verlaufe dieses Gesprächs die jeweils spezifische Krankheits- und Organwahl abzuklären, und drittens soll die Aussprache gleichzeitig heilend wirken. Wir machen demnach keinen prinzipiellen Unterschied zwischen einem psychodiagnostischen und einem psychotherapeutischen Gespräch.

Dies bedingt jedoch eine besondere *Interviewtechnik*. Die Ärzte sind gewohnt, die Anamnese durch präzise und gezielte Fragen aufzunehmen. Diese Art des fragenden Vorwärtsschreitens bis zur Diagnose (die nach HEGGLIN in 70 Prozent der Fälle aus einer guten Anamnese gestellt wird) ist für die Psychotherapie praktisch wertlos. Wichtiger ist es, den Kranken selbst zum Sprechen zu bewegen. Das klassische medizinische Informationsgespräch, das auch für die Technik der psychiatrischen Exploration Gültigkeit hatte, wird durch das »tiefenpsychologische« abgelöst. Für jedes psychotherapeutische Gespräch gilt die psychoanalytische Grundregel, daß es offen, ungesteuert, assoziativ verlaufe und dadurch Widerstände, Ängste, überhaupt die Persönlichkeit des Gesprächspartners in den Vordergrund treten lasse. Man läßt den Patienten sich im Gespräch entfalten; es wird als bedeutsam erachtet, *wie* erzählt wird, *was* ausgewählt wird, was verschwiegen bleibt und welche Reihenfolge der Thematik eingehalten wird (MOSER). Abwehrtechniken, Uneinsichtigkeit, Angst und Unlust, der Stil des Sprechens (hastig, stotternd, zögernd, laut, leise, perseverierend, ideenflüchtig, bedrückt, oberflächlich, pedantisch usw.) sowie die Erscheinungen »averbaler Kommunikation« (Wechsel der Hautfarbe, Zittern, Agieren usw.) müssen beachtet werden.

Neben dieser »freien« Gesprächsführung, die auch Minuten des Schweigens einschließen kann, ist die psychosomatische Sprechstunde auf gezielte Informationen angewiesen. Beispielsweise mag es für den Arzt wichtig sein, bei einer sekundären Amenorrhöe zu erfahren, wann und wie, sowie durch wen die sexuelle Aufklärung stattgefunden hat, ob die Menarche ein vorbereitetes oder traumatisierendes Erlebnis war. Die gezielte Exploration darf jedoch in keinem Fall die spontane Erzählung der Patienten unterbrechen. Meistens läßt sie sich ungezwungen in das spontane Gespräch einbauen, wobei der Interviewer eine Pause benützen kann, um ein bereits angesprochenes Thema fragend zu vertiefen oder in eine frühere Bemerkung des Exploranden deutend einzugreifen.

Gespräch mit einer Kranken

Ein Beispiel aus der Praxis soll die angedeutete Gesprächsführung beleuchten. Die sechsundzwanzigjährige Frau eines Universitätsstudenten meldet sich zur psychotherapeutischen Sprechstunde, weil sie seit einigen Jahren an unkontrollierbaren, therapieresistenten Durchfällen leidet und weil sie von einer Psychologiestudentin aufgefordert wurde, einen Psychosomatiker aufzusuchen. Die Patientin ist also einigermaßen *vorbereitet.* Sie trifft, aus einer anderen Stadt kommend, pünktlich und von ihrem Mann begleitet ein. Dieser bleibt während des ganzen Interviews im Wartezimmer.

Über die Bedeutung und Technik des Erstinterviews mit Patienten wurde viel geschrieben. Im Prinzip jedoch unterscheidet sich dieses erste Gespräch kaum oder gar nicht von allen folgenden Sprechstunden. Gelegentlich benötigt der Kranke bei der ersten Konsultation etwas mehr Gesprächshilfe von seiten des Arztes als in späteren Sitzungen. So wird im allgemeinen *der Arzt* mit einem Hinweis oder einer Frage das Gespräch eröffnen, während bei längerer Behandlungsdauer, insbesondere bei Anwendung der psychoanalytischen Liegetechnik, *der Patient* selbst zu sprechen beginnt. Im folgenden sei nun dieses erste Gespräch zwischen der Patientin (P) und ihrem Arzt (A) teilweise wörtlich wiedergegeben.

A Haben Sie den Weg zu mir gut gefunden?
P Ja, ich bin bereits letzten Samstag hierhergefahren, damit ich Ihre Praxis heute nicht lange suchen muß.

Der Arzt eröffnet also die Konsultation mit einer neutralen Frage, das heißt, er will dem Gespräch nicht eine gezielte Richtung geben. Selbstverständlich soll auch die erste Begegnung nicht banal wirken, etwa in dem Sinne »Haben Sie zu Hause ebenso schönes Wetter wie hier?« Die Frage nach dem Weg war nämlich in diesem Falle durchaus berechtigt, weil der Weg zum Arzt durch Bauarbeiten umgeleitet worden war. Nun geschieht jedoch das Erstaunliche, daß die Patientin auf diese unverfängliche Frage eine vielsagende Antwort gibt. Denn die Tatsache, daß sie bereits einige Tage zuvor den Weg auskundschaftete, läßt darauf schließen, wie ernst es ihr mit dieser Sprechstunde ist. Patienten, die zum Erstinterview zu spät erscheinen, bekunden damit nicht selten entweder ihren Widerstand gegen eine solche Behandlung oder ihre Angst davor, auch dann, wenn scheinbar äußere Gründe an der Verspätung schuld sind. Unsere Patientin dagegen bekundet ein ernsthaftes Anliegen, vielleicht auch eine charakterliche Neigung zu Pünktlichkeit und Genauigkeit. Die Tatsache, daß sie ihren Mann als Begleiter mitgenommen hat, ist ebenfalls bedeutungsvoll, doch soll sie in einem späteren Zusammenhang erörtert werden. Da die Patientin nicht weiterspricht, sondern den Arzt erwartungsvoll ansieht, geht dieser nun auf ihr Anliegen ein.

A Was führt Sie zu mir?
P Ich leide seit fünf Jahren an Durchfällen, habe unzählige Ärzte konsultiert, aber alle Untersuchungen waren negativ.
A Und jetzt kommen Sie zu mir – warum gerade zu mir?
P Eine Freundin – Studentin, die Ihre Vorlesungen besucht, hat mir geraten, Sie aufzusuchen.
A Wie glauben Sie, daß ich Ihnen helfen kann?

Die hier angeführten Fragen und Antworten bezwecken gleichsam eine Feldbestimmung. Es soll festgestellt werden, weswegen die Patientin überhaupt zur Untersuchung kommt, ob sie aus eigenem Antrieb, willig, erwartungsvoll oder ungern, gleichgültig (»um auch das zu probieren«) den Arzt aufsucht. Moser faßte die Analyse des ersten Gesprächs in sechs Punkten zusammen, die im Laufe des Initialinterviews geklärt werden sollten. Danach muß einmal die Zielsetzung des Gesprächs geklärt werden. Welches ist der akute Anlaß zur Untersuchung, benützt der Patient einen Vorwand (Krankheitsangebot), wie groß ist der Leidensdruck und damit das Bedürfnis des Kranken, sich dem Arzt zu eröffnen? Warum wählt der Patient gerade mich, auf welchem Wege ist er überhaupt zu mir gekommen? Sucht er eine Autorität oder einen Freund? Es gibt Patienten, die prinzipiell nur einen Universitätsordinarius aufsuchen, nur einen älteren, nur einen verheirateten Arzt, oder für die die Religionszugehörigkeit eine Rolle spielt. Letzteres ist in besonderem Maße bei Katholiken, etwas weniger häufig bei Juden, selten bei Reformierten der Fall. Schließlich muß sich der Arzt darüber Rechenschaft geben, wie die Beantwortung dieser Fragen auf ihn wirkt. Welche Bedeutung erhält der Patient in den Augen des Arztes? Wie ist deren mögliche Auswirkung auf die Phantasien des Interviewers? Fühlt er sich narzißtisch gekränkt oder geschmeichelt? Fühlt er sich – falls der Patient beispielsweise von einem Kollegen überwiesen wurde – gezwungen, sich durch eine besondere Leistung auszuweisen? Erfüllt ihn die Mitteilung des Patienten, daß er bereits viele Ärzte ergebnislos konsultiert habe und nun alle Hoffnungen auf ihn setze, mit unkollegialer Genugtuung – oder Mißtrauen? Wie verhält sich der Arzt Patienten gegenüber, die zunächst über alle früher konsultierten Ärzte herfallen? Das ist eine wichtige Frage. Es gehört viel Taktgefühl dazu, in solchen Momenten weder den Patienten in seiner – oft ungerechtfertigten – Kritik korrigieren noch ihn gar unterstützen zu wollen. Tut man ersteres, wird er sich unverstanden der geschlossenen Phalanx der Ärzte gegenüber sehen und auch den neuen Therapeuten als seinen Feind betrachten, im zweiten Fall hingegen wird er im Arzt einen Verbündeten finden, der seine neurotischen Abwehrhaltungen mitagiert. Es stellt sich dann die Frage, in welcher seelischen Situation der Arzt selbst das Gespräch durchhalten muß. Er kann beispielsweise anderweitig absorbiert sein und deswegen dazu neigen, zu schweigen, wo er antworten sollte. Empfindet der Arzt Unlust und Abneigung gegen die Untersuchung, erträgt sein seelisches Gleichgewicht die vom Patienten produzierten Widerstände? Auf seiten des Kranken dagegen muß beachtet werden, ob dieser durch sein Verhalten einen besonderen Eindruck auf den Untersucher machen will. Demonstriert er forsche

Unbekümmertheit oder ängstliches Zögern, spielt er den Besserwissenden oder den lernbegierigen Schüler, erscheint er als leidender, geplagter, unterwürfiger Mensch, oder neigt er zu Dissimulation und Aggressivität? Welche Erwartungen wird der Kranke in bezug auf die Gedanken und Gefühle des Arztes haben? Wird der Untersucher ihn verstehen? enttäuschen? angreifen oder beschützen? Ist er geldgierig? Die soziale Lage des Patienten spielt hier eine Rolle, wie sie ja auch für den Arzt in seinem Verhalten nicht nebensächlich ist. Oft auch wird der Arzt in der Erwartungsvorstellung des Patienten zum Wundertäter und Allwissenden idealisiert. Auch geheime erotische Wünsche oder deren Abwehr mögen bereits das Erstinterview beeinflussen.

Wie bedeutungsvoll das psychische Spannungsfeld ist, in welchem sich Arzt und Patient gemeinsam befinden, wurde durch experimentelle Untersuchungen zur Frage der nichtverbalen Kommunikation bewiesen. So sollen die Pulsfrequenz und die Hauttemperatur des Patienten und des Psychotherapeuten weitgehend positiv beziehungsweise negativ korrelieren. Erhöhte Spannung beschleunigt vorübergehend in kaum differentem Ausmaß die Pulsfrequenz beider Gesprächspartner, während beim Nachlassen der Spannung ein Absinken, in neutralen Situationen oder bei einem offensichtlichen Mangel an Übereinstimmung keine Beziehung zwischen den physiologischen Daten feststellbar sind. Es kann jedoch auch zu einem Anstieg der Pulsfrequenz des Therapeuten und einem Absinken derselben beim Patienten kommen, wenn letzterer eine antagonistische psychologische Position zum ersteren einnimmt (Brocher).

Mit anderen Worten, das psychotherapeutische Sprechstundengespräch bezieht immer den Arzt in seiner ganzen »psychosomatischen« Seinsweise mit ein. Aus diesem Grunde ist es durchaus legitim, in die Fragen an den Patienten auch sich selbst einzubeziehen.

Colon irritabile

Unsere Kranke kommt, wie gesagt, mit der *Bereitschaft*, ihr Kranksein *psychologisch* abklären zu lassen, und *vertrauend* auf die *Autorität* des Arztes. Durch ihr hübsches Aussehen und ihr freundlich-offenes Wesen, vermischt mit kindlich-naiver Erwartung, appelliert sie an den Helferwillen des Therapeuten, was von vornherein die Gesprächsatmosphäre günstig gestaltet. Die Frage nach ihrer Krankheit enthüllt bei ihr nicht nur eine gewisse Einsicht und Bereitschaft, sondern sagt dem Arzt bereits sehr viel über den besonderen Weltbezug dieser Kranken aus. Sie leidet an *Durchfällen* (und, wie sich später herausstellt, an Dysurie und Blasentenesmen). Wir wissen über diese vegetativen Beschwerden ziemlich genau Bescheid. Die psychosomatische Bedeutung von Durchfall und Obstipation wurde von Boss (1954) und Staehelin (1963) erhellt. Der Darm des Menschen gehört in den Weltbezug des Sich-Aneignens und Ausstoßens, weswegen derjenige, der mit seiner Welt nicht fertig wird, vielmehr dieser wehrlos ausgeliefert ist, an chronischer Enteritis oder Kolitis leidet. Boss beschreibt die Gestimmtheit dieser Kranken als angstvoll. Immer dann ereigne sich dies, »wenn die ihnen gestellten Lebensaufgaben oder Lebensituationen, in denen sie stecken, im Verhältnis zu ihren Existenzmöglichkeiten so unverdaulich sind, daß ihre Existenz in einem sehr hohen Maße auf angstvolle Abwehr und Flucht gestimmt wird. Dann bekommen sie ›Schiß‹. Können sie den bedrohlichen Weltdingen nicht entfliehen, wird zum mindesten das, was von ihnen im innerleiblichen Bereiche der Gedärme sich aufhält, so rasch wie möglich ausgestoßen«. Von anderen Autoren wurde die gefühlsmäßige Unstabilität der Durchfallkranken sowie ihre infantile Muttergebundenheit beschrieben, wobei Eheprobleme gehäuft vorkommen sollen. Diese krankhaften Weltverhältnisse werden auch bei Patienten beobachtet, deren »Durchfall« nicht eine funktionelle Krankheit *sui generis,* sondern Symptom einer naturwissenschaftlich abklärbaren Organerkrankung ist. Durchfallkranke, sagt Staehelin, sind in überdurchschnittlichem Maße »oft innerlich unselbständige, lebensängstliche, gelegentlich lebensschwache und nicht erwachsen gereifte Menschen«, wenn sie auch manchmal ganz Besonderes leisten. »Sie fühlen sich schnell überfordert, überängstigt. Sie haben das Gefühl, im Leben oder in irgendeiner akuten Situation zu versagen.« Die Grundstimmung des Durchfallkranken ist jene der Angst, des Überfordertseins, des Nichtbestehenkönnens, des »Durchfallens« vor eigenen oder fremden Aufgaben. Die so gestimmten Menschen können nichts für sich beanspruchen, be-halten. Sie geben alles her im Sinne des Sichselbst-Aufgebens. Sie sind unfähig, etwas zu verarbeiten; alles geht durch sie hindurch. Was anfällt, wird möglichst rasch wieder ausgestoßen. Insbesondere sind solche Kranke in ihren mitmenschlichen Beziehungen gestört. Liebesenttäuschung, Liebesentzug stehen häufig am Beginn der Erkrankung. Hier sind Beobachtungen bei postinfektiösen Diarrhöen hospitalisierter Kleinkinder aufschlußreich, deren Genesung trotz lebensrettender physiologischer Therapie »von Anbeginn« durch die Reaktion auf die Trennung von der Mutter blockiert war (Solnit). Die Hospitalisierung dieser Kinder im Alter von fünf bis zwölf Monaten war mit einem einschneidenden Entzug der mütterlichen Fürsorge einhergegangen, die vorbeugenden Isolierungsmaßnahmen führten zwangsläufig zu einem verminderten menschlichen Kontakt. Es wurden Todesfälle beobachtet, obwohl die Virus-Diarrhöe auf die klassische Therapie angesprochen hatte und der körperliche Zustand auf das genaueste überwacht worden war. Erst nachdem diesen Kindern eine je eigene Schwester zu ihrer Betreuung zugeteilt und damit eine mütterliche Fürsorge gewährleistet war, konnten sie genesen. Nach Solnit war eben die Fähigkeit des Körpers, auf biochemische und Flüssigkeitsinfusionen anzusprechen, so lange eingeschränkt, bis auch eine »Infusion libidinöser Zufuhr« einsetzte. Dazu kommt die Unfähigkeit des Körpers, physiologische Zufuhren bei sich zu behalten und zu verarbeiten. Bei den Kindern wurde besonders das Fehlen aggressiven Verhaltens als alarmierender Hinweis auf eine Fehlanpassung gedeutet.

Der Bedeutungsgehalt der psychosomatischen Krankheit muß dem Untersucher ebenso bekannt sein wie die pathologischen Veränderungen bei einer somatischen Diagnose. Wir würden also meinen, daß jeder Arzt beim Vorliegen des Symptoms »Diarrhöe« nicht nur die ätiologischen und pathogenetischen Möglichkeiten samt deren pathophysiologischen Befunden kennen sollte, sondern auch den stimmungsmäßigen Bedeutungsgehalt und Verweisungszusammenhang derselben. Nur so wird er, durch geschickte Lenkung des weiteren Gesprächs, die wirkliche Stimmungslage seines Patienten kennenlernen und zudem diesem selbst »ausgesprochene »Einsicht in sein gestörtes Weltverhältnis verschaffen. Die Frage: »Wie glauben Sie, daß ich Ihnen helfen kann?«, läßt nun der Patientin die Möglichkeit eines eigenen Vorschlages offen, in welchem sich auch ihre Vorstellung von der Natur der Krankheit äußert. Da sie sich bereits bei einem Psychotherapeuten befindet, liegt die Annahme nahe, daß sie um die Möglichkeit einer psychischen Mitgestaltung ihres Krankseins weiß.

P Meine Freundin meinte, die Beschwerden könnten mit meinem *Lebensstil* zusammenhängen.
A Und was meinen Sie? – (Pause) – Wie ist denn Ihr Lebensstil?

An diesem Punkt beginnt die Patientin nun sehr drastisch ihre jetzige Lebenssituation zu schildern, aus der hervorgeht, daß sie in einem kaum erträglichen Ausmaß beruflich überfordert ist. Mit einem Mann verheiratet, der sich noch im Studium an der Universität befindet und kein Einkommen hat, muß die Patientin für den täglichen Lebensunterhalt inklusive Wohnungs- und Geschäftsmiete aufkommen. Sie führt selbständig und allein einen Damensalon, in welchem sie von morgens früh bis abends spät arbeitet, um dazwischen noch den kleinen Haushalt zu führen und womöglich abends mit ihrem Manne auszugehen.

P Ich habe schon immer alles schwergenommen, aber jetzt habe ich eigentlich keinen Grund, traurig zu sein, eigentlich habe ich ein schönes Leben, eigentlich bin ich glücklich.
A Eigentlich?
P Ja, natürlich gibt es auch Unangenehmes. Mein Mann versteht mich oft nicht – er meint es sicher gut, verlangt immer von mir, daß ich ihm sage, wenn er etwas falsch mache.
A Können Sie mir ein Beispiel geben?
P Am letzten Samstag mußte ich von sieben Uhr morgens bis drei Uhr mittags arbeiten – mein Mann wollte baden gehen – ich war todmüde – sagte ihm, er solle allein gehen – *und er ging!* Dazu kam, daß ich den Wagen falsch geparkt hatte und deswegen mit den Nachbarn Schwierigkeiten bekam, und schließlich hatte ich den Schlüssel verlegt, so daß ich nicht einmal die Wäsche holen konnte. Aber das alles kann nichts mit meinen Durchfällen zu tun haben, denn diese hatte ich viel früher.

In dieser Phase des Gesprächs läßt die Patientin bereits durchblicken, daß nicht allein die Arbeitsüberlastung und das berufliche Engagement sie krank werden läßt, sondern daß auch das Verhalten des Ehemannes sie kränkt. Bereits die Häufung des

Adverbs »eigentlich« läßt aufhorchen. »Eigentlich« bin ich zufrieden, »eigentlich« bin ich glücklich. Auf die Bedeutung wiederholt gebrauchter Adverbien im ärztlichen Gespräch hat uns während des Medizinstudiums bereits der damalige Ordinarius für Psychiatrie in Bern, KLÄSI, hingewiesen. Eine diesbezügliche Studie verdanken wir auch BODENHEIMER (1967), der feststellte, daß jedem Adverb (»leider«, »durchaus«, »sozusagen«, »einigermaßen« usw.) stets die gleiche Tendenz des Abschwächens, des Sich-Zurückziehens aus dem Zustand der Verbindlichkeit zugehört. So bezeichnet auch das Wort »eigentlich« einen Zweifel an der gemachten Aussage.

Somit ist gerade die Aussage der Patientin, daß sie *eigentlich* keinen Grund habe, unglücklich zu sein, aufschlußreich. Mit der Wiederholung des Adverbs durch den Arzt wird sie aufgefordert, ihren Ausspruch selbst nicht unbesehen hinzunehmen, sondern neu zu überdenken, ehrlich zu sein. Sie kann dies denn auch, zunächst in eher unbestimmter Form, dann sogar – nach Aufforderung durch den Therapeuten – in konkreter Aussage. Dies gelingt den Kranken nicht immer; nicht selten wird die Aussage zurückgenommen, wenn der Patient vom Arzt darauf festgelegt wird. »So habe ich es nicht gemeint« oder »Das ist nur eine Redensart« sollen dann verhindern, daß die Aussage näher unter die Lupe genommen wird.

Die Patientin selbst fühlt sich in der Anklage gegen ihren Mann nicht recht wohl. Sie versucht davon wegzukommen, indem sie das Thema wieder auf ihre Krankheit lenkt. »Das alles kann nichts mit meiner Krankheit zu tun haben, denn diese hatte ich viel früher.« Im ersten Teil des Satzes wird zwar der Versuch unternommen, Eheproblematik und Krankheit zu trennen, doch darf in dieser Formulierung und vor allem in der Art, wie sie ausgesprochen wird, die Frage: »Könnte es vielleicht doch einen Zusammenhang haben?« nicht überhört werden. Da es dem Arzt verfrüht erscheint, darauf einzugehen, knüpft er an den zweiten Teil der Aussage an.

A Wann hat es denn begonnen?

Es handelt sich hier um eine Wiederholung, denn die Patientin hat bereits zu Beginn des Gesprächs erklärt, seit fünf Jahren an Durchfällen zu leiden. Der Arzt könnte also darauf Bezug nehmen. Dadurch, daß er dies nicht tut, gibt er der Patientin Gelegenheit, ihre Aussage neu zu formulieren, zu berichtigen oder zu ergänzen. Denn aus der jetzigen Gesprächssituation heraus ist klar, daß der Arzt auf seine Frage nicht einfach eine Zahlantwort erwartet. Die unausgesprochene Frage lautet: Wenn schon Ihre Krankheit nicht mit Ihrer jetzigen Situation in Beziehung stehen soll, sondern bereits früher in Erscheinung trat, mit welcher Situation fiel sie denn damals zusammen?

P Ja wissen Sie, ich war schon einmal verlobt, mit einem andern Studenten. Seine Eltern verhinderten unsere Heirat. Die Mutter kam zu mir – ich habe nachgegeben – konnte es lange nicht verwinden.

Die Patientin erzählt nun unter Tränen, wie sie im Anschluß an die Auflösung dieser Verlobung in eine schwere Depression verfallen war und infolge körperlicher Schwächung (sie magerte um zwanzig Kilogramm ab) hospitalisiert werden mußte. Sie sei damals drei- bis viermal von einem Psychiater besucht worden, doch habe dabei nichts herausgeschaut, da sie für solche Gespräche nicht bereit gewesen sei. In der Rekonvaleszenz nach der Depression ging sie eine neue Bindung mit einem Freund ihres Exverlobten ein, bei dem sie jedoch keine Sicherheit und Geborgenheit fand. Mit der Auflösung der ersten Verlobung hatten die Durchfälle eingesetzt.

P Am meisten hatte ich Schuldgefühle meiner Mutter und meiner Schwester gegenüber, die wegen mir soviel durchmachen mußten.

Die biographische Anamnese
Hier bietet sich die Gelegenheit, auf die Lebensgeschichte einzugehen. Die »Schuldgefühle« werden noch zurückgestellt.

A Sie erwähnen Mutter und Schwester – eigentlich haben Sie mir noch nichts von Ihrer Familie erzählt.

Die Patientin ist in Litauen geboren und aufgewachsen, wo ihr Vater die Stellung eines Fabrikdirektors innehatte und den Rang eines hohen Offiziers in der russischen Armee bekleidete. Er fiel im Kriege – »wir verloren ihn viel zu früh – ich habe ihn kaum gekannt«. Die Mutter (»die nie etwas gelernt hatte und vom Vater sehr verwöhnt worden war«) stammte aus der Schweiz und begab sich nach einer abenteuerlichen Flucht, die über ein Jahr dauerte, mit ihren beiden Töchtern wieder dorthin. Da in der Schweiz jedoch die erhoffte wirtschaftliche Hilfe von ihren Verwandten ausblieb, mußte sie arbeiten. Sie klagte häufig über Migräne und erlitt später einen Herzinfarkt.

Die Patientin besuchte hier die Primar- und Sekundarschule (»ich war in einer *guten* Privatschule«) und wollte Innenarchitektin werden. Da zu diesem Zeitpunkt die Mutter nicht mehr voll arbeitsfähig war, mußte sie diesen Plan aufgeben. Sie half ihrer Mutter im Geschäft und erlernte bei dieser Gelegenheit den Beruf einer Damencoiffeuse, während die um zwei Jahre jüngere Schwester im Buchhandel arbeitete.

Die Lebensgeschichte wird von der Kranken ohne wesentliche emotionale Beteiligung erzählt. Es scheint, als ob sie zu den früheren Ereignissen, insbesondere der Flucht aus Rußland, die sie im Alter von zehn Jahren miterlebte, Distanz gewonnen hätte. Auffällig an der Familienanamnese ist die Diskrepanz zwischen der sozialen und gesellschaftlichen Herkunft der Patientin und ihrem jetzigen Sozialstatus. Vielleicht liegt hier die Erklärung für die Tatsache, daß sie eine »bessere Privatschule« besuchen mußte und sich in ihrem Bekanntenkreis fast nur angehende Akademiker vorfinden. Möglicherweise bedeutet ihr Beruf für sie nicht nur eine arbeitsmäßige Überforderung, sondern auch emotionell ein ständiges Ärgernis – liegt er doch unter ihrer gewünschten Stellung. Diese Zusammenhänge kommen hier noch nicht zur Sprache. Da die erste Sitzung zeitmäßig ihrem Ende entgegengeht, scheint es wichtig, noch einmal auf die Eheproblematik zu sprechen zu kommen.

A Sie haben mir Ihre Lebensgeschichte erzählt, aber wie lange Sie verheiratet sind, verschweigen Sie mir.

P (denkt eine Weile nach) – acht Monate – (Pause) – es geht wirklich gut mit meinem Mann, nur finanziell haben wir Schwierigkeiten. Er versucht gelegentlich etwas Geld zu verdienen – macht nächstens das Lizentiat.

A Sie erwähnten in Ihrem Bericht, in Ihrem Leben habe durch den frühen Tod des Vaters eine starke Hand gefehlt. Haben

Sie diese bei Ihrem Mann gefunden? Er hat Sie ja hierherbegleitet.

P Ja, ich habe ihn darum gebeten – habe doch ein bißchen Angst gehabt (lächelt dabei entschuldigend).

A Wie stellen Sie sich die weitere Behandlung vor?

P Ich weiß nicht – möchte einfach zu Ihnen kommen und mich aussprechen – ich habe das so nötig.

A Haben Sie jetzt, während unserer Unterhaltung, auch den Drang verspürt, zur Toilette gehen zu müssen?

P Nein, sonst eigentlich immer, wenn ich aufgeregt bin, sieben- bis achtmal im Tag.

A (nun »medizinisch«) Sie wurden von Spezialisten mehrmals untersucht, wie Sie sagten ...

P Ja, es ist alles abgeklärt, da ist gar nichts – zuletzt war ich bei Dr. X – der machte mir Kalziumspritzen.

A Sind Sie einverstanden, wenn ich Dr. X um einen kurzen Bericht über seine Befunde bitte?

P Das stört mich gar nicht, ich habe mich bei ihm ohnehin abgemeldet.

A Gut, dann wollen wir das Datum für unsere nächste Sitzung festlegen – geht es nächsten Montag um 15 Uhr?

P Ja, das geht – (zögert) – da ist noch etwas, ich habe eine furchtbar peinliche Frage – (Pause) – was kostet denn diese Behandlung?

A Diese Frage schien Ihnen wirklich peinlich zu sein, fällt es Ihnen so schwer, übers Geld zu sprechen?

P Ja, wissen Sie, wir haben tatsächlich kein Geld, das heißt, es reicht knapp zum Leben –

A Sind Sie in einer Krankenkasse?

P Ja, in der Christlichsozialen.

A Dann überlassen wir diese Sorge der Krankenkasse. Ich erwarte Sie gerne am nächsten Montag.

Damit ist dieses Erstinterview beendigt. Es umfaßt die Feststellung der Symptomatik und der Grundstimmung der Patientin (Durchfälle und Blasenstörungen als leiblicher Austrag eines auf Überforderung und Angst gestimmten Weltverhältnisses), des aktuellen Konfliktes (Eheproblematik, soziale Situation), der prädisponierenden lebensgeschichtlichen Entwicklung (Fehlen des Vaters, äußere Fluchtsituation, sozialer Abstieg bei wunschgemäßer Karriere) sowie die Therapiebereitschaft. Ein eigentlicher Therapieplan wird nicht aufgestellt, da sich die Erwartungen der Patientin (»sich aussprechen«) mit den Intentionen des Therapeuten (sie sich aussprechen lassen) decken. Zu diesem Zeitpunkt muß die Frage, in welcher Richtung sich die Psychotherapie entwickeln würde, noch völlig offen gelassen werden. Die Prognose scheint nicht schlecht zu sein, da die Patientin unter einem großen *Leidensdruck* steht, eine gewisse, wenn auch vage *Einsicht* in ihre auch emotionell mitgestaltete Erkrankung zeigt und im Gespräch *offen* wirkt.

Im Zusammenhang damit sei kurz darauf hingewiesen, wie wichtig es ist, sich nicht nur die Lebensgeschichte erzählen zu lassen, sondern auch darauf zu achten, wie dieselbe dargestellt wird. FREUD hat schon sehr früh (1905) darauf aufmerksam gemacht. Es lohnt sich, seine Erwägungen über die dem Verständnis der inneren Situation der Kranken in den Weg tretenden Hindernisse nachzulesen. Anläßlich der Beschreibung einer Kranken *(Dora)*, die seit ihrem achten Jahre unter nervösen Symptomen, Dyspnoe und Migräne, Tussis nervosa, Aphonie, später an hysterischen Verstimmungen und Charakterveränderungen litt, schrieb FREUD: »Ich beginne dann zwar die Behandlung mit der Aufforderung, mir die ganze Lebens- und Krankheitsgeschichte zu erzählen, aber was ich darauf zu hören bekomme, ist zur Orientierung noch immer nicht genügend. Diese erste Erzählung ist einem nicht schiffbaren Strom vergleichbar, dessen Bett bald durch Felsmassen verlegt, bald durch Sandbänke zerteilt und untief gemacht wird. Ich kann mich nur verwundern, wie die glatten und exakten Krankheitsgeschichten Hysterischer bei den Autoren entstanden sind. In Wirklichkeit sind die Kranken unfähig, derartige Berichte über sich zu geben. Sie können zwar über diese oder jene Lebenszeit den Arzt ausreichend und zusammenhängend informieren, dann folgt aber eine andere Periode, in der ihre Auskünfte seicht werden, Lücken und Rätsel lassen, und ein andermal steht man wieder vor ganz dunklen, durch keine brauchbare Mitteilung erhellten Zeiten. Die Zusammenhänge, auch die scheinbaren, sind meist zerrissen, die Aufeinanderfolge verschiedener Begebenheiten unsicher; während der Erzählung selbst korrigiert die Kranke wiederholt eine Angabe, ein Datum, um dann nach längerem Schwanken etwa wieder auf die erste Aussage zurückzugreifen. Die Unfähigkeit der Kranken zur geordneten Darstellung ihrer Lebensgeschichte, soweit sie mit der Krankengeschichte zusammenfällt, ist nicht nur charakteristisch für die Neurose, sie entbehrt auch nicht einer großen theoretischen Bedeutsamkeit. Dieser Mangel hat nämlich folgende Begründung: Erstens hält die Kranke einen Teil dessen, was ihr wohlbekannt ist und was sie erzählen sollte, bewußt und absichtlich aus den noch nicht überwundenen Motiven der Scheu und Scham (Diskretion, wenn andere Personen in Betracht kommen) zurück; dies wäre der Anteil der bewußten Unaufrichtigkeit. Zweitens bleibt ein Teil ihres anamnestischen Wissens, über welchen die Kranke sonst verfügt, während dieser Erzählung aus, ohne daß die Kranke einen Vorsatz auf diese Zurückhaltung verwendet: Anteil der unbewußten Unaufrichtigkeit. Drittens fehlt es nie an wirklichen Amnesien, Gedächtnislücken, in welche nicht nur alte, sondern selbst ganz rezente Erinnerungen hineingeraten sind, und an Erinnerungstäuschungen, welche sekundär zur Ausfüllung dieser Lücken gebildet wurden. Wo die Begebenheiten selbst dem Gedächtnis erhalten geblieben sind, da wird die den Amnesien zugrunde liegende Absicht ebenso sicher durch Aufhebung eines Zusammenhangs erreicht, und der Zusammenhang wird am sichersten zerrissen, wenn die Zeitfolge der Begebenheiten verändert wird. Letztere erweist sich auch stets als der vulnerabelste, der Verdrängung am ehesten unterliegende Bestandteil des Erinnerungsschatzes. Manche Erinnerungen trifft man sozusagen in einem ersten Stadium der Verdrängung, sie zeigen sich mit Zweifel behaftet. Eine gewisse Zeit später wäre dieser Zweifel durch Vergessen oder Fehlerinnern ersetzt.«

Heilung durch die Sprache

In der zweiten Stunde erklärt die Patientin, es gehe ihr nicht gut – zwar hätten die Durchfälle nachgelassen, doch sei sie »moralisch deprimiert«. Dies ist eine Erfahrung, die recht häufig gemacht wird: daß nämlich bereits nach einem Erstinterview die körperliche Symptomatik verschwindet, um einer psychischen Depression Platz zu machen. Für den Psychotherapeuten ist dies ein Zeichen positiver Wirksamkeit des Gesprächs – für den Außenstehenden oft im Gegenteil der Beweis einer Verschlimmerung. Nicht selten blieben Patienten dann der Behandlung fern, weil sie nicht bereit sind, ihren »körperlichen« Leidensdruck gegen einen »seelischen« Leidensdruck auszutauschen. Aus diesem Grunde ist es Aufgabe des Arztes, den Kranken auf die Wichtigkeit dieser psychischen »Geburtswehen« hinzuweisen und die Angst vor der möglichen Weiterentwicklung in die Depression erträglich zu gestalten.

A Was macht Ihnen denn solche Angst?
P Daß ich es nicht mehr aushalte – daß ich zusammenbreche.
A Aber Sie haben keinen Durchfall mehr gehabt?
P Seit unserem letzten Gespräch war ich eine ganze Woche beschwerdefrei – mit einer Ausnahme . . .
A Ja?
P Vor der Periode – da habe ich wieder Durchfall gehabt – aber ich muß Ihnen sagen, die Periode macht mir *immer* wahnsinnige Beschwerden – ich habe Krämpfe – vor allem am ersten Tag.

Die Patientin bringt damit nicht nur ein neues Krankheitssymptom, die *Dysmenorrhöe,* ins Gespräch, sondern eine neue Lebensproblematik, die im Erstinterview noch gar nicht zur Sprache kam. Möglicherweise lag auch hier mit ein Grund für die Zunahme ihrer Ängstlichkeit. Die nun aufgenommene *Genitalanamnese* ergibt, daß sie die Menarche mit dreizehn Jahren hatte und zu diesem Zeitpunkt durch ihre Mutter über die physiologische Entwicklung aufgeklärt war. Die Menstruationen traten in regelmäßigen Abständen auf, waren immer sehr schmerzhaft und dauerten lange (6–7 Tage). Bei Ausbruch der jetzigen Krankheit vor fünf Jahren, nach Auflösung der Verlobung und im Zusammenhang mit der massiven Abmagerung, war die Patientin während eines Jahres amenorrhöisch. Zur Trias der klassischen Anorexia nervosa fehlte demnach lediglich die Obstipation. Für sexuelle Belange habe sie sich nie interessiert – aus diesem Grunde habe sie auch immer Schwierigkeiten mit ihren Freunden gehabt, da sie keine intimen Annäherungen geduldet habe.

A Wie sind denn die Beziehungen zu Ihrem Mann?
P Da habe ich keine Schwierigkeiten – mit ihm hat das sofort geklappt.
A Auch vor der Ehe?

P Ja, da ging es eigentlich noch besser – jetzt ist es meistens auch schön, aber hie und da macht es mir Schmerzen.

A Können Sie mir diese Schmerzen beschreiben?

P Ja, wie wenn alles wund wäre ... besonders wenn ich müde bin.

A Wie verhält sich Ihr Mann, wenn Sie Schmerzen haben oder müde sind?

P Er ist sehr rücksichtsvoll, er hat volles Verständnis für mich, ich bin halt sehr oft müde, dann schicke ich ihn fort – er ist ein Armer!

Das Gespräch schneidet hier die sexuelle Problematik an, ausgehend von der Dysmenorrhöe [auf deren Bedeutung wir in anderem Zusammenhang eingehend verwiesen haben], und endigt bei der *Dyspareunie.* Ob, und gegebenenfalls wie obligat, die Patientin frigide ist, läßt sich noch nicht feststellen, da die Zeit des zweiten Interviews um ist.

Hier sei die Bemerkung angefügt, daß eine zeitliche Begrenzung des Interviews nicht nur von äußerlicher Bedeutung (Warten der anderen Patienten), sondern auch gesprächsdynamisch wichtig ist. Der Kranke soll wissen, wieviel Zeit ihm zur Verfügung steht. Das Gespräch soll sich im gesteckten Rahmen entfalten und weder bei magerer Ausbeute vorzeitig abgebrochen noch bei übergroßer Reichhaltigkeit verlängert werden. Wird zum Schluß einer Sprechstunde noch ein wichtiges Thema angeschnitten, so muß es eben gelegentlich mit dem Hinweis auf die nächste Sitzung vertagt werden. Wird das Anliegen dann thematisch nicht aufgenommen, steht es dem Therapeuten frei, zu warten oder darauf zurückzukommen.

Nach der zweiten Sprechstunde mit der Patientin treffen beim Arzt zwei Briefe ein. Der eine stammt vom vorbehandelnden Arzt und lautet:

In Beantwortung Ihres Schreibens ... kann ich Ihnen mitteilen, daß ich bei dieser Patientin keinen organpathologischen Befund am Magen oder Dünndarm erheben konnte. Die Patientin suchte mich wegen Durchfällen auf, mit normalen bis wässerigen Stuhlentleerungen, nicht besonders massive Stühle, nicht schaumig, nicht fettig glänzend. Im Vordergrund stand der häufige Stuhlgang. Bei der Magendünndarmpassage ... fand ich eine absolut zeitgerechte Dünndarmpassage mit normaler Fiederung des Schleimhautreliefs. Am Ösophagus, Magen und Bulbus duodeni ebenfalls kein abnormer Befund. Blutsenkungsreaktion und Stuhlauswertung waren normal.

Meines Erachtens handelt es sich um funktionell-nervöse Durchfälle, und soviel ich weiß, sollen auch die Blasenbeschwerden nicht auf einem organisch faßbaren Befund beruht haben.

Der zweite Brief stammt von der Patientin selbst:

... da Sie sich die Mühe machen, mir zu helfen, will ich auch ganz ehrlich zu Ihnen sein. Ich war es – bis auf einen Punkt, den ich Ihnen verschwiegen habe aus Angst, daß Sie mich für kindisch halten oder mich zu denen reihen könnten, die nichts anderes zu tun haben, als an ihre »Bobochen« usw. zu denken. Ich möchte Ihnen auch noch sagen, daß der Durchfall keine Flucht in eine Krankheit ist, wie dies vor Jahren bei mir der Fall gewesen ist. Ich habe heute keinen Grund mehr – auch keine Zeit – ich möchte das Leben genießen – ich bin sicher guten Willens, bitte glauben Sie mir das.

Geht es mir einen Tag besser, schüttle ich ja selber über mich den Kopf – wie sollten es da nicht andere tun?

Ich glaube leider, daß das, was ich Ihnen verschwiegen habe, wichtig sein könnte. Ich habe noch immer Angst, daß ich dick werde – auch habe ich das Gefühl, daß ich ständig zunehme, ohne viel zu essen. Ich glaube, da »kranke« ich ein wenig.

Daß dies Geständnis mich solche Überwindung kostet, ist ja nicht ganz normal. Festzustellen, ob diese Angst, dick zu werden, berechtigt ist, wäre für mich von großer Bedeutung. Ich frage mich immer, wieso ich dem eine solche Wichtigkeit beimesse – das ist ja krankhaft – und ich kann, obwohl ich das weiß, nichts dagegen unternehmen!

Könnte das wohl zu meiner Heilung beitragen? So geht das einfach nicht mehr weiter. Das Sprechen mit Ihnen tut mir sehr gut – ich danke Ihnen von ganzem Herzen. –

Die beiden Briefe haben etwas Gemeinsames: Sie vermitteln eine zusätzliche Information. Der Arztbrief gibt Auskunft über die mit naturwissenschaftlichen Mitteln festgestellten sogenannten »objektiven« Befunde. Er beruhigt den Psychotherapeuten, der die Patientin nicht somatisch untersucht hat, und nimmt ihm die *Verantwortung* dafür ab. Immerhin hätte dem Krankheitsbild auch ein mehr oder weniger schwerwiegender somatischer Befund zugrunde liegen können. Der Brief der Patientin dagegen entbirgt ein Geheimnis – wobei das in der Sprechstunde Verschwiegene weniger wichtig ist als die Tatsache, *daß* etwas bewußt ausgelassen wurde. Weiterhin drückt er auch das Motiv dieser Auslassung aus: die Angst, vom Therapeuten nicht mehr angenommen zu werden. Die innere Beziehung der Kranken zum Arzt wird hier erstmals offen angedeutet.

In der darauffolgenden Stunde wird dieses Problem angeschnitten. Die Patientin kommt zur festgesetzten Zeit, setzt sich hin und sieht den Arzt schweigend an.

A Sie haben mir geschrieben . . .
P (verschämt) Ja, ich weiß, daß es blöd ist, diese Angst vor dem Dickwerden . . .
A Warum getrauten Sie sich nicht, mir das zu *sagen?*
P Weil ich mich schämte.
A Sie getrauen sich nicht, mir etwas mitzuteilen, dessen Sie sich schämen? Müssen Sie mir noch andere Dinge verschweigen?
P Nein, das heißt ja, viele kleine Ängste des Alltags – unbedeutende –, ich fühle mich so allein und meinen Aufgaben nicht gewachsen. Oft habe ich schon am Morgen Angst vor dem, was der Tag mir bringen wird.

Der Arzt hat verschiedene Auswahlmöglichkeiten, das Gespräch nun weiterzuführen. Er könnte beispielsweise auf das Problem des Dickwerdens eingehen, oder die Frage stellen, warum sie sich überhaupt schämen müsse. Stattdessen begnügt er sich in dieser Stunde, die *Beziehung der Patientin zu ihm* zur Sprache zu bringen, die offensichtlich von Anfang an gut war, jedoch noch tragfähiger gestaltet werden muß. So gelingt es der Kranken, ihre bisher geheimgehaltenen Ängste und Befürchtungen zu schildern, aber auch, wie sie damit eben zu niemandem anderen gehen könne. Auch zu ihrem Manne nicht.

A Hat Ihr Mann zu wenig Verständnis dafür?
P Ja, wissen Sie, über meinen Mann gäbe es viel zu erzählen. Meistens kommen wir aber gut miteinander aus.

A Meistens?
P Ja, fast immer – aber wir haben auch sehr viel Streit, wegen Kleinigkeiten –, wissen Sie, ich bin halt sehr empfindlich.

Auffällig ist, wie die Patientin einesteils ihren Aggressionsgefühlen dem Ehemann gegenüber Luft machen möchte, andererseits dieselben immer abschwächt, zurückzieht, um die Schuld letztlich auf sich zu nehmen. Dies wird nun mit ihr durchbesprochen. In die nächste Sitzung bringt sie wieder ihren Mann mit und wünscht, daß der Arzt auch ihn anhöre. Diesem Wunsch wird entsprochen, doch findet das Gespräch mit dem Ehemann in Anwesenheit der Patientin statt. Diese sitzt während der Zeit wie ein Häuflein Elend auf einem Stuhl, während der Mann, der angeblich zu Hause kaum ein Wort spricht, unaufhörlich erzählt. Er macht einen nicht unsympathischen Eindruck, doch ist die Atmosphäre zwischen den beiden Eheleuten sicher emotionell geladen. Für die ehelichen Auseinandersetzungen nimmt auch der Ehemann »die volle Schuld« auf sich, doch in einer Weise, daß man ihm dies fast als großes Geschenk abnehmen muß, was der Aussage in etwa die Glaubwürdigkeit nimmt. Die Aussprache bewirkt immerhin – wie die Patientin später mitteilt –, daß ihr Mann sich in vermehrtem Maß mit ihren Problemen befaßt. Unter anderem steht er ihr in ihrem Bemühen bei, eine Hilfskraft für das Geschäft zu finden. In den darauffolgenden zwei Sprechstunden kommt noch einmal das Problem der sexuellen Beziehung zur Sprache, wobei die Patientin erklärt, sie sei froh, einmal mit einem Arzt darüber sprechen zu können. Dabei zeigt sich, daß immer noch eine gewisse Angstabwehr vor dem Geschlechtsverkehr besteht und daß die körperliche Müdigkeit oft als Grund für die Ablehnung des Geschlechtsaktes herhalten muß.

Über den Sinn oder Unsinn, in der psychotherapeutischen Situation mit Angehörigen des Patienten zu sprechen, kann man geteilter Auffassung sein. Im Prinzip ist die Information des Arztes durch die Angehörigen oder die Information der Angehörigen durch den Arzt unnötig und unerwünscht, da sie das Arzt-Patient-Verhältnis stört und zu dem in den meisten Fällen wertlos ist. Den Arzt interessiert im allgemeinen nicht eine sogenannt »objektive« Information (die übrigens auch von seiten der Angehörigen nicht »objektiv« ist), sondern das »subjektive« Erleben des Patienten. Mitteilungen des Arztes an Angehörige sind ebenfalls meistens sinnlos, besonders etwa Ratschläge, da sie doch falsch interpretiert oder nicht befolgt werden. Hier ist die Situation insofern anders, als die Kranke ihren Mann – ohne den Therapeuten zu fragen – einfach mitgenommen hat und eine Zurückweisung durch den Arzt auf Unverständnis und Mißtrauen stoßen würde. Die Begegnung hat dann immerhin das positive Resultat erbracht, daß der Psychotherapeut der Patientin in einem späteren Interview *ad oculos* vordemonstrieren konnte, wie demütig-geschlagen und aschenbrödelhaft sie sich von ihrem Mann in der Diskussion überrennen ließ.

Trotz heftiger Blasentenesmen, die dieser Auseinandersetzung folgen, bessert sich der Allgemeinzustand nun stetig ganz merklich. Nach wenigen Behandlungswochen verschwinden die seit fünf Jahren konstant vorhandenen Durchfälle vollständig. Die Patientin selbst erklärt dies damit, daß sie jetzt endlich »Licht« sehe und daß sie wisse, auf diesem Wege könne ihr geholfen werden. Die Behandlung muß zwar noch fortgesetzt werden, da die Kranke dies wünscht, wobei nicht nur die eheliche Konfliktlage, sondern ihr gesamtes neurotisch gestimmtes Weltverhältnis zur Sprache kommt. Auf die Darstellung des weiteren Verlaufs sei hier verzichtet, da es uns vorab darum ging, an Hand eines Fallbeispiels die Gesprächstechnik der psychosomatischen Sprechstunde darzulegen.

Die Psychotherapie konnte nach insgesamt viermonatiger Dauer und fünfundzwanzig Sitzungen beendet werden. Ein Jahr später berichtete die Patientin, sie sei immer noch symptomfrei und fühle sich in ihrer jetzigen Lebenssituation frei und glücklich.

Formen des ärztlichen Gesprächs

An Ratschlägen für die Gestaltung eines psychotherapeutischen Gesprächs zuhanden des Hausarztes fehlt es heute nicht mehr. Die besten Anregungen verdanken wir diesbezüglich wohl BALINT, der sich als erster und bisher am erfolgreichsten mit der psychotherapeutischen Ausbildung der Ärzte systematisch befaßt hat. Seither sind in der ganzen Welt sogenannte *Balint-Gruppen* entstanden, in denen praktische Ärzte und Spezialisten unter Anleitung eines Fachpsychotherapeuten die Gesprächstechnik erlernen und weiterentwickeln. KNOEPFEL hat das Ziel einer solchen »lernbaren« Methode klar formuliert: »Es geht darum, die Widerstände zu sehen, die Arzt-Patient-Beziehung zu überblicken und die eigenen gefühlsmäßigen Reaktionen zu erkennen.« So einfach diese Forderung formuliert ist, so schwierig scheint sie sich in der Praxis verwirklichen zu lassen. Dies liegt sowohl am Kranken wie am Arzt. SCHULTE wies auf die Bedeutsamkeit der Sprachinhalte unserer Kranken hin, wobei er besonders auf das Gefälle der Ausgangssituation, die Denaturisierung der Sprache, die Spärlichkeit des Vokabulars über die Befindlichkeit, die Unspezifität der Aussagen aufmerksam machte. Das ärztliche Gespräch sei aber auch unabhängig von Umweltfaktoren, von klimatischen Einflüssen und indirekt geprägt durch den Arzt. Der Kranke wünscht, vom Therapeuten als erstmaliger und einmaliger, andererseits als vertrauter und bekannter »Fall« angenommen zu werden (»Haben Sie schon ähnliche Fälle gehabt?«). Er hat häufig die Fähigkeit zur natürlichen Schilderung seiner Symptome verloren (besonders wenn er »vorbehandelt« ist). Der Befindlichkeit stehen – gemessen am Reichtum unserer Sprache – nur wenige oder unspezifische Ausdrücke zur Verfügung (»Ich fühle mich nicht wohl«), so daß der Arzt auf Gestik und Mimik, auf averbale Formen der Kommunikation angewiesen ist. Die Umwelt beeinflußt die sprachliche Mitteilung, indem sie beispielsweise dem »Durchfall« mehr Verständnis entgegenbringt als der »Angst«. Der »Nervenzusammenbruch« ist heute eher aus der Mode gekommen, wohingegen die »Kreislaufstörungen« aufgewertet werden. Struktur und Aufnahmebereitschaft des Arztes bestimmen schließlich weitgehend die Auswahl dessen, was er zu hören bekommt. »Die Äußerungen des Patienten sind einem Selektionsprozeß unterworfen, der indirekt von dem bestimmt wird, was der Empfänger, also der Arzt, vermutlich meint. Mancher bekommt überhaupt nichts zu hören oder wird den Patienten nur einmal zu sehen bekommen. Daß diese Anpassung und Übernahme im Laufe weiterer psychotherapeutischer Behandlungen noch stärker ins Gewicht fällt, daß der Selektionsprozeß schon allein jegliche Erfolgsbeurteilung in Frage stellt, ist uns geläufig.« ARGELANDER wiederum beschrieb anschaulich die Gesprächsform verschiedener Patientenpersönlichkeiten. Da ist einmal der vorgeschickte oder vorgeschobene

Patient, dessen »Krankheit« als Symptom anderer Familienangehöriger präsentiert wird, meistens bereits durch Drittpersonen angemeldet oder zumindest auf deren Verlangen den Psychotherapeuten aufsuchend. Die Frage, die es dann jeweilen abzuklären gilt, lautet nicht: »Wer ist der eigentlich Kranke?«, sondern: »Wer ist der geeignete, d. h. psychotherapiereife Patient?« Ein wiederum anderer Typus ist der anspruchsvolle Patient, der meistens mehrere Behandlungsversuche hinter sich hat, die Konsultationszeiten kurzfristig absagt oder zu ändern wünscht und den Arzt durch seine Forderungen auf seine Belastungsfähigkeit hin prüft. Sein geringer persönlicher Einsatz (»schon die Bezahlung des Interviews stößt auf Schwierigkeiten«) steht im Gegensatz zu den Anforderungen, die er an die Umwelt stellt; dahinter steckt Angst und Hilflosigkeit. »Wie Kometen tauchen diese Patienten auf und verschwinden wieder. Es handelt sich überwiegend um schwergestörte Menschen, die unter der Optik der Interviewsituation anspruchsvoll und armselig erscheinen. Sie sind unzuverlässig und unkontrollierbar, sie verschwinden, ohne zu zahlen, und man kann ihnen nicht einmal böse sein, weil sie soviel Mitleid in einem erwecken.« Dahingegen ist der anspruchslose Patient unergiebig und farblos. Vegetativ-dystone Kranke und verhaltensstereotype Menschen gehören hierher. Schließlich beschreibt ARGELANDER noch den äußerst schwierig zu behandelnden »aufgeklärten« Patienten, der beruflich oder aus intellektuellem Interesse psychologische Kenntnisse mitbringt, mit seiner Begabung und seinem Verstand das Leben zu meistern versucht. »Er scheitert letztlich an sich selbst.«

Selbstverständlich könnte man diesen Typen von Problempatienten noch weitere anfügen. Denken wir an den Ängstlichen, den Schuldbeladenen, den überheblichen Besserwisser oder Unterwürfigen, den stummen Dulder, der sein Schicksal ergeben trägt, oder den leidenschaftlichen Rebellen, der sich gegen die Krankheit aufbäumt. Der eine versucht sich beim Arzt einzuschmeicheln, ihn zum Verbündeten zu machen, der andere entwertet ihn, mißachtet aggressiv seine Anordnungen. Bei jeder Persönlichkeitsstruktur ist wieder eine etwas modifizierte Gesprächstechnik angezeigt. Diese kann jedoch im einzelnen nicht von vornherein festgelegt werden. Das Gespräch ist immer augenblickszentriert.

Ein ganz besonderes Problem bietet der *schweigende* Patient. Er gibt sich nicht kund, er teilt sich nicht mit, er verschließt sich der Mitwelt, auch dem Arzt. Meist sitzt er stumm und hilfesuchend da, erwartet vom Therapeuten die Führung des Gesprächs. Das Schweigen des Kranken kann sehr verschiedene Gründe haben. Es kann Widerstand und Ablehnung bedeuten, Angst oder Trotz, Hilflosigkeit oder Überheblichkeit, aber auch Ausdruck einer schweren Beziehungshemmung sein. Von der Psychoanalyse wird das Schweigen meistens als ein »Verschweigen« gedeutet, obwohl es auch ein »heilsames Schweigen« gibt. Nach Wiesenhütter wird der heutige Psychotherapeut sogar wieder »weitgehend zum Anwalt und Methodiker des Schweigens«. Die Alltagssprache lehrt uns bereits die verschiedenen Möglichkeiten des Schweigens, das in positivem Sinne staunend, andächtig, ergriffen, ehrfruchtsvoll ist, negativ bedrückend, betreten, peinlich, verletzend, eisig oder tödlich sein kann. Betroffenheit und Überraschtsein, Verlegenheit, Ratlosigkeit äußern sich im Schweigen, aber auch das unaussprechbare Gefühl der Freundschaft. »Wie aktiv ein Schweigen sein kann, ja wie aggressiv, geht aus den Begriffen des hartnäckigen, vorwurfsvollen, lauernden, des feindselig abweisenden und des Tot-Schweigens hervor.«

So gilt es denn auch im psychotherapeutischen Gespräch zu unterscheiden, welches Schweigen vorliegt, und wie ihm zu begegnen ist. Am besten hält sich der Arzt an die Empfehlung Kempers, darauf zu achten, *wie* der Patient schweigt, *warum* er schweigt, und *was* er verschweigt. Der Therapeut, so müssen wir aufgrund unserer Erfahrung mit Ärzten beifügen, darf sich vor allem durch das Schweigen des Kranken nie irritieren lassen. Jeder Versuch von seiten des Arztes, den Patienten ungeduldig zum Sprechen zu bringen, bewirkt meist das Gegenteil, nämlich die Verstärkung der Abwehrhaltung. Zudem sollte sich jeder Therapeut bewußt sein, daß Gesprächspausen häufig einen »affektiven Knotenpunkt« (Moser) darstellen, aus dem das Wichtigste herauszuhören ist. Es gibt ein sprechendes Schweigen, wie es ein nichtssagendes Sprechen gibt. So wie die Sprache Reden, Hören und Schweigen umfaßt und beinhaltet, kann man sagen, das ärztliche Gespräch ereigne sich im Zueinander-Sprechen, im Aufeinander-Hören und im Miteinander-Schweigen.

Zusammenfassend lassen sich sechs Formen des *ärztlichen Gesprächs* unterscheiden:

1. Das fehlende ärztliche Gespräch
Der Kranke erhält keine Gelegenheit, sich auszusprechen – oder er will die ihm gegebene Möglichkeit nicht ergreifen.

2. Das banale ärztliche Gespräch
Dieses allzuhäufig im ärztlichen Sprechzimmer vorkommende Gespräch ist nichtssagend, da es sich sogenannter »Killerphrasen« (MATUSSEK) bedient. Es handelt sich dabei um »Wahrheiten«, die höchstens der Verdunkelung einer anderen Wahrheit dienen (»Wir sind auch nur Menschen«, oder: »Alle Menschen sind krank«). Dahin gehört auch die Identifikation des Arztes mit dem Patienten (»Wie geht es *uns* heute?«, »Auch *ich* merke den Föhn«) sowie die Bagatellisierung der Beschwerden (»Es wird nicht so schlimm sein«, »Das werden Sie wohl aushalten«).

3. Das psychagogische Gespräch
Dem Arzt werden direkte Fragen in bezug auf das Verhalten gestellt. Ehe- und Berufsberatung, Fragen der Kindererziehung, aber auch soziale und weltanschauliche Probleme kommen zur Sprache. Diese Art des Gesprächs leistet dem Bedürfnis des Arztes nach aktivem Einsatz am meisten Vorschub und bietet dementsprechend eine große Befriedigung. Sie ist in gewissen Situationen durchaus angebracht. Trotzdem muß auch davor gewarnt werden, da eine Beratung immer von der persönlichen Struktur des Therapeuten gekennzeichnet ist und demzufolge nicht unbedingt den Bedürfnissen des Patienten entspricht. So etwa, wenn ein Arzt einem sexuell gehemmten Erythrophoben den erotischen Kontakt mit einer Dirne empfiehlt, oder einem offensichtlich schuldbeladenen, an einem Onaniekomplex leidenden Patienten empfiehlt, in sich zu gehen und Buße zu tun.

4. Das autoritäre ärztliche Gespräch
Nicht selten gelangen Ärzte zu großem Ansehen und Berühmtheit, weil sie durch ihr forsches, selbstsicheres Auftreten sehr autoritär auf die Patienten wirken. In der Autorität fühlt sich der Kranke sicher und geborgen. Die autoritäre Gesprächsführung findet sich vor allem bei Ärzten, die ihre Anweisungen nicht gerne zur Diskussion stellen. Die psychologische Wirkung autoritärer Anordnungen beruht auf deren Suggestivcharakter und ist so gut oder so schlecht wie die angeordnete Maßnahme.

5. Das verstehende ärztliche Gespräch

Dieses kann gezielt (Fokaltherapie) oder offen sein. Es ist »konfliktbezogen«, das heißt die Sorgen und Nöte des Patienten ansprechend. Anamnese (Leidensgeschichte) und Biographie (Lebensgeschichte) werden mit dem Kranken durchbesprochen, wobei ihm nach Möglichkeit die Führung des Gesprächs überlassen bleibt. Eine solche Zwiesprache kann psychotherapeutisch wirken oder psychotherapievorbereitend sein. Eine Überweisung an den Psychiater sollte eigentlich nie erfolgen, ohne daß ihr ein verstehendes, empathisches Gespräch vorausgegangen wäre.

6. Das »sinnerhellende«, analytische Gespräch

Dieses ist dem Fachpsychotherapeuten vorbehalten. Die Technik dieses Gesprächs kann nicht aus Büchern oder in Kursen erlernt werden. Es ist ein offenes Gespräch, das neben freien Assoziationen auch die Auslegung der Träume und Phantasien umfaßt. Meistens dauert ein solches Gespräch über Monate und Jahre; es ist vor allem bei schweren charakterneurotischen Störungen, aber auch bei chronischen psychosomatischen Krankheiten indiziert.

Damit haben wir eine kurze Übersicht über die häufigsten Gesprächsformen ärztlicher Sprechstunden gegeben. Daß es daneben noch andere Möglichkeiten gibt, sei nur am Rande vermerkt. So müßte man auch das »krankmachende Gespräch« erwähnen, das in falschen ärztlichen Ratschlägen besteht und zu iatrogenen neurotischen Störungen führen kann.

Die medizinische Terminologie hat – ausnahmsweise – ein Fremdwort assimiliert, das besser als das deutsche »krank« die Menschlichkeit des Kranken beinhaltet. Das ärztliche Gespräch wendet sich nämlich nicht an den Kranken, sondern an den *Patienten*, d. h. den Leidenden. Mancher ist krank, ohne zu leiden. An ihm geht das ärztliche Gespräch vorbei. Patientia heißt aber nicht nur Leiden, sondern auch Geduld. In der patientia ist der Bezug zum Dulden, Erdulden und Erleiden, aber auch zum Tragen und Ertragen, zum Aus- und Durchhalten gegeben. Dieser *homo patiens* begegnet dem Arzt im Gespräch.

Die moderne Medizin ist, wie bereits mehrfach erwähnt, methodisch an die Materie gebunden, und so wird auch die Lehre von den Krankheiten physikalisch-chemischen Gesetzen unterstellt. Die *Pathologie* – der Logos des Pathos – die *Sprache des Leidens* – wurde versehentlich zu einer Wissenschaft der leblosen Materie; der ärztliche Zugang zum Kranken reduzierte sich auf die mehr oder weniger unpersönliche Handhabung körperhaften Materials.

Verstehen und Verständigung

Wenn wir nach dem Erkenntniswert der naturwissenschaftlichen Methode für das medizinische Krankheitsverständnis fragen und solches Fragen trotz der scheinbar erdrückenden Beweiskraft medizinischer Heilerfolge wagen, dann zeigt sich bald, daß von einem wirklichen Verstehen menschlichen Leidens kaum gesprochen werden darf. Ein solches Verstehen wird auch gar nicht angestrebt. Der Medizin geht es um ein *Erklären* der Krankheitsvorgänge, also um eine Rückführung des unmittelbar Gesehenen auf Ursprung und Ursache. *Medizinische Krankheitslehre ist erklärende Pathologie.* Erklären bedeutet in naturwissenschaftlichem Sinne das Nachweisen und Beweisen von Zusammenhängen. In solcher »erklärender Pathologie« hat die Medizin den Patienten, den Leidenden, weitgehend ausgeklammert; die Krankheit wird als ein vom Kranken unabhängiger Prozeß untersucht. Die unmittelbare Begegnung des Arztes mit dem Kranken tritt bedeutungsmäßig hinter die technische Abklärung zurück; die Diagnose wird oft von Ärzten gestellt, die den Kranken nie zu Gesicht bekommen haben, etwa im Labor, im Röntgeninstitut oder mittels Elektrokardiogramm, Elektroenzephalogramm usw. Die erklärende Pathologie wird zur medizinischen Grundlagenwissenschaft. Sie als solche in Frage stellen, heißt am Fundament der Medizin rütteln.

Dieser auf Gesetzmäßigkeit und Kausalität bedachte Zugang zum Leidenden findet sich nicht nur in der sogenannt somatischen Medizin. Auch die Psychiatrie verpaßte es zunächst, die längst fällige Wendung in der medizinischen Krankheitsauffassung herbeizuführen. Als zwar die Ärzte sich um die seelisch Leidenden zu kümmern begannen, erfuhren sie die Notwendigkeit, ihre Kranken *individuell* zu behandeln; trotzdem bemühten sie sich, ihre neuen Erkenntnisse den alten, bekannten und bewährten naturwissenschaftlichen Methoden anzupassen. So entstand die *Psychopathologie*, eine Pathologie der Seele, welche dieselbe nach den gleichen Gesetzen zu messen und zu zergliedern versuchte wie ein körperhaftes Ding. Daß dadurch die Psychopathologie zu einer »seelenlosen« Wissenschaft wurde, sei am Rande vermerkt. Die Denkweise der erklärenden Pathologie beziehungsweise der exakten Wissenschaften wurde auf die Erfassung des Menschenwesens übertragen. Zwischen Körper und Seele postulierte man einen qualitativen Unterschied, doch sollten beide mit der gleichen quantitativen Meßmethode erfaßbar sein. Wurde schon die menschliche Leiblichkeit als ein Organismus betrachtet und in Organe zergliedert, kurz als ein vorhandenes Ding behandelt, so sollte dies auch in der Psychopathologie mit den seelischen Verhaltensweisen möglich sein.

In dieser auf Erklärung der Krankheitsvorgänge und technische Hilfeleistung bedachten Medizin hat die *Sprache* an Bedeutung weitgehend verloren. Sie dient lediglich der sachlichen Information, wodurch sie ihren Charakter als emotional besetztes Zwiegespräch einbüßt. Sie hat ihren anrufenden und auffordernden Charakter verloren. Der Arzt wird vom Patienten nicht zur emotionalen Beziehung aufgerufen, sondern auf seine intellektuelle Fähigkeit hin angesprochen. Die Leidensgeschichte wird zur *Anamnese*, zur reinen Gedächtnisfunktion. Vom Kranken wird möglichst lückenlose Auskunft verlangt, nicht etwa über sein Innenleben, seine Person, seine Hoffnungen, Erwartungen und Enttäuschungen, wohl aber über eine eventuelle familiäre und persönliche Belastung mit Krankheiten und Unfällen. Mit dieser Information hört häufig im Sprechzimmer das Sprechen auf. Von da an übergibt der Kranke die Verantwortung für sein Schicksal der Autorität der eingreifenden Medizin.

Die Ärzte ihrerseits bedienen sich einer *Kunstsprache*. Nicht nur das körperliche Organ wird mit einem Terminus technicus bedacht, auch die Symptome und Krankheitseinheiten werden in Fremdwörtern ausgedrückt. Die Kunstsprache dient der ärztlichen Diskretion und dem Versuch, eine über den geläufigen Sprachen stehende allgemeinverständliche Kommunikation zwischen den Ärzten zu schaffen, aber auch der Erhöhung der Autorität des Arztes und letztlich der Steigerung des Selbstgefühls des Kranken. Die naturwissenschaftliche Medizin mit ihrer

Kunstsprache ist heute nicht nur den Ärzten vertraut, sondern ebensosehr den Patienten. Auch sie wünschen weitgehend nicht mehr ein Verständnis ihres Leidens, sondern eine erklärende Diagnose. Eine Cephalea vasomotoria ist faszinierender als der Föhndruck, ein Ulcus ventriculi eindrucksvoller als das Magengeschwür, die Spondylosis cervicalis interessanter als die Halskehre. Dabei ist zu bedenken, daß die wissenschaftliche Terminologie wohl ein *Ordnen der Befunde ermöglicht*, gleichzeitig jedoch ein unmittelbares *Verstehen des Wahrgenommenen verhindert*.

Die in der Medizin heimisch gewordene, auf Auskunft und Bezeichnung reduzierte Kunstsprache hat sich auch der Psychologie bemächtigt. In den wissenschaftlichen Formulierungen entlehnten sich insbesondere die tiefenpsychologischen Schulen ihre Sprache der Physik und Biologie. Man spricht von Energie, Libido, Projektion, Komplex, Fixation und Regression. Die psychoanalytische Kunstsprache ist zum Allgemeingut unserer Gesellschaft geworden. Die Menschen sprechen von ihrem Minderwertigkeitskomplex, von Infantilismus und Neurose, von ihrer Anima und ihren Archetypen, als ob sie diese Begriffe mit der Muttermilch aufgenommen hätten.

Dabei ist zu bedenken: Jede Kunstsprache verhindert gerade das, was die Sprache soll, nämlich die Vergegenwärtigung, das Sich-vor-sich-selbst-Bringen, die unmittelbare Begegnung mit dem wirklich Erlebten. Wer von »Übertragung« oder »Objektbesetzung« spricht, verpaßt die Gelegenheit, von Liebe oder Haß und anderen mitmenschlichen Beziehungsmöglichkeiten zu reden. Die Liebe zur Mutter als Ödipuskomplex zu mißdeuten und die Angst vor dem Vater auf Kastrationsdrohung zurückzuführen ist nur möglich, wenn in konsequenter Befolgung des Ratschlages FREUDS die wahrgenommenen Phänomene nicht als solche beschrieben, sondern gegen die nur angenommenen Strebungen zurückgestellt und entsprechend den Forderungen der somatischen Medizin diagnostisch *bezeichnet* sowie in Organfunktionen zergliedert werden.

Faßt man menschliches Leiden *nicht lediglich als Funktionsausfall oder Gewebeläsion einzelner Organe* auf, sondern als *ein Geschehen, das in der individuellen Lebensgeschichte des Menschen einen sinnerfüllenden Platz einnimmt*, dann kann auch die Pathologie nicht mehr durch die grundlegenden methodischen

Prinzipien der Naturwissenschaften erfaßt werden. Mit anderen Worten, der erklärenden Pathologie läßt sich eine andere gegenüberstellen, der es um das *Verstehen* der Phänomene geht. Während das naturwissenschaftlich-deduzierende Beweisen ein Fortschreiten vom einen zum andern in lückenlos kausaler Folge ist, geht es im interpetierenden Verstehen um das *Erfassen des wahrgenommenen Ganzen*. Für die Pathologie heißt dies, daß Krankheit nicht als Funktionsstörung einzelner Organe oder Organsysteme verstanden werden kann; vielmehr müssen Organstörungen in größerem Zusammenhang gesehen werden, nämlich als Austrag in besonderer Weise gestimmter existentieller Weltbezüge.

Das *Erklären* wird auf die Hypothese des Vorhandenseins meßbarer Körperdinge zurückgeführt, das *Verstehen* auf den immateriellen Bereich geistiger Sinngehalte. Das Erklären gehört in den methodischen Bereich das Naturwissenschaften, das Verstehen in jenen der Geisteswissenschaften. Damit ist jedoch eine Unterscheidung getroffen worden, die fragwürdig ist. Was ist Natur? was ist Geist? – müßte man vorgängig fragen und beantworten. Läßt sich beim Menschen überhaupt eine »Natur« von einem »Geist« unterscheiden? Gehört nicht gerade zum Menschen, daß er »geistiger Natur« ist? KANT gab den Naturwissenschaften eine Definition der Natur als »Gesetzmäßigkeit der Erscheinungen in Raum und Zeit« (Kritik der reinen Vernunft) oder als »das Dasein der Dinge, sofern es nach allgemeinen Gesetzen bestimmt ist« (Prolegomena). In solcher Sicht besteht die Welt und mit ihr der Mensch aus einer Anhäufung von vorhandenen Massenpunkten, die mit- oder untereinander vorausberechenbare Kausalitätsbeziehungen aufweisen. Daß es sich jedoch bei dieser Bestimmung nur um einen zwar wesentlichen, aber lediglich *ausschnitthaften* Bereich der Natur handelt, wird meist nicht berücksichtigt. Gerade am menschlichen Leibe kann nachgewiesen werden, daß er nicht lediglich meßbarer Körper ist oder eine quantitativ faßbare Funktion ausübt, sondern immer auch in einem geistigen Bezug steht. Der Leib ist immer schon Beziehung, er ist sinnvoll. Da der Sinn oder Bedeutungsgehalt geistiger Art ist, muß bereits dem Leib Geistigkeit zugesprochen werden. Leib ist also ineins Körper und Geist. Somit ist auch die Natur, alles, was zum Menschen und seiner Welt gehört, dem *Verstehen* zugänglich.

Mit dieser Aussage dürfte auch jener bedeutsame Ausspruch DILTHEYS widerlegt sein, der die grundlegende Unterscheidung von Natur- und Geisteswissenschaften spiegelt: »Die Natur erklären wir, das Seelenleben verstehen wir.« Dieser oft zitierte Satz, 1894 geprägt, führte aber auch innerhalb der Psychologie zu einer eigentlichen Krise, hervorgerufen durch die Spaltung in naturwissenschaftlich-erklärende und geisteswissenschaftlich-verstehende Richtungen. Der *erklärenden* Psychologie ging es um die Einordnung der uns entgegentretenden, zunächst nur einfach festgestellten Tatsachen in allgemeine Zusammenhänge (BAVINK) und um die Auffindung von Kausalzusammenhängen. JASPERS dagegen bezeichnete das *Verstehen* als ein von altersher methodisch bewußtes Grundverhalten der Geisteswissenschaften; DILTHEY sprach von beschreibender und zergliedernder Psychologie, SPRANGER gar forderte das Wort »Psychologie« für die Lehre vom sinnerfüllten Leben zurück. Allerdings besitzt der Begriff »Sinn« bei den verschiedenen Vertretern der verstehenden Psychologie voneinander abweichende Bedeutungen. In der Biologie und der an sie angelehnten Psychologie meint »Sinn« nichts anderes als »Zweck«, während es bei SPRANGER um ein Weltganzes geht. »Eine Handlung hat einen Sinn, wenn sie in bezug auf Weltverwirklichung erfolgt.« Verstehen ist nicht einfach dem Nacherleben gleichzusetzen; es geht um das Erfassen sinnvoller Zusammenhänge. Das Verstehen, sagt SPRANGER, scheine in den inneren Zusammenhang einzudringen. ROHRACHER hält dem entgegen, daß die Psychologie es nicht ausschließlich mit dem sinnerfüllten Leben zu tun habe, sondern daß zu ihren Problemen auch sogenannte wertneutrale Vorgänge gehörten wie das Sehen und Hören, das Denken und Sprechen, sowie wertnegative Prozesse wie die Schuld, die Kriminalität, der Selbstmord.

Wenn die moderne Heilkunde vom Sinn oder Bedeutungsgehalt der Krankheiten spricht, dann meint sie damit allerdings weder den biologischen Zweck- noch einen Wert-Begriff. Vielmehr geht es ihr um das *Phänomen* selbst. Damit fällt auch die Kontroverse weg, ob es sinn-*neutrale* oder sinn-*negative* Vorgänge gebe, da auch diese letztlich immer eine Bedeutung besitzen. In jeder Krankheit steckt ein Sinn, jede Krankheit besitzt einen *Bedeutungsgehalt*, welcher das bestimmte Krankheitsbild zu einem bestimmten Zeitpunkt in der menschlichen Existenz konstituiert. Die psychosomatische Medizin verdankt wesentliche Einsichten über Krankheiten, die traditionell lediglich als Organläsionen betrachtet wurden, nicht der erklärenden, sondern der verstehenden Betrachtungsweise. In einem derartigen Krankheitsverständnis ist die bisher in der Medizin grundsätzlich vorausgesetzte Dualität von Leib und Seele zugunsten einer existentiellen Einheit aufgehoben.

Dieses phänomenologisch-hermeneutische Krankheitsverständnis hat sich erst eigentlich seit dem Zweiten Weltkrieg in der Medizin eingebürgert, als die Psychiater sich in vermehrtem Maße mit den Fragen nach dem Wesen des Menschen und dem Sinn der menschlichen Existenz auseinandersetzten. Es hebt sich nicht nur *methodisch* vom naturwissenschaftlichen ab, sondern setzt auch eine andere Auffassung der *Seins- und Wesensart des Menschen* voraus. Insbesondere darf der Mensch nicht mehr als ein eigenständiges Subjekt betrachtet werden, das wie andere Dinge in einer äußeren Welt und diesen objekthaft gegenüber steht. Ein Verstehen von Welt ist undenkbar, solange dieselbe als in geistige und materielle Wirklichkeiten gespalten vorgestellt wird. Verstehen setzt nämlich eine ungeteilte menschliche Existenz voraus. Eine solche Voraussetzung ermöglicht erst das *unmittelbare Verstehen* des Mitmenschen. Denn die Welt des Daseins ist stets und von vornherein *Mitwelt*; sie ist die Welt, die ich schon immer mit anderen teile. *Verstehen ist nur möglich in einer Welt, die Mitwelt ist.* In diese verstehende, mitweltliche Existenz gehört die *Sprache.* So wie das Verstehen wesenhaft zum Menschen gehört und nicht als bloße Eigenschaft zu betrachten ist, gehört auch die Sprache wesenhaft zum Dasein. Dort, wo ein medizinisches Krankheitsverständnis im phänomenologisch-hermeneutischen *Aufweis der Grundverfassung des Menschen* gründet und nicht lediglich dessen Existenz auf ein meß- und wägbares Vorhandensein reduziert, wird auch die Bedeutung der Sprache für die Heilkunde *evident. Sprache ereignet sich im Verstehen, Verstehen in der Sprache.*

Die *Sprache* ist eine ihrem Wesen nach spezifisch menschliche Erscheinung. Nur dem Menschen kommt Sprache zu, er wurde deshalb schon immer als ein *zoon logon echon*, ein Lebewesen, das Sprache hat, gekennzeichnet. Die Sprache umfaßt die Rede, aber auch das Hören und Schweigen. Sie gehört zur Erschlossenheit des Daseins und konstituiert die Weltoffenheit menschlicher

Existenz. Die Sprache verwirklicht den existentiellen Vollzug des Mensch-Seins. Mit Sicherheit ist das Wesen der Sprache nicht zu erfassen, wenn man sie als eine Eigenschaft des Menschen betrachtet, die er neben vielen anderen aus dem Tierreich übernommen und weiterentwickelt hat. Denn zur Sprache gehört das Verstehen des Bedeutungsgehaltes eines begegnenden Seienden. Solches Verstehen ist beim Tier nicht nachweisbar.

Selbst die Sprachforscher sind der Ansicht, man könne die *Sprachentwicklung* nicht richtig verstehen, wenn sie lediglich als Festigung eines unabhängig von anderen seelischen Geschehnissen zurechtgemachten Zeichensystems betrachtet werde oder wenn man in ihr nur das Wachsen einer isolierbaren Fähigkeit unter vielen anderen sehe. In die Entwicklungs- und Aufbauprozesse des menschlichen Lebens ist das Sprachliche vielmehr als ein entscheidender Angelpunkt eingefügt. SALBER sagt, das Seelische fordere notwendig die Sprache an bestimmten Stellen der Entwicklung; die Sprache entstehe aus der Eigenart seelischer Verknüpfungen heraus; sie füge Zusammenhänge und setze Verhalten in Bewegung. »Nur mit Hilfe der Sprache bildet sich das Seelische in seiner Welt.« Die Philosophen gehen einen Schritt weiter. Erst die Sprache befähige den Menschen, dasjenige Lebewesen zu sein, das er als Mensch ist. Die Sprache ist »das Haus des Seins«, die Menschen müssen wieder lernen, »in der Sprache zu wohnen« (HEIDEGGER).

Gehört die Sprache unmittelbar zum Wesen des verstehenden Menschen, dann kann sie auch nicht mehr eine auf *Symbolik* zu reduzierende *Semiotik* sein, sondern – wie BRÄUTIGAM ausführte – ein Benennen von Wesenheiten, die in leiblicher Fülle erscheinen. Die Sprache trägt für den Eingestimmten die Fülle des Daseins in sich. Indem die volle, ungekürzte Sprache, die nicht technische Kunstsprache ist, als die Form der Vergegenwärtigung und des anschaulichen Aussprechens eines lebendigen Bezugs notwendig und angemessen ist, ist sie auch nicht unwissenschaftlich. Den menschlichen Bezügen und damit einem adäquaten Krankheitsverständnis gerade nicht sachgerecht ist die wissenschaftliche Kunstsprache, wie wir im Zusammenhang mit der traditionellen Krankheitslehre ausgeführt haben. Sie erscheint zwar routinemäßig legitimiert, gibt jedoch die Sinnfülle zugunsten der Definierbarkeit auf und vertauscht die Tiefe und Weite des klingenden Wortes mit der abstrakten Präzision des Begriffs.

Im Sprechen – sagt Bräutigam – ist der Mensch vor sich selbst gebracht; er erfährt sich nicht spiegelhaft, sondern in einem allgemeinen, größeren Raum. Er ist im Sprechen von einer höheren Stufe der Verbindlichkeit in Anspruch genommen. Sprache, die nicht technisch oder rein kommunikativ eingeschränkt ist, ist mehr als nur Kommunikation oder Verbindungsmittel, sie ist über die gegenwärtige Situation hinaus »Erschlossenheit der Welt« (Heidegger). Im Nennen eines Namens, eines Gegenstandes, einer Handlung liegt deren unvermittelte Anwesenheit. Sprechen ist ein Beschwören, und die ausgesprochene Vergegenwärtigung führt zur *kathartischen Wandlung*.

Damit sind wir wieder beim psychotherapeutischen Gespräch angelangt. Das, wovon in der Sprache die »Rede« ist, ist die gemeinsame Welt, der Raum der sich Begegnenden (Buytendijk). Dieser Raum spielt in der Psychotherapie eine wesentliche Rolle. Er umfaßt die Partner der psychotherapeutischen Situation und stellt sie in einen größeren, allgemein menschlichen Zusammenhang des Daseins. Die Feststellung, daß das Sprechen das Anwesen vermittelt, ist gerade im therapeutischen Dialog zu erfahren, wo das *Aussprechen* den Menschen dazu drängt und dazu bringt, sich selbst wesentlich darzustellen, sich neu und tiefer zu erfahren – sich neu zu verstehen.

Von da her tritt die Forderung Freuds für das psychoanalytische Gespräch in ein neues Licht, die in seiner Grundregel vom Patienten verlangt, er möge sich völlig frei äußern, seine innersten und geheimsten Gefühle offenbaren, Intimstes bekanntgeben. Im Sprechen gibt der Mensch immer ein Geheimnis preis. Mit dieser Forderung des Arztes wird dem Patienten etwas zugemutet, das schon der Gesunde kaum erfüllen kann. Diese Art des Sprechens als Sich-völlig-Öffnen und Sich-dem-Partner-Hingeben haben die Menschen verlernt. Die Umgangssprache ist verklausuliert; sie ist mit Sicherungen durchsetzt. Die Sprache hat weitgehend instrumentalen Charakter bekommen, sie dient allzuhäufig nicht mehr der Mit-teilung, der Anteilnahme an der Welt, sondern der Abwehr und dem Schutze vor dieser Welt und vor dem Mitmenschen. Die Sprache hat sich der Technik bemächtigt und die Technik der Sprache.

Dem Menschen eignet Seinsverständnis. Damit ineins verfügt er auch über ein *Selbstverständnis*, nämlich über ein Verständnis seines jeweiligen So-Seins. Auch dieses Selbstverständnis ist weitgehend verlorengegangen. Verstehen birgt ja immer auch als Möglichkeit das Miß-Verstehen in sich. Nicht von ungefähr spricht man in der Neurosenlehre von Selbstverfehlung, von der Flucht vor sich selbst und der Welt. Der neurotisch eingeengte Mensch entzieht sich der Verpflichtung, die ihm das Dasein auferlegt. Die Krankheit kann in ihrer neurotischen Auszeugung nicht mehr lediglich auf eine Störung des Instinkt-, Trieb- und Affektlebens, schon gar nicht auf eine Folge von Gehirnveränderungen reduziert werden. Vielmehr trägt sich augenscheinlich für den Sehenden in ihr jener *Verzicht* auf die *existentielle Entfaltung* aus, die KELLER in seiner Abhandlung über das »Selbstwertstreben« beschrieben hat. »Leben«, sagt KELLER, »will stets nicht nur seine nackte Erhaltung, sondern es will sich entfalten.« Diese Entfaltung erschöpfe sich beim Menschen nicht bloß in einem Drang nach Erhaltung und quantitativer Mehrung, sondern als Antrieb zu qualitativer Gestaltung. Der Grund dafür sei so offensichtlich, daß man ihn vor lauter Selbstverständlichkeit zumeist übersehe; er liege darin, »daß dem menschlichen Dasein sein Sein selbst überbunden ist«. Dasselbe meint die Existenzphilosophie, wenn sie vom Menschen sagt, er sei dem Rufe seines Gewissens verpflichtet. Denn »der Gewissensruf hat den Charakter des Anrufs des Daseins auf sein eigenstes Selbstsein-Können und das in der Weise des Aufrufs zum eigensten Schuldigsein« (HEIDEGGER). Dieser Gewissensruf bleibt beim Neurotiker ungehört. Zwar mag er von Angst- und Schuldgefühlen gequält sein, doch zeigt sich gerade darin allzuhäufig die Bemühung, seinem existentiellen Schuldig-sein-Können und der Verpflichtung, diese Schuld abzutragen, zu entgehen. In der psychotherapeutischen Situation wird die neurotische Fehlhaltung, der Rückzug aus dem »Selbstwertstreben« in des Wortes wahrstem Sinne *zur Sprache* gebracht. Denn in der Sprache, im Aussprechen, im Mitteilen, im Miteinandersein (BINSWANGER) geschieht jenes Verstehen seiner selbst, das den Weg freigibt zu weiterer Entfaltung. Daher kann auch die begriffliche Auslegung des Wortes »Psychoanalyse« nicht mehr eine Zergliederung oder Zerstückelung der Seele, vergleichbar einem chemischen Prozeß, meinen; vielmehr geht es in der »Analysis« um ein Durchsichtig-werden-Lassen der je eigenen, verpflichtenden Möglichkeiten des Daseins, aber auch um den Abbau der Abwehr gegen den verantwortungsvollen Vollzug menschlicher Existenz.

Auf diese Abwehr trifft der Arzt nicht nur beim neurotisch Kranken, der sein Kranksein noch *sprachlich* formulieren kann. Sie findet sich in hohem Maße auch bei jenen Patienten, die ihre Neurose nicht als sogenannte Psychoneurose austragen, sondern *psychosomatisch* erkranken. Wo der Kranke mit einem verbalisierbaren Anliegen zum Arzt kommt, wo er in einer Konfliktsituation steht, wo er über seine Sorgen und Nöte berichten kann, ist auch die sprachliche Verständigung durchaus möglich. Wo jedoch die krankhafte Noxe in der Anonymität des Leibbereiches zu suchen ist, der Konflikt sich gleichsam stumm austrägt, verborgen bleibt, muß der Verständigung ein unmittelbares Verstehen des *Bedeutungsgehaltes der leiblichen Krankheit* vorausgehen. Immer mehr nämlich füllen sich die Sprechzimmer der Ärzte mit Kranken an, die ihre Konflikte, ihre Lebensnot, ihr Versagen nicht eigentlich zur Sprache bringen können. Sie bleiben im Grunde noch weiter hinter ihrem Selbstvollzug zurück als der psychisch Leidende, da sie auch das *Wissen* um ihre Fehlhaltung von sich abdrängen und fernhalten. Beim psychosomatisch Kranken kommt deshalb eine doppelte Abwehr zum Austrag: die neurotische Abwehr gegen ein normgemäßes Existieren und der Widerstand gegen die Einsicht in sein Fehlverhalten. Darin gründet für den Patienten die Unmöglichkeit, das der Krankheit immanente Anliegen sprachlich zu formulieren. Dem *Arzt* ist deshalb die Aufgabe überbunden, *den Sinngehalt der Krankheit in die Sprache zu bringen.*

Der Patient kommt mit einem bestimmten Anliegen. Er leidet beispielsweise an Magenbeschwerden, oder an extremer Magersucht, oder an Kopfschmerzen und Erbrechen. Im ersten Falle mag eine *Gastritis* oder ein *Ulcus ventriculi* diagnostiziert werden, im zweiten eine *Anorexia nervosa*, im dritten Falle eine *Migräne.* Alle drei Krankheitsbilder haben eines gemeinsam: Sie tragen sich in einer leiblichen Störung aus, sie erscheinen dem Kranken, häufig auch dem Arzte, als organische Krankheiten. Nun weiß man heute mit großer Sicherheit, daß dieses Krankheits*angebot* nicht erschöpfend Auskunft über das *eigentliche Wesen der Krankheit* gibt. Mit anderen Worten: Die Magenerkrankung beinhaltet weit mehr als nur eine Störung der Magenfunktion, die Anorexie weit mehr als eine Stoffwechselstörung, die Migräne mehr als eine Verkrampfung der Kopfgefäße. In allen diesen Krankheiten kommt ein *in spezifischer Weise ge-*

stimmter Weltbezug zum Austrag. Der Magen steht im Dienste der Nahrungsaufnahme und -verarbeitung. Wird er überfordert, führt dies zu übermäßiger Säurebildung und Gewebeläsion. Eine solche Übersäuerung und Organerkrankung findet aber auch statt, wo der Mensch *gesamthaft* auf ein übermäßiges Aufnehmen und Verarbeiten gestimmt ist. So lassen sich Magenschmerzen verstehen als leiblicher Austrag einer überforderten Existenz, sei diese Überforderung durch äußere Ereignisse oder eine innere Fehlhaltung bestimmt. In der Anorexie, der zum Tode führenden Magersucht junger Mädchen, wiederum kommt die Abwehr gegen das leiblich-sinnliche Existieren dermaßen zum Erscheinen, daß man von einem *Suizid in refracta dosi* gesprochen hat. Die Migräne wiederum befällt den Menschen, die in Verkennung der wahren Bedürfnisse ihres Menschseins die Welt vornehmlich intellektuell und willensmäßig zu bewältigen versuchen.

So könnte man Beispiel an Beispiel reihen. Die Medizin fand für diese Betrachtungsweise den Ausdruck der *Organsprache*. Die Magenerkrankung bedeute symbolisch die Unverdaulichkeit von Konflikten, beispielsweise einen frustrierten Liebeskummer, die Magersucht symbolisiere die Abkehr pubertierender Mädchen von der Übernahme ihrer Rolle als geschlechtsreifer Frau, die Migräne sei der Ausdruck einer überintellektuellen verkrampften Lebenshaltung. Solche Symbol- und Organsprache findet man auch in anderen Krankheitsbildern. So bedeute beispielsweise das *Asthma bronchiale* »den Schrei nach der Mutter« oder »ein Geschrei gegen sie«. In solchem Symboldenken äußert sich die Ansicht, das gesehene Phänomen, z. B. der Asthmaanfall, sei lediglich *symbolisches Ausdrucksphänomen* verborgener psychischer Inhalte. Die Daseinsanalyse hält demgegenüber fest, die Annahme, eine Erscheinung stehe ausdrucksmäßig, symbolisch für eine andere, sei »im Grunde eine völlig willkürliche, durch keinerlei Erfahrung gerechtfertigte, gedankliche Konstruktion« (Boss). In Wirklichkeit und vom Phänomen selbst her gesehen, gehört beim Kranken der leibliche Austrag seines Krankseins, das Asthma, nicht weniger unmittelbar der angsthaft gestimmten Weltbezogenheit an als das Gefühl des Verlassenseins durch die Mutter. Gedanken, Vorstellungen, Phantasien, Träume, aber auch hysterische oder organneurotische Leibsymptome sind gleicherweise autochthone Austragungsformen menschlicher Existenz. Aus diesem Grunde verweist BOSS mit Nachdruck auf den fundamentalen Unterschied im Bedeutungsgehalt der beiden Begriffe »Ausdruck« und »Austrag«. Der Ausdruck setzt voraus, daß sich hinter den erscheinenden Phänomenen andere Kräfte oder Vorgänge verbergen, die sich im Ausdrücken manifestieren. Spricht man dagegen von einem »Sich-Austragen« der menschlichen Existenz in einem bestimmten Phänomen, »so handelt es sich immer um das ursprüngliche und unmittelbare Sich-Ereignen des Daseins selbst als dieses Phänomen«. So kann man in der Organsprache nie etwas anderes sehen als den existentiellen Austrag eines in bestimmter Weise gestimmten Weltverhältnisses, nie aber lediglich ein Symbol.

Wir sagten bereits, die Organsprache setze ein Verstehen des stummen Leibgeschehens voraus. Eine *Verständigung* ist nur möglich auf dem Boden mitmenschlicher Begegnung. Somit kann die Organsprache nur »gesprochen« und »verstanden« werden, wenn auch in der leiblich ausgetragenen Erkrankung der *mitmenschliche Bezug* nachweisbar ist. Von den sogenannt konversionshysterischen Symptomen, etwa einer Armlähmung oder einem unstillbaren Erbrechen, wußte man dies längst. Aus diesem Grunde sprach man von sinnhaltigem hysterischem Geschehen. Das *hysterische Symptom* bedarf der Anteilnahme eines Partners; es wird oft als ein- und aufdringlicher Appell erlebt, was durch den meist vorhandenen Gebärdecharakter unterstrichen wird. In der sogenannten *Organneurose* jedoch, deren Bedeutungsgehalt nicht so offensichtlich zutage tritt und deshalb oft zur Sinnlosigkeit degradiert worden ist, ist der mitmenschliche Bezug verhüllter. Aber auch hier ist er vorhanden.

Die Sprache selbst hat schon immer um den Bedeutungsgehalt des menschlichen Leibes gewußt. Dem Menschen »liegt etwas auf dem Magen« oder »auf dem Herzen«, es ist ihm etwas »über die Leber gekrochen« oder »im Hals stecken geblieben«. Einem »steigt die Galle hoch« oder er kann etwas »nicht verdauen«. Diesem »bleibt die Spucke weg«, jenen »trifft der Schlag«, und schließlich möchte einer »aus der Haut fahren«. Selbst die Wortbildung verschiedener Organe weist auf deren Bedeutungsgehalt hin. »Hals« heißt im Gotischen und Mittelhochdeutschen »eng« (STOLZE). *Herz* heißt ursprünglich Gemüt und Vertrauen, während der *Magen* mit »magun«, Kropf, Groll, Ärger und Ekel verwandt ist. Dies sind nur einige Andeutungen zur Vielfalt der Beziehungen zwischen Sprache und Leib.

Der Kranke spricht also in mehreren Sprachen zum Arzte. Er spricht durch seine Klagen, durch sein Verhalten und durch seine Krankheits- und Organwahl. Nur wenn der Arzt alle diese Sprachen *versteht*, wird ihm auch die Verständigung mit dem Patienten gelingen. Dann erst wird Medizin, was sie wirklich sein sollte: ein *mederi*, ein Sorgen für den anderen. Mit Recht schreibt HILLMANN, der *medicus* nehme ebensosehr das Maß seiner selbst wie jenes seiner Kranken. Er müsse sich selbst beraten, um seine Patienten richtig beraten zu können. »Ärztliche Fürsorge und Heilung sind mehr als Verabreichung medizinischer Mittel, Medikation ist in Wirklichkeit Meditation, die vom Arzt ein großes Maß an Bewußtsein erfordert.« Auf dieses Sorgetragen weist die *Therapeia*, deren Wortwurzel »ther« tragen, stützen und halten bedeutet. Ein solches den Patienten, den Leidenden, mit *Patientia*, Geduld, tragendes Verständnis geschieht aufgrund der Sprache, die, wie wir gesehen haben, ein unmittelbares Verstehen des Mitmenschen ermöglicht. Nicht auf dem Boden kausalgenetischer, naturwissenschaftlicher Betrachtungsweise kommt echte sprachliche Verständigung zwischen Arzt und Krankem zustande, sondern lediglich aufgrund jener Auffassung, die Sprache und Weltoffenheit als gleichwertige Existentialien menschlichen Daseins bezeichnet. Nur insofern, als eben der Mensch je schon primär gestimmt, weltoffen und sprachlich fähig ist, geschieht durch die sprachliche Verständigung eine Umstimmung des Kranken von einer eingeengten, unfreien, angst- und schuldbesetzten Existenz zu einem verantwortungsbewußten, freiheitlichen Lebensaustrag. Denn auch das *Ziel* des ärztlichen Gesprächs unterscheidet sich wesentlich vom üblicherweise angestrebten Ziel der naturwissenschaftlichen Medizin. Wird Krankheit lediglich als Funktionshemmung und Leistungseinbuße oder gar als sinnlose Beeinträchtigung der Gesundheit betrachtet, dann bleibt die Sprache für die medizinische Tätigkeit bedeutungslos. Wo jedoch Krankheit einen existentiellen Bedeutungsgehalt aufweist, setzt sie dem Arzt ein Ziel, das über die bloße Wiederherstellung der Funktionstüchtigkeit der Organe hinausweist. Darüber, ob die Erreichung eines solchen Zieles, nämlich der Selbstfindung, in den Aufgabenbereich der Medizin gehört oder nicht, mögen sich die Ärzte streiten. Die

Entscheidung liegt nicht bei ihnen, sondern allein bei den Kranken.

Gewiß, die Erreichung eines solchen Zieles ruft meist einer jahrelang dauernden, sogenannt »großen« Psychotherapie. Das ärztliche Gespräch ist jedoch keinesweg den Spezialärzten für Psychiatrie vorbehalten. Nach allgemeinen Schätzungen bedürfen ein Drittel bis die Hälfte aller Kranken, die den Arzt aufsuchen, teilweise oder ausschließlich der sprachlichen Anteilnahme. Ein solches alltägliches Sprechstundengespräch verlangt keine analytische Vorbildung des Arztes, wohl aber ein grundlegendes Verständnis des Sinngehaltes menschlicher Krankheit. Die vielbesprochene »kleine« oder »einfache« Psychotherapie des praktischen Arztes ist in Wirklichkeit weder klein noch einfach. Sie ist in ihrer Wirkung oft bedeutender als ein chirurgischer Eingriff, ebenso subtil, und nicht selten ebenso lebensrettend.

Die *Wirksamkeit* der Sprache kann weder nach physikalisch-chemischen Gesetzen berechnet noch auf ein Kausalitätsverhältnis reduziert werden. Wenn wir in der Begegnung mit unseren Kranken der Sprache einen bedeutsamen Platz im Heilungsprozeß einräumen, dann meint hier *Wirksamkeit* gerade kein Ursache-Wirkung-Verhältnis, etwa zwischen Sprechendem und Angesprochenem, sondern stets ein *Wirken* und *Werken*. Beide Wörter besitzen die gleiche Sprachwurzel und bedeuten »tun«, »handeln«. *»Die Sprache wirkt heilend«* deutet demnach auf den Tatbestand hin, daß *im Sprechen* Heilung *geschieht*. So wird verstehbar, warum der Kranke zur Sprache kommen muß und nicht der Arzt. Das ärztliche Gespräch fordert vom Therapeuten nämlich nicht nur einen neuen Verstehenshorizont, sondern auch ein neues mitmenschliches Verhalten. Der Arzt fühlt sich aufgrund seiner Ausbildung, seines intellektuellen Wissens und handwerklichen Könnens zumeist verpflichtet, tätig einzugreifen, dem Kranken sein Leiden abzunehmen und ihn von seinem Leidensdruck zu entlasten. Dazu fühlt er sich um so mehr aufgerufen, je ausgeprägter das Autoritätsverhältnis zwischen ihm und dem Patienten ist. In der ärztlichen Zwiesprache dagegen wird die Autorität durch die Partnerschaft ersetzt. Aufgabe des Arztes ist hier nicht das tätige Eingreifen und Entlasten, sondern die Hilfe beim Tragen und Ertragen des Leidens. Der Arzt muß nicht nur sprechen, er muß vor allem hören und schweigen können. Gelingt ihm auf diesem Wege ein echtes und unmittelbares *Verstehen* seines Kranken, dann wird auch die *Verständigung* zwischen Therapeut und Patient zu einer Heilung stiftenden *Sprechstunde.*

Anhang

Fachausdrücke

Abulie	Krankhafte Willenlosigkeit
Adipositas	Fettsucht
Agens	Wirkend
Algomenorrhöe	Schmerzhafte Menstruation
Allergene	Eiweißkörper, auf die allergisch reagiert wird
Allergie	Überempfindlichkeit
Alopecia areata	Kreishaarschwund
Alzheimer Krankheit	degenerative Erkrankung der Großhirnrinde
Amenorrhöe	Fehlen der Menstruation
Analgetica	Schmerzstillende Mittel
Anamnese	Vorgeschichte der Krankheit
Angina pectoris	Schmerzanfälle in der linken Brustseite mit Todesangst
Anorexia nervosa	Magersucht
Antigen	Stoff, der Antikörper erzeugt
Antigen-Antikörper-Reaktion	Reversible Bindung zwischen Antigen und Antikörper
Antikörper	Abwehrstoffe des Körpers gegen Antigene
Aphonie	Stimmlosigkeit
Appendektomie	Blinddarmoperation
Appendizitis	Entzündung des Wurmfortsatzes (»Blinddarmentzündung«)
Aerophagie	Luftschlucken
Asthenisch	Kraftlos, geschwächt
Asthma bronchiale	Anfälle von Atemnot bei erschwerter Ausatmung
Atheromatose	Herdförmige Verhärtung der Gefäßinnenhaut
Ätiologie	Ursache
Basedowsche Krankheit	Glotzaugenkrankheit [Schilddrüsenerkrankung]
Blasentenesmen	Schmerzhafter Harndrang
Bulbus duodeni	Erster Abschnitt des Zwölffingerdarms
Cephalea vasomotoria	Gefäß-Kopfschmerz
Cervicobrachial-Syndrom	Hals-Schulter-Schmerzen
Claviculafraktur	Schlüsselbeinbruch

Colitis mucosa	Schleimige Dickdarmentzündung
Colitis ulcerosa	Geschwürige Dickdarmentzündung
Colon irritabile	Reizbarer Dickdarm
Cystitis	Blasenentzündung
Cystoscopie, Cystotonometrie	Methoden der Blasenuntersuchung
Darmperistaltik	Darmbewegungen
Defäkation	Stuhlabsonderung
Demenz	Verblödung
Deontologie	Lehre von den Aufgaben und Pflichten
Diabetes	Zuckerkrankheit
Diagnose	Bezeichnung der Krankheit
Diarrhöe	Durchfall
Diathese	Krankheitsbereitschaft
Dienzephal	Im Zwischenhirn
Dysmenorrhöe	Schmerzhafte Monatsblutung
Dyspareunie	Erlebnisstörung beim Geschlechtsverkehr, schmerzhafter Koitus
Dysplastisch	Mißgestaltet
Dyspnoe	Atemstörung
Dystonie	Abnorme Spannung
Dysurie	Harnbeschwerden
EEG	Elektroenzephalogramm
Effortsyndrom	Atemnot, nervöse Herzbeschwerden
EKG	Elektrokardiogramm
Emesis	Erbrechen
Empathie, empathisch	Mitgefühl
Endokrin	Innersekretorisch
Enkopresis	Verunreinigung mit Kot
Enteritis	Dünndarmentzündung
Enterocolitis	Entzündung des Dünn- und Dickdarmes
Enuresis diurna	Einnässen bei Tag
Enuresis nocturna	Bettnässen
Epidemiologie	Seuchenlehre
Erythema nodosum	Hautrötung mit Knotenbildung
Erythrophobie	Angst vor Erröten
Essentielle Hypertonie	Hochdruck ohne erkennbare Ursache
Exitus letalis	Tod
Extrasystole	Abnormer Herzschlag
Fluor albus	Weißfluß

Galaktorrhöe	Milchfluß aus der Brust
Gastritis	Magenschleimhautentzündung
Geriatrie	Lehre von den Alterskrankheiten
Gerontologie	Lehre von Krankheitsverläufen im Alter
Globus functionalis	Gefühl einer aufsteigenden Kugel im Hals
Glottiskrampf	Kehlkopfkrampf
Harninkontinenz	sog. Blasenschwäche, unkontrollierbarer Urinabgang
Hermeneutik	Lehre von der Auslegung [z. B. Schriftauslegung]
Hospitalismus	Psychische Veränderungen im Spital
Hyperacid	Übersäuert
Hyperemesis gravidarum	Unstillbares Erbrechen der Schwangeren
Hypermenorrhöe	Verstärkte Menstruationsblutung
Hypermotilität	Überbeweglichkeit
Hypersekretion	Übermäßige Ausscheidung
Hyperthyreose	Gesteigerte Schilddrüsentätigkeit [Basedow]
Hypertonie	Blutdruckerhöhung
Hypophyse	Hirnanhang [Drüse]
Hypotonie	Niedriger Blutdruck
Iatrogen	Durch den Arzt verursacht
Ileum	Krummdarm, Teil des Dünndarms
Ikterus neonatorum	Gelbsucht der Neugeborenen
Incontinentia Urinae	s. Harninkontinenz
Indikation	Anzeige
Intrauterin	In der Gebärmutter
Involution	Rückbildung
Jactatio capitis et corporis	Kopf- und Körperwerfen
Kardiovaskulär	Herz und Kreislauf betreffend
Kardiospasmus	Krampf des Mageneingangs
Karzinom	Krebserkrankung
Katharsis	Reinigung
Kolon	Grimmdarm, Teil des Dickdarms
Koronarinsuffizienz	Ungenügende Blut- und Sauerstoffversorgung des Herzmuskels durch geschädigte Kranzgefäße

Koronarsklerose	Verhärtung der Kranzgefäße des Herzens
Lumbago	Hexenschuß
Lymphographie	Darstellung der Lymphgefäße
Maligne	Bösartig
Mamma-Karzinom	Brustkrebs
Melanom	Krebsartige Hautgeschwulst
Menarche	Erstmalige Menstruation
Menièresche Krankheit	Innenohrschwerhörigkeit mit Drehschwindel
Menorrhagie	Abnorm starke Monatsblutung
Menstruation	Monatsblutung der geschlechtsreifen Frau
Metabolisch	Veränderlich, im Stoffwechsel entstanden
Metastasen	Ableger einer Hauptgeschwulst
Metrorrhagie	Spurblutungen
Miktion	Harnlassen
Mneme	Gedächtnis
Myalgisch	Von Myalgie, Muskelschmerz
Myokardinfarkt	Herzmuskelinfarkt
Naevus pigmentosus	Pigmentmal
Nefast	Unglück bringend
Nekrose	Gewebetod
Neoplastisch	Von Neoplasma, Neubildung, Geschwulst
Neurodermitis	Juckflechte
Nosologie	Systematische Krankheitslehre
Noxe	Schädliche Ursache
Obstipation	Verstopfung
Onychophagie	Nägelkauen
Ösophagus	Speiseröhre
Ovarialcyste	Meist gutartige Eierstockgeschwulst
Pädiater	Kinderarzt
Paroxysmale Tachykardie	Anfallweises Herzjagen
Pathogenese	Krankheitsentstehung
Pavor nocturnus	Nächtlicher Angstzustand
Pelviopathien	Schmerzen im kleinen Becken
Pharyngitis	Rachenentzündung

Phobie, phobisch	Furcht, Zwangsangst
Placebo	Unwirksames Mittel
Pneumonie	Lungenentzündung
Polyarthritisch	Von Polyarthritis, Entzündung mehrerer Gelenke
Postpartual	Nachgeburtlich
Prodrom	Vorläufererscheinung
Prognose	Vorhersage
Progressive Paralyse	Syphilitische Gehirnerweichung
Prurigo	Juckreiz mit Hautknötchen
Pruritus ani et vulvae	Jucken am After und am Scheideneingang
Pseudokrupp	Kehlkopfkatarrh
Psoriasis	Schuppenflechte
Pupillendilatation	Pupillenerweiterung
Pylorospasmus	Krampfhafter Verschluß des Magenausganges
Rezidivierend	Wiederholt auftretend
Rhinitis pollinosa	Heuschnupfen
Rhinitis vasomotoria	Nervöser Schnupfen
Rumination	Zurücktreten der Speise vom Magen in den Mund
Scharlachnephritis	Nierenentzündung bei Scharlach
Schizoid	Kontaktarm
Semiotik	Zeichenlehre
Singultus	Schluckauf
Spasmus	Krampf
Spondylosis cervicalis	Degenerative Erkrankung der Halswirbelsäule
Stomatitis	Entzündung der Mundschleimhaut
Streß	Belastung
Suizid	Selbstmord
Sympathikus	Teil des vegetativen Nervensystems
Symptom	Krankheitserscheinung, Krankheitszeichen
Tachykardie	Herzfrequenzsteigerung
Tenesmus	Schmerzhafter Drang
Tibiafraktur	Bruch des Schienbeins
Tonsillektomie	Mandeloperation
Tonsillitis	Angina, Entzündung der Mandeln
Tussis nervosa	Nervöser Husten

Ulcus duodeni	Zwölffingerdarmgeschwür
Ulcus ventriculi	Magengeschwür
Urethral	Zur Harnröhre gehörend
Urethrogramm	Röntgenologische Darstellung der Harnröhre
Vagus	10. Gehirnnerv
Varizellen	Windpocken
Vasomotorisch	Die Gefäßnerven betreffend
Zerebral	Im Gehirn

Bibliographie (Auswahl)

ALEXANDER, F., Fundamentals of Psychoanalysis. Norton, New York 1948.

ALEXANDER, F., Psychosomatic Medicine. Norton, New York 1950.

ANSOHN, E., Die Wahrheit am Krankenbett. Pustet, München 1965.

ARGELANDER, H., Das Erstinterview in der Psychotherapie. Psyche, 21/1967.

BALINT, M., Der Arzt, sein Patient und die Krankheit. 2. Aufl., Klett, Stuttgart 1957.

BALLY, G., Mensch und Welt in der Auffassung Sigmund Freuds. Freud in der Gegenwart. Frankfurt 1957.

BALTRUSCH, H. J., Probleme, Aufgaben und Grenzen psychosomatischer Neoplasieforschung. Z. Psycho-somat. Med., 9/1963.

BINSWANGER, L., Grundformen und Erkenntnis menschlichen Daseins. 2. Aufl., Niehans, Zürich 1953.

BLEULER, M., Endokrinologische Psychiatrie. Thieme, Stuttgart 1954.

BODENHEIMER, A. R., Über die Aussage des Adverbs. Praxis der Psychotherapie, 12/1967.

BOSS, M., Einführung in die Psychosomatische Medizin. Huber, Bern und Stuttgart 1954.

BOSS, M., Die Psychotherapie des praktischen Arztes. Schweiz. Med. Wschr., 89/1959.

BOSS, M., Kleine und große Psychotherapie der essentiellen Hypertoniker. Acta psychosomatica 3, Documenta Geigy, 1959.

BOSS, M., Modell und Antimodell in der psychosomatischen Medizin. Therapeut. Umschau, 24/1967.

BOSS, M., Grundriß der Medizin und Psychologie, 2. Aufl., Huber, Bern/Stuttgart/Wien 1975.

BRÄUTIGAM, W., Psychotherapie in anthropologischer Sicht. Enke, Stuttgart 1961.

CONDRAU, G., Daseinsanalytische Psychotherapie. Huber, Bern und Stuttgart 1963.

CONDRAU, G., Einführung in die Psychotherapie. 3. Aufl., Kindler, München 1974

CONDRAU, G., Psychosomatik der Frauenheilkunde. Huber, Bern und Stuttgart 1965.

CONDRAU, G., Die Daseinsanalyse von Medard Boss und ihre Bedeutung für die Psychiatrie. Huber, Bern und Stuttgart 1965.

DE BOOR, C. und E. KÜNZLER, Die psychosomatische Klinik und ihre Patienten. Huber-Klett, Stuttgart 1963.

de Jong, D. J., E. Braun und K. Walter, Das ärztliche Gespräch als psychotherapeutische Methode. Hippokrates, Stuttgart 1966.

Dührssen, A., A. Jores, W. Schidder u. Mitarb., Zum Streßbegriff in der psycho-somatischen Medizin. Zschr. f. Psycho-somat. Med., 11/1965.

Ernst, K., Die Prognose der Neurosen. Springer, Berlin, Göttingen, Heidelberg 1959.

Freud, S., Gesammelte Werke. Imago, London 1948.

Görres, A., Methode und Erfahrung der Psychoanalyse. Kösel, München 1958.

Häfner, H., Der Mensch und seine Lebensgeschichte. Jahrb. Psychologie, Psychotherapie und Medizinische Psychologie, 12/1965.

Hahn, P., E. Nüssel und M. Stieler, Psychosomatik und Epidemiologie des Herzinfarktes. Z. Psycho-somat. Med., 12/1966.

Heigl, F., Vergleichende Betrachtung der prognostischen Faktoren bei Schultz-Hencke und Alexander. Z. Psycho-somat. Med., 4/1958.

Heisenberg, W., Wandlungen in der Grundlage der Naturwissenschaft. 9. Aufl., Hirzel, Stuttgart 1959.

Heitler, W., Der Mensch und die naturwissenschaftliche Erkenntnis. 3. Aufl., Vieweg, Braunschweig 1964.

Herberger, W., Kurzverläufe bei Krebspatienten unter Beleuchtung ihrer »Kummerskala«. Z. Psycho-somat. Med., 9/1963.

Hillmann, J., Selbstmord und seelische Wandlung. Rascher, Zürich und Stuttgart 1966.

Hoff, H. und E. Ringel, Aktuelle Probleme der psychosomatischen Medizin. Jolis, München 1964.

Jores, A., Der Mensch und seine Krankheit. Klett, Stuttgart 1956.

Jores, A., Grenzen der naturwissenschaftlichen Medizin. Orientierung, 31/1967.

Jung, C. G., Praxis der Psychotherapie. Rascher, Zürich 1958.

Keller, W., Das Selbstwertstreben. Reinhardt, München, Basel 1963.

Kemper, W., Erwägungen zur Psycho-somatischen Medizin [II], Z. Psycho-somat. Med. 1, 1954–55.

Kemper, W., Persönlichkeitsstruktur, Konfliktart, Organwahl und psycho-somatische Medizin. Z. Psycho-somat. Med., 4/1957.

Kielholz, P., Klinik, Differentialdiagnostik und Therapie der depressiven Zustandsbilder. Acta psychosomatica 2, Documenta Geigy, 1959.

Kind, H., Endokrine Dysregulationen und Persönlichkeitsstörungen. Hdb. Neurosenlehre und Psychotherapie, 2. Bd., Urban und Schwarzenberg, München und Berlin 1959.

Knoepfel, H. K., Beispiel einer kleinen Psychotherapie. Praxis, 55/1966.

LABHARDT, F., Körperliches und seelisches Krankheitsgeschehen bei Depressiven und Süchtigen als Ausdruck einer Persönlichkeitsstörung. Praxis, 53/1964.

LAMBELET, L., Warum Psychopharmaka? Psychopharmaka und Psychotherapie in Klinik und Praxis. Hippokrates, Stuttgart 1967.

LESHAN, L. L., Untersuchungen zur Persönlichkeit der Krebskranken. Z. tôycho-somat. Med. 9/1963.

LOCH, W., Die Krankheitslehre der Psychoanalyse. Hirzel, Stuttgart 1967.

LUTZ, J., Kinderpsychiatrie. 2. Aufl., Rotapfel, Zürich und Stuttgart 1964.

MATUSSEK, P., A. HALBACH und U. TROEGER, Endogene Depression. Urban & Schwarzenberg, München, Berlin 1965.

MEERWEIN, F., Die Technik der psychoanalytischen Behandlung. Psychiatrie der Gegenwart, Bd. I/II, Springer, Berlin, Göttingen, Heidelberg 1963.

MEERWEIN, F., Psychosomatische Modellvorstellungen. Therapeut. Umschau, 24/1967.

MITSCHERLICH, A., Krankheit als Konflikt. Suhrkamp, Frankfurt a. M. 1966.

MOSER, U., Gesprächsführung und Interviewtechnik. Psycholog. Rundschau, 15/1964.

MÜLLER, Ch., Alterspsychiatrie. Thieme, Stuttgart 1967.

PFLANZ, M., Transkulturelle Psychosomatik. Praxis, 56/1967.

RICKMAN, J., On the criteria for the termination of an analysis. Int. J. Psychoanal., 31/1950.

RIEMANN, F., Die Struktur des Therapeuten und ihre Auswirkung in der Praxis. Psyche, 13/1959.

ROHRACHER, H., Einführung in die Psychologie. 6. Aufl., Urban & Schwarzenberg, Wien, Innsbruck 1958.

ROTHSCHUH, K., Prinzipien der Medizin. Urban & Schwarzenberg, München, Berlin 1965.

RUFFIN, H., Das Altern in medizinisch-soziologischer Sicht. Schulz, Freiburg 1962.

RUFFLER, G., Kriterien für die Beendigung der psychoanalytischen Behandlung. Psyche, 12/1958.

SALBER, W., Die Entwicklung der Sprache. Hdb. der Psychologie, 3. Bd., Hogrefe, Göttingen 1959.

SCHILDER, P., Psychiatric aspects of old age and the aging. Amer. J. Orthopsychiat., 10/1940.

SCHULTE, W., Zur Sprache unserer Patienten. Praxis der Psychotherapie, 12/1967.

SCHULTZ, J. H., Der medizinisch-psychologische Gesichtspunkt. Hdb.

Neurosenlehre und Psychotherapie. Bd. 1, Urban & Schwarzenberg, München und Berlin 1959.

SCHWÖBEL, G., Die Lehre vom allergiekranken Menschen. Huber, Bern und Stuttgart 1956.

SCHWÖBEL, G., Psychosomatische Medizin. Rascher 1960.

SEGUIN, C. A., Der Arzt und sein Patient. Hans Huber, Bern und Stuttgart 1965.

SIEWERTH, G., Metaphysik der Kindheit. Johannes, Einsiedeln 1957.

SOLNIT, A. J., Postinfektiöse Diarrhöe bei hospitalisierten Kleinkindern. Psyche, 21/1967.

SONNEMANN, U., Die Daseinsanalyse in der Psychotherapie. Hdb. Neurosenlehre und Psychotherapie. Bd. 3, Urban & Schwarzenberg, München und Berlin 1959.

SPITZ, R., Die Entstehung der ersten Objektbeziehungen. Klett, Stuttgart 1957.

STAEHELIN, B., Allergie in psychosomatischer und soziologischer Sicht. Thieme, Stuttgart 1961.

STAEHELIN, B., Psychosomatische Aspekte bei Durchfall und Verstopfung, Praxis 40/1963.

STAEHELIN, B., Über die diagnostischen und psychotherapeutischen Möglichkeiten des einfachen Sprechstundengesprächs, dargestellt an drei Fallbeispielen mit Symptomen des Verdauungstraktes. Praxis, 24/1963.

STAEHELIN, B., Die funktionellen kardio-vaskulären Störungen als psychosomatische Syndrome. Huber, Bern und Stuttgart 1965.

STAEHELIN, B., Einige psychiatrische und psychosomatische Aspekte der palliativen Behandlung bei fortgeschrittenem Karzinom. Therapeut. Umschau, 22/1965.

STERN, E., Lebenskonflikte als Krankheitsursachen. Rascher, Zürich 1952.

STOLZE, H., Das obere Kreuz. Lehmann, München 1953.

STORCH, A., Wege zur Welt und Existenz des Geisteskranken. Hippokrates, 1965.

SUTER, J., Psychologie. Huber, Frauenfeld 1942.

THOMPSON, C., Die Psychoanalyse. Pan, Zürich 1952.

UEXKÜLL, TH. v., Funktionelle Syndrome in psychosomatischer Sicht. Klinik der Gegenwart, IX.

VAESSEN, M. L. J., Kriterien für die Indikation zur Psychotherapie. Z. psycho-somat. Med., 10/1964.

VISCHER, A. L., Seelische Wandlungen beim alternden Menschen. Schwabe, Basel 1949.

WEIZSÄCKER, V. v., Fälle und Probleme. Enke, Stuttgart, 2. Auflage 1951.

Wiesenhütter, E., Sprechen und Schweigen. Praxis der Psychotherapie, 6/1966.

Winter, E., Über die Häufigkeit neurotischer Symptome bei »Gesunden«. Z. Psycho-somat. Med., 10/1964.

Ziegler, A. J., Der pathognomische Traum. Therapeut. Umschau, 24/1967.

Namen- und Sachregister

7-1-10-11-5